Christina und Christian Winkler



Entdeckertouren mit dem Wohnmobil

# Sizilien

Die Anleitung für
einen Erlebnisurlaub

WOMO®
Der Wohnmobil-Verlag

MIX
Papier | Fördert gute Waldnutzung
FSC® C089473

**6. vollständig neu bearbeitete Auflage – 2024**
ISBN 978-3-86903-406-5

Titelbild: Tonnara di Scopello – Tour 9
Bild in vorderer Klappe: Laghetto Krater, Parco dell`Etna – Tour 4

Reihen-, Umschlaggestaltung und Layoutprinzip/Satzvorgaben: www.martinveicht.de
Karten: Christian Winkler
Fotos: siehe Bildnachweis auf Seite 327
Druck: Beltz Grafische Betriebe GmbH, 99947 Bad Langensalza
Vertrieb: GeoCenter GmbH, 70794 Filderstadt
Herausgeber: WOMO-Verlag, An der Liethe 4, 36452 Kaltennordheim
Telefon +49(0)36946 20691 · verlag@womo.de · www.womo.de
GPS: N 50°36'38.2" E 10°07'55.6"
Autoren-E-Mail: winkler@womo.de

# Einladung

Sizilien verzaubert Reisende seit Jahrhunderten. Als größte Insel Italiens bietet sie eine einzigartige Mischung aus Geschichte, Kultur und atemberaubender Natur.

Für Wohnmobilurlauber ist Sizilien ein tolles Ziel. Sie finden eine Vielzahl an Campingplätzen, privaten Stellplätzen und einigen freien Parkmöglichkeiten. Vor allem außerhalb der Hauptsaison erwartet Sie eine entspannte und authentische Atmosphäre. Mit diesem Reiseführer unterstützen wir Sie, die Insel in Ihrem eigenen Tempo zu entdecken.

Erkunden Sie pulsierende Städte wie Palermo, Catania und Taormina, wo zwischen jahrhundertealten Bauwerken das moderne Leben tobt. Erleben Sie die archäologische Stätten, wie das Valle dei Templi oder die antiken Theater von Syrakus, um Einblicke in vergangene Epochen zu erhalten.

Auch die Naturwunder der Insel sind vielfältig und spektakulär. Wandern Sie durch die unberührte Landschaft des Zingaro Naturparks, baden Sie in den klaren Gewässern der Cava Grande oder genießen Sie eine Wanderung in der Madonie. Für Abenteuerlustige sind die aktiven Vulkane Ätna und Stromboli beinahe ein Muss.

Vergessen Sie nicht, die charmanten Barockstädte Noto, Modica und Ragusa zu besuchen, deren Architektur und Atmosphäre Sie in eine andere Zeit versetzen. Und selbstverständlich finden Sie beinahe überall lohnende Strände zum Baden und Ausspannen, von lebendig, wie in Mondello, bis zu abgeschieden und still im Vendicari Naturpark.

Sizilien ist zudem ein kulinarisches Eldorado. Lassen Sie sich auf den bunten Märkten verführen und genießen Sie die authentische Küche mit ihren vielfältigen kulturellen Einflüssen in den vielen Tavernen, Osterien und Landgütern.

Tauchen Sie ein und genießen Sie die Freiheit Ihres Wohnmobils, um immer dort Zeit zu verbringen, wo es Ihnen gerade am besten gefällt.

Vi auguriamo di trascorrere un periodo meraviglioso.

Christina und Christian Winkler

# Inhaltsverzeichnis



**Tour 4, Isola Bella bei Taormina**

# Unsere persönlichen Top Ten

## Palermo

Die quirlige Hauptstadt Siziliens, begeistert mit ihrer Mischung aus arabisch-normannischer Architektur, lebhaften Märkten und viel authentisch-süditalienischem Lebensgefühl.

**Tour 1, Seite 14**

## Cefalù

Das malerische Küstenstädtchen begeistert mit charmanten Gassen, einem beeindruckenden Normannendom und traumhaften Stränden – ein perfekter Ort für Kultur- und Badefreunde.

**Tour 1, Seite 40**

## Stromboli

Die Vulkaninsel Stromboli vor Siziliens Küste ist für ihren ständig aktiven Vulkan bekannt. Er bietet nächtliche Feuershows und eine unvergessliche Wanderung zu seinem rauchenden Krater.

**Tour 3, Seite 95**

## Taormina

Das »Monte Carlo Siziliens« lockt mit seinem antiken griechischen Theater, spektakulären Ausblicken auf das Meer quirligen Einkaufsgassen und dem Strand an der Isola Bella.

**Tour 4, Seite 107**

## Ätna

Die Umgebung von Europas größtem und aktivstem Vulkan fasziniert Besucher mit dramatischen Landschaften, Lavahöhlen und Touren in die beeindruckende Gipfelwelt.

**Tour 4, Seite 131**

## … das sollten Sie nicht verpassen!

**Syrakus**
Einst eine der mächtigsten Städte der antiken Welt, fasziniert heute der Archäologische Park Neapolis, die prächtige Kathedrale und die malerischen Altstadtinsel Ortigia, vor allem bei einem Abendbesuch.
**Tour 5, Seite 144**

**Ragusa**
Berühmt für seine barocken Prachtbauten, die zum UNESCO-Weltkulturerbe gehören, verzaubert die Altstadt Ragusa Iblas mit einem Labyrinth aus engen Gassen und Treppen.
**Tour 6, Seite 190**

**Villa Romana del Casale**
Das äußerst gut erhaltene, einst luxuriöses Anwesen aus der Spätantike, besticht durch beeindruckende, farbenprächtige Bodenmosaiken, die das tägliche Leben und Mythen der Römer zeigen.
**Tour 7, Seite 216**

**Valle dei Templi**
Das »Tal der Tempel« bei Agrigent, eine der bedeutendsten archäologischen Stätten Siziliens, begeistert mit seinen majestätischen, gut erhaltenen dorischen Tempeln aus dem 5. Jahrhundert v. Chr.
**Tour 8, Seite 227**

**San Vito Lo Capo**
Das charmante Fischerdorf mit einem der schönsten Strände Italiens, ist zu Recht ein touristischer Hotspot, auch dank der malerischen Umgebung des Zingaro-Naturreservats.
**Tour 9, Seite 289**

# Gebrauchsanleitung

## Reisegebiet

Sizilien ist eine der faszinierendsten Regionen Italiens, bekannt für ihre atemberaubende Landschaft, reiche Geschichte und lebendige Kultur. Die größte Insel des Mittelmeers bietet eine beeindruckende Vielfalt, von den rauchenden Gipfeln des Ätnas, Europas aktivstem Vulkan, bis hin zu den antiken Ruinen von Syrakus und Agrigent. Sizilien erstreckt sich über eine Fläche von rund 25.700 Quadratkilometern und hat eine Küstenlinie von über 1.000 Kilometern, die ringsum mit oftmals malerischen Stränden gesäumt ist.

Die Insel ist ein wahres Paradies für Naturliebhaber. Der Ätna-Nationalpark bietet Wanderwege durch Lavafelder und Wälder, während das Zingaro-Naturreservat an der Nordwestküste mit seinen unberührten Buchten und türkisfarbenen Gewässern begeistert. Der Zingaro Naturpark vereint Badefreuden und Wanderspaß. Die Liparischen Inseln, einschließlich des feurigen Stromboli, laden zu abenteuerlichen Ausflügen ein. Gemeinsam mit den anderen vorgelagerten Insel sind sie auch echte Hotspots zum Tauchen und Schnorcheln.

Historisch gesehen, ist Sizilien ein Schmelztiegel der Kulturen. Die Insel war im Laufe der Jahrhunderte Heimat für Griechen, Römer, Byzantiner, Araber, Normannen und Spanier, was sich in der Architektur, Küche und Kultur widerspiegelt. Die archäologischen Stätten im Tal der Tempel in Agrigent, die Mosaiken in der Villa Romana del Casale und die normannisch-arabischen Paläste in Palermo zeugen von dieser reichen Geschichte.

Politisch gehört Sizilien zu Italien, hat aber einen besonderen Autonomiestatus, der es der Region ermöglicht, viele eigene Angelegenheiten selbst zu regeln. Diese Autonomie spiegelt sich auch in der stolzen regionalen Identität wider, die stark von den lokalen Traditionen geprägt ist – aber auch Ihre Probleme mit sich bringt, am bekanntesten unter dem Stichwort Mafia, am sichtbarsten beim leider unzureichend beseitigten Müll.

Sizilien bietet eine unvergleichliche Mischung aus Kultur, Natur und Geschichte. Ob Sie durch die verwinkelten Gassen von Taormina, Erice oder Syrakus schlendern, die Märkte von Palermo und Catania erkunden oder die Ruhe der sizilianischen Binnenlandschaft genießen möchten – die Insel wird Sie durch ihrer Vielfalt und Schönheit fesseln.

## Karten, Symbole und Kilometerangaben

Alle WOMO-Reiseführer sind in Touren untergliedert, die gemeinsam mit den wichtigsten Ortschaften auf der **Übersichtskarte** im hinteren Bucheinband dargestellt sind. Einzelheiten zu allen Touren, insbesondere die dort empfohlenen Stell- und Campingplätze, finden Sie in den jeder Tour vorangestellten **Tourenkarten**, deren verwendete **Symbole** auf der hinteren Einbandklappe erläutert sind.

Die **Kilometerangaben** zu Beginn des Textteils jeder Tour sind nur als erste Orientierung gedacht, können aber, je nach genutzten Stell- oder Campingplätzen und von Ihnen ausgewählten Sehenswürdigkeiten, deutlich abweichen.

## Stellplätze, Farben und Nummern

Praktische Symbole zeigen die Art des »Stellplatzes« an:

| | | |
|---|---|---|
| 001 | **Offizieller Stellplatz** | speziell für Reisemobile ausgewiesener Stellplatz, teil öffentlich und durch Gemeinden geführt, auf Sizilien aber meist privat betrieben |
| 003 | **Parkplatz** | für eine Übernachtung geeigneter, aber nicht offiziell ausgewiesener Platz |
| P | **Parkplatz** | Tagesparkplatz, auf dem das Übernachten verboten ist oder nicht empfohlen wird |
| 002 | **Campingplatz** | ausgewiesener, in der Regel privat betriebener, größerer Platz für Reisemobile, Wohnwagen und Zelte |

Auch die **Farbe** eines Stell- oder Parkplatzplatzsymboles hat eine Bedeutung: **Blau** steht für Bademöglichkeiten in natürlichen Gewässern. **Grün** kennzeichnet einen Platz, an dem Wanderungen beginnen und dort meistens beschildert sind. **Olivgrün** eingefärbt sind die Campingplätze. **Hellgelb** sind alle Plätze an Landgütern und Gaststätten und **Orangegelb** die übrigen Plätze ohne die vorgenannten Merkmale. Nur Plätze mit durchlaufender **Nummer** sind zur Übernachtung geeignet. Diese Plätze werden im Text entsprechend ihrem vorgenannten Zweck farbig unterlegt und stehen oftmals in einem **Stellplatzkasten**, zusammen mit den wichtigsten Informationen.

Zum Verständnis der **GPS-Daten**, der Geräteeinstellung und dem elektronischen Bezug der Daten erfahren Sie genauere Einzelheiten im hinteren Buchteil bei den Tipps.

**Max. WOMOs** meint die Kapazität von Stellplätzen, bei öffentlichen Parkplätzen die geschätzte Anzahl, die man Anwohnern und anderen Verkehrsteilnehmern noch zumuten kann oder die Wohnmobilen explizit zur Verfügung steht. Diese Angaben hängen aber auch von den Dimensionen Ihres eigenen Fahrzeuges ab. Längst nicht alle im Buch erwähnten Parkplätze kommen für

Wohnmobile im Lastwagen- oder Reisebusformat infrage. Wenn nicht anders erwähnt, sind aufgeführte Parkgelegenheiten aber wenigstens noch für Fahrzeuge mit einer typischen Länge um die sieben Meter nutzbar.

Bei offiziellen Stellplätzen nennen wir die **Öffnungszeiten** und gehen auf die **Ausstattung** der Plätze ein, insbesondere die Möglichkeit der Ver- und Entsorgung, eines Stromanschlusses (wobei nicht zwingend jeder Gast einen freien Steckdosenzugang findet), von Toiletten, Duschen und Mülleimern. All dies kann bei Campingplätzen erwartet werden. Sofern nicht anders vermerkt, werden daher nur zusätzliche Merkmale, wie etwa WLAN, Waschmaschinen oder Einkaufsmöglichkeiten am Platz erwähnt. Unter **Beschreibung** wird Ihnen Näheres zur Beschaffenheit, der Lage und der Nutzungseignung mitgeteilt. Es wird Ihnen verraten, wenn wir Stellplätze für **klappstuhlgeeignet** halten, weil Sie dort, zumindest zum Zeitpunkt der Recherche, Tisch und Stühle aufstellen können. Kein inoffizieller WOMO-Parkplatz in diesem Buch ist dafür geeignet, sich tagelang wie auf einem Campingplatz aufzuhalten, schon gar nicht mit Markise, Stühlen und Grill.

Das angegebene **Preisniveau** ist nur eine Orientierung und bezieht sich bei den Campingplätzen auf ein WOMO mit zwei Erwachsenen in der preiswertesten ohne und in der teuersten Zeit mit Strom, soweit wählbar. Ohne Kurtaxe, Hund, Kind oder sonstige Zusatzleistungen.

Der letzte Stichpunkt ist die Beschreibung der **Zufahrt**. In Zeiten der GPS-Navigation halten wir die Darstellung eher knapp – es sei denn uns ist bekannt, dass die Anfahrt zu einem Platz mithilfe des Navis Probleme bereitet – was aber nicht aus allen Himmelsrichtungen garantiert werden kann.

## Wanderungen und Stadtrundgänge

Wir schildern im Buch die Streckenführung, bei Wanderungen und für Stadtrundgänge. Bei Wanderungen mit Länge und / oder benötigter Wanderzeit. Diese Beschreibungen sind für Wanderstrecken grün und für Stadtrundgänge grau unterlegt.

## Restaurants

Leider erweisen sich Hinweise auf empfehlenswerte Restaurants und Cafés manchmal als kurzlebig, schon ein Wechsel des Kochs kann viel bewirken. Ein paar Bewährte haben wir dennoch im Fließtext für Sie ausgewählt und an entsprechender Stelle kenntlich gemacht.

## Top Ten, Sehenswürdigkeiten, Tipps und Infos

Mit den Seiten sechs und sieben dieses Reiseführers soll Ihre Neugier geweckt werden. Dort haben wir **zehn Orte** aufgeführt, die uns persönlich gut gefallen und die wir nicht nach einem Ranking, sondern nach der Reihenfolge in den Touren beziffert haben.

Bei den **Öffnungszeiten** nennen wir, soweit bekannt, die Kassenöffnungszeiten und geben in der Regel die nicht ermäßigten Preise für eine erwachsene Person an.

Die **Tipps und Infos** am Ende des Buches machen Sie mit den Besonderheiten der Reiseregion vertraut. Dort finden Sie auch verschieden **Anreisewege** und allgemeine Angaben.

### Reiseführer und der Zahn der Zeit

Gerade bei den freien Stellplätzen, aber auch anderen Angaben kommt es in der Lebensdauer einer gedruckten Auflage immer wieder zu Veränderungen. Es lohnt sich deshalb stets ein kurzer Blick ins Forum des WOMO-Verlages (www.womo.de), das Sie auch direkt mit dem hier abgedruckten QR-Code erreichen können.

Wir versorgen Sie dort mit aktuellen Informationen. Sie können aber auch selbst dabei helfen, Hinweise für alle Leser aktuell zu halten, indem Sie melden, wenn sich irgendetwas (auch Restaurants, Wanderwege etc.) verändert hat, vor allem, wenn ein Platz nicht mehr existiert oder Verbote bestehen, oder wenn Sie etwas Neues entdeckt haben. Sie erreichen uns über die Mailadresse winkler@womo.de.

**Einsamer Strand: San Saba, Tour 3**

# Tour 1

Tour 2
Cefalù
Gibilmanna
Castelbuono
Parco Reg. delle Madonie
1979 m M. Carbonara
Petralia Sottana
Castellana Sicula
Piano Battagli
Polizzi Generosa
Isnello
1385 m P. Diplo
1794 m M. d. Cervi
Lascari
Collesano
Campofelice
Piane Vecchie
Gorgo Lungo
Piana Calzata
Solfarelli
Cerda
Ris. Nat. Bosco di Favara
Termini Imerese
Himera
1326 m M. S. Calogero
Ris. Nat. Monte S. Calogero
Castello Caccamo
Caccamo
Trabia
Ustica
San Nicola
1257 m M. d. Trigna
Ris. Nat. Pizzo Cane, Pizzo Trigna e Grotta Mazzamuto
Porticello
Santa Flavia
Capo Zafferano
Solunto
Bagheria
Casteldaccia
Aspra
Villen
Villabate
Sardellenmus.
Ficarazzi
Misilmeri
Marineo
1613 m R. Busambra
Figuzza
Bosco di Figuzza
Palermo
Belmonte Mez.
Piana degli Albanesi
Altofonte
Ris. Nat. Serre d. Pizzuta
Mondello
S. Rosalia
Ris. Nat. Monte Pellegrino
Monreale
San Giuseppe Jato
Monte Iato
Anti Mafia Mus.
Godfather's H.
Isola delle Femmine
Carini
Montelepre
Borgetto
1194 m M. Gradara
Tour 9
10 km

## Provinz Palermo

140 km

**Palermo ist die größte und gleichzeitig die Hauptstadt Siziliens. In den Straßen pulsiert das Leben und die große Anzahl an Sehenswürdigkeiten sorgt dafür, dass ein Tag kaum ausreicht, um sich der interessanten Stadt auch nur oberflächlich zu nähern. Im Hinterland lockt das hübsche Monreale mit seiner Kathedrale, die ehemalige Mafia-Hochburg Corleone und entlang der Nordküste gelangen Sie im Anschluss zu ersten Stränden, Ausgrabungen und ins Bergstädtchen Caccamo mit seiner Burg. Den Abschluss bildet das malerisch zwischen Meer und Felsen gelegene Cefalù. Erleben Sie**

- **Dom, Märkte und Normannenpalast von Palermo**
- **Cappuccini-Katakomben**
- **Dom von Monreale**
- **Burganlage Caccamo**
- **Cefalù und seine Strände**

Sofern Sie sich für die Anreise mit der Fähre ab Genua, Livorno, Civitavecchia, Neapel oder Salerno entschieden haben, laufen Sie in den meisten Fällen am Fährterminal mitten im Stadtzentrum ein. Noch vor allen anderen Gegenden Siziliens ist Palermo für seinen recht anarchisch anmutenden Verkehr berüchtigt, der vielen frisch angespülten Touristen aus Mitteleuropa zunächst einmal furchtbar chaotisch und beängstigend erscheint. Mit Ihrem Wohnmobil haben Sie einen Vorteil. Denn das Recht des Stärkeren hat eine gewisse Bedeutung. Eine gelassene, aber bestimmte Fahrweise bewahrt Sie vor den schlimmsten drängelnden Kleinwagen, die gerne jede freiwerdende Lücke nutzen. Bleiben Sie ruhig, umsichtig und lassen Sie sich durch wild auf allen Seiten vorbeihuschende Motorroller und hupende, gestikulierende Fahrer nicht verunsichern. Mit der Einhaltung der bekannten Verkehrsregeln und einem steten Mitschwimmen und im Notfall zwar langsamem, aber deutlichem Einscheren, beispielsweise beim Spurwechsel, kommen Sie ganz gut voran. Keinesfalls sollten Sie dem Drang nachgeben, Ampeln nur als fakultativen Ratschlag wahrzunehmen oder gar Einbahnstraßen zu ignorieren, wie es so manche Einheimische tun – die Carabinieri sind manchmal schneller zur Stelle als man meinen mag.

Auch wenn Überfälle viel seltener geworden sind als früher, sollten Sie bei der langsamen Durchfahrt großer Orte sicherheitshalber während der Fahrt die Türen verschlossen halten. Allerdings wäre Angst ein schlechter Berater. Sie werden selbst erleben, dass Einheimische, die den Kontakt zu Ihnen suchen, in den allermeisten Fällen einfach nur freundlich sind – ganz ohne böse Absichten.

**Palermo** *(673.800 Einwohner)*
Die von den meisten Einheimischen »Paliemmu« genannte Stadt wurde im achten Jahrhundert vor Christus gegründet und geht auf einen phönizischen Handelsstützpunkt zurück. Der heutige Name stammt von den Griechen, die den Ort, aufgrund seines natürlichen Hafens mit Panhormos, Ganzhafen, benannten. Entgegen den meisten anderen sizilianischen Regionen geriet Palermo nie unter ihre Herrschaft, denn die Karthager hielten sie bis ins Jahr 254 v. Chr. Durch eine lange Seeblockade fiel der Ort dann an die Römer, die ihn zu einer blühenden Stadt weiterentwickelten. Nach Überfällen und mehreren politischen Wechseln im Laufe der Jahrhunderte, fiel der inzwischen als Panormus bekannte Ort in einen Dornröschenschlaf. Aus diesem erweckten ihn im 9. Jahrhundert die einrückenden Araber, die »Balarm« zu ihrer sizilianischen Hauptstadt machten. Die im 11. Jahrhundert an die Macht gelangten Normannen hinterließen viele bis heute sichtbare kulturelle Spuren und der Staufer und spätere römisch-deutsche Kaiser Friedrich II. machte sie 1198 sogar zu seiner Residenzstadt. Später schwand die Bedeutung der einstmals so wichtigen Mittelmeermetropole und Palermo wurde zu einer Provinzstadt, die nur mehr regionale Bedeutung genoss. Im Zweiten Weltkrieg gab es schwere Beschädigungen, die nur langsam behoben wurden. Seit dieser Zeit regierte die sizilianische Mafia, Cosa Nostra, über die Stadt. Den Höhepunkt dieser Epoche bildeten die frühen 80er Jahre, als im Schnitt alle drei Tage ein Mafiamord geschah. Durch das Engagement der Staatsanwälte Giovanni Falcone und Paolo Borselino (beide wurden 1992 ermordet) und seit dem Beginn der

**Blick über die Dächer Palermos**

Amtszeit des Anti-Mafia-Bürgermeisters Leoluca Orlando 1985 änderte sich dies rapide. Spätestens seit dem neuen Jahrtausend leben Kultur, Wirtschaft und öffentliches Leben wieder auf.

*Eine Besichtigung der interessanten Stadt sollten Sie sich nicht entgehen lassen.* Daher benötigen Sie zunächst eine geeignete Parkfläche oder, sofern Sie am Abend ankommen, erst einmal einen geeigneten Übernachtungsplatz.

## 001 Palermo – *Marina Palermo*

**GPS**: N 38°07'28" E 13°22'05", Via Filippo Patti. **Max. WOMOs**: 16 – 18. **Öffnungszeiten**: Ganzjährig. **Ausstattung**: Keine Einrichtungen. **Beschreibung**: Große und zentrale neue Parkfläche zwischen Hafen und Yachthafen, zuletzt noch in Bau. Kein Schatten, beleuchtet, eben, nur 300 m bis in die Altstadtvor allem als Tagesparkplatz geeignet, Übernachtung möglich. **Preis**: 2 € / Std. 16 € / 24 h. **Zufahrt**: Vom Hafen kommend der großen Via Francesco Crispi zunächst links nach Süden folgen, dann statt durch die Unterführung rechts davon halten, den Kreisverkehr umfahren und auf der gegenüberliegenden Seite rechts zum Parkplatz abfahren. Achtung, Zufahrt könnte sich noch ändern, daher auch auf Beschilderung achten.

## 002 Palermo – *Greencar*

**GPS/Kontakt**: N 38°06'35" E 13°20'33", Via Quarto dei Mille 11b, Tel. 091 651 50 10, www.greencarpalermo.it. **Max. WOMOs**: 30+. **Öffnungszeiten**: Ganzjährig. **Ausstattung**: Ver- / Entsorgung, Toilette / Dusche, WLAN. **Beschreibung**: Asphaltierte, bewachte Parkfläche mitten in der Stadt zwischen Wohnhausern. Zur Übernachtung oder stundenweise nutzbar. Eben, teils etwas Schatten, tags belebt, etwa 400 m bis in die Ortsmitte. Bushalt in der Via Cappuccini 120 m nach rechts, Tickets am Platz erhältlich. Ankunft möglichst bis 23 Uhr, sonst Vorabinfo erbeten. **Preis**: 2 € / h, mit Übernachtung 25 €. **Zufahrt**: Vom Hafen kommend nach Ausfahrt aus dem Gelände der Hauptstraße nach rechts folgen und nachdem sich die Richtungsspuren teilen, an der Ampel links abbiegen. Nehmen Sie die Überführung und lenken etwa 1 km geradeaus und nehmen die 12. Abfahrt nach links (Via Terrassatta). Die Straße macht nach einer Weile, kurz nach einer Tankstelle, einen leichten Linksknick. Wenig später müssen Sie wegen Einbahnregelungen rechts abbiegen und sich dann sofort wieder links

halten. Sie fahren durch einen Graben und weiter geradeaus, bis Sie schließlich am Ende vor dem Normannenpalast rechts abbiegen. Nach rund 800 m an einem Zebrastreifen rechts in die Einbahnstraße abbiegen. Der Platz kommt auf der rechten Seite.

## 003 Palermo – *Freesbee Parking Idea Vacanze*

**GPS/Kontakt**: N 38°08'50" E 13°21'11", Via Imperatore Federico 116, Tel. 091 54 25 55, www.ideavacanzepa.it. **Max. WOMOs**: 50+. **Öffnungszeiten**: Ganzjährig. **Ausstattung**: Ver- / Entsorgung, Strom, Toilette / Dusche, WLAN, Shop, angeschlossene Reparaturwerkstatt. **Beschreibung**: Asphaltierte, bewachte Parkfläche nördlich des Zentrums, teils etwas Schatten, eben, nicht ganz leise. Bushaltestelle direkt davor, Tickets werden am Platz verkauft. Etwa 3,7 km in die Ortsmitte.

**Preis**: Je nach Fahrzeuggröße und Strom 20 – 35 € **Zufahrt**: Vom Hafen kommend aus dem Gelände fahren und der Hauptstraße nach rechts folgen. Lenken Sie immer geradeaus bis zum Kreisverkehr. Dort die dritte Ausfahrt (Via Martin Luther King) wählen. Nun immer geradeaus, bis Sie direkt nach dem nächsten Kreisverkehr rechts in das Gelände einfahren können.

## 004 Palermo – *Parking Giotto*

**GPS/Kontakt**: N 38°07'57" E 13°19'53", Piazzale Giotto, Tel. 0377 270 22 21. **Max. WOMOs**: 25+. Öffnungszeiten: Ganzjährig. **Ausstattung**: Ver- / Entsorgung, Strom. **Beschreibung**: Asphaltierte, bewachte Parkfläche nordwestlich des Zentrums als abgetrennter Bereich eines Großparkplatzes, teils schattig, eben, recht laut. Große Bushaltestelle direkt davor. Vor allem tagsüber ganz gut, aber auch über Nacht möglich. Ankunft 7 – 20 Uhr möglich, ungefähr 3 km in die Ortsmitte.
**Preis**: 1 € / h, Übernachtung 20 €. **Zufahrt**: Vom Hafen kommend aus dem Gelände fahren, der Hauptstraße nach rechts folgen und gleich nachdem sich die Richtungsspuren teilen an der Ampel links abbiegen. Nehmen Sie die Überführung und lenken ungefähr 1 km geradeaus. Nun die 12. Abfahrt nach links (Via Terrassatta) nehmen. Rund 500 m nach einem kleinen Kreisverkehr rechts halten (Via G. C. Antonino) und die zweite Straße erneut rechts nehmen. Der Via Malaspina folgen, bis Sie die Trambahngleise queren. Dann sofort ganz links herumfahren, um den Gleisen nach rechts zu folgen. An der Allee zwei Straßen weiter nach rechts abbiegen und gleich wieder links in die Via Giotto lenken. Nach rund 350 m erreichen Sie rechts die Piazzale Giotto mit einem großen Parkplatz. An dessen Ende rechts befindet sich der Platz.

## 005 Palermo – *Lavaggio Via Roccela*

**GPS/Kontakt**: N 38°05'28" E 13°20'39", Via G. Roccela 279. **Max. WOMOs**: etwa 15. **Öffnungszeiten**: Ganzjährig. **Ausstattung**: Ver- / Entsorgung, Strom. **Beschreibung**: Teils überdachte, asphaltierte Parkplätze in einem schmalen, langen Gelände zum Parken und für Autowäsche, bewacht, eben, zweckmäßig, nicht ganz leise. Bushalt nur 100 m entfernt, Shuttleservice möglich. **Preis**: 2 € / h, Übernachtung 20 €. **Zufahrt**: Vom Hafen kommend nach der Ausfahrt aus dem Gelände der Hauptstraße nach rechts folgen und gleich nachdem sich die Richtungsspuren teilen, an der Ampel links abfahren. Nun lange geradeaus, zweimal zwingt Sie die Straßenführung eine Trambahnhaltestelle und einen kleinen Platz nach rechts zu umfahren, halten Sie aber weiter die Richtung, bis Sie einen großen Kreisverkehr erreichen. Dort nehmen Sie die vierte Ausfahrt zur Ringstraße hinab, die Sie gerade überquert haben. Geradeaus bis rechts die Ausfahrt zur Straße *Palermo / Sciacca* angezeigt wird, diese zunächst nehmen, dann jedoch auf der rechten Geradeausspur bleiben und erst die nächste Ausfahrt Richtung Mazara del Vallo wählen. Sie queren die Ringstraße wieder, dann vor den ersten Wohnhäusern rechts in die Via C. Lussorio und am Ende rechts in die Zielstraße einfahren, dort am Ende rechter Hand.

### Unterwegs in Palermo

Eine gute Möglichkeit, sich einen Überblick von Palermo zu verschaffen, Fußwege abzukürzen und nicht ganz auf die manchmal unzuverlässigen Stadtbusse setzen zu müssen, ist der auf zwei Routen im gesamten Zentrum verkehrende, rote **Hop On/Hop Off-Sightseeing Palermo**-Bus. Die Linien A und B erschließen das historische, südliche und moderne, nördliche Zentrum. Ihr Hauptabfahrtsort befindet sich neben dem Teatro Politeama, den Sie vom Hafen aus auf einem kurzen Fußmarsch über die Via E. Amari erreichen. Auch die Linie D zum Strand des eingemeindeten Vorortes Mondello startet hier. Mit dem Wohnmobil gelangen Sie alternativ am Ende von Tour Neun nach Mondello.

**Markt in Palermo**

Statt mit dem eigenen Wohnmobil erreichen Sie das interessante, im Anschluss an Palermo in diesem Reiseführer behandelte Monreale ebenfalls mit dem Sightseeing Bus. Als Linie C fährt dieser vom Palazzo Reale ab (*www.city-sightseeing.it/palermo, Linie A / B ganzjährig, andere Linien nur saisonal, genaue Zeiten je nach Jahreszeit online, Linie A und B 20 €, inkl. Linie C oder D rund 30 €, Fami-*

**Teatro Massimo**

*lienermäßigungen und teils vergünstigte Onlinetickets erhältlich).*

Die folgende Rundtour durch Palermos Innenstadt ist kaum an einem Tag zu bewältigen. Es empfiehlt sich daher sie aufzuteilen, einzelne Teilstücke herauszupicken oder die interessanten Punkte mit den jeweils angegebenen Haltestellen des Sightseeing-Busses zu kombinieren.

Vom zentralen Startpunkt am **Teatro Politeama** können Sie entweder nach Norden entlang der Via della Libertà bis zum **Giardino Inglese** das moderne Palermo erkunden. An den Boulevards befinden sich Dependancen großer, internationaler Modelabels und angesagte Bars. Oder Sie gehen in südwestliche Richtung über die Piazza Sant`Oliva und die Via Carini zum Beginn des **Mercato del Capo** im gleichnamigen Capo-Viertel *(Linea A / B – Halt 5)*. Der vielleicht schönste Markt der Stadt zwängt sich mit seinen Lebensmittelständen in die kleinen Gassen der Via Porto Carini und weiter nach links in die Via Sant`Agostino. Laut, eng und bunt bietet er den größtmöglichen Kontrast zur nüchtern mondänen Neustadt zuvor. Unterwegs passieren Sie rechter Hand die schöne Barockkirche **Chiesa dell`Immacolata Concezione**.

Sie stoßen schließlich auf die verkehrsberuhigte Via Maqueda, der Sie nach links folgen. Am Piazza G. Verdi erwartet Sie das riesige **Teatro Massimo**. Es gilt als eines der führenden europäischen Schauspielhäuser und wurde zwischen 1875 und 1897 von den Architekten Giovanni und Ernesto Basile, Vater und Sohn, erbaut. Im Inneren bietet es Platz für bis zu 3200 Besucher. Tagsüber können Sie das Teatro auf einer geführten Tour besichtigen *(Piazza Verdi, www.teatromassimo.it, Linea A / B – Halt 6, 9.30 – 19.00 Uhr, verschiedene Touren ab 12 €)*. Sollten Sie bereits Hunger verspüren versuchen Sie in der Nähe das ***La Tavernaccia Da Mario*** *(Via Pignatelli Aragona 88)*, das ***Torquemada*** *(Via Pignatelli Aragona 64)* oder das ***Sesto Canto*** *(Via Sant`Oliva 26)*.

Die schmale Via B. All`Olivella führt nach rechts weiter zum **Museo Antonio Salinas**. In einem ehemaligen Nonnenkloster untergebracht, zählt es zu den führenden archäologischen Museen Italiens. Vor allem römische und griechische Fundstücke, meist von der Insel, aber auch altägyptische Kunst wird gezeigt *(Piazza B. All`Olivella, Di – Sa von 9 – 19 Uhr, So bis 13.30 Uhr, 7 €)*.

Schräg rechts führt die Via Monteleone auf die breitere Via Roma mit

Giardino Garibaldi, unten Fußgängerzone in Palermo

der schönen, von Palmen geschmückten Piazza San Domenico. Den Hintergrund bildet die imposante Fassade der gleichnamigen Kirche. Das **Museo Risorgimento** daneben befasst sich mit der Einheitsbewegung Italiens ab dem Jahr 1815 und ist eher etwas für Spezialinteressierte *(Linea A - Halt 2, zuletzt wegen Umbau geschlossen)*. Von der Freiterrasse der ***Obicà Bar*** im obersten Stockwerk des Kaufhauses linker Hand genießen Sie einen schönen Blick über das Zentrum Palermos.

Folgen Sie der Via Roma ein Stück in südliche Richtung und biegen bei erster Gelegenheit links zur Piazza Caracciolo ab. Der älteste offene Markt Palermos, **Mercato Vucciria**, zieht sich dort entlang der Via Argenteria. Das Gewirr kleiner Gassen ringsum wirkt ansonsten ziemlich heruntergerissen und außerhalb der Marktzeiten ist der Gang bis zum Garraffello-Brunnen wenig einladend *(Linea A - Halt 2)*. Nehmen Sie die Via della Loggia nach rechts und queren Sie die breite Via V. Emanuele, um dahinter zur **Basilica San Francesco d`Assisi** zu gelangen. An dem Platz befindet sich die ***Antica Focacceria***, eine Institution Palermos, in der mutigen Gästen traditionelle Milz- und Innereienbrötchen aufgetischt werden. Bekannt wurde das Lokal in ganz Italien, weil sich seine Besitzer als eine der ersten gegen die Pizzi genannten Schutzgelderpressungen der Mafia zur Wehr setzten.

Rechts neben der Kirche schlüpfen Sie durch die schmale Via Merlo zur Piazza Marina. Sehenswert und beeindruckend sind im **Giardino Garibaldi** die riesigen Feigenbäume mit ihren mächtigen Baumwurzeln. Der **Palazzo Steri Chiaramonte** am südöstlichen Ende des Platzes, war eines der ersten gotisch geprägten Gebäude der Stadt und diente einst als Königspalast. Interessant sind unter anderem die mit Malereien und Ritzzeichnungen versehenen Gefängniszellen *(www.musei.unipa.it/steri.html, Linea A - Halt 2, Di. – So.*

TOUR 1

*9.00 – 20.00 Uhr, Nov. – Feb nur bis 18.00 Uhr, 8 €, inkl. Führung).* Kulinarisch bieten sich in der Umgebung, je nach Bedarf, das ***Carazzi d`Amuri*** *(Via Lungarini 21)*, das ***L`Ottava Nota*** *(Via Butera 55)*, das ***Porta Carbone*** *(Fast Food, Via Cala 62)*, das ***Cioccolateria Lorenzo*** *(Café, Via del Quattro Aprile 7)* oder die ***Gelateria La Kala*** *(Eis, Piazza Fonderia 8)* an.

Links neben dem Museum können Sie durch eine schmale Gasse zum **Museo delle Marionette Antono Pasqualino** spazieren. Es widmet sich dem einst auf Sizilien äußerst populären Marionettentheater, Teil der UNESCO-Weltkulturerbeliste. Über 3.500 Objekte aus aller Welt werden gezeigt *(www.museodellemarionette.it, Di. – Sa., 10.00 – 18.00 Uhr, So. / Mo. 10.00 – 14.00 Uhr, 6 €).*

Dahinter setzen Sie Ihren Spaziergang über die Via Butera am Palazzo Butera vorbei fort, in dem einst Goethe logierte. Schöner ist es, wenn Sie nach rechts zur Piazza Santo Spirito hinübergehen und dort rechts die Treppenstufen zu einem kurzen Spaziergang über die alte Stadtmauer mit Blick auf Jachthafen und Meer nehmen.

Über die Via Alloro gelangen Sie zur **Galleria Regionale im Palazzo Abatellis**, Siziliens führendem Kunstmuseum mit Werken vom Mittelalter bis zum Barock *(Di. – Fr., 9.00 – 18.30 Uhr, Sa. / So. bis 13.00 Uhr, 8 €).*

Wer möchte, geht von hier aus noch zum schönen **Orto Botanico** hinüber. Palermos Botanischer Garten beherbergt eine große Fülle ungewöhnlicher, teils tropischer Bäume, die Sie kaum anderswo in Europa zu Gesicht bekommen. Natürlich sind eine ganze Reihe archaisch wirkender Feigenarten darunter, die Sie bereits aus dem Giardino Garibaldi kennen *(Via Lincol 2, www.ortobotanico.unipa.it, Linea A – Halt 3, je nach Jahreszeit, meist 9 .00 – 19.00 Uhr, So. ab 10.00 Uhr, 7 €).* Das Restaurant ***Ciccio in Pentola*** *(Via dello Spasimo 44)* liegt von hier nicht weit entfernt.

Ansonsten folgen Sie der Via Alloro immer geradeaus. Sie kommen am Ende rechts an der **Piazza Pretoria** mit dem gleichnamigen, weißen Marmorbrunnen an. Ganze 133 Meter Umfang hat er und wurde im 16. Jahr-

Piazza Quinto Canto, unten Brunnen an der Piazza Pretoria

hundert errichtet. Seinerzeit galt er als handfester Skandal, denn die teils nackten Nymphen schockten die prüden Palermitaner zutiefst. Nur wenige Meter weiter müssen Sie einen Blick auf die **Piazza Quinto Canto** werfen. Sie gilt vielen als zentralster Punkt Palermos. Die großen, dreistöckigen Häuser schmücken die Schutzheiligen, der an jeder Ecke angrenzenden vier historischen Viertel Kalsa, Amalfitani, Capo und Albergheria *(Linea A – Halt 4)*. In der näheren Umgebung lohnen für eine kurze Einkehr das ***Passami u Coppu*** *(Fast Food, Via Roma 195)*, die ***Cafeteria del Corso*** *(Café, Via Vittorio Emanuele 370)* und die ***Gelateria Al Cassaro*** *(Eis, Via Vittorio Emanuele 214)*.

Halten Sie sich auf der Via Maqueda wieder ein Stück nach Süden und biegen rechts in die Via del Ponticello ein. Sie führt, vorbei an der von außen eher schlicht gehaltenen **Chiesa del Gesù** zum **Mercato Ballaro**, Palermos

**Oben und unten: Kathedrale von Palermo**

bekanntestem Markt. Er verläuft bei der Kreuzung mit der Via Ballero, ab dem geschmückten Metalltor linker Hand in südliche Richtung. Gaststätten, Lebensmittelbuden und andere bunte Stände garantieren ein äußerst lebendiges Einkaufserlebnis *(Linea A – Halt 4)*.

Nicht allzu weit ist es von hier, in nordwestliche Richtung durch das Gassengewirr, bis zur mächtigen **Kathedrale von Palermo** am Corso V. Emanuele. Sie wurde 1185 auf den Überresten einer byzantinischen Kirche und einer arabischen Moschee errichtet und gilt als eine der wichtigsten normannischen Prachtbauten, die bis heute existieren. Vor allem an der Ostseite sind original aus der damaligen Zeit erhalten gebliebene Fassadenteile zu sehen, während viele andere Bereiche später dem Barock angeglichen wurden. Im Inneren können Sie die Grabkammer der Könige besuchen. Auch der Erzbischof von Palermo, Walter, der die Kirche einst erbauen ließ, liegt hier begraben. Hauptschaustück der Schatzkammer ist die normannische Krone, lohnend ist auch die Tour auf die Dächer mit toller Aussicht über die Stadt *(www.cattedrale.palermo.it, Linea A – Halt 5, Mo. – Sa. 7.00 – 19.00 Uhr, So. von 8.00 – 13.00 und 16.00 – 19.00 Uhr Eintritt frei, Krypta,*

Palazzo dei Normanni, unten tropischer Garten am Palast

*Schatzkammer, Königsgrab, Dächer-Tour einzeln oder als Kombi 9.30–18.00 Uhr, So. ab 10.00 Uhr, zwischen 2–15 €).* Lohnende Einkehr-Stopps in dieser Gegend sind das ***Caffè del Kàssaro*** *(Via Vittorio Emanuele 39)*, ***La Galleria*** *(Salita Ramirez 2)* und die tolle ***Gelateria Dolce Capo*** *(Eis, Via dei Candelei 95).*

Nur wenige Schritte weiter nach Westen schlendern Sie ab der Kathedrale durch den Park der Villa Bonanno zum berühmten **Palazzo dei Normanni** hinüber. Er ist heute Sitz des sizilianischen Parlaments. Die opulent ausgestatteten Privaträume der ehemals von hier aus residierenden Normannenkönige können genauso wie der fantastische Sala di Re Ruggero und die beeindruckende Cappella Palatina besichtigt werden *(www.federicosecondo.org, Linea A – Halt 5, meist 8.30–16.30 Uhr, 15,50 €, Audioguides für 5 € erhältlich, inkl. Privaträume nur Fr.–Mo., dann 19 €).*

Wenn Sie möchten, können Sie im Anschluss südlich des Komplexes noch einen Blick auf die sehenswerte, in einem tropisch anmutenden Garten gelegene Kirche **San Giovanni degli Eremiti** werfen, die zurecht oft als stille Oase inmitten des Großstadttrubels beschrieben wird *(Via dei Benedettini, www.regione.sicilia.it, Mo.–Sa., 9.00–18.00 Uhr, So 9.00–13.030 Uhr, 4 €).* Auch hier befinden sich gastronomische Highlights nicht weit entfernt, so die ***Trattoria Familiare da Michele & Jolanda*** *(Via Cappuccini 12)*, das ***Sfrigola Palermo*** *(Fast Food, Corso Calatafimi 11)* und die ***Pasticceria Cappello*** *(Café, Via Colonna Rotta 68)* wenn es Sie mehr nach Süßem verlangt.

Für den weiteren Weg nehmen Sie das Stadttor Porta Nuova nördlich des Palastes, um zur Piazza Indipendenza zu gelangen.

Folgen Sie von hier aus dem Corso Calatafimi, erreichen Sie nach einem rund 500 Meter langen Wegstück zu-

Castello di Zisa

nächst die **Necropoli Punica**, mit rund 150 Grabkammern der Karthager. Danach schließen sich die Überreste des Castello Cuba an, das einst als eines der schönsten Bauwerke Palermos galt *(www.regione.sicilia.it, Mo.–Do. 9.00–13.30 Uhr, Fr. / Sa. Bis 18.00 Uhr, 3 €)*.

Über die danach quer verlaufende Via Pindemonte ist es nach rechts nicht mehr allzu weit bis zur Kapuzinergruft. Die als **Catacombe dei Cappuccini** besser bekannte unterirdische Kammer stellt ein ziemlich morbides Stück Stadtgeschichte dar. So ließen sich ab dem 16. Jahrhundert und noch bis ins 20. Jahrhundert hinein kirchliche und weltliche Würdenträger nach ihrem Tod mumifizieren und samt ihren Roben in Nischen und Ecken der Anlage für die Ewigkeit aufstellen. Rund 1000 der ehemals sogar 8000 Mumien sind noch vorhanden und blicken recht schaurig auf die Besucher hinab. Als besonders gut erhalten gilt der in einem gläsernen Sarg sichtbare Leichnam der kleinen Rosalia von 1920. Lange sah das Kind aus, als würde es einfach nur schlafen. Erst in den letzten Jahren beginnt auch an dieser Mumie der Zahn der Zeit zu nagen *(www.catacombepalermo.it, 9.00–12.30 und 15.00–17.30 Uhr, 5 €)*.

Über Via Cipressi und dann nördlich über die Vicolo Zisa und rechts durch die Via F. Guerrazzi gelangen Sie zum Giardino della Zisa mit dem **Castello di Zisa** im Hintergrund. Ursprünglich aus arabischer und normannischer Zeit stammend, ist die zwischenzeitlich immer wieder verfallende und neu aufgebaute Anlage heute komplett restauriert und »neu interpretiert mit Bezug zu den Ursprüngen« der Öffentlichkeit zugänglich *(Linea B – Halt 4, Mo.–Sa. 9.00–18.30 Uhr, So. bis 13.00 Uhr, 7 €)*.

Auf der Via Guglielmo II Buono und weiter nach rechts durch die Via Dante Alighieri wandern Sie schließlich zum letzten Punkt Ihres Rundgangs, der **Villa Malfitano-Whitaker**. Der Entdecker des antiken Motya *(siehe Tour Neun)* Joseph Whitaker, schuf sich damit im Jahr 1889 einen vornehmen Stadtpalast auf einem riesigen, grünen Areal. Er war mit allen erdenklichen Raffinessen und Annehmlichkeiten seiner Zeit versehen. Leider wurde durch einen Brand im Jahr 1962 ein Teil der originalen Inneneinrichtung zerstört *(www.villamalfitano.it, Linea B - Halt 3, Mo.–Sa. Mit Führung um 9.15 Uhr / 11.00 Uhr / 12.30 Uhr, Reservierung unter Tel. 091 682 05 22, ab 6 €)*. Das Ristorante ***I Sapori del Mare*** *(Via Re Federico 8)* liegt hier in der Nähe.

Weiter entlang der Via D. Alighieri gelangen Sie schlussendlich zurück zum Ausgangspunkt am Teatro Politeama. Dort treffen Sie am Ende auf eine ganze Reihe an gastronomischen Empfehlungen, um Ihre Stadttour entsprechend ausklingen zu lassen. Unsere Tipps lauten ***Osteria Mercede*** *(Via Pignatelli Aragona 52)*, ***Il Culinario*** *(Via Principe di Belmonte 87)*, ***Quattroventi Comfort Food*** *(Via Enrico Albanese 30)*, ***Bebop Ristorante*** *(Via Riccardo Wagner 3)*, ***Tritalo*** *(Via Príncipe di Belmonte 84)*, ***I Cuochini*** *(Fast Food, Via Ruggero Settimio 68)* und ***Antico Café Spinnato****(Café, Principe di Belmonte 107)*.

***In der Nähe:***
Von Palermo aus können Sie Ausflüge in den Badevorort Mondello oder zum Kloster Santa Rosalia am Monte Pellegrino machen. Mehr dazu finden Sie am Ende des Buches in Kapitel Neun.

## Die sizilianische Mafia Cosa Nostra

Unter allen italienischen Mafia-Organisationen gilt die sizilianische Cosa Nostra (»Unsere Sache«) als die älteste und lange Zeit einflussreichste. An ihrer Spitze steht die »Cupola«, ein Führungsgremium, das wiederum von einem »Boss der Bosse« geleitet wird. Zu den bekanntesten zählten Luciano Leggio *(1925–1993)*, Toto Riina *(1939–2017)* und Bernardo Provenzano *(1933–2016)*. Letzte bekannte Anführer sollen der 80-jährige Settimo Mineo, der im Dezember 2018 festgenommen wurde, sowie Matteo Messina Denaro, der 2023 kurz nach seiner Festnahme an einem Krebsleiden verstarb, gewesen sein. Auf den unteren Ebenen ist die sizilianische Mafia in etwa 180 Familien unterteilt, besitzt wirtschaftlich und militärisch ausgerichtete Flügel, die von verschiedenen »Capos« bestimmt werden. Bis heute hat sie geschätzte 6000 Mitglieder, die sich weit über Sizilien hinaus über ganz Europa verteilen und international agieren. Vor allem mit der amerikanischen Cosa Nostra bestehen enge Verbindungen, aber auch mit Verbrecherorganisationen und Drogenkartellen in Süd- und Mittelamerika sowie in Asien.

Entstanden ist die Cosa Nostra vermutlich aus den Strukturen der Gabelotti im 19. Jahrhundert. Darunter verstand man korrupte Statthalter norditalienischer Großgrundbesitzer, die sich im Laufe der Zeit deren Besitztümer selbst aneigneten und ihren Einfluss so immer weiter ausbauten. Die Organisation bezeichnet sich selbst als »Ehrenwerte Gesellschaft« mit festen Regeln und Gebräuchen. Die Mitglieder auf der höheren Ebene bezeichnet man als »Ehrenmänner«. Als höchstes Gesetz gilt die Omertà – das Schweigegebot allen staatlichen Organisationen gegenüber. Die meisten Familien wohnen noch immer im Raum Palermo. Eine weitere, besonders einflussreiche Familie, die viele Bosse stellte, stammt aus dem Gebiet von Corleone im Inselinneren. Grundsätzlich ist der sizilianische Westen stärker von mafiösen Strukturen durchdrungen als der Osten. Besonders um Messina, Syrakus und Ragusa spielt sie nur eine untergeordnete Rolle.

Während der Rückhalt in der Bevölkerung mit den letzten Jahren schwand und »Anti-Pizzo« (Anti-Schutzgeld) Kampagnen immer größeren Zulauf haben, hat sich auch die wirtschaftliche Ausrichtung geändert. Neben Waffen- und Drogenhandel gehört großflächige Korruption und eine damit einhergehende Vormachtstellung in Bereichen wie dem Bau- und Müllgewerbe zu den Haupteinnahmequellen. Auch Subventionsbetrug scheint äußerst lukrativ zu sein, vor allem wenn entsprechende staatliche Strukturen mitagieren.

Die größten Veränderungen auf Sizilien ergaben sich nach den Mammut-Prozessen gegen hunderte Mitglieder in den 80er und 90er Jahren, die unter anderem durch Staatsanwalt Borsellino und Richter Falcone ausgelöst wurden und erstmals die Mauer des Schweigens durchbrachen. Beide Strafverfolger fielen in den folgenden Jahren Anschlägen zum Opfer.

Auch wenn die Mafia bis heute fest im sizilianischen Sattel sitzt, agiert sie inzwischen weit unauffälliger und bemüht sich um einen möglichst seriösen Anstrich ihrer Geschäfte. Offene Gewalt ist selten geworden und die

**Hafen von Ùstica, unten Wanderweg auf der Insel**

Straßen Siziliens sind für Touristen nicht unsicherer als in anderen Großstädten der Welt. Mit den Geschäften der Cosa Nostra und den Auswirkungen ihres Tuns werden Sie während ihrer Reise nicht oder nur ganz am Rande zu tun bekommen, wenn Sie sich vielleicht fragen, warum manche Dinge auf Sizilien anders zu laufen scheinen als an anderen Orten der Welt: beispielsweise bei der Müllbeseitigung oder Verkehrsführung. Unter dem Strich besteht also kein Grund Angst zu haben oder Sizilien als Reiseziel gar zu meiden.

**Ùstica** *(1.300 Einwohner)*
Mit dem Tragflügelboot können Sie ab Palermos Hafen einen Ausflug zur rund 55 Kilometer entfernten, einsam gelegenen Insel Ùstica unternehmen. Das Wohnmobil mitzunehmen, macht keinerlei Sinn, es gibt auf der Insel auch keine Campinggelegenheit. ***Das ruhige, abgeschiedene Eiland wartet mit einer ganz eigenen Stimmung auf und besteht aus Vulkangestein***. Im eher verschlafenen Hauptort leben die meisten der 1200 Einwohner. Es gibt ein kleines Archäologiemuseum und Sie können an mehreren Stellen

Dom in Monreale

Roller oder Elektrofahrräder mieten, um die Insel entlang der Ringstraße zu erkunden. Unterwegs finden Sie mehrere felsige Badestrände, mit etwas Glück ganz für sich alleine. Beliebt sind die Cala Anfiteatro am alten Leuchtturm und die Cala Acquario. Beide befinden sich im Westen der Insel. Dank des Fischreichtums, vor allem im westlich der Insel errichteten Meeresschutzgebiet, ist Ùstica außerdem ein beliebter Ort für Taucher *(www.libertylines.it, bis zu 4 x täglich, Überfahrt mit Libertylines rund 1h 30 min, hin und zurück ab etwa 50 €, es verkehren auch günstigere, dafür aber mehr als doppelt so langsame Autofähren, mehr dazu unter www.carontetourist.it).*

**Monreale** *(38.700 Einwohner, Markttag Do., Piazza I. Florio)*
Nur wenige Kilometer südlich von Palermo liegt die Stadt Monreale an den Hängen des Monte Caputo. Ihre Hauptsehenswürdigkeit ist der große, im 12. Jahrhundert auf Weisung Wilhelms II. von Sizilien errichtete **Duomo di Monreale**. Der Sage nach war er bei der Jagd eingeschlafen und hatte eine Vision, nach der die Kirche an genau dieser Stelle erbaut werden sollte. Wahrscheinlicher ist aber, dass es um handfeste Politik ging und der Bau als Kontrapunkt gegen den seinerzeit in Palermo herrschenden Erzbischof Gualterius gedacht war.

Sofern Sie nicht mit dem Sightseeing Bus von Palermo aus anreisen, finden Sie unterhalb des Bauwerks einen zentralen

TOUR 1

Besucherparkplatz, der auch für die Nacht dienen kann und gut geeignet ist, um sich in der Altstadt des hübschen Ortes etwas umzusehen. Das es wenig Alternativen gibt, spiegelt sich aber im Preis wider.

## 006 Monreale – *Parcheggio Torres*

**GPS**: N 38°04'45" E 13°17'30", Via Ignazio Florio 9. **Max. WOMOs**: 8 – 10. **Ausstattung**: Toiletten. **Beschreibung**: Asphaltierter, ebener und schattenloser, tags bewachter Parkplatz für Busse und PKWs unterhalb der Altstadt, tagsüber und allgemein in der Hauptsaison allerdings oft überfüllt. Rund 150 m bis ins Zentrum. **Preis**: Tags 4 € / h, zwischen 20.00 und 8.00 Uhr pauschal 10 €. **Zufahrt**: Von Palermo kommend zunächst der SS186 in Richtung Monreale folgen. Unterhalb des Ortes weist ein Schild dann nach rechts in den Ort und zum *parcheggio communale*, den Sie nach gut 400 m links erreichen.

Vom Hauptparkplatz führen an den meisten Tagen durch Händler gesäumte Stufen zur Via Torres hinauf. Rechter Hand betreten Sie den Vorplatz der Kathedrale, gleich dahinter, an der geschäftigen Piazza V. Emanuele, befindet sich der Eingang. *Wenn Sie sich für sakrale Kunst begeistern können, sollten Sie unbedingt einen*

**Monreale, unten Panorama bei Piana degli Albanesi**

*Blick in das Innere werfen*. Besonders faszinierend sind die über 130 Mosaikbilder an Decke und Wänden. Sie sind aus abertausenden kleinen Steinchen geformt und stellen einen biblischen Bilderzyklus dar. Besonders ins Auge sticht der Christus als Weltenherrscher im Altarraum.

In der Kathedrale wurden Wilhelm der I. und II. mit ihren Familien bestattet. Der Zugang zu diesem Bereich, dem Querhaus mit der Cappella del Crocifisso und zur Dächertour, ist kostenpflichtig. Sehr sehenswert ist der große, hinter der Kirche gelegene Kreuzgang. Er umfasst eine Fläche von mehr als 2000 Quadratmeter und zählt mit seinen aufwendigen Verzierungen zu den schönsten in Europa (*www.monrealeduomo.it, Apr.–Okt., Mo.–Sa. 9.00–12.45 Uhr und 14.30–16.45 Uhr, So. nur nachmittags, 4 €*).

**Typisch sizilianisch: Cannoli**

Sehen Sie sich im Anschluss noch etwas in den belebten Straßen rund um die Piazza V. Emanuele um. Über die Via d`Acquisto spazieren Sie rechts zum Aussichtspunkt Belvedere, der einen tollen Panoramablick auf Palermo und die Küste bietet. Vor allem gegen Abend ist der Ort äußerst stimmungsvoll, zur Einkehr empfehlen sich beispielsweise ***Bricco e Bacco*** *(Via Benedetto d`Acquisto 13)*, ***Ciambra Restaurant*** *(Via Benedetto d`Acquisto 18)*, ***Le Barrique*** *(Via Arcivescovado 4)*, ***Osteria Peper`s*** *(Via Cappuccini 6)*, oder die Eisdiele ***Gelizioso Monreale*** *(Eis, Via Vittorio Emanuele 1)*.

**Über Piana degli Albanesi nach Corleone** *(6.200 Einwohner, Markttag Sa., im gesamten Zentrum und 11.200 Einwohner)*
Wenn Sie Lust haben, ein wenig das Hinterland Palermos zu erkunden, können Sie zu dieser Runde aufbrechen. Ihr erstes Ziel ist die kleine Stadt **Piana degli Albanesi**. *Sie ist sowohl berühmt für die typisch sizilianischen, süßen Cannoli*, wie auch als Hauptort der albanisch-stämmigen Minderheit der Arberesh auf Sizilien. Erstere sollen nirgends so gut sein wie hier, zweitere siedeln schon seit hunderten von Jahren beinahe geschlossen in und um die schön oberhalb des gleichnamigen Sees gelegene Gemeinde. Die Hauptkirche **San Demetrio** bietet eine größere Zahl interessanter Ikonen. Cannoli gibt es beispielsweise in der ***Pasticceria di Noto*** *(Via Martiri Portella della Ginestra 79)* und in der ***Extra Bar*** *(Piazza V. Emanuele II 4)*. Fahren Sie mit dem WOMO nicht in den engen Ort hinein, sondern parken Sie außerhalb, zum Beispiel an der Via V. Tozia bei N 37°59'39" E 13°16'58".
Die Rundfahrt steigt dann südlich des Sees als SP 5 an, bis Sie auf die SS118 trifft, der Sie rechts Richtung Corleone folgen. Gleich in der nächsten Kurve können Sie einen Abstecher nach **Figuzza** unternehmen oder besser zum gleichnamigen Waldgebiet gleich benachbart. Im kleinen Ort selbst treffen Sie auf das große, teil-

Due Rocche Wasserfall bei Corleone

renovierte **Jagdschloss König Ferdinands III**. aus dem frühen 19. Jahrhundert, das zuletzt leider wieder geschlossen war. Doch auch von außen lohnt der imposante Palast einen Blick. Gleich rechts daneben befindet sich eine Auffangstation für verletzte Wildtiere. Gegen eine dringend benötigte kleine Spende können Sie dort fast täglich vorbeischauen. Vor allem Vögel sind es, die hier wieder aufgepeppelt werden. Um dann auch noch eine Wanderung anzuschließen, finden Sie am Ortsrand ein paar Parkplätze, auch eine Zwischenübernachtung wäre hier möglich.

007 N 37°52'52" E 13°22'49", Via del Bosco.

Wenn Sie die Straße weiter entlangwandern, sich dann an der ersten Gabelung links und an der nächsten rechts bergan halten, erreichen Sie nach rund zwei Kilometern rechts eine Abzweigung zum Pulpito del Re, dem Königsthron. Angeblich hat hier Ferdinand einst seinen Thron aufstellen lassen, während er zur Jagd war. Archäologische Untersuchungen legen außerdem nae, dass bereits die Sikaner in der Frühgeschichte Siziliens eine Kultstätte an dem markenten Felsen gehabt haben. Zur Einkehr eignet sich das schöne Ristorante im alten Bahnhof gleich unterhalb des Ortes angeschrieben, ***Antica Stazione Ferroviaria*** *(Via Vecchia Stazione)*.

**Corleone** ist sowohl in der Realität als auch cineastisch durch die Paten-Verfilmungen zum Inbegriff eines Mafiasitzes geworden. Die dunklen Tage sind aber inzwischen vorbei und der Einfluss der »La Familia« ist zumindest nach außen gebrochen. Davon zeugt das kleine aber professionell gemachte **Anti-Mafia Museum** im Ort *(Via G. Valenti 7, www.cidmacorleone.it, Mo. – Fr. 10.00 – 17.00 Uhr, Sa. / So. bis 13.00 Uhr, Winterhalbjahr teils kürzer, 8 €, inkl. Führung auf italienisch oder englisch)*. Wer es etwas weniger

TOUR 1

faktenbasiert und dafür unterhaltsamer mag, kann ansonsten auch **The Godfather`s House** etwas weiter südlich besuchen. Auf einer kurzweiligen Runde erkunden Sie die alten Räumlichkeiten und erfahren etwas zur Mafia, aber auch der Region mit ihrem kulturellen, traditionellen und gastronomischen Erbe *(Via Candelora, www.thegodfathershouse.com, Di. – So. 9.00 – 18.00 Uhr, 10 €)*. Ganz hübsch ist ansonsten der kleine Naturpark **Due Rocche** am Südende des Ortes mit einem Doppelwasserfall, der allerdings im Sommer meist nur noch als Rinnsal vorhanden ist. Er ist überall im Ort beschildert. Parkmöglichkeiten in Corleone finden Sie nahe dem Friedhof an der Via Guadia beidseits der Straße, N 37°49'00" E 13°17'39".

Eine Runde wird aus dem Ausflug, wenn Sie nun die Runde nach Nordwesten in Richtung **San Giuseppe Jato** fortführen, um von da auf der SS624 nach Palermo zurückzufahren. Nahe dem Ort können Sie noch die Archäologischen Ausgrabungen am **Monte Iato** besuchen. Sie liegen auf einem 850 Meter hohen Plateau und gehen bis auf das siebte Jahrhundert v. Chr. zurück. Ursprünglich vermutlich von der indigenen Bevölkerung gegründet, vermischte sich diese im Lauf der Zeit mit griechisch und römischstämmigen Siedlern, was durch die verschiedenen Gebäudearten und Stilrichtungen belegt ist. Bewohnt war die Stadt unter dem Namen Giato bis ins Mittelalter, als Friedrich II. sie 1246 zerstörte und die übrigen Bewohner ans Festland deportierte *(Parkplatz bei N 37°58'03" E 13°12'45", Contrada Perviata, Mo. – Sa. meist 9.00 – 16.00 Uhr, So. bis 13.00 Uhr, 2€)*.

**Bagheria** *(55.400 Einwohner, Markttag Mi., Via Bagnera)*
Unterhalb der Landspitze **Kap Zafferano** liegt östlich von Palermo die Stadt Bagheria. Sie ist für ihre vielen schönen Villen bekannt. Der Ort entstand ab dem 17. Jahrhundert rund um die einst mit großen Parks umgebenen Herrenhäuser. Die meisten sind in Privatbesitz oder wurden zu Gastronomie- und Veranstaltungsorten umgenutzt. Die auffälligste ist sicher die **Villa Pallagonia** mitten im Zentrum. Sie wurde einst mit über 200 monströsen Fabelwesen verziert. Heute sind noch rund 60 übrig. Individual-Besichtigungen sind nicht immer möglich, mehr Infos zum aktuellen Programm bietet die Website. Die **Villa Cattolica**, nördlich des Zentrums, ist heute Sitz des Museo Guttoso. Es zeigt vor allem Werke des aus Bagheria stammenden gleichnamigen Künstlers *(Villa Pallagonia: Piazza Garibaldi, wenig Parkraum, nur rund um den Platz bei N 38°04'44" E 13°30'45", www.villapalagonia.it, Apr. – Okt. meist 9.00 – 13.00 und 16.00 – 19.00 Uhr, Winter nachmittags 15.30 – 17.30 Uhr, €€, Villa Cattolica: N 38°05'22" E 13°30'07", Via Ramacca 9, www.museoguttoso.com, Di. – So. 9.00 – 18.00 Uhr, Winter bis 17 Uhr, 8 €)*. Neben den Villen bietet die quirlige Stadt eine ganze Reihe

guter Lokalitäten, wie die ***Antica Focacceria dal 1856*** *(Piazza Sepolcro 18)*, das ***Fratelli Piombino*** *(Via Giuseppe Scordato 2)*, das ***Don Ciccio*** *(Via del Cavaliere 87)* und die Eisdiele ***Dolce Gelato*** *(Eis, Via Alcide De`Gaspari 61)*.

Ein interessanter Ausflug ab Bagheria führt in den nördlich gelegenen, kleinen Küstenort **Aspra**. In einem ehemaligen Fischverarbeitungsbetrieb wurde das **Sardellenmuseum Museo dell`Acciuga** eingerichtet. Auf einer kurzweiligen und musikalisch untermalten Führung erfahren Sie alles zur Herstellung und Lagerung der meist in Gläsern und Dosen verkauften Fischchen, Einkaufsgelegenheit natürlich inklusive *(N 38°06'07" E 13°29'57", Str. Comunale Cotogni 86, www.museodellacciuga.it, Mo. – Sa. 9.30 – 12.30 Uhr, Voranmeldung sinnvoll, Eintritt frei, Spende erbeten)*.

Östlich der Stadt führt eine gewundene Straße zu den Ausgrabungen von **Solunto** am Monte Catalfano hinauf. Zwar fehlen die ganz großen Tempelbauten. *Doch die schöne Lage, die meist wenigen Touristen und die interessante Geschichte dieses Ortes, garantieren einen lohnenden Aufenthalt*. Ursprünglich als »Kafara« gegründet, war die Siedlung vermutlich zuerst ein phönizischer Handelsstützpunkt. Später hinterließen Karthager, Griechen und Römer ihre Spuren. Sie errichteten an oder auf den bestehenden Gebäuden ihre Bauwerke. Während viele der gro-

**Kap Zafferano, oben Ausgrabungen von Solunt**

TOUR 1

ßen, heute noch gut erkennbaren Häuser, römischen Ursprungs sind, stammt der Tempel am höchsten Punkt, aus punischer Zeit von den Karthagern. Im Museum unterhalb können Sie eine ganze Reihe an Fundstücken aus Solunto ansehen *(N 38°05'29" E 13°31'56", SP56, www.regione.sicilia.it, etwa Feb. bis Okt. Mo. – Sa., 9.00 – 17.30 Uhr, So. von 9.00 – 13.00 Uhr, Winter nur bis 12 Uhr, 2 €).*

Unterhalb des Felsens mit den Ausgrabungen, liegen die kleinen Ortschaften **Porticello** und **Capo Zafferano**. Meist geht es hier eher ruhig zu. Bei einem Spaziergang bis zum Zafferano Kap und dem dortigen Leuchtturm bieten sich viele schöne Ausblicke. Entlang der Hafenbucht gibt es oft Parkbuchten und eine größere Stellfläche, die auch für die Nacht möglich ist, kleinere Strände sind nicht weit entfernt. Alternativ wartet der Campingplatz Olimpo auf Gäste.

008 N 38°05'31" E 13°32'24", Piano Stenditore

### 009 Santa Falvia – *Camping Olimpo*

**GPS/Kontakt**: N 38°05'50" E 13°31'59", Via Litoranea, Santa Flavia, Tel. 0327 933 76 26, www.campeggioolimposantaflaviapalermo.it. **Öffnungszeiten**: Mai – September. **Ausstattung**: WLAN, Spielplatz, Shop. **Beschreibung**: Teils durch Bäume beschatteter, terrassenförmig angelegter Platz auf Naturboden am Hang, recht ruhig, meist recht eben, es werden Exkursionen in die Berge veranstaltet. **Preis**: 25 – 35 € **Zufahrt**: Etwa 2,2 km nachdem Sie links auf die SP23 in Richtung Capo Zafferano abgefahren sind, befindet sich die beschilderte Zufahrt linker Hand.

Für die Weiterfahrt folgen Sie der aussichtsreichen SS113 in Richtung Cefalù. Ein Zwischenstopp bietet sich beispielsweise in San Nicola an. Auf dem großen Parkplatz neben dem Jachthafen können Sie mit dem Wohnmobil über Nacht stehen. Dahinter

**Hafen von San Nicola**

finden Sie eine Café-Bar mit schöner Außenterrasse. Baden ist hier aber nur etwas für Puristen, der schmale Uferstreifen ist wenig einladend. Ein weiterer Parkplatz direkt am Meer mit benachbartem Gasthaus findet sich kurz darauf in **Trabia** nach einer kurzen, etwas steilen Abfahrt, wenn Sie unbedingt freistehen möchten – aber auch nur dann.

**Stellplatz 010 und 010a**

010 N 38°01'02" E 13°36'50", Via Valverde

010a N 38°00'00" E 13°38'55", Discesa Tonnara

**Caccamo** *(8.200 Einwohner)*
Hinter Termini Imerese schlängelt sich, rechts ab, die SS285 über 500 Meter aufwärts in den gedrängt auf einer Kuppe erbauten Bergort Caccamo. Direkt am Ortsbeginn steht für Sie ein übernachtungsgeeigneter Parkplatz zur Verfügung. Sparen Sie sich auf jeden Fall weiterzufahren. Selbst die Durchgangsstraße ist sehr eng und alles andere als ein Spaß mit einem durchschnittlichen Wohnmobil.

011 Caccamo

**GPS**: N 37°56'02" E 13°39'40", Str. Statale 285. **Max. WOMOs**: 15. **Ausstattung**: Entsorgungsklappe für Grauwasser, Toiletten (nur in der Saison geöffnet), Mülleimer. **Beschreibung**: Teils gepflasterte Parkfläche am Ortsbeginn. Nicht ganz leise, eben, teils schattig, 300 m ins Zentrum. **Zufahrt**: Kurz vor Termini Imerese ist Caccamo rechts über die SS285 angeschrieben. Gleich nach Ortsbeginn auf der rechten Seite.

Hauptsehenswürdigkeit ist das **Castello di Caccamo**. *Die einstige Normannenburg thront, weithin sichtbar, trutzig auf einem Felssporn*. Bereits im 14. Jahrhundert verfallen, baute die Familie Chia-

ramonte sie neu auf. Sie ist bis heute gut erhalten und die verschiedenen, zumindest teilweise ausgestatteten Räume kann man besichtigen. Ein kurzer Fußweg führt zum Eingang. Unterwegs passieren Sie das kleine »**Haus im Fels**« mit Gelegenheit zu einer urigen Wein- und Delikatessenverkostung *(Via del Castello, www.castellodicaccamo.it, 9.00 – 12.30 Uhr und 14.30 – 18.30 Uhr, 6 €).*

Wer Lust verspürt, macht im Anschluss einen Spaziergang durch das authentische Caccamo. Abgesehen von ein paar stillen Winkeln und den teils schön ausgestatteten Kirchen gibt es jedoch wenig Außergewöhnliches zu entdecken. Zur Einkehr laden unter anderen das ***A`Castellana*** *(Piazza dei Caduti 4)*, das ***Il Borgo****(Via Amilcare 13)* und das ***Caffe Royal*** *(Café, Corso Umberto Primo 1)*

**Termini Imerese** *(26.100 Einwohner, Markttag Do., Piazza Amarina)* Wie der Name sagt, sorgen in Termini Imerese seit der Römerzeit heiße Quellen für Wohlbefinden und Badevergnügen. Das Wasser sprudelt noch heute, nur sank irgendwann das Interesse am Badebetrieb oder andere Kräfte sorgten für ein Ende der Nutzung – wer weiß das schon so genau... So ist das Grand Hotel, in welches die Anlagen integriert ist, trotz weitgehend beendeter Renovierungsarbeiten, noch immer geschlossen.

Viele Besucher kommen daher heute vor allem zum Karneval. Die Stadt ist eine der drei Hochburgen dieses alljährlichen Spektakels auf Sizilien. Auch Fähren vom Festland legen hier an und machen die Stadt heute zu einem Warenumschlagplatz. Die

**Caccamo, oben Burgzugang**

Altstadt ist nicht uninteressant und zieht sich nach Nordwesten den Hügel hinauf. In der Oberstadt haben Sie vom Belvedere oder dem Castello einen schönen Blick. Den Dom und Reste eines Amphitheaters kann man hier ebenso besichtigen. In der Unterstadt befindet sich ein Großteil der Geschäfte und das bereits erwähnte Thermenhotel. Einen Nachtstellplatz finden Sie gleich hinter dem Hafenbereich.

**Blick bei Himera**

### 012 Termini Imerese

**GPS**: N 37°59'15" E 13°42'06", Viale dei D`Aragona. **Max. WOMOs**: 2 – 3. **Ausstattung**: Keine Einrichtungen. **Beschreibung**: Asphaltierter Parkplatz nahe dem Hafen hinter einer Tankstelle. Meist relativ ruhig, 450 m bis in die Ortsmitte. **Zufahrt**: Von der SS113 kommend Termini Imerese durchfahren und gegen Ende links Richtung Porto abbiegen. Immer den Schildern nach, unterqueren Sie nach kurzer Zeit rechts die Bahnlinie und fahren nach der Grünanlage linker Hand bei der ersten Gelegenheit links und nun immer, mit dem Bahndamm zur Linken, geradeaus. Vor der Tankstelle biegen Sie rechts zum Stellplatz ab. **Hinweis**: Alternativ bietet sich auf Anfrage und am besten gegen Einkehr auch das Übernachten am Parkplatz mit kleinem Strand neben dem Restaurant Lanterna an. Hier ist es aber nachts teils etwas unruhig und laut, N 37°59'25" E 13°42'06", Via Lungomolo.

Nicht allzu weit entfernt können Sie weiter östlich, kurz nach einem hässlichen Industriegebiet, direkt an der SS113 einen Stopp bei den Ausgrabungen von **Himera** einlegen. Die griechische Siedlung am gleichnamigen Fluss wuchs im sechsten Jahrhundert v. Chr. zu beachtlichen Ausmaßen heran, lag aber unmittelbar an der Grenze zu dem von Karthago beherrschten Westteil Siziliens. Dies führte 480 v. Chr. zur Schlacht von Himera, einer der größten dieser Zeit. Das zahlenmäßig überlegene Heer Karthagos verlor gegen die Griechen. Diese errichteten nach dem Sieg gleich mehrere diesem Ereignis geweihte Tempel. Sehr lange sollte die Freude nicht wehren. Schon wenige Jahrzehnte später schlugen die Karthager zurück und machten Himera 409 v. Chr. dem Erdboden gleich. Die Überreste können Sie im Himerapark links der Straße

**Strand von Campofelice di Roccella, unten Ausgrabungen von Himera**

samt moderner Ausstellung und im älteren Museum an den höher gelegenen Ausgrabungen rechts der Straße besichtigen. Ein großer Parkplatz mit direktem Zugang zu beiden Bereichen befindet sich hinter einem einstigen Mafiagebäude, heute das Restaurant Baglio Himera, bei N 37°58'23" E 13°49'24" *(www.regione.sicilia.it, Mo – Sa, 9.00 – 18.30 Uhr, Winterhalbjahr bis 17.30 Uhr, So, 9.00 – 13.00 Uhr, 5 €)*.

Den Dörfern **Campofelice di Roccella** und **Lascari** vorgelagert sind über die Jahre langgezogene, mit Privat- und Ferienhäusern, Hotels und Pensionen verbaute Badeorte entstanden, die außerhalb der Hochsaison meist wie ausgestorben und trist wirken. Falls Sie beschließen, sich hier für eine Weile am Sandstrand niederzulassen, versuchen Sie, im ersten Trabanten **Solfarelli**, am Lungomare, einen Parkplatz zu bekommen, ab N 37°59'33" E 13°52'00". Wenn Sie über Nacht bleiben wollen, bleibt nur der einfache Campingplatz Roccella Mare, da die Promenade zumindest während der Saison mit Nachtparkverboten versehen ist. Zeitweise erlaubt auch der Parkplatz Mediterraneo das einfache über Nacht stehen auf seinem Gelände.

013 N 37°59'38" E 13°52'15", Lungomare del Mediterraneo, 10 €

### 014 Campofelice di Roccela – *Camping Roccella Mare*

**GPS/Kontakt**: N 37°59'51" E 13°52'47", Lungomare del Mediterraneo 31, Tel. 0333 299 64 21, www.campingroccellamare.com. **Öffnungszeiten**: Juni – Sep. **Ausstattung**: Campingplatzüblich, Waschmaschine, Sportgelegenheiten. **Beschreibung**: Sauberer mittelgroßer Platz direkt am Strand, recht ruhig und eben, teils schattig, Einkaufsmöglichkeiten und Restaurant in der Nähe, rund 900 m in den Ort. **Preis**: 25 € **Zufahrt**: Der Uferstraße nach Osten folgen, dann rechter Hand angeschrieben.

Nur eine Abfahrt weiter, in **Piana Calzata** sieht es mit Strandparkern noch schlechter aus, da nur dicht bebaute, schmale Stichstraßen zum Meer führen. Sie können aber zwischen dem etwas nüchternen, aber sauberen ***Stellplatz Baia del Sole*** **55** mit direktem Strandzugang und dem ***Campingplatz Praia Mare*** wählen. Letzterer bietet ein paar beschattete WOMO-Plätze an, liegt ebenfalls am Stand und ist etwas gemütlicher.

015 N 38°00'18" E 13°54'15", Via die Normanni 127, Tel. 0366 745 37 40, Ver- / Entsorgung, Strom, Toilette / Dusche, Waschmaschine, ganzjährig geöffnet, 15 – 25 €

Traumlage zwischen Meer und Fels: Cefalù

016 N 38°00'32" E 13°54'46", Via Madonnina 91, Tel. 0347 360 20 10, www.campingpraiamare.com, März–Okt., alle Einrichtungen, WLAN, Pizzeria und Minimarkt, 25–30 €.

Erst in **Gorgo Lungo** gibt es einen etwas größeren Parkplatz am Ende der Via Gorgo Lungo mit direktem Strandzugang und Nachtparkverbot, das aber nur während der Saison kontrolliert wird, N 38°00'44" E 13°54'59".

In **Piane Vecchie** ist die Abfahrt zum schönen **Lido Salinelle** für die meisten WOMOs bewältigbar. Da der Parkplatz klein und oftmals überlastet ist, stehen etwa zwischen Ende Mai und Mitte September zusätzliche Flächen in der schmalen Via Gelso bereit. Auf Anfrage lässt Sie der Parkwächter auch über Nacht bleiben. Mit größeren Fahrzeugen prüfen Sie sicherheitshalber vorher, ob offen ist, bevor Sie in die Straße einfahren, da es sonst mit Wendemöglichkeiten schlecht bestellt ist.

017 N 38°01'12" E 13°56'01", Via Gelso, 5 €.

**Cefalù** *(14.300 Einwohner, Markttag Sa., Via Pietragrossa)*
*Die tolle Lage am Meer mit dem 270 Meter hohen Burgfelsen »Rocca Cefalù« im Hintergrund, ein feiner Sandstrand und die wirklich sehenswerte Altstadt mit dem Dom machen Cefalù zu einem der Besuchermagneten Siziliens.* Schon seit der Antike wird hier gesiedelt, sowohl die Griechen, die Römer und die Araber hatten

eigene Namen für den Ort, die heutige Bebauung des Zentrums reicht teilweise bis ins Mittelalter zurück. Immerhin, in der Vor- und Nachsaison werden Sie recht problemlos einen Park- oder Übernachtungsplatz finden, ansonsten kann es schon mal schwerer werden. Die erste Gelegenheit bietet, einige Kilometer vor dem Zentrum, ein schön gelegener Campingplatz mit eigenem Strandzugang, die erste Wahl für einen Aufenthalt über Nacht.

### 018 Cefalù – *San Filippo*

**GPS/Kontakt**: N 38°01'37" E 13°58'57", Contrada da Ogliastrillo, Tel. 0921 42 01 84, www.campingsanfilippo.com. **Öffnungszeiten**: April – Oktober. **Ausstattung**: Bar, Minimarkt, Geldautomat, Auto-/Fahrradverleih, Sportmöglichkeiten, Ausflugsangebot. **Beschreibung**: Schattige, meist recht ebene und terrassierte Stellplätze auf Schotter und Naturboden, teils etwas eng für große Fahrzeuge zum Rangieren, schön gestaltet, etwa 4 km ins Zentrum, Busverbindung vorhanden. **Preis**: 22 – 40 €, Ermäßigung mit Sicily Camping Tour und Sicily Camping Card.
**Zufahrt**: Auf der Straße 113 in Richtung Cefalù fahren. Wenn Sie kurz vor dem Ort die Gleise linker Hand begleiten, folgen Sie den Schildern links hinab zum Übergang und der Einfahrt zum Platz. **Hinweis**: Ist der Platz besetzt befindet sich direkt daneben noch ein weiterer großer Campingplatz, Costa Ponente, www.camping-costaponente.com.

Direkt in Cefalù finden Sie große Parkplätze am Lungomare Giuseppe Giardina, gleich an der Strandpromenade nahe dem Zentrum. Sie können dort auf Anfrage teils über Nacht bleiben, jedoch alles nur in der Nebensaison. Die Stellflächen an der Straße sind ebenfalls seit einiger Zeit für Camper verboten. Ein privater Platz ein paar hundert Meter weiter schafft Abhilfe.

TOUR 1

## 019 Cefalù – *Central Park Cefalù*

**GPS**: N 38°01'58" E 14°00'33", Lungomare G Giardina. **Max. WOMOs**: 16. **Öffnungszeiten**: Mitte Apr. – Mitte Okt. **Ausstattung**: Wasser, WLAN. **Beschreibung**: Große Schotter-Erdfläche direkt an der Uferstraße, nicht ganz eben, tags bewacht, teils etwas Schatten, 900 m in die Ortsmitte. **Preis**: 20 €. **Zufahrt**: Von der SS113 kommend fahren Sie nach Cefalù. Die Hauptdurchfahrtsstraße ist für Camper gesperrt. Sie müssen vor dem Verbotsschild zunächst rechts fahren und der Einbahnstraße, vorbei am Bahnhof, folgen. Wenn die Umfahrung wieder auf die Hauptstraße stößt, fahren Sie links und werden automatisch rechts ab in Richtung Promenade geleitet. Steuern Sie bei erster Gelegenheit links und dann immer geradeaus, zur Uferstraße und zur Einfahrt des Parkplatzes linker Hand.

**Hinweis**: Eine weitere Park- und Übernachtungsgelegenheit folgt direkt danach bei N 38°01'58" E 14°00'30", ***Parcheggio Oasi***.

### Unterwegs in Cefalùs Altstadt

Beginnen Sie Ihren Rundgang an der Strandpromenade, halten Sie sich von dort aus immer geradeaus in die Altstadt, die nördlich zwischen Strand und Burgfelsen beginnt. Vorbei an der **Chiesa di San Nicola** rechter Hand folgen Sie der Via Bagni Cicerone. Links können Sie einen Blick ins **Lavatoio Medievale**, ein mittelalterliches Waschhaus werfen. Die Steinbecken und -bretter wurden bis ins 20. Jahrhundert hinein von Einheimischen genutzt.

**Unten: nur einer der Strände von Cefalù, rechts: unterwegs in der Altstadt**

Rechts machen Sie kurz danach - bei Interesse - einen Abstecher in die Via Mandralisca zur gleichnamigen Villa, um das **Mandralsica Kunstmuseum** zu besuchen. Es zeigt interdisziplinär Malerei, Münzen, Möbel und archäologische Fundstücke *(www.fondazionemandralisca.it, Juli / Aug. 9.30 – 22.00 Uhr, Juni / Sep. bis 19.00 Uhr, sonst nur Di. – So, teils Mittagspause, 8 €)*. Vorbei an kleinen Läden, Cafés und Restaurants spazieren Sie ansonsten geradeaus, bis Sie am Ende linker Hand den alten Hafen mit der Mole und einem weiteren, kleinen Strand erreichen. Am Ende der Betonmauer bietet sich ein schönes Fotomotiv von Cefalù. Sie können durch einen Torbogen an der Mole schlüpfen und über den dahinter gelegenen, mal betonierten, mal sehr felsigen Pfad direkt am Wasser weitergehen oder parallel dazu die mit Restaurants gesäumte Via C. Ortolani di Bordnaro einschlagen. Versuchen Sie bei Bedarf das ***A`Marina*** *(Via Carlo Ortolani di Bordonaro 102)*, das ***Tentazioni Méditerranée*** *(Via Carlo Ortolani di Bordonaro 23)*, die ***Locanda del Marinaio*** *(Via Porpora 5)* oder ***Santa Lucia Gelateria*** *(Eis, Via Porpora 1)* für eine Abkühlung. In beiden Fällen gelangen Sie zur Piazza Francesco Crispi mit der **Chiesa Santa Maria dell`Odigitria** und der vorgelagerten **Capo Marchiafava Bastion**. Bei gutem Wetter reicht der Blick von hier aus bis nach Palermo im Westen und zu den Liparischen Inseln im Nordosten.

Vom Platz aus zurück zur Straße, dort links und gleich wieder rechts in den Corso Ruggero, kommen Sie zum mit Cafés gesäumten, stimmungsvollen Domplatz mit der **Kathedrale** und dem Kloster am Ende. Ganz vorne befindet sich an

**Dom von Cefalù**

Stelle eines ehemaligen Benediktinerklosters das Rathaus und links der **Erzbischofspalast** aus dem 18. Jahrhundert. Der Dom war einst als Grablege der Normannenkönige gedacht. Da ihr Stifter, König Roger II., vor Ende der Bauarbeiten im Jahr 1154 verstarb, kam es anders. Die ihm nachfolgenden Staufer hatten andere Pläne und die prachtvollen, dafür gefertigten Sarkophage wurden umgebettet. Sie stehen heute in der Kathedrale von Palermo. Nicht verpassen sollten Sie das Bildnis Christus im Altarraum. Es gilt als größter Schatz des Doms *(www.duomocefalu.it, Juni – Sep. 10.00 – 13.00 Uhr und 15.00 bis 19.00 Uhr, Mai / Okt. / Nov. nur bis 18.00 Uhr, ab 12 €).* In der Umgebung des Doms befinden sich auch weitere Gastro-Empfehlungen, so das ***Passafiume Cantina*** *(Via Passafiume 6)*, das ***Ristorante Le Chat Noir*** *(Via XXV Novembre 17)*, die Restaurants ***La Brace*** *(Via XXV Novembre 10)* und ***Galleria*** *(Via Mandralisca 23)*, sowie das ***Pizzica*** *(Fast Food, Corso Ruggero 122)* wenn es nur eine Kleinigkeit zwischendurch sein soll.

Weiter entlang des Corsos Ruggero passieren Sie das Informationsbüro des Parco delle Madonie. Wenn Sie vorhaben, in dem schönen Berggebiet auf Tour Zwei eine Wanderung zu machen, sollten Sie sich hier eine Wanderkarte mitnehmen und sich gegebenenfalls weitere Informationen geben lassen. Eine bessere Möglichkeit finden Sie später nicht. An der nun folgenden, etwas zurück gebauten **Chiesa del Purgatorio** ergibt sich ein weiteres, schönes Fotomotiv. Ob Sie nun rechts die Via Nicola Botta oder eine der nächsten vier Straßen nach rechts wählen, um im verkehrsberuhigten Altstadtbereich zu bleiben und zurück zur Via V. Emanuele zu gelangen, bleibt Ihnen überlassen. Dort nach links erreichen Sie am Ende wieder die Promenade und Ihr Fahrzeug. Letzte sehr empfehlenswerte Restaurants in diesem Bereich sind das ***Capriccio Siciliano*** *(Via Umberto I 22)*, das ***Triscele*** *(Via Umberto I 34)* oder das ***Mas Que Nada*** *(Via Discesa Paramuro 5).*

## Rundwanderung am Rocca Cefalù *(etwa 4 km)*

*Wer die schöne Rundwanderung zur Festung am Felsen* machen möchte, startet am Domplatz. Rechts neben der Kirche vorbei, schlagen Sie am Ende des

Ruinen am Rocca Cefalù

Weges die Via Monsignore Misuraca nach rechts ein und halten sich am Ende links, um den eigentlichen Aufstieg anzugehen. Der gemauerte Weg mit einer Übersichtskarte des Geländes ist mit vielen Stufen versehen. In Serpentinen geht es bald, meist schattig, deutlich steiler bergauf. Nachdem Sie den ersten Mauerring passiert haben, folgt am zweiten Ring ein quer verlaufender Weg. Nach links erreichen Sie eine Zisterne und eine ehemalige Wachstube. Der Hauptweg führt weiter geradeaus, doch nach rechts ist der **Dianatempel** angeschlagen, dem Sie einen kurzen Besuch abstatten sollten. Er stammt aus dem neunten Jahrhundert v. Chr. und bis heute ist unbekannt, wem er einst tatsächlich geweiht war. Zurück am Hauptweg gehen Sie bis zum **Aussichtspunkt Belvedere** mit weitem Blick über Stadt und Küste. Links um den Berg herum setzen Sie den Weg dann fort, bis Sie an der Westseite auf einen quer verlaufenden Pfad treffen. Sie können nun entweder absteigen oder nach rechts das letzte Stück zur **Burgruine** am Gipfel in Angriff nehmen. Sie wurde erstmals von den Normannen unter Friedrich II. erbaut und später, zu Zeiten der spanischen Herrschaft des Hauses Aragon, erweitert.

Zurück an der Gabelung halten Sie sich rechts und steigen zum bereits bekannten Hinweg ab, dem Sie schließlich über die gemauerten Treppenstufen nach links, zurück in den Ort, folgen. Diesmal bleiben Sie aber geradeaus und folgen dem Salita Saraceni bis zum Corso Ruggero. Rechts gelangen Sie zum Dom zurück, geradeaus zur Strandpromenade.

# Tour 2

Cefalù
Tour 1
020
021
022
023
113
Finale
Pollina
Villa
Magi
043
WC
Tour 3
A20
Castel di
Tusa
Santo Stefano d.C.
Gibilmanna
025
024
026
Gratteri
286
52
Castel-
buono
Collesano
Isnello
027
Gole Tiberio
Parco Reg.
Nebrodi
028
029
54
Parco Reg.
delle Madonie
P
Mistretta
1794 m
M. d. Cervi
Piano Battaglia
030
60
117
1566 m
M. Castelli
643
1912 m
M.S.Salvatore
1660 m
P. Catarineci
Geraci
Siculo
Madoniemus.
Polizzi
Generosa
031
Petralia
Sottana
Ris. Nat. Orientata
Sambughetti
Campanito
Petralia
Soprana
033
Gangi
Castellana
Sicula
032
034
120
120
170
Blufi
035
Madonna dell Olio
1313 m
M. Quatro Finale
Sperlinga
A19
Nicosia
290
P
Alimena
Ressuttano
18
112
117
Ris. Nat.
Monte
Altesina
Nissoria
Santa
Catarina
Vilarmosa
Leonforte
121
Assoro
290
Necropoli
Realmese
Villarosa
Calascibetta
036
57
Sicilia
Outlet
Village
122b
121
Enna
041
037
A19
640
561
117b
192
San
Cataldo
Perigusa
122
038
WC
040
WC
Caltanissetta
Parco Grottacalda
117b
039
4
Valguanera
Caropepe
640
Tour 7
560
Radus
N
Pietraperzia
Morgantinaa
288
10 km
Barrafranca
Tour 7
Aidone
Piazza
Armerina
13
626
190
117b

## Provinz Enna-Nord

360 km

**Auch wenn die Straßen im Inland Siziliens, abgesehen von den Hauptverkehrswegen, oft kurvig und manchmal ganz schön holperig sind, lohnt ein Abstecher. Vor allem, wenn Sie vorhaben, in den stillen Weiten der Madonie zu wandern oder interessante Bergorte wie Enna zu besichtigen. Shoppingbegeistere kommen in Siziliens einzigem Outlet-Center auf ihre Kosten. Falls Sie dagegen lieber an der Küste bleiben, treffen Sie unter anderem auf Badegelegenheiten.**

- **Gole Tiberio**
- **Naturpark Madonie**
- **Castelbuono**
- **Gangi und die umliegenden Bergdörfer**
- **Provinzhauptstadt Enna**
- **Sperlinga**

### (Kurz)variante 1: Entlang der Küste

Wer das Landesinnere auslassen möchte, folgt einfach der Küstenstraße **SS113**. Sie verläuft, genau wie die Bahntrasse, größtenteils direkt am Meer. Die Route garantiert schöne Ausblicke, die Anzahl gut zugänglicher Strände ist aber begrenzt. Wenn Sie eine Bucht erspähen, gibt es meist nur schmale Parkstreifen am Straßenrand, die für Wohnmobile nicht ideal sind. Einen ersten größeren Parkplatz, rechter Hand, besitzt der hübsche, grobsandige ***Torre Conca***-Strand bei **Finale Pollina**, auch beim Schnorcheln gibt es hier etwas zu sehen. Am Parkplatz oberhalb kann man eine Nacht verbringen. Für längere Aufenthalte passieren Sie wenige hundert Meter weiter einen Campingplatz.

**020** N 38°01'19" E 14°08'25", SS113, 1 € / h

### 021 Finale Pollina – *Camping Rais Gerbi*

**GPS/Kontakt**: N 38°01'22" E 14°09'14", SS113, Tel. 0370 351 09 06, www.raisgerbi.it. **Öffnungszeiten**: April – Oktober.
**Ausstattung**: Waschmaschine, WLAN, Spielplatz, Pool, Restaurant / Bar, Minimarkt, Sportmöglichkeiten, Brötchenservice, Fahrradverleih.
**Beschreibung**: Größerer, gepflegter Platz mit ebenen, teils schattigen Stellflächen auf Beton oder Kies, Meerblick mit Aufpreis, ruhig, sauber, schmaler Strand gleich unterhalb, 600 m in den Ort, Ermäßigung mit ACSI oder ADAC Camping Karte. **Preis**: 27 – 33 €, im August nur wochenweise. **Zufahrt**: Direkt an der SS113 linker Hand.

Torre Conca Strand, Stellplatz 20

Wenn Sie es gerne einsamer mögen, finden Sie am Weiler **Costa Turchina** links ab in Richtung *stazione* Gelegenheit, bis fast ganz ans Wasser zu fahren. Dort stehen Sie meist sehr ruhig und auch der Unrat, der den Platz früher wenig einladend machte, war zumindest zuletzt gänzlich beseitigt. Zum Baden sollten Sie aber besser ein paar hundert Meter weiter nach Westen gehen, da hier ein Fluss mit ungewissem Zufluss mündet.

022 N 38°01'12" E 14°10'43"

Zuletzt gelangen Sie dann noch durch **Castel di Tusa**, bevor Sie Anschluss an Tour Drei haben. Der Strand ist nur bedingt einladend, beste Möglichkeit hier über Nacht zu bleiben ist der einfachere, aber ganz gemütliche Campingplatz ***Lo Scoglio*** kurz zuvor.

023 N 38°00'36" E 14°13'59", SS113, Tel. 0921 99 40 78, www.loscoglio.eu, Apr. – Sep., Bar, Minimarkt, Spielplatz, 16 – 38 €

**Abenteuertouren im Geopark Gole Tiberio**

Wer zumindest einen kleinen Eindruck vom Madonie Naturpark erhalten möchte und Lust auf ein wenig actiongeladene Aktivität hat, ohne tiefer ins Landesinnere vorzudringen, macht kurz nach Pollina rechts über die SP52 und später SP60 in Richtung Gangi einen Abstecher zur Gole Tiberio. Ein wirklich schmales Sträßchen führt, zuletzt ungeteert, auf rund 1,5 Kilometern von der Hauptstraße bis zum Picknickplatz Rocca mit Kiosk, Toilette, Dusche und

Umkleidekabinen *(parken kostenpflichtig)*. Von hier aus nehmen Sie auf eigene Faust einen kleinen Natur-Trail in Angriff oder brechen je nach Jahreszeit mit den Guides des Geoparks zu geführten Schlauchboottouren, 4-stündigen Wanderungen, größtenteils im (!) Flussbett oder zu Rafting Touren auf. Eine Übersicht der Angebote, Zeiten und relativ moderaten Preise bietet die Website. Eine Vorabreservierung für Aktivitäten ist nötig *(Abfahrt bei N 37°57'24" E 14°09'37", www.goleditiberio.com, Aktivitäten ab etwa 20 €)*.

**Variante 2: In die Madonie über Gibilmanna**

Für diese Variante folgen Sie von Cefalù aus zunächst den Schildern in Richtung Autobahn und halten sich am Kreisverkehr links. **Gibilmanna** ist von hier aus angeschrieben. Achtung, zuletzt war

**Gole Tiberio, oben Wallfahrtskirche Gibilmanna**

TOUR 2

Stellplatz 24

wegen Straßenschäden die Auffahrt nur noch bis maximal 3,5 Tonnen erlaubt. Über eine ganze Reihe teils aussichtsreicher, aber steiler Kehren, klettern Sie Stück für Stück bergauf. Die schmale SP54bis bleibt jedoch stets gut befahrbar. Schließlich weisen Schilder den Weg, links ab zum **Wallfahrtskloster**. Es gibt gleich mehrere Parkflächen, die am weitesten unterhalb gelegene ist auch wochentags geöffnet und am meisten zu empfehlen. Sie können mit dem WOMO über Nacht hier stehen und es gibt Toiletten.

024 N 37°59'11" E 14°01'05", Via del Giubileo Magno

Angeblich wurde das Kloster im sechsten Jahrhundert durch Papst Gregor den Großen in Auftrag gegeben und von Benediktinermönchen geführt. Es verfiel während der arabischen Zeit Siziliens. Später übernahm es ein Kapuzinerorden und errichtete das Kloster zwischen 1619 und 1625 neu. Als größte Schätze gelten die aus byzantinischer Zeit stammende Muttergottes Figur und das Kruzifix in der rechten Seitenkapelle, und das Fresko »Madonna con Bambino«. Zum Kloster gehört ein kleines Museum mit Schaustücken und Informationen zur Geschichte. Hinter dem Kloster beginnt auch ein Wanderweg zum Gipfel des Sant`Angelo Hügels. Meist ist es ganz still in Gibilmanna. Nur um den achten September strömen Gläubige zum Fest Mariä Geburt in das Anwesen. Ein Grund, es in diesem Zeitraum mit dem Wohnmobil zu meiden.

Zurück an der Hauptstraße erreichen Sie bald einen Wanderparkplatz rechts der Straße, eine noch bessere Stelle für eine ru-

Pizzo Dipilo im Parco Madonie

hige Nacht. Wenn Ihnen ein offizieller Stellplatz lieber ist, finden Sie einen etwas abseits der Route im nahen **Gratteri**.



### 025 Bosco Pianetti

**GPS**: N 37°58'38" E 14°01'00", SP54bis. **Max. WOMOs:** 2 – 3. **Ausstattung**: Keine Einrichtungen. **Beschreibung**: Parkfläche rechts der Straße auf Rasen / Erdboden. Schattig, von der Straße einsehbar, aber nachts ruhig und recht einsam, 10 km von Cefalù entfernt. **Zufahrt**: Von Cefalù kommend in Richtung Isinello, direkt an der Gabelung nach Gratteri rechter Hand.

### 026 Gratteri

**GPS**: N 37°58'09" E 13°58'47", Via L. Sciascia. **Max. WOMOs:** 10 – 12. **Ausstattung**: Wasser, Mülleimer. **Beschreibung**: Geschotterte Parkfläche am Ortsrand mit toller Aussicht auf die Küste, kein Schatten, zeitweise etwas ungepflegt, 500 m von der Ortsmitte entfernt. **Zufahrt**: Von der SP28 kommend auf dieser an Gratteri vorbei lenken, bis Sie in einer starken Linkskurve mit parkähnlicher Bepflanzung rechterhand rechts abbiegen können. Nach 300 m linker Hand.

**Variante 3: In die Madonie über Castelbuono**
*(Markttag: Do., im Zentrum)*
Für diese Wegvariante folgen Sie ab Cefalù der Küstenstraße **SS113** und biegen rechts beschildert nach **Castelbuono** auf die **SS286** ab. Der örtliche WOMO-Stellplatz eignet sich nicht nur für die Nacht, sondern ist auch gut gelegen, für einen Rundgang durch den Ort.

### 027 Castelbuono

**GPS**: N 37°56'13" E 14°05'34", Via G. Mazzini. **Max. WOMOs:** 10. **Ausstattung**: Ver- / Entsorgungsanlage, allerdings nicht direkt am Platz, sondern um die Ecke bei N 37°56'15" E 14°05'39", Mülleimer. **Beschreibung**: Ebener Asphaltparker mit etwas Schatten, Sportplätze benachbart, ausgeschildert, etwa 450 m in die Ortsmitte. **Zufahrt**: Direkt am Ortsbeginn von Castelbuono, eine Straße nach der Einmündung zur SP9, Richtung Isinello, rechts auf die Via G. Mazzini fahren. Der Platz folgt nach wenigen Metern linker Hand.

Stadttor und Burg von Castelbuono, unten Burgblick auf das Umland

*Ein interessanter Anlaufpunkt in dem uralten, von den Sikulern gegründeten Ort, ist das Kastell aus dem Jahr 1316*. Es ist recht gut erhalten und beherbergt heute ein Ortsmuseum mit archäologischen Funden. Sehenswert ist auch die zugehörige, palatinische Kapelle Santa Anna (*Piazza Castello, www.museocivico.eu, Apr. – Sep. von 9.30 – 13 Uhr und 15.30 – 18.30 Uhr, sonst meist 9.30 – 17 Uhr, 5 €*).

Wenn Sie vom Burgplatz durch den Torbogen zur zentralen **Via Sant`Anna** hinuntergehen, gelangen Sie zur **Piazza Margherita** mit der auf ganz Sizilien bekannten **Konditorei Fiasconaro**. *Neben vielen süßen Leckereien und Eis können Sie ortstypisches Gebäck erstehen, das mit Manna zubereitet wird*. Dieses nur rund um Castelbuono gewonnene Eschenharz nutzt man zur Herstellung von Kosmetik und für Süßspeisen. In mehreren Läden des Ortes können Sie es unverarbeitet testen. Nach dem Rundgang nehmen Sie zur Weiterfahrt die **SP9** in Richtung Isinello. Falls Sie vor-

**Hauptplatz von Castelbuono**

her noch einen Happen essen möchten, versuchen Sie das ***Nangalarruni*** *(Via delle Confraternite 10)*, das ***Ristorante Palazzaccio*** *(Corso Umberto I)*, die ***Osteria Cycas*** *(Via die Stefano 9)*, oder die ***Pizzeria A Rua Fera*** *(Via Roma 71)*.

**Parco delle Madonie**

Der Madonie Naturpark umfasst nur knapp drei Prozent der Fläche Siziliens. *Trotzdem ist er mit einem Vorkommen von mehr als 80 Prozent aller heimischen Tiere und Pflanzen so artenreich wie kein anderes Gebiet der Insel*. Außer dem Ätnamassiv befinden sich die nächsthöchsten Gipfel in der Madonie, allen voran der Monte Carbonara mit 1979 Metern. Wer sich bereits eine Karte in Cefalù besorgt hat, ist bestens ausgerüstet, um auf Entdeckungstour zu gehen. Ein guter Ausgangspunkt für Touren ist die zentral gelegene Hochebene **Piano Battaglia**. Oft ist sie bis in den März

TOUR 2

hinein schneebedeckt. Zwischen Mai und Oktober bietet sie ein herrliches Refugium für Wanderer mit Touren verschiedenster Länge und aller Ansprüche. Auf dem Weg dorthin kommen Sie bei N 37°52'31" E 14°00'29" an einer Wasserstelle links der Straße vorbei. Hier kann man Vorräte auffüllen. Danach passieren Sie Parkplätze, die sich zur Übernachtung eignen, wir würden den zweiten vorziehen. Auch der größere Wanderparkplatz neben dem Hotel Piano Torre macht einen gut geeigneten Eindruck.

028 N 37°54'56" E 13°58'06", SP54

028a N 37°54'33" E 13°58'36", SP54

### 029 Munciaratti – *Piano Torre*

**GPS**: N 37°54'36" E 13°59'25". **Max. WOMOs:** 2–3. **Ausstattung**: Keine Einrichtungen. **Lage**: Größerer, ebener Schotterparkplatz links neben der Straße, schräg gegenüber von einem Hotel-Restaurant, nachts sehr ruhig. **Zufahrt**: Der SP54 bis zum Hotel Piano Torre Park folgen, direkt danach linker Hand.

An einer Abzweigung geht die Hauptroute geradeaus in Richtung Polizzi Generosa weiter. Zum **Piano Battaglia** gelangen Sie links. Nach einer größeren Parkfläche halten Sie sich an der nächsten Gabelung rechts. Ab hier verläuft die Straße, immer linksherum, im Einbahnbetrieb. Es gibt ein gutes Dutzend miteinander zu Rundtouren kombinierbarer Wege und Einkehrmöglichkeiten. An der Parkfläche unterhalb des Pizzo Carbonara besteht kein Nachtpark- oder WOMO-Verbot. Kurz danach existiert, falls nötig, ein zweiter, freier Parkplatz, der aber nicht besonders schön liegt und zuletzt teils als Schuttabladeplatz missbraucht wurde.

030 N 37°52'43" E 14°01'05"

030a N 37°52'37" E 14°01'04"

### Wanderung zum Pizzo Carbonara *(ungefähr 7,5 km, 450 Hm)*

Auf alten Esel- und Hirtenpfaden erklimmen Sie auf dieser mäßig anspruchsvollen, aber dennoch Kondition voraussetzenden Wanderung den höchsten Gipfel der Madonie mit grandioser Aussicht.

Bei N 37°52'43" E 14°01'05" parken Sie am vorgenannten Stellplatz und

Am Pizzo Carbonara, unten Bergdorf Isinello

spazieren zunächst gute 800 Meter in östliche Richtung. Von dort führt ein breiter, geschotterter Weg, der »Sentiero Pizzo Carbonara« ab. Schon nach 30 Metern wählen Sie links den schmaleren Pfad, der zunächst fast ohne Steigung recht gerade verläuft. Erst allmählich wird er steiler und führt in mehreren Serpentinen aufwärts. Einige Buchen spenden etwas Schatten und linker Hand kommen Sie an Überresten eines Hauses vorbei. Gleich danach wechseln Sie auf den rot-weiß markierten Weg nach links. Wenig später folgen Sie der deutlichen Linkskurve und steigen weiter stetig nach oben. Im weiteren Verlauf verjüngt sich der Pfad immer mehr, ist aber gut erkennbar und stets mit rot weißen Markierungen versehen. Die Bäume sind gedrungener und die Umgebung wechselt zwischen bewaldetem Gebiet zu einer karstigen Hochebene. Zuerst linker Hand, ein Stück weiter auch rechter Hand, öffnen sich mehrere tiefe Dolinen. Sie wandern, immer den Markierungen nach, geradeaus, bis zum Grat, der Sie, rechtsherum, in wenigen Minuten zum Carbonara-Gipfel leitet. Genießen Sie eine Weile die tolle Aussicht über weite Teile der Insel!

Stellplatz 31

Für den Rückweg folgen Sie zunächst dem Grat zurück, halten sich dann nach rechts, bis zum **Rifugio del Carbonara**, einer einfachen Schutzhütte. Unterhalb erreichen Sie eine Gabelung und wählen den rot-weiß markierten Weg nach links, der durch Buschwerk schnell abwärtsführt. Noch einmal gabelt sich der Weg. Sie bleiben rechts, immer den schon bekannten Markierungen folgend. Der Weg endet direkt an ihrem Parkplatz.

Verlassen Sie über die **SP119** nun die Madonie. Der erste richtige Ort, zu dem Sie gelangen, ist **Polizzi Generosa**. Das enge, mit schmalen Pflastersteinstraßen erschlossene Dorf birgt wenig Außergewöhnliches. Sie können ein kleines **Madonie-Museum** an der **Piazza Castello** besuchen, das zuletzt nur nach Voranmeldung geöffnet war *(mehr unter www.mam.pa.it)*. Außer dem Rathaus steht in der **Via G. Garibaldi** noch ein **Archäologiemuseum** mit Funden aus den hellenistischen Nekropolen in der Umgebung. In Polizzi Generosa kommen vor allem Liebhaber von Süßem auf Ihre Kosten. Die *Sfoglio* sind ein nur hier erhältliches, ursizilianisches Dessert, bestehend aus Mürbteig, Schafskäse, Zimt, Zucker und Schokolade, das in den ansässigen Bäckereien erhältlich ist *(Museum Via G. Garbaldi 11, Di. – So. 10.00 – 13.00 Uhr, Sa. / So. auch 15.00 – 18.30 Uhr, 3 €)*. Zum Parken und auch Über-

Blick auf die Madonie von Polizzi Generosa

nachten gibt es einen einfachen, schattigen Stellplatz. Ein zweiter Platz samt Ver- / Entsorgung ist schon seit längerer Zeit in Bau, zum Parken nutzbar, aber bisher nicht angeschlossen. Auch im nächsten Ort **Castellana Sicula** befindet sich parallel zur Hauptstraße ein größerer Parkplatz, den man bei Bedarf zum Übernachten nutzen kann.

031 N 37°48'46" E 14°00'13" an der Via G. Borghese

031a N 37°48'34" E 14°00'41" an der Via San Petro

032 N 37°47'02" E 14°02'27", Via Papa Leone XIII

Es folgen nun die verschwesterten Ortschaften **Petralia Sottana** und **Petralia Soprana**, das untere und obere Dorf. Die vielen bis heute erhaltenen Natursteinhäuser gehen in ihren Grundmauern im Oberdorf bis auf Sikuler und Griechen zurück. Das Unterdorf wurde erst zu Zeiten der Normannen gegründet. Das zwar kleine, aber recht modern gestaltete **Museo Civico Etno – Antropologico** liegt im Ortsteil Sottana und ist der größte Besuchermagnet. Falls Sie sich selbst etwas umsehen möchten, vermeiden Sie in beiden Fällen eine Fahrt in die viel zu engen Zentren. Parkmöglichkeiten gibt es bei N 37°48'45" E 14°05'31", **Via Generale C.A. Dalla Chiesa** in Sottana beziehungsweise bei N 37°48'01" E 14°06'30", **Via G. Lio L. Sgadari** in Soprana *(Museum: Corso P. Agliatatt 104, www.museocivicopetraliaoprana.com, Mo. – Fr. von 8.30 – 14.00 Uhr und 15.30 – 18.00 Uhr, Sa. / So. 9.30 – 12.30 und 16.00 – 19.00 Uhr, 4 €).*

Gangi, unten Landschaft in der Provinz Enna

**Gangi** *(6,200 Einwohner, Markttag: Di., im Zentrum)*
Der Bergort Gangi ist einen kurzen Abstecher von der Hauptroute wert. *Allein der Blick von Weitem auf den dicht an dicht bebauten Hügel ist lohnend*. Die uralte Siedlung aus sikulischen Zeiten wurde im Laufe der Jahrhunderte mehrmals komplett zerstört und wiederaufgebaut. Zuletzt im 14. Jahrhundert unter Francesco Ventimiglia. Die Straßen sind eng, kurvig und oft zugeparkt, daher sollten Sie vor allem mit etwas größeren Fahrzeugen unbedingt unterhalb des dicht bebauten Bereichs bleiben, dort gibt es einen Stellplatz.

Wenn Sie sich von dort aus nach oben arbeiten, begegnen Ihnen immer mehr alte Villen und Palazzi, darunter zwei historische Wohntürme. Der **Palazzo dei Bongiorno** aus dem 18. Jahrhundert kann zeitweise besichtigt werden. Am oberen östlichen Ende liegt das **Museo Civico** mit gleich vier getrennten Abteilun-

gen. Es gibt einen archäologischen und einen ethnologischen Bereich, dazu eine Pinakothek und einen Teil, der sich mit Waffen aus aller Welt beschäftigt.

Ein Stück außerhalb von Gangi existiert ein zweiter, schön gelegener freier Stellplatz, allerdings mit unangenehmer, schmaler Pflasterstraße auf dem letzten Kilometer, die für große, schwere Fahrzeuge eher ungeeignet ist *(Museo Civico: Corso G.F. Vitale, Di. – So. 9.00 – 13.00 und 15.30 – 19.30 Uhr, 4 €).*

## 033 Gangi

**GPS**: N 37°47'31" E 14°12'37", SP14. **Max. WOMOs**: 13 – 14. **Ausstattung**: Ver- / Entsorgung, Strom, Mülleimer. **Beschreibung**: Umzäunter Schotterparkplatz unterhalb von Gangi. An der Hauptstraße gelegen, nachts aber ziemlich ruhig, bedingt klappstuhlgeeignet, falls geschlossen, die Telefonnummer am Tor anrufen. Rund 6,5 km außerorts, Bus- und Shuttleservice vorhanden. **Preis**: 10 €. **Zufahrt**: Von der SS113 kommend Gangi durchfahren und danach rechts in Richtung Casagiordano abzweigen. Nach etwa 600 m rechter Hand. **Hinweis**: Der kürzeste Fußweg hinauf in den Ort führt nach rechts, vorbei am Sportplatz und dann rechts über die Via Spirito Santo.

## 034 Gangi – *Area Attrezzata Pianette*

**GPS**: N 37°45'49" E 14°14'19". **Max. WOMOs**: 2 – 3. **Ausstattung**: Keine Einrichtungen. **Beschreibung**: Einfache, markierte Parkfläche neben einer Zufahrtsstraße zur Windkraftanlage. abgelegen, schöne Aussicht, kein Schatten, 4,5 km außerhalb. **Zufahrt**: Wie Stellplatz Gangi. Doch gut 300 m weiter die Teerstraße nach links nehmen und bis zum Ende folgen. Dort führt ein recht schmaler, gepflasterter Weg die letzten 1,2 km zum Stellplatz auf der rechten Seite. Achtung, bei Nässe rutschig. **Hinweis**: Am Weg Richtung Stellplatz finden Sie einen Brunnen.

Wenn Sie die Fahrt nach Enna etwas beschleunigen wollen, wechseln Sie, beispielsweise hinter **Blufi**, auf die Autobahn. Die Variante bietet Gelegenheit zu einem Übernachtungshalt am **Santuario della Madonna Dell`Olio**. *Der merkwürdige Name basiert auf einer Quelle, die ein (erd)öl- wie essigähnliches Wasser abgibt,* Heilwirkung haben soll und oberhalb des Klosters aus einer gemauerten Fassung tritt. Von Selbstversuchen bezüglich Verträglichkeit und Geschmack haben wir abgesehen – und raten dies auch allen Lesern.

Santuario della Madonne dell`Olio

## 035 Blufi – *Santuario della Madonna dell`Olio*

**GPS**: N 37°44'41" E 14°03'58", SP138. **Max. WOMOs**: 4 – 5. **Ausstattung**: Ver-/Grauwasserentsorgung, Mülleimer. **Beschreibung**: Einfache, beschilderte WOMO-Parkfläche unterhalb des abgelegenen Klosters, ruhig, uneben auf Naturboden, kein Schatten. Etwa 2,7 km außerorts. **Preis**: Frei, zeitweise wird aber um eine Spende für das Kloster gebeten. **Zufahrt**: Der SS290 in Richtung Enna folgen, kurz nach dem Ortsschild Locata Bompietro rechts auf die SP11 abbiegen. Nach einer Weile ist das Kloster links angeschrieben. Die Parkfläche ist direkt unterhalb eindeutig markiert.

**Calascibetta** *(4,200 Einwohner)*

Wenn Sie für die Fahrt nach Enna nicht die Autobahn, sondern die **SS290** wählen, kommen Sie vorher durch den kleinen Bergort **Calascibetta**, nur einen Hügel von der Provinzhauptstadt entfernt. Sehenswert sind insbesondere die alten Grabhöhlen der **Necropoli Realmese**, etwas außerhalb. Um diese zu erreichen, fahren Sie kurz vor dem Ort direkt nach einem großen Parkplatz am Fußballfeld und einem großen, leider trockenen Brunnen links und bereits angeschrieben, die vierte Straße erneut links. Das letzte Wegstück verläuft über eine sehr schmale, gepflasterte, einspurige Straße, die in einer Parkfläche mündet. Ob Sie sich dieses gut 300 Meter lange Wegstück antun oder besser vorher am

Straßenrand parken, müssen Sie entscheiden. Die Koordinaten der Einmündung lauten N 37°36'15" E 14°15'50". Das Gelände mit den rund 290 in den weichen Kalkfelsen gegrabenen Höhlen ist frei zugänglich. Sie wurden zwischen dem 11. bis 6. Jahrhundert v. Chr. angelegt und dienten zu Bestattungszwecken.

Calascibetta selbst war einst eine Festungsanlage der Araber und sein bis heute islamisch geprägtes Ortsbild ist nicht uninteressant. Mit Wohnmobilen zu parken, ist ziemlich problematisch. Versuchen Sie es am besten direkt an der schmalen Hauptdurchgangsstraße bei N 37°35'16" E 14°16'25". Die Auffahrt bis zum angegebenen Stellplatz ist nur für kleine Wohnmobile ratsam.

### 036 Calascibetta

**GPS**: N 37°35'35" E 14°16'15", Via Giude I. **Max. WOMOs:** 2 – 3. **Ausstattung**: Ver- / Entsorgung, der Wasseranschluss muss bei Bedarf evtl. erst aufgesperrt werden muss. **Beschreibung**: Schöne Sicht, nachts ruhig, direkt vor einer Kirche, eben, kein Schatten. Ungefähr 250 m in die Ortsmitte. **Zufahrt**: Achtung, dieser Stellplatz ist nur für Wohnmobile bis etwa 6 m Länge gut erreichbar, am ehesten für Kastenwägen ohne breiten Aufbau. Unbedingt nur die angegebene Route verwenden! Von der schon schmalen Durchgangsstraße SS290 links in Richtung »Centro« auf die Via Roma abbiegen. Die Straße führt aufwärts und beschreibt eine lange Rechtskurve. Am Ende nicht zum Hauptplatz hinauffahren, sondern direkt davor links in die Via Guidea I abbiegen. Eventuell müssen Sie mit einem größeren Fahrzeug zuvor am Hauptplatz wenden, um die Kurve nehmen zu können! Dann immer geradeaus bis zum Platz vor dem Friedhof. Rechts ist die V/E-Anlage, links Parkflächen. Zum Verlassen führt rund 100 m vom Parkplatz entfernt eine Haarnadelkurve rechts zurück zur Hauptstraße. Hier ist evtl. etwas Rangieren nötig.

**Calascibetta**

**Enna**(*25,800 Einwohner, Markttag: Di., Piazza Montesalvo*)
Durch ihre geografisch interessante Lage, hoch oben auf einem Felsen und mit weitem Blick in alle Richtungen, war die Stadt Enna seit jeher für alle Eroberer Siziliens von großer Bedeutung. Karthager, Griechen, Römer, Araber, Normannen, Staufer und Spanier gaben sich ein ständig wechselndes Stelldichein. Der größte Sklavenaufstand während der Römerzeit 139 v. Chr. ging von Enna aus. Heute wirkt die Stadt ein wenig verschlafen, nicht zuletzt, weil viele Bewohner aufgrund eines chronischen Arbeitsplatzmangels im Inselinneren ihr Auskommen an der Küste oder gleich anderswo in Italien suchen.

Auch Ennas Straßen sind schmal und wenig wohnmobilfreundlich. Zumindest die Hauptverkehrswege, zum Beispiel bis zum angegebenen Stellplatz, der als Tagesparkplatz gut taugt, sowie zu den Alternativen, sind ganz gut befahrbar. Eine einfach erreichbare Ver- und Entsorgungsstation befindet sich in der Via Pergusa gegenüber einer Tankstelle bei N 37°33'44" E 14°16'47".

### 037 Enna – *Piazzale Maestro*

**GPS**: N 37°34'09" E 14°16'04", Via S. Francesco di Assisi. **Max. WOMOs:** 4–5.
**Ausstattung**: Mülleimer, sonst keine Einrichtungen. **Beschreibung**: Größere Parkfläche vor dem Friedhof mit Aussicht, rund 500 m in die Ortsmitte. **Zufahrt**: Von der Autobahn bzw. der SS121 kommend, folgen Sie den Schildern Richtung Enna-Zentrum. Am ersten kleinen Kreisverkehr halten Sie sich rechts und am zweiten erneut rechts bis zum Parkplatz nach rund 100 m rechter Hand. **Hinweis**: Gegenüber dem Parkplatz führt die nach links abfallende Via dei Cappuccini zu weiteren Parkflächen vor dem Friedhof. **Hinweis 2:** WOMOs parken immer wieder direkt an der Festung. Der Anfahrtsweg durch die Stadt ist sehr schmal und nur für kleine Fahrzeuge machbar. Alternativ durchfahren Sie Enna auf der Hauptstraße und bestreiten dann über die SP1 die Auffahrt. Tags ist oftmals kein freier Platz zu bekommen, N 37°34'00" E 14°17'15". Eine letzte, noch recht zentrumsnahe Parkgelegenheit bieten die Flächen am Stadion bei N 37°33'35" E 14°16'27", Piazza Europa. Diese erreichen Sie wie die Piazzale Maestro, am 2. Kreisverkehr geradeaus und der Beschilderung zum »Stadio« folgend.

### Unterwegs in Enna:

Wer den Rundgang vom Parkplatz am Friedhof aus beginnt, hält sich am einfachsten am Kreisverkehr geradeaus und danach schräg links in die **Via V. Emanuele**. Auch die parallel verlaufenden, kleineren Straßen führen, so wie

Enna, unten Castello di Lombardia

die **Via Arangio** oder die **Via Athene,** zur Altstadt durchschneidenden, großen Querachse, der **Via Pergusa**. Am Südende finden Sie einen Platz mit der **Chiesa di San Cataldo** im Westen, nach rechts führt die **Via Roma** von dort aus zur begrünten **Piazza V. Emanuele**. Linkerhand, neben dem Café Belvedere, kommen Sie zu einem Aussichtspunkt an einer Baumgruppe, der einen schönen Blick in die Umgebung bietet. Die Via Roma führt linker Hand am **Palazzo Pollicarini** und rechts an der alten **Chiesa Santa Chiara** vorbei. Bald darauf folgt die **Piazza Mazzini** mit dem **Dom**, der streng genommen nur eine Kirche aus dem 14. Jahrhundert ist, zur Linken und dem **Archäologischen Museum** rechts *(Mo. – Fr. 9.00 – 19.00 Uhr, Eintritt frei)*. Links kommt gleich danach die ehemalige Moschee und Kirche **Al Kenisa,** die heute ein Literaturcafé und einen Musikclub beherbergt. Noch ein Stück geradeaus gelangen Sie zur Festung, dem **Castello di Lombardia**. Es stammt aus dem 13. Jahrhundert und wurde auf den Ruinen der älteren, arabischen Verteidigungsanlagen errichtet. Vor dem Eingang steht eine Statue von Eunus, der einst den Sklavenaufstand anführte. Im Inneren erreichen Sie zuerst den Nikolaushof mit noch sichtbaren Zellen des ehemaligen Gefängnisses. Der folgende Magdalenenhof ist heute mit Zedern bewachsen. Im Martinshof sind Reste des einstigen Palastes zu sehen. Früher zierten die Festung 20 Türme, sechs sind heute noch übrig. Der **Torre Pisano**

**Unterwegs in Enna**

ganz am Ende des Weges ist in ausreichend gutem Zustand. Man kann ihn besteigen und eine wunderbare Rundumsicht genießen. An manchen Tagen stehen ehrenamtliche Führer in der Burganlage bereit, die Gästen etwas zur Geschichte erzählen *(Via Lombardia, www.icastelli.it, 8.00–20.00 Uhr, Eintritt frei).*

Am westlichsten Ende Ennas, dem **Rocca di Cerere** ist, abgesehen von der Sicht, nicht mehr viel zu sehen. Vom einstigen Demeter-Heiligtum, das hier gestanden haben soll, sind kaum mehr Spuren erhalten.

Den Rückweg treten Sie auf dem bekannten Weg an oder nehmen alternativ einen der parallel verlaufenden Wege. Zwischen dem **Santuario di S. Guiseppe** und der **Piazza Umberto I** verläuft beispielsweise linker Hand vormittags ein kleiner Straßenmarkt.

Falls Sie den Rundgang vom Parkplatz am Stadion aus starten, können Sie noch den **Torre dei Federico II** besuchen. Der Turm diente dem Stauferkönig vermutlich als Observatorium. Heute befindet er sich mitten in einem Park und kann bestiegen werden *(Via Torre di Federico, www.torredienna.it, Apr.–Okt. 9.00–13.00 Uhr und 14.00–20.00 Uhr, Winter bis 17.00 Uhr, Eintritt frei).* Zuletzt noch ein paar Gastrotipps gefällig? Dann halten Sie Ausschau nach dem ***Le Tre Rose*** *(Via Candrilli 8)*, dem ***Café Roma*** *(Cafe, Via Roma 312)*, ***Tommy`s Wine*** *(Piazza F.P. Neglia 1)*, ***Liola Enna*** *(Via Duca d`Aosta 2)*, ***La Rustica*** *(Via G. Castelferrato)* und der ***Trattoria I Coffano*** *(Via Liberta 95).*

Von Enna aus haben Sie über die **SS117bis** in Richtung Piazza Armerina Anschluss an Tour Sieben und passieren dabei den **Lago di Pergusa**. Er ist der einzige, natürliche See auf ganz Sizilien und galt deshalb in früheren Zeiten als mystischer Eingang zur Unterwelt Hades. In der griechischen Sagenwelt wurde er mit der Entführung der Persephone verewigt. Heute wirkt der See alles andere als mystisch. Eine schon in den 1950er Jahren ringsum angelegte Rennstrecke verschandelt die Landschaft und gewährt keinen Zugang zum Wasser. Vor allem italienische Rennserien und ab und zu die Tourenwagenmeisterschaft gastieren hier. Sind Sie nicht am Rennzirkus interessiert, gibt es keinen Grund länger zu verweilen, außer vielleicht ein paar entspannte Stunden oder Tage auf einem Landgut.

### 038 Pergusa – *Baglio Pollicarini*

**GPS/Kontakt**: N 37°30'40" E 14°19'10", SS561, Tel. 0388 796 40 08, www.bagliopollicarini.it. **Max. WOMOs:** 5. **Öffnungszeiten**: Ganzjährig geöffnet. **Ausstattung**: Ver- / Entsorgung, Strom, Toilette / Dusche, WLAN, Pool, Spielplatz, Restaurant. **Beschreibung**: Geschotterte Plätze am Rande des Landguts, schöne aussichtsreise, ebene Lage, kaum Schatten, klappstuhlgeeignet, etwa 2,2 km außerorts. **Preis:** 24 – 32 €. **Zufahrt**: Am Ende von Perigusa passieren Sie rechter Hand das Hotel-Restaurant Garden mit großem Schild. Rund 300 m weiter zweigt links eine klein beschilderte Straße zum Landgut ab.

Weiter über die **SP4** machen Sie linker Hand dann einen Abstecher zum **Parco Minerario Floristella Grottacalda**. Das 400 Hektar große Freilichtmuseum vermittelt einen anschaulichen sowie bedrückenden Eindruck der einstigen Schwefelminen, in denen Kinder ab fünf Jahren arbeiten mussten. Am Rande steht der Palazzo Pennisi, in dem die Besitzerfamilie der Mine lebte, in deutlichem Kontrast zum Rest der Anlage. Englischsprachige Audio / Video-Guides erleichtern die Orientierung. Auch das Übernachten an einem der Picknickplätze ist möglich *(www.enteparcofloristella.it, Mo. – Sa. 8.00 – 16.00 Uhr, Eintritt frei)*. Noch schöner stehen Sie aber am folgenden Landgut Paparanza.

**039** N 37°29'08" E 14°21'22", SP88

### 040 Valguarnea Caropepe – *Agricampeggio Paparanza*

**GPS/Kontakt**: N 37°30'46" E 14°23'23", Contrada Paparanza, Tel. 0339 774 03 73, www.agriturismopaparanza.it. **Max. WOMOs**: 9. **Öffnungszeiten**: Ganzjährig geöffnet. **Ausstattung**: Ver- / Entsorgung, Strom, Toilette / Dusche, Waschmaschine, WLAN, Pool, Hofverkauf. **Beschreibung**: Geschotterte und parzellierte Plätze mit schönem Blick, bisher kaum Schatten, eben, ruhig, klappstuhlgeeignet. Etwa 2 km in den Ort (Busverbindung). **Preis**: 20 – 30 € (Ermäßigung mit Sicily Camping Tour). **Zufahrt**: Vorbei an Valguarnea. Dann auf der Straße Nr. 4 nach der Tankstelle linker Hand die Einfahrt zum Landgut nehmen.

Bald erreichen Sie nun die Autobahn **A19**, von der die Insel an dieser Stelle quer durchschnitten wird. Mitten im Nirgendwo

**Sicily Outlet Village mit Stellplatz 41**

befindet sich dort das **Sicilia Outlet Village**. Mit bekannten Shops großer Marken und der inzwischen europaweit einheitlichen, bekannten Architektur der betreibenden McArthur Glenn-Gruppe ist es zwar wenig außergewöhnlich, aber vielleicht eine willkommene Abwechslung zu Landschaft, Kultur und Geschichte. An den Parkplätzen südlich des Einkaufskomplexes besteht die Möglichkeit zu übernachten. Durch die nahe Autobahn sind die Plätze aber auch nachts nicht ganz leise *(www.siciliaoutletvillage.com, meist 10.00 – 20.00 Uhr, teils bis 21.00 Uhr)*.

041 N 37°34'17" E 14°28'59"

Über **Leonforte** fahren Sie in dann wieder durch zunehmend bergiges Gebiet und halten sich über die **SS117** in Richtung Nicosia. Die Route bietet immer wieder herrliche Aussichten auf die Umgebung.

**Sperlinga** *(780 Einwohner)*
Vor Nicosia können Sie links auf der **SS120** einen Abstecher in den Bergort Sperlinga machen. *Er ist für seine in den Fels gehauenen Wohnhöhlen bekannt, die seit der Bronzezeit existieren*. Im 13. Jahrhundert machte der Ort während der Sizilianischen Vesper von sich Reden. Während ganz Sizilien gegen die herrschenden Franzosen aufbegehrte und es zu Vertreibungen und Massakern kam, flüchtete sich ein Teil der Soldaten in die damals als uneinnehmbar geltende Burg von Sperlinga und harrte darin ganze 15 Monate aus – nur, um sich am Ende doch ergeben zu müssen.

Bemerkenswert ist, dass die heimische Bevölkerung, entgegen dem Rest Siziliens, die Franzosen dabei unterstützte. Noch heute unterscheiden sich die Einwohner durch ihre Sprache vom Rest der Insel. Einige sprechen noch immer einen eigenwilligen, gallisch stämmigen Dialekt, der auf mittelalterliches Französisch zurückgeht.

Bis ins 20. Jahrhundert hinein waren einige der Höhlen bewohnt. Das ist inzwischen Geschichte. Ein Besuch der alten **Burgruine** und des in Höhlen eingerichteten **Museo Civico** lohnt, wenn Sie Lust haben, sich das alles etwas näher anzusehen. Für WOMOs geeignet sind die beiden Parkflächen am Rand des kleinen Ortes in der **Via Valle** bei N 37°46'00" E 14°21'05" *(Via Principe Amade 51, Apr. – Sep., 9.30 – 18.30 Uhr, sonst bis 16 Uhr, €).*

Sperlinga mit Höhlenwohnungen

**Nicosia** *(13.800 Einwohner, Markttag: Do. und Sa., im Zentrum)*
Mehr die schöne Lage und das ursprüngliche, noch von einem mittelalterlichen Charakter geprägte Stadtbild, als besondere Sehenswürdigkeiten, machen Nicosia zu einem kurzweiligen Zwischenstopp oder Etappenziel auf der Fahrt zurück an die Nordküste. Besonders hervorzuheben sind die noch in Teilen vorhandene Burgruine und der Dom. So gibt es definitiv schlechtere Beschäftigungen, als einen Kaffee auf dem Hauptplatz zu trinken, während man das Treiben ringsum beobachtet. Da die schmale Ortsdurchfahrt Nicosias für Wohnmobile ungeeignet ist, nehmen Sie unbedingt die Umgehungsstraße, die von der **SS120** in Richtung Sperlinga nach Randazzo und Mistretta abzweigt und folgen erst danach wieder der **SS117** nach Norden. Für den Ort selbst zweigen Sie von dort am Ende der Umfahrung Richtung Nicosia, dann am Kreisverkehr rechts und später links in Richtung

Nicosia, unten Landschaft zwischen Leonforte und Nicosia

Zentrum zum Parkplatz bei N 37°44'59" E 14°23'38", Parco Ronson, ab. Außer samstags, wenn dort bis 15 Uhr ein Markt stattfindet. Zur Einkehr in Nicosia eignen sich gut das das ***Quadrifoglio*** *(Via Umberto I 5)*, die die ***Pizzeria Mari Lin*** *(Via S. Benedetto 11)* und die ***Antica Gelateria dei Fratelli Granata*** *(Eis, Piazza G. Garibaldi 8)*,

Falls Sie Tour Drei auslassen möchten und von hier aus direkt in Richtung Ätna fahren, finden Sie unterwegs in **Troina** einen Stellplatz.

042 N 37°46'13" E 14°35'37", mit Ver- und Entsorgung.

**Mistretta** *(4,700 Einwohner, Markttag: Mi., im Zentrum)*
Ein letzter Stopp in Richtung Küsten könnte ansonsten im Städtchen Mistretta erfolgen. Auch hier sind es nicht die großen Sehenswürdigkeiten, sondern mehr das bunte Leben, das den Reiz ausmacht. Immerhin gibt es ein kleines **Museum zur Tierwelt** des benachbarten Nebrodi Naturparks *(Via T. Aversa)* und eine arabisch-normannische **Burgruine** am nördlichen Ortsrand, die Sie über die **Via Santa Barbara**, bitte nur zu Fuß, erreichen. Die

Häuser in Mistretta

Parksituation ist mehr als schwierig mit einem übergroßen Fahrzeug, eine Möglichkeit stellt eventuell der kleine Parkplatz gegenüber der Tankstelle kurz nach dem Ortseingang bei N 37°55'41" E14°21'50" dar.

Wer sich nach der anstrengenden, kurvigen Bergetappe nun erst einmal erholen will, findet direkt am Ende von Tour Zwei einen ganz passablen Stellplatz am Meer mit grobem Kiesstrand.

## 043 Villa Margi – *Oasi Reitano*

**GPS**: N 38°00'47" E 14°19'44", Via Lungomare Colonna. **Max. WOMOs**: 20+. **Ausstattung**: Ver- / Entsorgung, Strom, Einfach-Toilette und kalte Dusche, WLAN. **Beschreibung**: Privat geführter, recht einfacher Stellplatz zwischen Kieselstrand und Bahnlinie. Rasen, nicht ganz eben, klappstuhlgeeignet, teils sind die Plätze beschattet, etwa 400 m in den Ort. **Preis**: 20 €. **Zufahrt**: Von der SS117 aus Richtung Mistretta kommend fahren Sie die Passstraße bis zur Küste hinab. Dort nehmen Sie im Kreisverkehr die letzte Ausfahrt Richtung Palermo (SS113) und zweigen unmittelbar nach dem Ortsschild Villa Margi, rechts ab. Die Straße folgt kurz darauf dem Küstenverlauf bis zum Stellplatz auf der linken Seite.

# Tour 3

Tour 3
Liparische Inseln
Stromboli
Ginostra
Panarea
Salina
S. Marina
Rinella
Filicudi Porto
Filicudi
Alicudi Porto
Alicudi
Lipari
Vulcano Porto
Vulcano
063
10 km
N
Messina
Villa San Giov.
Reggio d.C.
Castanea d.F.
San Saba
Rodia
Villafranca T.
Rometta M.
Spadafora
Venético
Saponara
Torregrotta
Rometta
Grotte Saracene
Monforte S.G.
San Pier
Gualtieri
S. Lucia d.M.
Pace d.M.
Milazzo
Venuspool
Barcellona
Terme Vig.
Furnari
Tonarella
Marinello
Falcone
Oliveri
Tyndaris
M.d.Patti
Villa Romana
Patti
S. Giórgio
Gioisa
Piraino
Brolo
S. Gregorio
Capo D`Orlando
Naso
Ecopark
C. Umberto
Zappula
Rocca di Capri Leone
Torrenova
Sant Agata di Militello
Acquedolci
Grotta del Lauro
Alcara li Fusi
San Fratello
Caronia
Keramikmuseum
Santo Stefano d.C.
Tour 2
Galati
Tortorici
San Piero
Francavilla d.S.
Castiglione d.S.
Parco Reg. Nebrodi
1847 m M. Soro
1757 m Serra del Re
1609 m Serra di Tearearie
Ris.Nat. Bosco d. Malabotta
1188 m M. Mongivacce
1246 m M. Fossazzza
1279 m M. Poverello
Ris.Nat. Fiumedinisi e M. Scuderi
Scaletta Z.
Ali Terme
Nizza d.S.
Roccalumera
Furci S.
S. Teresa d.R.
Savoca
Sant Alessio S.
Forza D`Agro
Tour 4
044 045 046 047 048 049 050 051 052 053 054 055 056 057 058 059 060 061 062 064 065 066 067 068 069 070 071 072
A3 A18 A20 43 45 53 60 69 93 110 113 113d 114 115 116 117 119 122 136 144 185 289

## Provinz Messina und Liparische Inseln
330 km

**An Siziliens Nordwestküste befinden sich eine ganze Reihe meist kleinerer Badeorte, die mal mehr, mal weniger gut auf Campingurlauber im Allgemeinen und Wohnmobile im Besonderen eingestellt sind. Diese Region wartet nicht mit den größten Attraktionen auf, dennoch sind Tindari oder das Kap der Halbinsel von Milazzo absolut sehenswert. Wer ein wenig Zeit übrig hat, sollte sich einen Ausflug auf die vorgelagerten kleinen Inseln nicht entgehen lassen. Mit Messina erwartet Sie die drittgrößte Stadt Siziliens zu einer Stippvisite, ehe Sie sich langsam der Ätna Region nähern. Interessant sind:**
- **Ausgrabungen von Tindari**
- **Liparische Inseln**
- **Vulkan Stromboli**
- **Provinzhauptstadt Messina**
- **Bergort Savoca**

**Santo Stefano di Camastra**
*(4.700 Einwohner, Markttag Sa., im Zentrum)*
Nach Caltagirone, welches Sie vielleicht schon auf Tour Zwei besucht haben, gilt Santo Stefano als zweites Zentrum der sizilianischen Keramikindustrie. Der nach einem Erdrutsch streng geometrisch neu angelegte Ort ist allerdings viel kleiner und weniger sehenswert. Nur, um Keramikprodukte zu kaufen oder sich im **Museo della Ceramica** im Palazzo Segio näher darüber zu informieren, ist der Ort ein möglicher Anlaufpunkt *(Via L. Famularo 1, www.museodelleceramica.com, Mai–Sep., Di.–So. 10.00–13.00 Uhr und 16.00–20.00 Uhr, sonst nachmittags 15.0–18.00 Uhr, Eintritt frei)*. Parkplätze finden sich am ehesten entlang der Hauptdurchgangsstraße **SS113**, von dort aus liegt das Zentrum linker Hand, kulinarisch schauen Sie im **L`Angolo di Manueliana** *(Via Marina 15)*, der ***Trattoria Cesarino*** *(Via Garibaldi 14)* und der ***Gelateria Bradamente*** *(Eis, Via Vitoria 82)* vorbei.

Auf den folgenden Kilometern können Sie ein wenig Boden gut machen. Die Strände bestehen überall aus groben Kieseln und sind nicht besonders attraktiv. Schmale und niedrige Unterführungen der parallel zur Straße verlaufenden Bahnlinie versperren oftmals den Weg ans Meer. Erst in **Sant Agata di Militello** gibt es einen gut passierbaren Bahnübergang. Dazu folgen Sie der **SS113** durch den Ort, bis diese einen Links-Rechts-Schlenker macht und lenken bei dritter Gelegenheit, einer kopfsteingepflasterten Einbahnstraße, links ab. Außerhalb der Saison wirkt die Promenade recht ausgestorben und der Strand wird erst ab

Mitte Mai präpariert. Parkplätze sind meist reichlich vorhanden, vor allem am Ostende des Ortes in Höhe der Grünanlage, etwa bei N 38°04'40" E 14°38'45". Das Übernachten ist inzwischen allerdings nicht mehr so gerne gesehen. Dafür gibt es ein kleines Stück weiter zwei kommerzielle Stellplätze, die ihre Dienste anbieten. Lokale Gastrotipps sind die ***Trattoria Al Casale*** *(Via Torrecandele)*, ***A Modo Nostro*** *(Via E. Cosenz 125)*, ***La Brasserie*** *(Via Baldisseri)* und die ***Pasticceria Campidoglio*** *(Café, Via Campodoglio)*.



### 044 Santa Stefano di Camastra – *Rosamarina*

**GPS/Kontakt**: N 38°04'55" E 14°39'05", Via Cosenz, Tel. 0353 373 37 16. **Max. WOMOs**: 30. **Öffnungszeiten**: Ganzjährig geöffnet. **Ausstattung**: Ver- / Entsorgung, Strom, Toilette / einfache Dusche, Spülgelegenheit. **Beschreibung**: Einfacher Stellplatz auf Schotter- / Erdboden direkt am Strand, nachts ruhig, nicht ganz eben, klappstuhlgeeignet. **Preis**: 25 €. **Zufahrt**: Der Hauptstraße Contrada Giancola an der Promenade entlang nach Osten folgen. Dann am Ortsende den Schildern links zum Eingang des Stellplatzes folgen. **Hinweis**: Der etwas vom Wasser zurückversetzte, große private ***Stellplatz Justyna*** (im Bild) ist eine gute Alternative, ähnliche Ausstattung, durch eine niedrige Unterführung aber nur von der Hauptstraße aus anfahrbar, N 38°04'41" E 14°38'57", Contrada Papa, Tel. 0392 103 12 11, www.justynaparking.com, 15 – 25 €.

## Ausflug in den Naturpark Nebrodi

Am Ende von Sant Agata ergibt sich die Gelegenheit, über die **SP161** einen Abstecher in die dicht bewaldeten Nebrodi-Berge zu unternehmen. Eine teils in wilden Kurven geschwungene, aber stets passabel befahrbare Straße windet sich ins Bergdorf **Alcara Li Fusi** hinauf. Es liegt in spektakulärer Landschaft unterhalb des mächtigen Felsen **Rocche del Castro** und ist ein

**Promenade von Sant Agata di Militello**

**Alcara Li Fusi**

guter Ausgangspunkt für Wanderungen. Am Ortsrand ist eine Aufzucht- und Auswilderungsstation für **Geier** angesiedelt. Die Vögel finden in den letzten Jahren im Nebrodi-Naturpark wieder verstärkt einen Wohn- und Lebensraum vor. Um zur Station zu gelangen, halten Sie sich unmittelbar nach dem Ortsschild links und bei der jeweils ersten Gabelung rechts und zweimal links in Richtung »Campo Sportivo«. Gleich neben dem Sportplatz ist ein großer Parkplatz angelegt, N 38°01'44" E 14°41'32". Die Voliere erreichen Sie nach weiteren 150 Metern rechts ab. Geradeaus, an der kleinen **Chiesa Madonna delle Grazie**, beginnt ein rund sieben Kilometer langer Wanderweg, der »Sentiero dei Grifoni«, der Weg der Geier. Er ist auf Schautafeln vor Ort beschrieben *(Achtung: bitte informieren Sie sich vor Ort, der Weg war zuletzt wegen Erneuerungsarbeiten geschlossen)*.

Von der Trattoria Artino, einige hundert Meter nach dem Dorf bei N 38°00'16" E 14°43'36", führt ein steiler, felsiger Weg auf rund 1,7 Kilometern zur Tropfsteinhöhle **Grotta del Lauro**. Sie ist nur mit einem Bergführer begehbar. Nähere Infos dazu, zu weiteren Wandermöglichkeiten und zur ganzen Region erhalten Interessierte unter der Webadresse www.parcodeinebrodi.it.

Auf den folgenden Kilometern sind die Strände sicher nicht das Beste, was Sizilien zu bieten hat. Bei **Zappula** liegt ein ehemaliger Bauernhof, der inzwischen mehr einem waschechten Campingplatz gleicht. Seit er ausgebaut ist, stehen am benachbarten Strand Halteverbotsschilder für Wohnmobile, wohl kaum reiner Zufall.

## 045 Zappula Torrenova – *Agricampeggio Alessandra*

**GPS/Kontakt**: N 38°07'00" E 14°42'01", Via del Mare, Tel. 0339 878 04 12, www.agricampeggioalessandra.it. **Max. WOMOs**: 22. **Öffnungszeiten**: Ganzjährig geöffnet. **Ausstattung**: Ver- / Entsorgung, Strom, Toilette / Dusche, Waschmaschine, WLAN, Spielplatz, Fahrradverleih. **Beschreibung**: Nah am Meer gelegener Schotterplatz mit Parzellen, Weg zum Strand, kaum Schatten, einige Dauercamper, eben, ruhige Lage, klappstuhlgeeignet, 3,8 km außerorts. **Preis:** 21 – 40 €

(rund 10 % Rabatt mit der Sicily Camping Tour-Card, Nachlass mit ACSI Card). **Zufahrt**: Auf der Straße SS113 bis Rocca di Capri Leone steuern, dort links in der Ortsmitte in die Via Zappulla abfahren. Der Straße folgen. Kurz nachdem sie einen Rechtsknick macht, linker Hand.

TOUR 3

## Capo D`Orlando

*(13.100 Einwohner Markttag: Do., Lungomare Ligabue)*
Der Urlaubsort schmiegt sich an eine markante Felsnase und verzeichnet allsommerlich zahlreiche Gäste in den Pensionen, Hotels und Ferienwohnungen. Für Wohnmobile ist die Infrastruktur dagegen etwas dürftig. Einige Straßen sind gleich ganz mit Einfahrtsschildern versperrt. *Wenn Sie erst am Ende von Capo D`Orlando über die SS116 von der Hauptstraße nach links abbiegen, können Sie aber das Kap problemlos entlang der Küste umfahren*. Es gibt dort recht schön gelegene Strände unterhalb. Im Hochsommer sind die wenigen Tagesparkplätze sehr voll und es gibt kaum Möglichkeiten zum Bleiben. Bis Juni und ab September sieht es schon besser aus, zum Beispiel bei N 38°09'47" E 14°45'02". In der nächsten Ortschaft **San Gregorio** wurden alle nennenswerten Parkflächen in Strand- und Hafennähe mit WOMO-Verbotsschildern versehen. Da die breite Playa Bagnoli auch nur Mittelmaß ist, kein zu großer Verlust.

Bei der **SS116** Kreuzung können Sie nach rechts in Richtung Landesinneres abbiegen und die malerischen Dörfer **Naso** und **Castell Umberto** mitnehmen. An dessen Ortsrand liegt der gleichnamige **Ecopark**, ein Erholungsgebiet nicht nur für hitzegeplagte Küstenbewohner im Hochsommer. Ein künstlich angelegter See mit Picknickbänken und Grillgelegenheiten, Wasservögel, Hirsche und Damwild wartet auf Besucher. In einer Voliere leben verletzte, nicht mehr auswilderbare Raubvögel, die im Park ihren Lebensabend fristen und versorgt werden. Am Parkplatz ließe sich die Nacht verbringen.

### 046 Castell Umberto

**GPS**: N 38°04'52" E 14°48'51". **Max. WOMOs**: 2 – 3. **Ausstattung**: Mülltonnen, sonst keine Einrichtungen. **Beschreibung**: Erd- / Schotterplatz mit einigen Bäumen und schöner Aussicht am Eingang des Ökoparks Castel Umberto, etwa 1,2 km vom Ortszentrum entfernt. **Zufahrt**: Von der Küstenstraße SS113 kommend rechts auf die SS116 nach Naso und weiter Richtung Castell Umberto lenken. Nach der Ortsdurchfahrt in Richtung Randazzo, halten Sie sich rechts ab bergauf, beschildert zum Monte Rotondo. Der Beschilderung gegenüber dem mit Flutlicht versehenen Sportplatz nach links folgen und bei erster Gelegenheit rechts zum Parkplatz abbiegen. Achtung, etwas schmale und steile Ausfahrt am Ende.

Wenn Sie der **SS113** und damit dem Küstenverlauf folgen, kommen Sie nach **Brolo** mit einem ordentlichen, wenn auch groben Sandstrand. Es folgen **Gioiosa Mare** und das kleine **Calava**. Beide Orte bieten Campinggelegenheiten.

### 047 Gioiosa Mare – *Calanovella Camping Village*

**GPS/Kontakt**: N 38°10'12" E 14°52'59", Via Nociara, Tel. 0371 371 04 31, www.calanovella.it. **Öffnungszeiten**: Mai – September. **Ausstattung**: Waschmaschine, Pool, Bar, Sportangebote. **Beschreibung**: Direkt am schmalen, etwas groben Strand gelegener größere Anlage, sauber, meist schattig, gute Ausstattung, auf Rasen, recht eben, über den Strand rund 1000 m in den Ort. **Preis:** ab 24 €, im August meist Mindestaufenthalt 6 Nächte. **Zufahrt**: Von der SS113 nicht die Abfahrt Frazione Calanovella nehmen, sondern erst die nächste Abfahrt links, Richtung Villaggio Calanovella. Auf der schmalen Schotterpiste immer geradeaus bis zur Einfahrt am Ende rechts.

Capo D`Orlando

TOUR 3

### 048 Calava – *Camping Tirrena*

**GPS/Kontakt**: N 38°11'14" E 14°54'37", Contrada Calava, Tel. 0941 30 10 28, www.campingtirreno.com. **Öffnungszeiten**: Juni – September. **Ausstattung**: Minimarkt, Restaurant, sonst campingplatzüblich. **Beschreibung**: Kleinerer, direkt am recht schönen Sandstrand gelegener Platz, meist ruhig, recht eben auf Naturboden, teils schattig. **Preis:** 26 - 40 €. **Zufahrt**: Von der SS113 links die Abfahrt zu Baia Calava nehmen. Nun immer geradeaus und am Ende links entlang des Strandes bis zum Platz. Achtung: im Sommer ist die Straße oft zugeparkt, so dass es für größere Wohnmobile tagsüber schwer werden kann, durchzukommen. Am Ende wartet dann noch eine Unterführung mit rund 3 m Höhe, daher eher ein Platz für Kastenwägen und Co.

Nach der nächsten Landspitze erwartet Sie das kleine **San Giorgio**. Es ist nicht ganz so stark touristisch geprägt wie die beinahe nur aus Ferienbetrieben bestehenden vorherigen Orte. So gibt es noch immer viele Möglichkeiten rund um die Promenade den Strand zu nutzen und zu parken. Das hat sich herumgesprochen und Sie bleiben nachts kaum alleine, zeitweise entwickelt sich hier fast schon ein wilder Campingplatz, bislang zumindest geduldet. Vor allem im äußersten Westen und Osten ist der Strand recht schön, es lohnt sich die paar hundert Meter zu Fuß zurückzulegen. Komfortabler nächtigen Sie am offiziellen Campingplatz **Il Cicero Campingplatz** am Ostende des Ortes.

049 N 38°10'26" E 14°56'47" und zuvor

050 N 38°10'10" E 14°56'57", Via A. Sidoti 129, Tel. 0941 395 51, www.ilcicero.it, Juni – Sep., Pool, Restaurant / Bar, Animation, Sportangebote, 30 – 45 €

**San Giorgio, oben Stellplatz 49**

**Patti** *(12.800 Einwohner)*
Patti teilt sich in den älteren, von der Küste zurück gebauten Ortsteil und den touristisch geprägten Badeort **Marina di Patti** auf. Beide Bereiche werden durch die Autobahn zerschnitten, die quer hindurchführt. Gleich zu Beginn können Sie auf einem gut gelegenen Stellplatz am Sand-Kies-Strand einchecken.

### 051 Marina di Patti – *Saliceto*

**GPS/Kontakt**: N 38°09'27" E 14°57'45", SS113, Tel. 03510 27 32 43, www.salicetosostacamper.com. **Max. WOMOs**: 30+. **Öffnungszeiten**: Etwa Mitte April – Mitte Oktober. **Ausstattung**: Ver- / Entsorgung, Strom, Toilette / Dusche, Mülleimer. **Beschreibung**: Rasen- / Schotterplatz direkt am Strand, kaum Schatten, tags nicht ganz leise durch die nahe Straße, recht eben, klappstuhlgeeignet, etwa 600 m in den Ort. **Preis**: 22 – 39 € **Hinweis**: Kurz danach gibt es etwas zurückversetzt vom Meer einen zweiten, noch größeren privaten Stellplatz, ***Villa Pisani***, N 38°09'22" E 14°57'51", Via Mustazzo 4, 0327 546 99 06, etwa Mitte April – Anfang Oktober, 22 – 34 €.

Zur Einkehr laden das ***Papilla*** *(Via Capitano F. Zuccarello 155)*, die ***Gelateria Iceland*** *(Eis, Via Capitano F. Zuccarello 133)*, die ***Trattoria Nereo*** *(Capitano F. Zuccarello 97)*, das ***Carbonella*** *(Via Capitano F. Zuccarello 2)* und die Pizzeria ***Al Vecchio Carcere*** *(Via C. Battisti 34)* im Oberdorf ein. Auf verschlungenen Wegen können Sie sich vom Navi auch noch weiter bis zum schönen Grotta-Strand leiten lassen. Er befindet sich im äußersten Osten des Ortes, direkt vor dem hoch aufragenden Felsen im Weiler **Mongiove**, **Via Grotte**, N 38°08'59" E 15°01'20". Parkplätze gibt es zumindest früh und spät am Tag an der Zufahrtsstraße.

TOUR 3

Ansonsten unterqueren Sie auf der **SS113** die Autobahn zur Weiterfahrt. Kurz zuvor führt links die **Via Papa Giovanni XXIII.** zum Eingang der **Villa Romana di Patti** rechter Hand. Sie wurde beim Bau der Autobahn zufällig entdeckt und war im 4. Jahrhundert einem Erdbeben zum Opfer gefallen. Bis heute sind einige Mosaiken, der Innenhof mit den umliegenden Räumen und die Therme erkennbar. Das kleine Museum präsentiert weitere Fundstücke (*meist 9.00–17.30 Uhr, 2 €*).

### Tindari

Die **SS113** schwingt sich im weiteren Verlauf einen Felsen hinauf. Nach links zweigt eine Stichstraße zum Kloster Tindari und den direkt benachbarten Ausgrabungen ab. Für Wohnmobile ist die Auffahrt nicht möglich. Schluss ist am asphaltierten Großparkplatz rechter Hand. Sie können dort, wenn auch recht schräg, auch über Nacht stehen.

052 N 38°08'18" E 15°02'33"

Um sich sportlich zu betätigen, folgen Sie von dort der 1,5 Kilometer langen Straße bergauf. Alternativ lösen Sie in einer der Verkaufsbuden Tickets für den Shuttlebus, der Gläubigen, Neugierigen und Archäologieinteressierten den Weg abnimmt und Sie schneller hinaufbringt. Das **Santuario Maria SS. del Tindari** gilt als eines der größten Heiligtümer Siziliens. *Es beherbergt eine Schwarze Madonna und wurde eigens für diese errichtet*. Der Legende nach wurde sie einst von einem Segelschiff ins Meer geworfen, das sich dringend aller Fracht entledigen musste, um dem drohenden Untergang zu entgehen. Fischer fanden die Figur und bauten für sie eine Kapelle. Seitdem soll sie immer wieder Wundertaten vollbracht haben. Vermutlich stammt die Madonna aus dem 12. Jahrhundert und wurde am süditalienischen

**Bucht von Patti**

Festland hergestellt. *Vom Klostervorhof haben Sie eine wunderbare Sicht auf die weit ins Meer reichenden Sandbänke von Marinello unterhalb des Kap Tindari*. Zumindest von oben verbreitet das Naturschutzgebiet beinahe etwas Südseefeeling. Wie Sie dorthin gelangen, erfahren Sie etwas später. Zuvor gehen Sie links vom Restaurant, vorbei an den Verkaufsbuden zum Eingang der Ausgrabungen des antiken **Tyndaris**. Es wurde 396 v. Chr. vom Tyrannen Dionysos I. gegründet und war als Vorposten gegen die weiter westlich lebenden Karthager gedacht. Später wechselte die Stadt die Seiten und zog im Ersten Punischen Krieg für Karthago in die Schlacht. Anschließend verbündete es sich mit Rom und erlebte eine Blütezeit unter dem Einfluss von Byzanz. Die Araber zerstörten Tyndaris, das danach nicht mehr aufgebaut wurde. *Schon wegen der tollen Lage, der meist ruhigen Atmosphäre, hauptsächlich in der Vorsaison, wenn abertausende Wildblumen zwischen den Mauerresten wachsen, ist es einen Besuch wert*. Besonders gut erhalten ist das **Teatro Greco** aus den frühesten Tagen der Stadt. Einst bot es mehr als 3000 Besuchern Platz. Das zweigeschossige Propylon stammt aus römischer Zeit, die Basilika aus der letzten Phase. Gut zu erkennen sind bis heute die Thermenanlage und die Straßen. Das Museum am Eingang zeigt verschiedene Fundstücke. Falls Sie den Rückweg zum Parkplatz per pedes antreten, schlagen Sie beim kleinen Weiler nahe den Ausgrabungen einen Fußweg nach rechts ein und sparen so etwas Wegstrecke ein *(Kloster: Piazza S. Quasimodo, www.santuariotindari.it, Eintritt frei, 6.45–12.30 und 14.30–20.00 Uhr, Winter bis 19.00 Uhr, So. bis 18.00 Uhr. Tyndaris: Via Teatro Greco, www.tindari.org, ab 9.00 Uhr, je nach Monat bis 16.00 / 17.00 Uhr ,Winter und 18.00 / 19.00 Uhr im Sommer, 6 €)*.

**Santuario in Tindari und Stellplatz 52**

Um die vorgenannte Sandbank zu erreichen, die Sie bereits von oben sahen, biegen Sie bei **Oliveri** in den Badesatelliten **Marinello** ab. So ziemlich der einzige öffentliche Platz, der dort bislang nicht mit WOMO-Verbotsschildern versehen wurde, befindet sich neben dem Sportplatz, besonders schön ist er allerdings nicht.

**053** N 38°07'32" E 15°03'44"

Ausgrabungen von Tindari

Da der einzige private WOMO-Stellplatz *Azimut* zuletzt geschlossen war, bleiben für einen Aufenthalt alternativ nur die beiden Campingplätze. Am äußersten nördlichen Ende führt dann ein Weg zur direkt anschließenden Lagune, dem **Riserva dei Laghetti di Marinello**. Auch der Strand von Marinello gleich davor ist nicht so schlecht.

### 054 Marinello Oliveri – *Villagio Marinello di Greco*

**GPS/Kontakt**: N 38°07'56" E 15°03'17", Via del Sole 17, Tel. 0941 31 30 00, www.villagiomarinello.it. **Öffnungszeiten:** Im Prinzip ganzjährig geöffnet, im Winter jedoch wechselnde Schließungszeiten. **Ausstattung**: Waschmaschine, WLAN, Restaurant / Bar, Minimarkt, Sportangebote, Verfügbarkeit nach Jahreszeit. **Beschreibung**: Großer ebener und meist schattiger Platz auf Naturboden mit direktem Strandzugang, nicht immer ganz sauber, keine Hunde. etwa 1,2 km in

Sandbank am Kap Tindari

**Amphitheater von Tindari unten Strand von Oliveri**

die Ortsmitte. **Preis**: 27 – 41 €. **Zufahrt**: Von der SS113 aus nehmen Sie nach der Bergabfahrt aus Richtung Tindari die zweite Abfahrt links in den Ort. Bis zur Strandpromenade fahren, dort links und bis zum Platz Marinello ganz am Ende. **Hinweis**: Der Platz ***Baia del Principe*** könnte falls nötig eine Ausweichmöglichkeit darstellen, ist aber nur zweite Wahl, N 38°07'41" E 15°03'33", Via C. Colombo 1a, Tel. 0941 31 33 02, www.baiadelprincipe.it, Juni – Sep., 18 – 46€.

Der nächste erwähnenswerte Ort heißt **Terme Vigliatore**. Er ist für seinen großen Yachthafen Tonnarella bekannt, um den sich gleich in mehreren Reihen Ferienhausanlagen gruppieren. Mal mehr,

mal weniger breit und mal schöner, mal weniger schön zieht sich der Strand von hier aus gen Nordwesten bis Milazzo. Gleich ein halbes Dutzend Campingbetriebe haben sich unterwegs niedergelassen, alle haben ihre Vor- und Nachteile. Neben dem ersten besteht die Möglichkeit von einem Tagesparkplatz aus ans Meer zu gelangen, N 38°07'23" E 15°06'25", Parcheggio Bazia.

### 055 Bazia (Tonnarella) – *Tindari Village Camping*

**GPS/Kontakt**: N 38°07'15" E 15°06'29", Tel. 0941 814 73, www.tindarivillage.com. **Öffnungszeiten:** Etwa Mitte Mai bis Ende September. **Ausstattung**: Waschmaschine, WLAN, Pool, Sportangebote, Animation. **Beschreibung**: Großer, vor allem auf Bungalow-Urlauber ausgerichteter Platz mit einem zuletzt noch unbeschatteten Platz auf Schotter-Sand für WOMOs (soll beschattet werden). Eben, Platz teils etwas belebter. Direkter Zugang zum recht breiten, schönen Strand. **Preis**: 30 – 50 €, Ermäßigung mit Sicily Camping Tour. **Zufahrt**: Von der SS113 aus etwa 4 km nach Oliveri links die Abfahrt Richtung *stazione* nehmen, die Autobahn überqueren und bis zur Einfahrt linker Hand fahren. **Hinweis**: Ein zweiter, kleinerer und einfacherer Platz ohne direkten Meerzugang aber ähnlich ausgestattet liegt direkt dahinter, ***Camping Blumare Village***, N 38°07'12" E 15°06'30", Tel. 0366 325 31 56, www.campingbluemarevillage.it, Juni bis Mitte September, 30 – 40 €.

### 056 Vigliatore (Tonnarella) – *Sosta Tonnarella*

**GPS/Kontakt**: N 38°07'56" E 15°07'29", Via Communale Acquitta 98, Tel. 0389 010 75 01, www.sostacampertonnarella.com. **Max. WOMOs**: 20. **Öffnungszeiten:** Ganzjährig geöffnet. **Ausstattung**: Ver- / Entsorgung, Strom, Toilette / Dusche, WLAN. **Beschreibung**: Direkt am Meer gelegene, einfache Schotter-Stellfläche, eben, kein Schatten, klappstuhlgeeignet, Sanitäranlagen mittelmäßig, Meerzugang, aber richtiger Strand etwa 250 m entfernt, Bushalt, bis ins Ortszentrum nur rund 400 m. **Preis**: 20 €. **Zufahrt**: Etwa 8 km nach Oliveri links zur Strandstraße SP59 abbiegen und zum Stellplatz auf der linken Seite fahren.

### 057 Marchesana – *Trinacria*

**GPS/Kontakt**: N 38°08'25" E 15°08'45", Via Lungomare Marchesana 200, Tel. 0333 723 94 79, www.sostacampertrinacria.it. **Max. WOMOs**: 20+. **Öffnungszeiten:** Ganzjährig geöffnet. **Ausstattung**: Ver- / Entsorgung, teils Strom möglich, Toilette / Dusche. **Beschreibung**: Nahe am Strand gelegenes, großes meist schattenloses Wiesenareal, weitgehend eben, recht ruhig, klappstuhlgeeignet, keine richtige Ortschaft in der Nähe. **Preis**: 20 – 30 €. **Zufahrt**: Rund 8 km hinter Oliveri links zur Strandstraße SP59 steuern und vorbei am Stellplatz Tonarello, dann zur Einfahrt auf der rechten Seite 1,8 km weiterfahren. **Hinweis:** Zweihundert Meter zuvor finden Sie alternativ den schattigen Campingplatz ***Batuca Village***, mit Pool – und viel lauter Animation, zuletzt keine Stromanschlüsse, N 38°08'20" E 15°08'27", Tel. 090 2041 20, www.batucavillage.com, Mitte Mai – Sep., ab etwa 28 €.

**Milazzo** *(31.500 Einwohner, Markttag Do., im Zentrum)*
Auf den ersten Blick ist die Hafenstadt am weit nach Norden herausragenden Landzipfel nicht gerade eine Augenweide. Zusammen mit der noch weniger erbaulichen Großstadt **Barcellona Pozzo di Grotto** und dem sogar besonders hässlichen Industriegürtel dazwischen, macht sich vielleicht bei Ihnen der Wunsch breit, schnellstmöglich vorbeizufahren. Dann würde Ihnen allerdings Einiges entgehen. *Die Altstadt hat durchaus sehenswerte Seiten, insbesondere die befestigte Burganlage*. Am Kap lockt eine schöne Kurzwanderung zur »Venusbucht« und nicht zuletzt ist Milazzo das Tor zu den Liparischen Inseln, die Sie, wenn irgend möglich, nicht auslassen sollten.

Sofern Sie über die Küstenstraße in Richtung Milazzo fahren, passieren Sie zunächst bei Caldera eine große Parkfläche direkt am Meer, die für eine Zwischenübernachtung nutzbar ist, eine zweite nur wenige hundert Meter später.

**058** N 38°09'55" E 15°11'20"

**058a** N 38°10'54" E 15°12'29"

Danach folgt ein privater Stellplatz an einem Agroturismo, ein weiterer, der sich durch die Hafennähe auch gut als Ausgangspunkt für Inselexkursionen macht, befindet sich direkt im Ort. Da Parkplätze innerhalb des Stadtzentrums Mangelware sind, bietet sich der letzte Stellplatz auch als Ausgangspunkt für einen längeren Spaziergang in den Ort an, oder Sie nutzen die folgend angegebene Parkfläche am Ortsstrand.

**059** *Milazzo – Il Gelsomino Ritrovato*

**GPS/Kontakt**: N 38°11'25" E 15°13'27", Via Orgaz 19, Tel. 0335 189 12 92, www.ilgelsominoritrovato.it. **Max. WOMOs**: Etwa 25. **Öffnungszeiten**: Ganzjährig geöffnet. **Ausstattung**: Ver- / Entsorgung,

Strom, Toilette / Dusche, Waschmaschine, WLAN, Pool, Spielplatz, Restaurant. **Beschreibung**: Recht gepflegter Platz mit Stellflächen auf Rasen und Schotter, kein Schatten, ruhig, eben, klappstuhlgeeignet, rund 500 m vom Strand entfernt, 5 km außerorts. **Preis**: 25 – 35 €. **Zufahrt**: Auf der SS113 immer geradeaus die Stadt Barcellona durchqueren. Nach dem Ort Meri über eine Flussbrücke fahren, und links in Richtung Milazzo abbiegen. Hinter der Bahnunterführung am Ortsschild S. Marina links steuern. Vor der Kirche rechts in die Via Orgaz wechseln und bei erster Gelegenheit links zum Stellplatz.

## 060 Milazzo – *Garage delle Isole*

**GPS/Kontakt**: N 38°12'47" E 15°14'30", Via Migliavacca 90, Tel. 090 928 85 85, www.garagedelleisole.it. **Max. WOMOs:** 12 – 15. **Öffnungszeiten**: Ganzjährig geöffnet. **Ausstattung**: Ver- / Entsorgung, Strom, Toilette / Dusche. **Beschreibung**: Abgetrennter, geschotterter Bereich nur für Wohnmobile auf einem Servicegelände für Busse und LKWs, kaum Schatten, zentrale Lage, recht gepflegt, eben, bedingt klappstuhlgeeignet, nicht ganz leise, 400 m zum Hafen, 500 m bis in die Ortsmitte. **Preis**: 25 €, ab der zweiten Nacht 20 €. **Zufahrt**: Von der Küstenstraße aus am Ortsbeginn rechts in die Contrada Pagliara abzweigen (Schild Palazzetto dello Sport), am Ende links Richtung Porto fahren. Der Platz ist auf der linken Seite.

## Unterwegs in Milazzo

Vom Strandparkplatz in der **Via Grotta Polifemo** bei N 38°13'55" E 15°14'19" gehen Sie ein Stück in Richtung Süden und halten sich am Kreisverkehr links zur zentralen **Piazza Roma**. Falls Sie vom Stellplatz Garage delle Isole oder den Parkplätzen am Hafen starten, gehen Sie am Kreisverkehr hinter dem Fähranleger über die **Via D. Piraino** los. Sie führt zum Museum und weiter zum Kastell.

Rechts befinden sich die meisten Geschäfte, Bars, Restaurants und der Hafen. Links spazieren Sie zur Festung. Linker Hand, gleich nach dem kostenlosen, ethnoanthropologischen **Museum Domenico Ryolo,** führt eine Treppe zum **Santuario Immacolata Concezione** hinauf. Von dort haben Sie eine schöne Sicht über Stadt und Küste. Eine weitere Treppe am hinteren linken Ende des Platzes bringt Sie über die **Via dei Castricani** zum Eingang des **Castello di Milazzo** *(Salito Castello 18, www.comune.milazzo.me.it, Di. – So. 9.00 – 13.30 und 16.30 – 20.30 Uhr, Winterhalbjahr abweichend und teils geschlossen, 3 €).*

Hinter der ersten Befestigungsanlage streifen Sie die alte Kathedrale

Hauptplatz von Milazzo, unten Castello di Milazzo

von Milazzo und das **Kloster delle Benedettine**. Im äußeren Hof finden im Sommer regelmäßig verschiedenste Aufführungen und Konzerte statt. Hinter der zweiten Mauer erreichen Sie die Überreste der Burg aus dem 13. Jahrhundert. Sie entstand unter dem Staufer Friedrich II. und basiert auf den Fundamenten einer älteren, arabischen Anlage. Im 16. Jahrhundert verstärkten die Spanier die Anlage noch weiter.

Der Rückweg erfolgt auf dem bekannten Weg. Alternativ wandern Sie der rechts vom Burgeingang nach schräg links unten verlaufenden **Via D. Rodriguez** bis zur Hafenpromenade entlang und erkunden nach rechts das Zentrum. Gastro-Tipps im Ort sind das ***La Bitta*** *(Via N. Bixio 28)*, die ***Pasticceria Merrina*** *(Café, Via M. Regis 50)*, das ***Chantilly Café*** *(Café, Via A. Cumbo Borgia 59)*, ***Macchianera*** *(Lungomare Garibaldi 275)* und das ***Degus*** *(Via Montecastro 69)*

Von Milazzo fahren Sie auf der **SP72** oder **SP72bis** am Meer entlang zur Landspitze, dem **Capo Milazzo**.

Kurz vor dem Straßenende am Venuspool passieren Sie rechts einen Parkplatz mit acht großen Buchten, den Wohnmobilbesitzer oft zur Zwischenübernachtung nutzen, da er bislang keine Verbotsschilder aufweist. Ein weiterer Stellplatz ganz am Ende liegt zwischen mehreren Restaurants und Snack Bars. Ganz in der Nähe gibt es auch einen Campingplatz.

Bucht am Riva Smeralda

061 N 38°15'54" E 15°14'16"

### 062 Milazzo – *Riva Smeralda*

**GPS/Kontakt**: N 38°15'44" E 15°14'38", Piazzale Cirucco 4, Tel. 090 928 29 80, www.rivasmeralda.it. **Öffnungszeiten:** April – Anfang Oktober. **Ausstattung**: Bar / Restaurant, Minimarkt, eigener Strand. **Beschreibung**. Schattige, nicht immer ganz ebene Stellplätze unter Olivenbäumen beidseits der Zufahrtsstraße, zuletzt Renovierungsarbeiten, schönes Restaurant mit Beachclub, angeschlossene Tauchschule. Rund 5 km in den Ort. **Preis**: 28 – 45 € **Zufahrt**: Von Milazzo aus über die SP72 oder SP72 bis in Richtung Capo Milazzo lenken. Kurz zuvor fahren Sie rechts ab, der Platz liegt dort gleich unterhalb der Straße.

### Kurzwanderung zum Venuspool

Eine schöne kleine Rundwanderung führt vom Parkplatz am Straßenende des Capo Milazzo zunächst am **Santuario Sant Antonio** vorbei und dann geradeaus weiter entlang des Fußwegs in eine Olivenplantage. Rechter Hand können Sie einen Abstecher zum zwischen den Bäumen hervorlugenden Leuchtturm machen. Nach links bringt Sie der stetig schmäler werdende Pfad über viele Stufen und mit toller Aussicht bis zur Landspitze hinab. Das

Wanderung zum Venuspool, unten am Venuspool

Ende wird von einer beinahe runden Felsausbuchtung bestimmt, dem sogenannten **Venuspool** *(Piscina di Venere)*. Trotz der vielen Felsen ringsum ist er ein recht beliebter Badeplatz, vielleicht ja auch für Sie das Richtige? Für den Rückweg folgen Sie dem treppenbesetzten Hinweg ein wenig schweißtreibend bergauf, nehmen aber die zweite Abzweigung nach rechts. Sie führt über die Ruinen eines ehemaligen Fischerdorfes näher am Wasser entlang zurück. Am Ende erreichen Sie die Straße ein Stück östlich von Ihrem Ausgangspunkt am Kloster.

## Liparische (Äolische) Inseln

Nördlich von Sizilien bilden sieben kleine Inseln vulkanischen Ursprungs die Inselgruppe der Liparischen Inseln, sie werden alternativ auch als Äolische Inseln bezeichnet. *Jede ist ein kleiner Mikrokosmos mit eigenem Charakter und einen Besuch wert*. Am außergewöhnlichsten sind sicher die Inseln Vulcano mit ihren Schwefelbädern und die Insel Stromboli, ein ständig aktiver Vulkankegel mitten im Meer. Im Folgenden stellen wir Ihnen die Inseln kurz vor. Da die Überfahrt ab Milazzo einige Zeit in Anspruch nimmt und es viel zu sehen und erleben gibt, macht ein zwei- bis

**Belvedere Quattrocchi auf Lipari mit Blick auf die Insel Vulcano**

dreitägiger Aufenthalt durchaus Sinn. In dem Fall sollten Sie eine Unterkunftsreservierung vorab über die einschlägigen Buchungsseiten im Internet oder ein Reisebüro vornehmen – vor allem während der Saison ist das Angebot begrenzt. Auf Vulcano ist ein Campingplatz vorhanden. Ob es für Sie Sinn macht, Ihr Fahrzeug dorthin mitzunehmen, müssen Sie selbst entscheiden. Viele Strecken lassen sich auf den Inseln besser zu Fuß oder teils per Fahrrad / Mietroller bewältigen, Panarea, Stromboli und Alicudi sind praktisch komplett autofrei. Neben unzähligen Agenturen, die verschiedenste Inselrundfahrten und -überfahrten anbieten, ist die richtige Anlaufstelle für eine Vorabbuchung oder zur Information die Reederei Liberty Lines, Sie steuert alle Inseln in regelmäßigen Abständen und mehrmals täglich mit Tragflügelbooten und Fähren an *(www.libertylines.it, verschiedene Abfahrtszeiten und Preise, mehrmals täglich, je nach Jahreszeit und Insel).*

***Vulcano*** *(450 Einwohner)*
Am nächsten zum Festland gelegen ist die Insel Vulcano. Sie besteht aus mehreren, miteinander verwachsenen Vulkankegeln. Der **Granda Fosse** ist bis heute aktiv, was von Weitem ständig

Der dampfende Gran Cratere auf Vulcano, unten Hafen von Vulcano

aufsteigende Rauchwolken am hoch aufragenden Gipfel hinter dem Ort **Vulcano Porto** signalisieren. Im 19. Jahrhundert entstand eine erste Siedlung, in der Gefangene und Zwangsarbeiter lebten, die Schwefel abbauen mussten. Nach einem Vulkanausbruch war Schluss damit. Erst in den letzten 50 Jahren hat sich die Insel neu entwickelt und zählt wieder mehrere hundert ständige Bewohner.

Nach Ankunft fällt sofort der Geruch auf – die ganze Gegend »duftet« markant nach faulen Eiern. Grund sind die am Felsen **Faraglione di Levante** austretenden Schwefelgase gleich rechter Hand. Dahinter lässt sich ganzjährig in heißen Quellen baden. Das Schwefelwasser soll bei Rheuma und Arthritis helfen. Der Heilschlamm bei Hautkrankheiten, Pickeln und sogar Falten wahre Wunder vollbringen. Die Strandbucht dahinter bietet ganzjährig recht wohl temperiertes Wasser, da viele heiße Quellen in Ufernähe entspringen – Vorsicht wohin Sie treten! Am hinteren Ende des Ortes existiert eine weitere, größere Bucht, die **Spiaggia di Sabbia Nera**, ein schwarzer Lavasandstrand. Eindrucksvoll sind Ausflüge auf die nördliche kleine Halbinsel **Vulcanello** mit dem **Valle dei Mostri** voller bizarrer

TOUR 3

Strand von Vulcano

Lavaformationen und natürlich eine Wanderung zum rauchenden Kraterrand, dem **Gran Cratere,** mit einem Durchmesser von mehr als 500 Metern *(Dauer etwa 2 Stunden)* – der Weg beginnt am Südostende des Ortes und ist überall angeschrieben. Wenn Sie länger verweilen, machen Sie einen Ausflug zur Südseite der Insel. Hinter dem verstreuten Dörfchen **Piano** gibt es zwei weitere, schöne Badestrände. Im Hauptort Vulcano Porto werden an mehreren Stellen Fahrräder und Roller für längere Wegstrecken vermietet. Sogar eine Campinggelegenheit bietet die Insel – und natürlich diverse gastronomische Betriebe, wie beispielsweise das ***Ristorante La Forgia Maurizio*** *(Str. Provinciale 45)*, ***Gelato di Antonio*** *(Eis, Str. Provenciale 41)*, ***Ficodindia*** *(Snackbar, Via Anna Magnani)* und die ***Trattoria da Pina*** *(Localita Gelso)*.

Lipari, rechts Hauptstraße Via Garibaldi

### 063 Vulcano – *Camping Togo Togo*

**GPS/Kontakt**: N 38°25'16" E 14°57'24", Via Porto Ponente, Tel. 090 985 23 03, www.campingvulcano.it. **Öffnungszeiten**: April – Oktober. **Ausstattung**: WLAN, Fahrradverleih. **Beschreibung**: Eigener Strandzugang, schattige, ruhige, nicht immer ganz ebene Stellplätze. Es werden Bootstouren zu anderen Inseln und Exkursionen angeboten, 600 m bis in die Ortsmitte. **Preis**: 28 €. **Zufahrt**: Nach der Ankunft am Hafen von Vulcano rechts halten. Die Straße biegt am Strand nach rechts ab. Nehmen Sie die erste Abfahrt links zum Campingplatz. **Hinweis:** Im Hochsommer werden eventuell mehrtägige Mindestaufenthalte gefordert. Nehmen Sie rechtzeitig Kontakt auf, um dies abzuklären. Eine Reservierung ist mangels Alternativen sinnvoll.

***Lipari*** *(12.800 Einwohner)*

Die Hauptinsel des Archipels, Lipari, hat eine Fläche von knapp 40 Quadratkilometern und die mit Abstand meisten Bewohner. Grabungen bewiesen, dass sie bereits in grauer Vorzeit des Neolithikums bewohnt gewesen sein muss.

Der größte Teil von Liparis Bevölkerung lebt heute im gleichnamigen Hauptort, in dem die Fähren anlegen. Die beiden Haupteinkaufstraßen **Via V. Emanuele** und die verkehrsberuhigte **Via Garibaldi** ziehen sich

**Acquacalda, unten Havana Beach auf Lipari**

durch die hübsche Altstadt nach Süden zum kleineren Fischerhafen hinüber. Östlich davon ragt das große **Castello di Lipari** über die Dächer hinweg. Griechische und normannische Überreste wurden in die heutige Anlage aus spanischer Zeit integriert. Interessant ist das gleich benachbarte, in mehreren Gebäuden verteilte **Museum Archeologico Eoliano** mit Schaustücken meist aus griechischer Zeit, einer vorgeschichtlichen Abteilung und einem Freibereich sowie die **San Bartolomeo Kathedrale**. Auf Lipari bietet sich eine Rundfahrt per Roller an. Sie können sich so einen Überblick über die malerischen kleinen Dörfer verschaffen, die wenigen Kiesbuchten Liparis erreichen und das Panorama auf die Nachbarinsel Salina genießen. Eine besonders schöne Sicht auf Liparis Küste haben Sie im Südwesten vom Aussichtspunkt **Belvedere Quattrocchi** aus. Der Kiesstrand **Calle Muria**, den Sie unterhalb erkennen, ist über die nächste Straße rechts ab und einen schmalen Fußweg abwärts erreichbar. Gastrotipps in **Lipari** sind die ***Rosticceria Mancia e Fui*** *(Fast Food, Via V. Emanuele 94)*,

Prähistorisches Dorf auf Panarea

***Il Corallo*** *(Corso V. Emanuele III 43)*, ***Gilberto e Vera*** *(Snackbar, Via G. Garibaldi 22)*, die ***Pasticceria D`Ambra*** *(Café, Vico Morfeo 50)* und das ***Caffè la Vela*** *(Piazza Ugo Onofrio in Marina Corta)*, in Canneto die ***Tano Bar*** *(Café, Piazza San Cristofero)* und in Pianoconte das ***Da Marisa*** *(Via Stradale)*

***Panarea*** *(280 Einwohner)*

Die nur 3,4 Quadratkilometer große, autofreie Insel nördlich von Lipari ist als Tummelplatz des italienischen Jetsets bekannt. Das bemerkt man am Preisniveau und den zahlreichen Edelboutiquen und Villen entlang der bewohnten Ostflanke des einstigen Vulkans. Der einzige Sandstrand Panareas liegt vor dem Dorf Drauto südlich der Stadt. Am südlichsten Zipfel können Sie die prähistorischen Ausgrabungen des Rundhüttendorfs **Ilha** besichtigen, unterhalb liegt der Kieselstrand **Cala Junco**. Beliebte Lokalitäten sind ***Le Delizie di Nonna Pasqualina*** *(Via San Pietro)*, ***O`Palmo*** *(Via San Pietro)*, ***Panarea in Forno*** *(Café, Via San Pietro)* und das ***Cincotta*** *(Via San Pietro)*.

***Salina*** *(2600 Einwohner)*

Mit dem **Monte Fossa delle Felici** (962 Meter) besitzt Salina den höchsten Berg der Liparen. Die Besteigung dauert fast sechs Stunden. Die Insel ist, ähnlich wie Vulcano, aus mehreren, miteinander verwachsenen Vulkanen entstanden. Im Gegensatz zum Nachbarn sind diese längst erloschen. Mit rund 27 Quadratkilometern ist Salina zu groß, um es auf die Schnelle zu Fuß zu entdecken. Es gibt Busverbindungen und Mietroller. Der Hauptort **Santa Marina** besitzt einige Geschäfte und Gasthäuser. Salina ist für den Anbau von Kapern und Wein bekannt, insbesondere der Likörwein Malvasia gedeiht auf dem vulkanischen Boden hervorragend. Rund um die kleinen Küstenweiler bieten mehrere Strände, meist

**Badebucht Pollara, unten Blick auf die ganze Insel Salina**

grob kieselig, viel Badevergnügen. Bei **Rinella** wartet der einzige schwarze Lavastrand auf Gäste. Auch für diese Insel gibt es einige Gastrotipps, wie die ***Trattoria Cucinotta*** *(Via Risorgimento 66)*, das ***Da Alfredo*** in Lingua*(Via V. Alfieri 11)*, ***Il Bar del Ravesi*** in Malfa *(Via Roma 66)*, ***L`Oasi*** in Pollara *(Snackbar, Via Chiesa)*, die ***Villa Carla*** *(Via Santa Lucia in Leni)* und ***Pa.Pe.Ro.*** in Rinella *(Café, SP 182)*.

***Filicudi*** *(240 Einwohner)*
Nur der äußerste Osten der kleinen Insel Filicudi ist bewohnt. Zwischen Hafen und Oberdorf geht es ruhig und beschaulich zu. Besucher freuen sich über mehrere kleine Kiesbuchten zum Baden und lange Wanderwege quer über die Insel, etwa zum hochgelegenen Geisterdorf **Zucca Grande,** das in den 1950er Jahren aufgegeben wurde. Bootsausflüge werden zur **Blu Marino-Grotte** im Südwesten und benachbarten, abgelegenen Stränden angeboten. Am **Capo Graziano** im äußersten Osten können Besucher Ausgrabungen eines Rundhüttendorfes besichtigen.

Hafen von Alicudi, unten Feuerrutsche am Stromboli

***Alicudi*** *(100 Einwohner)*
Wenn Sie einen Ort suchen, um der Zivilisation innerhalb Westeuropas möglichst weit zu entfliehen, ist Alicudi vielleicht das Richtige für Sie. Gerade einmal 100 Menschen leben recht verstreut auf dem 675 Meter hohen, ehemaligen Vulkan, ganz im Westen der Liparischen Inseln. Esel sind hier nach wie vor ein Hauptbeförderungsmittel. Strom und Licht sind nicht allerorts verfügbar. Nur wenige Geschäfte und ein Gasthaus versorgen Einheimische und Besucher mit dem Nötigsten. Zu den touristischen Hauptbeschäftigungen gehören Wandern, Baden und Boot fahren.

***Stromboli*** *(570 Einwohner)*
Die bekannteste Insel der Liparen ist Stromboli, ein 900 Meter steil aus dem Meer ragender Vulkankegel. Der recht malerische, gleichnamige Hauptort im Osten lebt gut vom Tourismus und ist

über schmale, am Hang verlaufende Gassen erschlossen. *Jeden Abend bieten mehrere Veranstalter mehrstündige, geführte Wanderungen zum Krater des immer aktiven Vulkans an.* Ohne kundige Führer ist der Aufstieg allerdings verboten. Bei Einbruch der Dunkelheit erleben die Besucher die etwa alle zehn Minuten stattfindenden Eruptionen besonders eindrucksvoll. Wem der Aufstieg zu weit und zu beschwerlich ist, kann in einer knappen Stunde auf besser ausgebauten Wegen zur guten Pizzeria **L`Osservatorio** wandern und das Spektakel aus der Ferne beobachten. Ausflugsboote starten allabendlich am kleinen Hafen, um Gäste zur **Sciara del Fuoco**, der Feuerrutsche im Norden der Insel zu bringen. In der Ferne sehen Sie die austretende Lava am Gipfel. In Zeiten starker Aktivität außerdem glühendes Gestein, das über die Feuerrutsche hinab rollt. Rund um den Ort finden Besucher grobe, schwarze Lavastrände vor. Wem das alles noch zu viel Trubel ist, lässt sich mit dem Boot zur Rückseite der Insel in den winzigen Ort **Ginostra** bringen – der ultimativ abgeschiedene Platz für Ruhesuchende. Zum Abendessen empfehlen sich auch die ***Pizzeria da Giovanni*** *(Via Roma)* die **Trattoria ai Gechi** *(Vico Salina 12)* und das **Ristorante Punta Lena** *(Via Marina)*.

### Siziliens Nordostzipfel

Südlich von Milazzo durchfahren Sie zunächst wieder den breiten, unschönen Industriegürtel, um die Tour fortzusetzen. Die recht dicht bebaute Küste rund um **Spadafora** und **Rometta Mare** besitzt bestenfalls mittelmäßige Strände und keine Infrastruktur für WOMOs – ein Halt ist nicht unbedingt nötig, immerhin gibt es einen guten, privat geführten Stellplatz. Schöner, aber

**Insel Stromboli**

steil und kurvenreich, ist das Hinterland. Über die **SP58** fahren Sie alternativ bis ins Bergdorf Rometta und machen, ab dort der Straße **SP53** folgend, eine Rundfahrt daraus. In Rometta gibt es einen Womostellplatz. Von der Stellplatz-Zufahrt aus können Sie nach links entlang der Hauptstraße nach wenigen hundert Metern rechts auf einem kurzen Fußweg zu den **Grotte Saracene**, einer Gruppe in den Fels gegrabener Wohnhöhlen, gelangen.



### 064 Torregrotta – *Ortosalato*

**GPS/Kontakt**: N 38°12'55" E 15°21'10", Via Terza Traversa, Tel. 0347 883 16 95, www.ortosalato.it. **Max. WOMOs**: 4. **Öffnungszeiten**: Ganzjährig geöffnet. **Ausstattung**: Ver- / Entsorgung, Strom, Toilette / Dusche, Waschmaschine, WLAN, Fahrradverleih. **Beschreibung**: Ebene, fast schattenlose Stellplätze auf Rasen, jeder mit eigener Terrasse und Spüle am Rand eines kleinen Obstgartens, klappstuhlgeeignet. Kleiner Strand benachbart, Vorabreservierung obligatorisch. **Preis**: 32 €. **Zufahrt**: Von der SS113 in Richtung Strand fahren und dort nach rechts fahren bis der Platz rechter Hand kommt.

### 065 Rometta

**GPS**: N 38°10'08" E 15°24'42", SP57. **Max. WOMOs**: 8 – 10. **Öffnungszeiten**: Ganzjährig geöffnet. **Ausstattung**: Versorgung, Entsorgung zuletzt nicht möglich. **Beschreibung**: Stellplatz auf Schotter mit mehreren markierten Buchten neben dem Sportgelände, Picknickbänke im benachbarten Wäldchen, rund 1,3 km in den Ort. **Zufahrt**: Von

der SS113 rechts auf die SP58 in Richtung Valdina / Roccavaldina steuern und der ansteigenden Straße (später SP56/SP57) bis San Cono folgen. Dort den Schildern links in Richtung SS113. Nach 350 Metern zweigt links die Straße zum Sportplatz und WOMO-Stellplatz ab.

TOUR 3

Falls Sie sich entscheiden, über die **SS113** oder die Autobahn den äußersten Nordosten auszulassen und etwas abzukürzen, verpassen Sie nicht allzu viel. Falls Sie die ganze Runde fahren möchten, kommen Sie an zwei weitere Campingmöglichkeiten vorbei. Während ansonsten vielerorts die Abfahrten zum Strand für Wohnmobile zu klein und eng sind, besteht bei **Rodia**, N 38°15'56" E 15°28'28" und nach **San Saba**, N 38°17'23" E 15°30'55", zweimal die Gelegenheit ganz gut bis ans Meer durchzukommen. Schön ist vor allem der weite, unverbaute und ruhige Strand rechter Hand der San Saba-Abfahrt, der vor allem von FKK-Anhängern bevölkert wird. Unterwegs können Sie in Richtung des Bergdorfes **Castanea delle Furie** abzweigen, wenn Sie es gern abgeschieden möchten. Dort gibt es eine kleine Stellmöglichkeit mit Aussicht bei einer Kapelle.

### 066 Rometta Marea – *Villa Ruggeri*

**GPS/Kontakt**: N 38°14'18" E 15°25'06", Via Secondo Giampaolo 9, Tel. 0347 926 95 65. **Max. WOMOs**: 6. **Öffnungszeiten**: Ganzjährig geöffnet. **Ausstattung**: Ver- / Entsorgung, Strom, Toilette / Dusche, WLAN. **Beschreibung**: Mit kleinen Mäuerchen getrennte Parzellen auf Gras, ruhig, eben, klappstuhlgeeignet, kein Schatten, direkt am einfachen Sand-/Kiesstrand, direkt im Ort, ein paar hundert Meter zu Geschäften und Restaurants. **Preis**: 15 – 21 €. **Zufahrt**: Direkt an der SS113dir linker Hand der Straße.

### 067 Castanea delle Furie – *Camping Marmora*

**GPS/Kontakt**: N 38°15'48" E 15°28'17", SP113dir, Tel. 0388 149 13 35, www.campingmarmora.altervista.org. **Öffnungszeiten**: Ganzjährig geöffnet, aber im Winter vorab anfragen. **Ausstattung**: Einfacher Pool, Bar, Minimarkt, Tennisplatz, direkter Strandzugang. **Beschreibung**: Meist beschattete Plätze auf Rasen, Schotter und Beton, eben, ruhige Lage, rund 1,2 km in den Ort. **Preis**: 25 – 30 €. **Zufahrt**: Direkt links an der SS113dir.

**068** N 38°15'55" E 15°30'27", Castanea

Der äußerste Osten ist wieder stark verbaut und trotz oder vielleicht gerade wegen der breiten und vor allem bei italienischen Touristen beliebten Sandstränden, zum Verweilen mit dem Wohnmobil zu unattraktiv gestaltet. Sie streifen die beiden Binnenseen **Pantano Piccolo** und **Lago di Ganzirri**. Sich in diesem Bereich nach links bis zur Landspitze am **Pilone di Torre Faro** durchzuschlagen, mag verlockend sein, ist aber nicht ratsam. Maximal mit einem kleineren Campingbus sollten Sie sich auf dieses Abenteuer durch oftmals überfüllte und zugeparkte Sträßchen einlassen *(Abfahrt wegen Einbahnregelungen am besten über die Via Lago Grande am Beginn des zweiten Sees und wieder links)*. Verzichten müssen Sie trotzdem nicht auf diese Gegend, wenn Sie sie gern erkunden möchten. Von Messina aus pendeln kleine Sightseeingbusse bis zur Landspitze *(siehe »Unterwegs in Messina«)*.

TOUR 3

Tagsüber meist im Stopp-and-Go-Tempo, geht es in Richtung Messina weiter. *Mehr vom Panorama über die Meerenge und zum nahen Kalabrien hinüber genießen Sie, wenn Sie nach dem ersten See rechts der Beschilderung zur gut ausgebauten »Panoramica« folgen*. Sie verläuft parallel ein Stück erhöht mit guter Sicht auf die Umgebung und führt ebenfalls nach Messina.

**Messina** *(237.000 Einwohner, Markttag Di. und Fr, Viale Giostra)*
Seit jeher nimmt Messina, das »Tor Siziliens«, durch seine besondere Lage an der Meerenge zu Süditalien, eine Sonderstellung unter den sizilianischen Städten ein. Gerade einmal 20 Minuten dauert die Überfahrt. Seit Jahren ist der Bau einer Brücke im Gespräch. Ob und bis wann die Brücke tatsächlich realisiert wird, ist nach einem Baustopp, der 2013 angelaufenen Arbeiten völlig offen. Wenn Sie sich für die An- oder Abreise mit dem Fahrzeug über Süditalien entscheiden, ist dies der Start- / Zielpunkt Ihrer Sizilienreise.

Nachgewiesen sind Siedlungsspuren, erstmals aus dem achten Jahrhundert v. Chr. durch griechische Kolonisten. Damals

San Saba Strand

**In Messina**

hieß der Ort noch Zankle. Es folgten mehrere Jahrhunderte, die immer wieder von Kriegen und Eroberungen überschattet wurden, bis die Stadt nach den Punischen Kriegen ein Teil von Rom wurde. Zwischen dem zweiten Jahrhundert v. Chr. und dem neunten Jahrhundert n. Chr. trat eine relativ ruhige Phase ein, die in Messina zu einer wirtschaftlichen Blüte führte. Erst die wechselnden Herrschaftsverhältnisse unter Arabern, Normannen und Spaniern sorgten wieder für turbulente Zeiten. Unter dem Haus Aragon wurde der Ort zur Hauptstadt Sizilien ernannt. Dies währte bis ins 16. Jahrhundert hinein. Die jüngere Geschichte Messinas ist dagegen tragisch: Am fünften Februar 1783 traf ein schweres Erdbeben die Stadt empfindlich. Die folgende Flutwelle richtete beinahe noch mehr Schaden an. Viele der alten Palazzi und der Dom wurden zerstört, große Teile Messinas mussten komplett neu angelegt werden. 1908 folgte der nächste schwere Erdstoß, der 90 Prozent der Bausubstanz zerstörte, 60.000 Menschen fanden den Tod. Erneut erfolgte ein kompletter Neuaufbau – dieser war 1943 gerade abgeschlossen, als Alliierte Bombenangriffe wiederum 50 Prozent Messinas in Schutt und Asche legten...

Seitdem konnte Messina aufatmen und blickt auf über 70 ruhige Jahre zurück, auch wenn das nächste Beben gewiss kommt – die Stadt liegt direkt an der Kante zweier Kontinentalplatten...

Eine der Hauptschwierigkeiten für Touristen stellt die Parkplatzsituation dar. Der Raum ist überall begrenzt. Mit einem Wohnmobil-Koloss, der gerne einmal doppelt so viel Platz wie ein Kleinwagen fordert, ganz besonders.

Nördlich des Zentrums steht ein recht großer Parkplatz an der Villa Albert Sabin, **Parcheggio Est V. Annunziata** bei N 38°13'04" E15°33'59" bereit. Von dort pendeln Trambahnen ins Zentrum. Das interessante **Regionalmuseum** von Messina liegt nur 150 Meter entfernt. Es zeigt vor allem Skulpturen, Gemälde und andere kunsthandwerkliche Schaustücke ab dem Mittelalter *(Viale della Libertà 465, www.museo-messina.it, Di. – Sa., 9. 00 – 18.30 Uhr, So. 9.00 – 13.00 Uhr, 4 €)*.

Alternativ versuchen Sie Ihr Glück entlang der **Via Santa Cecilia**, bei N 38°10'50" E 15°33'23" südlich des Zentrums. Ebenso südlich liegt der private Stellplatz der Stadt mit Trambahnendhaltestelle kein 200 Meter entfernt.



### 069 Messina – *Parking Via Bonino*

**GPS**: N 38°09'55" E 15°32'29", Via U. Bonino 5. **Max. WOMOs**: Etwa 20. **Ausstattung**: Ver- / Entsorgung, Strom, WLAN. **Beschreibung**: Asphaltierte und beschrankte Parkfläche in einem Innenhof mit Werkstatt, eben, nachts recht ruhig, kein Schatten, rund 3,2 km in den Ort, Trambahn 200 m entfernt. **Zufahrt**: Auf der großen Durchgangsstraße SS114 Messina in Richtung Süden durchfahren. Vor der Eisenhanbrücke rechts in die Via Gazzi abfahren, dann bei erster Gelegenheit links die Unterführung nehmen und bis zum Stadion linker Hand fahren, danach links abbiegen und an der nächsten großen Kreuzung wieder links fahren. Nach 200 m rechts.

## Unterwegs in Messina

Messina kann durch seine Geschichte zwar nicht ganz mit den großen Nachbarstädten Catania, Syrakus und Palermo mithalten, bietet aber ausreichend Sehenswertes für einen lohnenden Aufenthalt. Ein guter, zentraler Orientierungspunkt ist die **Piazza Duomo**. Hier startet der Hop On Hop Off-**Sightseeing Bus** durch Messina auf zwei unterschiedlichen Routen. Die Blaue Linie kreuzt durch das Zentrum Messinas und bis zum schönen Aussichtspunkt **Cristo Re** neben einem Monument für die Gefallenen der Weltkriege. Die Rote Linie fährt fast bis zur Landspitze nach Osten und folgt dem Küstenverlauf – eine gute Gelegenheit, diese Region ohne Wohnmobil kennenzulernen. Leider sind die Betriebstage bislang relativ unregelmäßig und Sie sollten vorab unbedingt einen Blick auf die Website werfen, um nicht enttäuscht zu werden *(Hauptabfahrtspunkte: Piazza Duomo und Via Garibaldi Höhe Via San Camillo, www.city-sightseeing.it/it/messina, Anfang Apr. – Mitte Okt., bislang an 8 – 15 Tagen pro Monat, 9.00 – 14.00 Uhr, Blaue Linie alle 50 Minuten, Rote Linie alle 120 Minuten, 15 €)*.

Je nachdem, aus welcher Richtung Sie kommen, ist der Domplatz für einen Rundgang der richtige Ausgangspunkt. Bedeutendstes Bauwerk ist der seit dem 12. Jahrhundert existierende **Duomo di Messina**, der, immer wieder zerstört und aufgebaut, nur noch wenige alte Teile aufweist. Sehenswert sind

Dom von Messina

die Schatzkammer und ein Blick vom Campanile, den man besteigen kann. Jeden Tag um Punkt 12 Uhr finden sich am Platz davor viele Besucher ein, um das 20-minütige Glockenspiel zu beobachten. Es wird vom größten mechanischen Uhrwerk der Welt gesteuert und zeigt biblische sowie stadtgeschichtliche Szenen, einen brüllenden und sich bewegenden Löwen, einen Hahn und endet mit einem mehrstimmigen Ave Maria *(7.30 – 12.30 Uhr und 16.00 – 19.30 Uhr, englische Audioguides verfügbar, Eintritt frei, Campanile: wechselnde Öffnungszeiten, 4 €).*

Werfen Sie auch einen Blick auf den **Orionbrunnen** am Domplatz. Das Renaissancebauwerk wurde um 1550 von Giovanni Montorsoli, einem Schüler Michelangelos errichtet.

Rechts vom Domeingang führt die schmale, mit Restaurants gesäumte **Via Lepanto** zur **Via C. Battiste** hinüber. Die dortige kleine **Kirche SS. Maria Annunziata** aus dem 13. Jahrhundert gilt als echtes Phänomen, da sie als einzige alle Erdbeben und Angriffe beinahe unversehrt überstand *(Via G. Garibaldi 111, meist Mo. – Sa., 9.30 – 12.30 Uhr).*

Über den **Corso Garibaldi** bis zur **Piazza Unità** mit der **Villa Mazzini** und dem dortigen kleinen **Aquarium** treten Sie einen Spaziergang nach Norden an und nehmen den Rückweg über den **Corso Cavour** mit der schönen, rund bebauten **Piazza Antonello** *(Aquarium Eintritt frei, zuletzt nur Mi. / Do. 9.00 – 13.00 Uhr).* Oder Sie folgen der **Via Garibaldi** nach Süden, vorbei an der auffälligen, inzwischen säkularisierten und für Ausstellungen genutzten Kirche **Santa Maria**. Die Straße stößt auf die **Viale S. Martino**, das Zentrum der Neustadt. Ein Großteil der Geschäfte liegt hier und an den umliegenden Straßen verstreut und lädt zu einem ausgiebigeren Bummel ein. Kulinarisch auf Ihre Kosten kommen Sie unter anderem in der **Gelateria Ragusa** *(Café, Via G. Garibaldi 109)*, dem ***A Cucchiara*** *(Str. San Giacomo 19)*, ***Casa & Putia*** *(Via San Camillo 14)*, ***I Ruggeri*** *(Via Leone Pozzo 25)*, ***Bar Torino*** *(Café, Corso Cavour 153)*, ***Mokarta*** *(Via Romagnosi 22)*, ***Pizzeria Kairos*** *(Via Risorgimento 192)* oder der ***Rosticceria Fratello Famulari*** *(Fast Food, Via C. Battisti 143)*

**Ali Terme** *(2.400 Einwohner)*

Südlich von Messina wird die Küstenbebauung wieder etwas dünner. Zahlreiche Badeorte reihen sich wie an einer Perlenschnur aneinander. Den Anfang macht Ali Terme. Der Name kommt von den heißen Quellen, die rund 150 Meter hinter dem Strand entspringen. Sie helfen besonders gut bei Gelenksbeschwerden. Zwei Hotels im Ort nutzen dieses Heilwasser. Die **Terme Mari-**

**no** lässt auch externe Gäste zu *(Via Roma 25, www.termemarino.it)*.

Der weite Sandstrand entlang der Promenade ist gar nicht schlecht und in der Nebensaison, problemlos mit dem Wohnmobil erreichbar. Parken können Sie entlang des Lungomare an vielen Stellen, zum Beispiel bei N 38°00'29"E 15°25'41".

Eine Flussbrücke spannt sich dahinter über das meist trockene Bett des Dinisi. Dort folgt **Nizza di Sizilia**. Hier ist eine schmale, aber langgezogene Parkfläche an der **Via Marina** hinter dem Strand vorhanden. Sie wird von WOMOs zum Übernachten genutzt, zumindest in der Nebensaison bislang geduldet. **Roccalumera** wartet danach mit einem kommerziellen Stellplatz auf.

**070** N 37°59'54" E 15°25'06"

### 071 Roccalumera – *Park Jonio*

**GPS/Kontakt**: N 37°58'50" E 15°23'47", Via Collegio, Tel. 0334 120 22 90, www.park-jonio.it. **Max. WOMOs**: 30. **Öffnungszeiten**: Mai – September. **Ausstattung**: Ver- / Entsorgung, Strom, Toilette / Dusche, Waschmaschine, WLAN, Grillgelegenheit, Picknickbänke, Spielplatz. **Beschreibung**: Privater, etwas in die Jahre gekommener teils schattiger Platz mit Stellflächen auf Rasen und recht vielen Dauercampern, klappstuhlgeeignet, familiäre Atmosphäre, nicht immer ganz sauber und nicht ganz leise, da direkt neben der Autobahn. Knapp 300 m in den Ort. **Preis**: 14 – 20 €. **Zufahrt**: Etwas komplizierte Zufahrt aufgrund von einem Wohnmobil-Durchfahrtsverbot im Ortskern – folgen Sie der SS114 bis Roccalumera und halten Sie sich, den Schildern nach, links zum Lungomare, wenn die Durchfahrt für Wohnmobile geradeaus nicht möglich ist. Bei erster Gelegenheit zweigen Sie rechts ab, die Straße

**Strand von Ali Terme, oben Stellplatz 70**

führt ein paar Meter parallel zur Hauptstraße weiter und knickt dann nach rechts ein. Zurück an der Ortsdurchfahrt links fahren und bei erster Gelegenheit wieder rechts durch die kleinen Unterführungen. Dahinter liegt der Platz rechter Hand.

**Savoca** *(1.700 Einwohner)*
Ein schöner Abstecher führt ins rund 300 m hochgelegene Örtchen Savoca hinauf. *Das malerisch gelegene Dorf ist durch viele Szenen aus dem Film »Der Pate« bekannt*, die hier gedreht wurden. Die Innenaufnahmen der Bar von Corleone wurden im heute etwas zugewucherten Gasthaus Vitelli am Hauptplatz gedreht. Bei einem Rundgang genießen Sie allerorts fantastische Ausblicke, können eine Pause auf der Terrasse eines Lokals einlegen und unter anderem dem ortsgeschichtlichen **Museo di Savoca** oder der **normannischen Burgruine** einen Besuch abstatten. Ein wenig gruselig ist ein Besuch der Katakomben im **Monastero dei Cappuccini** am Ortsrand. Ähnlich wie in Palermo stehen einige mumifizierte Leichname in voller Montur in den Ecken und blicken schauerlich auf Besucher herab. Parkplätze finden Sie am besten unterhalb vom Kloster an der Durchgangsstraße **SP19** bei N 37°57'24" E 15°20'17". Auch Busse parken dort *(Museum: Via San Michele, 9.00 – 13.00 Uhr und 14.00 – 19.00 Uhr, 3 €, Kloster: Via Cappuccini 1, 9.00 – 13.00 und 15.00 – 20.00 Uhr, Okt. – Apr. nur 9.30 – 13.30 Uhr, Eintritt frei, Spende erwünscht).*

## Der Pate

Vieles von dem, was Touristen von der Mafia wissen, wurde durch Filme wie »Der Pate« beeinflusst. Allen voran das mehrteilige, ab 1971 von Francis Ford Coppola verfilmte Buchmanuskript von Mario Puzo. In den Hauptrollen agierten Marlon Brando und Al Pacino, die damit zu Weltruhm gelangten.

Die Mafia selbst war zunächst wenig begeistert von dem Ansinnen filmisch verewigt zu werden. Es gab handfeste Drohungen gegen die Produktion, die bis zu zerschossenen Autoscheiben reichten. Auch stets der Mafianähe bezichtigte Showgrößen wie Frank Sinatra machten gegen den Dreh mobil und sammelten sogar 600.000 Dollar ein, um ihn zu verhindern. Am Ende half das alles nichts. Nach anfänglichem Zähneknirschen schätzten bei Ausstrahlung selbst schillernde Größen der amerikanischen Mafia den »sehr wohlwollend« beleuchteten Plot, fast schon als einen Werbefilm für die Mafia ein. Es gab daher keine Probleme mehr bei der Fortsetzung der Reihe.

Ursprünglich sollte der in Italien spielende Teil des Films im innersizilianischen Städtchen Corleone der 50er Jahre spielen. Da der Ort sich aber zu stark verändert hatte, wurde eine Dreh Location mit mehr Patina gesucht und in den westsizilianischen Bergorten Forza d`Agrò und Savoca gefunden. Vor allem in Savoca entstanden bekannte Aufnahmen, die Bar Vitelli und die

Hochzeitskirche aus den Filmen finden Fans des Films hier bis heute.

Sowohl an den Kinokassen als auch bei den Kritikern gehörte »Der Pate« zu den ganz großen Klassikern des Films. Insgesamt erhielt er drei Oscars und fünf Golden Globes.



**Sant`Alessio Siculo** *(1.500 Einwohner)*

Als letzten Badeort auf Tour Drei streifen Sie Sant´Alessio. Sie finden dort einen offiziellen Stellplatz vor, direkt am Strand gelegen. Das Parken an der Promenade für Wohnmobile wurde leider stark eingeschränkt. Nur am äußersten Ortsrand, dort wo der Strand am ruhigsten ist, gab es zuletzt ein paar freie Gelegenheiten, etwa bei N 37°55'01" E 15°20'42". Interessant sieht die Sarazenenfestung am Felsen südlich von Sant`Alessio aus. Der Zugang ist nur an wenigen Tagen im Jahr möglich, da es sich um Privatbesitz handelt. Mit Parkflächen sieht es in der Umgebung schlecht aus.

***In der Nähe:***

· Nicht ganz so pittoresk wie Savoca zuvor, dafür mit einer fantastischen Sicht auf die Küste präsentiert sich das Bergdorf **Forza D`Agra**, ein beliebtes Ausflugsziel voller Restaurants und Cafés. Die Auffahrtsstraße am Ende von Sant Alessio Siculo ist zwar steil und kurvenreich, aber gut ausgebaut.

### 072 Sant`Alessio Siculo – *Area Attrezzata Triscell*

**GPS/Kontakt**: N 37°55'53" E 15°21'16", Via Mantineo, Tel. 0379 152 09 68, www.triscell.it. **Max. WOMOs**: 40. **Zeiten**: Ganzjährig geöffnet. **Ausstattung**: Ver- / Entsorgung, Strom, Toilette / Dusche, WLAN, Waschmaschine. **Beschreibung**: Parzellierte Plätze auf Schotter, recht eben, teils etwas Schatten, tags etwas laut durch die benachbarte Hauptstraße, klappstuhlgeeignet, rund 800 m in den Ort. **Preis**: 20 – 40 €. **Zufahrt**: Die SS114 führt nach Santa Teresa di Riva über einen Flusslauf kurz danach linker Hand. **Hinweis**: Unmittelbar davor befindet sich alternativ der schattige Campingplatz ***La Focetta*** mit Meerzugang, N 37°55'53" E 15°21'20", Contrada Siena 40, www.lafocetta.it, etwa 25 – 45 €, Rabatt mit Sicily Camping Tour und Sicily Camping Card.

**Savoca**

# Tour 4

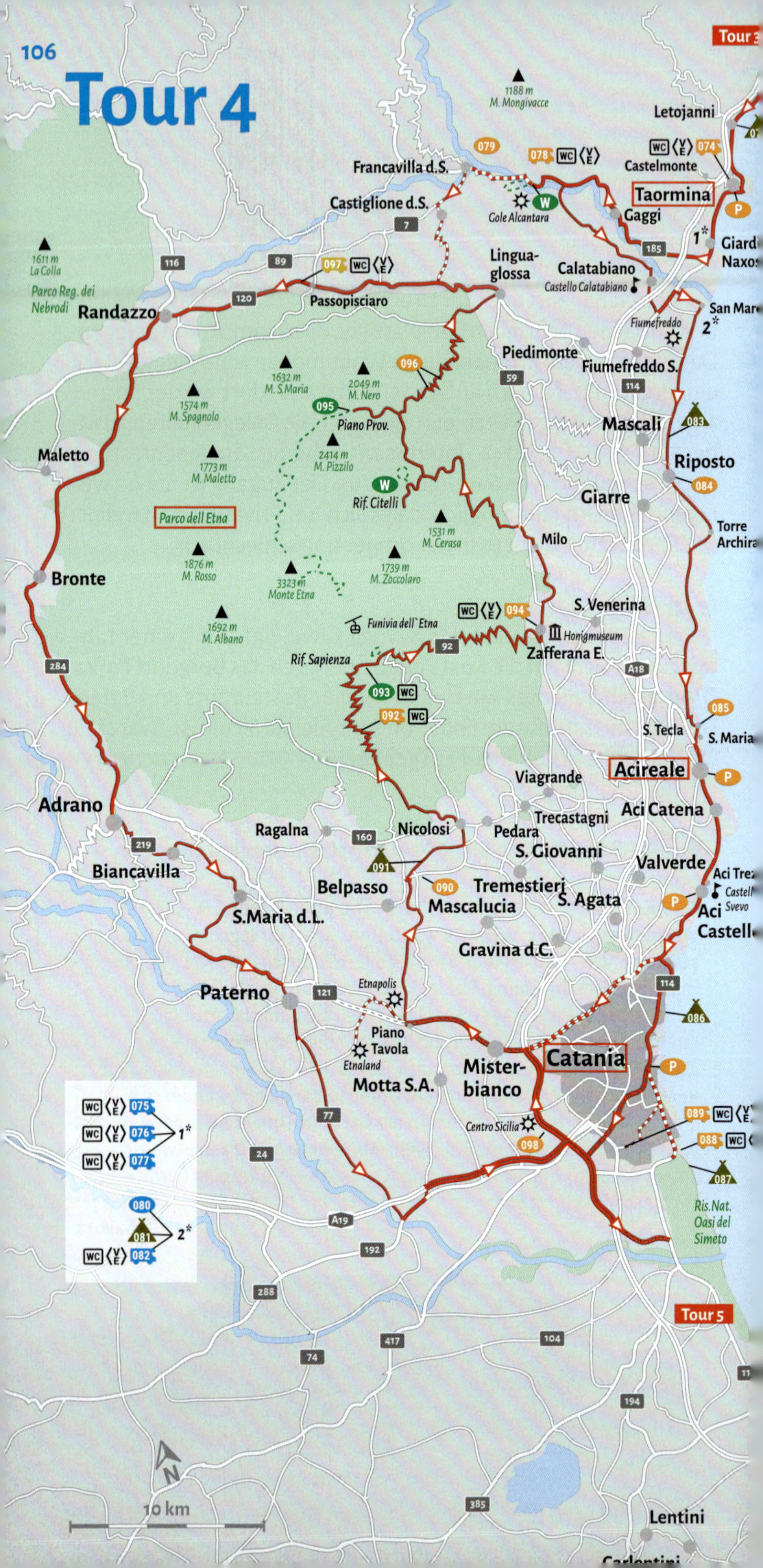
Tour 3
1188 m M. Mongivacce
Letojanni
Francavilla d.S.
Castelmonte
Taormina
Castiglione d.S.
Gole Alcantara
Gaggi
Giardini Naxos
1611 m La Colla
Parco Reg. dei Nebrodi
Linguaglossa
Calatabiano
Castello Calatabiano
Passopisciaro
Randazzo
San Marco
Fiumefreddo
1632 m M. S.Maria
2049 m M. Nero
Piedimonte
Fiumefreddo S.
1574 m M. Spagnolo
Piano Prov.
Mascali
Maletto
2414 m M. Pizzilo
1773 m M. Maletto
Riposto
Rif. Citelli
Giarre
Parco dell'Etna
1531 m M. Cerasa
Torre Archirafi
Milo
Bronte
1876 m M. Rosso
3323 m Monte Etna
1739 m M. Zoccolaro
S. Venerina
1692 m M. Albano
Funivia dell'Etna
Honigmuseum
Zafferana E.
Rif. Sapienza
S. Tecla
S. Maria
Acireale
Viagrande
Adrano
Trecastagni
Aci Catena
Ragalna
Nicolosi
Pedara
S. Giovanni
Valverde
Biancavilla
Aci Trezza
Castello Svevo
Belpasso
Tremestieri
S. Agata
Mascalucia
Aci Castello
S.Maria d.L.
Gravina d.C.
Paternò
Etnapolis
Piano Tavola
Etnaland
Catania
Misterbianco
Motta S.A.
Centro Sicilia
Ris.Nat. Oasi del Simeto
Tour 5
10 km
Lentini
Carlentini

## Provinz Catania

370 km

**Auf Tour Vier erwarten Sie einige der hochkarätigsten Sehenswürdigkeiten Ihres Sizilienaufenthaltes. Dazu zählt das ausnehmend schöne, wenn auch oft überlaufene Taormina mit seinem Amphitheater und dem malerischen Strand an der Isola Bella. Die einst verrufene aber heute neu erstrahlende Stadt Catania. Und natürlich Europas bekanntester, aktiver Vulkan Ätna, dem Sie auf verschiedenen Bergtouren nahekommen können. Erkunden Sie:**

- **Taormina mit römischem Theater**
- **Alcantara Schlucht**
- **Zyklopenküste**
- **Provinzhauptstadt Catania**
- **Erlebnis Ätna**

**Taormina** *(10.900 Einwohner, Markttag Mi., im Zentrum)*
*Oberhalb einer malerischen Bucht am Monte Tauro gelegen, den Ätna im Rücken, gilt Taormina nicht zu Unrecht als einer der schönsten Orte Siziliens*. Die vielen, teils mittelalterlichen Häuser werden von vielen kleinen Gassen durchzogen. Immer wieder bieten sich fotogene Motive. Allein die Touristenscharen, die an den meisten Tagen des Jahres in übergroßer Zahl durch Taormina walzen, trüben das Vergnügen. Parkplätze sind Mangelware, erst recht für Wohnmobile. Wenn Sie sich für einen Besuch entscheiden, ist es keine schlechte Idee, schon zuvor, rund um den Badeort **Letojanni**, eine Bleibe zu suchen und die Annehmlichkeiten der schönen Sandstrände in diesem Bereich zu genießen und Taormina ganz entspannt per Bus anzufahren und zu erkunden. Vielleicht am

**Küste bei Taormina**

**Isola Bella**

angegebenen Campingplatz. Regelmäßige Verbindungen existieren von hier als auch vom nächsten Ort, Giardini Naxos.

In Taormina selbst ist ein kommerzieller Wohnmobilstellplatz vorhanden, der allerdings nicht sonderlich schön liegt. Tagesparkplätze für Wohnmobile sind echte Mangelware und kaum vorhanden. Einer befindet sich am westlichen Rand der Stadt. Von dort gelangen Sie per Shuttleservice ins Zentrum. Achtung: die etwas verzwickte Zufahrt und der begrenzte Platz kann problematisch sein *(Parcheggio Decima, N 37°51'14" E 15°16'33", Contrada Decima, 4 € / h)*. Vermeiden Sie dagegen unbedingt den großen Parkplatz neben dem Bahnhof Taormina-Giardini südlich der Stadt, hier wurden zuletzt im Kleingedruckten acht Euro pro Stunde für Wohnmobile aufgerufen.

## 073 Letojanni – *Paradise*

**GPS/Kontakt**: N 37°53'51" E 15°19'31", Strada Statale 114, Tel. 0942 33 06, www.campingparadise.it. **Max. WOMOs**: 60. **Öffnungszeiten**: Etwa Mitte Mai – Anfang Okt. **Ausstattung**: Pool, Spielplatz, Restaurant, Bar, Minimarkt, diverse Sportangeboten, direkter Strandzugang. **Beschreibung**: Großer, schattiger Platz mit ebenen Stellflächen meist auf Rasen, nachts ruhig, tags ist die Hauptstraße und Bahntrasse teils hörbar, 3,8 km außerorts. **Preis**: 20 – 44 € (etwa 10 % Rabatt mit der Sicily Camping Tour-Card). **Zufahrt**: Von Sant`Alessio Siculo die Straße 114 in südliche Richtung befahren. Kurz vor Letojanni links groß beschildert. **Hinweis**: In der letzten

**Im Zentrum von Taormina**

Saison hatte der Platz geschlossen, soll aber nun bald wieder eröffnen. Sie können aber gegebenenfalls auf den einfachen Platz **Camping Euro Marmaruca** ausweichen, der sich etwa 3 km weiter Richtung Taormina befindet, vielleicht etwas unglücklich unterhalb der Hauptstraße gelegen, N 37°52'49" E 15°18'15", Via IV Novembre 76, Tel. 0942 366 76, nur Juni – Anfang September, etwa 30 €.

## 074 Taormina – *Sant`Antonio*

**GPS/Kontakt**: N 37°51'41" E 15°17'38", Via Mario e Nicola Garipoli, Tel. 0339 804 83 15, www.areadisostasantantonio.it. **Max. WOMOs**: 14. **Öffnungszeiten**: Mitte März – Oktober. **Ausstattung**: Ver- / Entsorgung, Strom, Toilette / Dusche, überdachter Picknickbereich. **Beschreibung**: Stellflächen auf Schotter und Asphalt auf kleinerem Parkgelände unterhalb einer Autobahnbrücke, nicht ganz ruhig, eben, klappstuhlgeeignet. Kostenloser Shuttleservice ins Zentrum und ans Meer, ungefähr 2,2 km in den Ort. **Preis**: Saisonal schwankend, meist um die 40 €. **Zufahrt:** Nach Letojanni rechts in Richtung Autobahn und Taormina abbiegen und den Schildern in Richtung Stadt folgen. Nach dem Tunnel bei erster Gelegenheit links abzweigen zum Stellplatz auf der linken Seite.

## Unterwegs in Taormina

Schon die Sikeler und ab dem Vierten Jahrhundert v. Chr. die Griechen siedelten rund um den Felsen am Meer, der heute die mittelalterliche Stadt Taormina trägt. Nur wenige antike Bauwerke blieben erhalten. Araber vernichteten bei der Eroberung Siziliens die damalige Stadt. Erst zu spanischer Zeit gelangte es erneut zu einer Blüte. Seither hat kaum ein namhafter Sizilien Reisender den 10.000 Einwohner Ort ausgelassen. Von Sissi über Kaiser Wilhelm II. bis zu Oscar Wilde, Richard Wagner, Johannes Brahms

**Am Weg zum Amphitheater, unten Theater mit Blick**

und natürlich Wolfgang Goethe gab sich die Prominenz ein Stelldichein.

Taormina ist heute in zwei markante Bereiche unterteilt, die Unter- und Oberstadt. Beide sind mit einer modernen Seilbahn verbunden, die Sie in wenigen Minuten vom einen zum anderen Ortsteil befördert. Die Unterstadt **Mazzarò** zu besuchen, macht vor allem dann Sinn, wenn Sie an einem der kleinen Strände, entweder vor der als Postkartenmotiv unzählige Male fotografierten **Isola Bella** oder eine Bucht weiter nördlich baden möchten. Bootstouren entlang des schönen Küstenabschnitts und den Sehenswürdigkeiten wie der blau leuchtenden **Grotta Azzurro** werden an mehreren Stellen angeboten.

In der Oberstadt führt kein Weg daran vorbei, ab der **Porta Messina** durch die Fußgängerzone **Corso Umberto I** zu streifen. Gleich am ersten Platz, **Piazza Badia**, befindet sich rechter Hand die **Touristeninformation** im **Palazzo Corvaja** mit einer kleinen Ausstellung. Die **Via Teatrino Romano** führt zu den Ausgrabungen eines kleineren, römischen Theaters hinter der **Chiesa di Santa Catarina**. Die gegenüber beginnende **Via Teatro Greco** bringt Sie zu Taorminas Hauptsehenswürdigkeit: Dem großen und ungemein gut erhaltenen griechisch-römischen **Amphitheater.**

Im Amphitheater

Es diente zunächst als Schauspielort, die Römer bauten es schließlich auf seine heutige, 10.000 Mann fassende Größe aus. Danach fanden hier vor allem Gladiatorenkämpfe statt. Im 19. Jahrhundert wurde das Theater ausgegraben und restauriert, so dass es heute erneut für Konzerte und andere Veranstaltungen in atemberaubender Kulisse genutzt werden kann (*www.parconaxostaormina.com, März / Okt bis 17.45 Uhr, Apr. / Sep. bis 19.15 Uhr, Mai – Aug. bis 19.45 Uhr, Nov. – Feb. 9.00 – 16.30 Uhr, 12 €*).

Direkt neben dem Theater ist der Zugang zur **Villa Communale**, dem Stadtpark. Im 19. Jahrhundert legte ihn Florence Trevelyan als englischen Landschaftsgarten an. Meist geht es hier deutlich ruhiger zu.

Zurück am **Corso Umberto I** folgen Sie diesem weiter bis zur Aussichtsterrasse an der **Piazza IX Aprile**. Abgesehen vom tollen Blick stechen die Kirchen **San Giuseppe** im Hintergrund und **Sant`Agostino** im Osten ins Auge. Die Café-Bars *Wunderbar* und *Mokambo* erwarben sich über die Jahre einen internationalen Ruf. Durch den **Torre del Mezzo** mit einer im 17. Jahrhundert ergänzten Uhr treten Sie den Weg in den westlichsten Teil der Altstadt an. Dabei passieren Sie den rechterhand erhöht gelegenen, ältesten Palazzo, **Ciampoli**, aus dem 13. Jahrhundert und die **Piazza Duomo** mit der

**Piazza Duomo, unten Piazza IX Aprile**

»Centrauressa«, dem Wahrzeichen der Stadt, auf der Spitze des Brunnens. Der schönste Teil der Innenstadt endet an der **Porta Catania**.

Für den Rückweg nehmen Sie wieder den Corso Umberto I. Falls Sie gut zu Fuß sind, einen längeren Aufstieg nicht scheuen und nicht genug von der Aussicht bekommen können, besteht die Möglichkeit, östlich der Piazza IX Aprile durch eine der kleinen Gassen links zur **Via Don G. Bosco** und von dort noch einen Treppenaufgang weiter bis zur **Via Circonvallazione** durchzuschlüpfen. Dort beginnt, wenige Meter weiter nach rechts, der knapp halbstündige Aufstieg entlang des Stufenweges **Via Crucis** bis zur teils aus dem Felsen gehauenen **Chiesa Madonna della Rocca** und weiter zur normannischen Burgruine, dem **Castello di Taormina**. Die Anlage selbst war bis zuletzt öffentlich nicht zugänglich. Die einzigartige Aussicht wird dadurch aber kaum getrübt. Durch seine vielen Besucher verfügt Taormina über eine besonders reichhaltige gastronomische Szene. In Taorminas Oberstadt sind die ***Vineria Modi Taormina*** *(Via Calapitrulli 13)*, die ***Osteria Da Rita*** *(Via Calapitrulli 3)*, das ***Arco Rosso*** *(Via Naumachie 7)*, das ***Tre Quarti*** *(Salita G. Melivia 7)*, das ***Casa Nicolodi*** *(A. von Humboldt 2)*, die ***Pizzeria Villa Zuccaro*** *(Piazza Carmine 5)*, die ***Trattoria Tiramisu*** *(Via Apollo Arcageta 9)* und das ***Malvasia*** *(Via Apollo Arcageta 8)* eine gute Wahl. Günstig essen können Sie in der ***Rosticceria Da Christina*** *(Fast Food, Via Strabone 2)*, wer Süßes liebt, liegt in der ***Pasticceria***

**Blick auf Castelmola**

***d`Amore*** *(Café, Via Castelluccio 43)*, der ***Pasticceria Roberto*** *(Café, Via Calapitrulli 9)* oder dem ***La Pignoluta Guinness Cannoli*** *(Café, Via Apollo Arcageta 15)* richtig. In der Unterstadt sind das ***Ristorante del Lido La Pigna*** *(Piazza Mazzaro)* und das ***Il Barcaiolo*** *(Via Castelluccio 43)* gute Adressen.

***In der Nähe:***

· Ein schöner Ausflug führt ins hoch gelegene Bergdorf **Castelmola** mit einer Burgruine am obersten Ende und nur wenige Kilometer hinter Taormina gelegen. Das Wohnmobil sollten Sie besser nicht bis hierhin bemühen und lieber den Bus nehmen. Wahlweise führt ein deutlich markierter Wanderweg über den bereits erwähnten Burgabstieg nach Taormina zurück *(ungefähr fünf Kilometer)*.

**Giardini Naxos** *(9.400 Einwohner, Markttag Sa., Contrada Pallio)*
Im Jahr 734 v. Chr. war Naxos die erste von den Griechen auf Sizilien gegründete Siedlung. Gute 300 Jahre später wurde sie vom Tyrannen Dionyssios I. aus Syrakus zerstört und nicht wiederaufgebaut. Die Überreste hat man zwar ausgegraben. Sie sind aber deutlich spärlicher und weniger gut erhalten als anderswo auf der Insel *(N 37°49'28" E 15°16'27", Via Schiso, www.parconaxostaormina.com, März / Okt. bis 17 Uhr, Apr. / Sep. bis 18.30 Uhr, Mai – Aug. bis 19.00 Uhr, sonst bis 16 Uhr, 5 €)*. Besucher lockt daher mehr der recht schöne Strand. Für Wohnmobilurlauber gibt es gleich ein halbes Dutzend kommerzieller Stellplätze, die im Ort für ihr Angebot werben. Sie stellen eine weitere gute Basis für einen Taormina-Besuch dar. Nicht alle sind gleichermaßen ansprechend. Die folgenden drei gehören zu den Besseren. Wer einfach nur tagsüber parken möchte, für den ist der Parkplatz in der **Viale Dionisio** keine schlechte Wahl *(N 37°49'08" E 15°15'55", 15 € / Tag)*. Zur Einkehr bieten sich das ***O`Neill*** *(Via Januzzo 41)*, die ***Pizzeria Spizzicannu*** *(Via Consolare Valeria 16)*, die ***Cucina Palladio*** *(Corso U.*

*Prima 470)* und die ***Enoteca A Putia*** *(Via Umberto 456)* an. Als günstige Variante wählen Sie beispielsweise die Snackbar ***Al Vicolo dei Caricci*** *(Via Tisandros 52)*, für Eis und *Süßes* ***Ice Go*** *(Via Naxos 259)* oder die ***Antica Pasticceria Salamone*** *(Via V. Emanuele 236)*.



## 075 Giardini Naxos – *Aurora Camper Parking*

**GPS/Kontakt:** N 37°49'07" E 15°15'52", Viale Dionisio 12, Tel. 0340 695 91 69. **Max. WOMOs**: 20. **Öffnungszeiten**: Ganzjährig geöffnet. **Ausstattung**: Ver- / Entsorgung, Strom, Toilette / Dusche, Waschmaschine, WLAN. **Beschreibung**: Einfacher und etwas improvisierter Stellplatz in zentraler Lage, kaum Schatten, eben, nichts ganz ruhig, klappstuhlgeeignet, rund 600 m in den Ort, Bus in Richtung Taormina 300 m entfernt. **Preis:** 15 – 30 €. **Zufahrt:** In Giardini Naxos links von der SS114 in Richtung Carabinieri abzweigen. Dann links.

## 076 Giardini Naxos – *Park Lagani*

**GPS/Kontakt:** N 37°49'15" E 15°16'03", Via Stracina 22, Tel. 0339 703 13 92, www.parkinglagani.it. **Max. WOMOs**: 30. **Öffnungszeiten**: Ganzjährig geöffnet. **Ausstattung**: Ver- / Entsorgung, Strom, Toilette / Dusche, Waschmaschine, WLAN. **Beschreibung**: Gepflegter Stellplatz mit teils schattigen Stellflächen auf Schotter, eben, verhältnismäßig ruhig, klappstuhlgeeignet, 1000m in den Ort,

Bushalt etwa 200 m. **Preis**: 15 – 35 €. **Zufahrt:** In Giardini Naxos links von der SS114 in Richtung Carabinieri lenken. Am Ende der Straße links halten bis zum Platz auf der linken Seite.

### 077 Giardini Naxos – *Eden Parking*



**GPS/Kontakt:** N 37°49'16" E 15°16'04", Via Stracina 20, Tel. 0348 251 37 67, www.edenparking.it. **Max. WOMOs**: 30. **Öffnungszeiten**: Ganzjährig geöffnet. **Ausstattung:** Ver- / Entsorgung, Strom, Toilette / Dusche, WLAN, Picknickbänke. **Beschreibung**: Gliech benachbart zum vorgenannten Park Lagani, recht angenehmer, teils schattiger Platz auf zwei getrennten Bereichen mit Stellflächen auf Schotter und Rasen, eben, klappstuhlgeeignet, Bushalt etwa 200 m. **Preis**: 17 – 32 €. **Zufahrt:** In Giardini Naxos links von der SS114 in Richtung *Carabinieri* abbiegen. Am Ende der Straße links halten bis zum Platz linker Hand.

## Gole Alcantara

Ein kleiner Ausflug ins Landesinnere führt über die SS185 ab Giardini Naxos zur Alcantara Schlucht. Vor rund 2500 Jahren füllte sich das umliegende Tal nach einem Vulkanausbruch mit Lava. Durch das Flusswasser am tiefsten Punkt der Schlucht erstarrte das Gestein besonders schnell und hinterließ bizarr geformte, grau-schwarze Basaltfelsen. Am Eingang der Schlucht ist inzwischen ein richtiger Erlebnispark entstanden, für den Eintritt fällig wird. Dafür wird ein kleines Museum, ein Kino und ein angelegter Rund- und Radweg mit Aussichtspunkten oberhalb der Schlucht geboten. Außerdem gibt es einen Aufzug, der Besuchern die 200 Stufen hinab in die Schlucht erspart. Die Kiesbänke am Ufer sind ein beliebter Picknickort und entsprechend voll kann es an Wo-

**Südstrand in Giardini Naxos**

**Unten und oben Gole Alcantara**

chenenden werden. Da das Wasser das ganze Jahr über mit rund 14 Grad konstant kalt bleibt, ist maximal eine kurze Erfrischung anzuraten. Für längere Touren durch die enge Schlucht müssen Sie in Gummihosen schlüpfen, die Interessierte am Erlebnispark ausleihen. Zumindest auf den ersten paar hundert Metern geht es nur durch das Wasser voran. Auch geführte Touren werden angeboten. Sobald Sie sich ein Stück vom Aufzug entfernen, wird es merklich ruhiger und es fällt gar nicht schwer, ein Stück Schlucht ganz für sich allein zu finden. Unmittelbar gegenüber dem Eingang zur Gole Alcantara hat sich ein Womo Stellplatz angesiedelt, weitere befinden sich in der näheren Umgebung*(N 37°52'45" E 15°10'33", SS185, SS185, Motta Camastra, www.golealcantara.it, meist 8.30 – 19.00 Uhr, 7 €).*

### 078 Fondaco Motta – *Azienda Gole Alcantara*

**GPS/Kontakt:** N 37°52'44" E 15°10'35", SS 185. **Max. WOMOs**: 7 – 8. **Öffnungszeiten**: Ganzjährig geöffnet. **Ausstattung**: Ver- / Entsorgung, Strom, einfache Toilette und Dusche, kleiner Spielplatz. **Beschreibung**:

Teils schattige Plätze auf einem privaten Gartengelände, direkt gegenüber dem Zugang zur Gole Alcantara, auf Schotter und Rasen, kaum Schatten, recht eben und ruhig, klappstuhlgeeignet, rund 1,2 km außerorts. Maximale Einfahrtshöhe etwa 3,5 m. **Preis**: 10 – 15 €. **Zufahrt**: Die SS185 bis zur Gole Alcantara nutzen, dort rechter Hand. **Hinweis**: In der Nähe finden Sie auch noch den ***Agriturismo Valle Alcantara***, N 37°53'05" E 15°10'13", SS185, Tel. 0942 98 52 94, nur Juni – Okt., Ver- / Entsorgung, Pool, mit Stellmöglichkeit auf einem Fußballfeld, 20 €.



Wer nach einem Abstecher zur Alcantara-Schlucht direkt in Richtung Ätna aufbrechen will, fährt weiter bis Francavilla di Sicilia. Hier gibt es eine weitere Übernachtungsmöglichkeit an einem seit langem geschlossenen Platz, der heute als Picknick-Spot fungiert. Über Castiglione di Sicilia erhalten Sie danach Anschluss an die SS120 und die Rundfahrt um den Vulkan *(siehe »Ätna« am Ende dieser Tour)*.

## 079 Francavilla di Sicilia – *Maremonti*

**GPS:** N 37°54'28" E 15°08'38", Via Cappuccini. **Max. WOMOs**: 6 – 8. **Ausstattung:** Wasser, Grillplätze. **Beschreibung**: Ehemals offizieller WOMO-Stellplatz, der immer noch als Park- und Picknickplatz genutzt wird. Einrichtungen sind etwas in die Jahre gekommen, aber schöne, ruhige, teils schattige Lage im Fluss, bedingt klappstuhlgeeignet, rund 650 m in den Ort. **Zufahrt:** Rund 3 km nach der Gole Alacantara rechts in Richtung Agriturismo Ghiritina steuern. Bei erster Gelegenheit vor dem Fluss links und bis zum Stellplatz nach rund 900 m fahren.

**Calatabiano** *(5.200 Einwohner, Markttag Mo., Via Pirato)*
Wenn Sie stattdessen zurück in Richtung Küste lenken, lohnt es beim kleinen **San Cataldo** rechts zur SP81 hin abzubiegen, um unterwegs das Dorf Calatabiano südlich des Alcantaraflusses anzuschauen. Kurz vor Ortsbeginn parken Sie linker Hand und spazieren von dort aus nur ein paar Meter zum Fuße des 250 Meter hohen Hügels mit dem **Castello di Calatabiano** hinüber. Die heute nur noch als Ruine erhaltene Anlage wurde in griechisch-römischer Zeit errichtet und überdauerte bis ins Mittelalter. Später war sie im Besitz der Diözese von Acireale. Vor einiger Zeit

**Burg in Calatabiano, unten Stellplatz 80 und 82**

wurden die lange im Dornröschenschlaf vor sich hin dämmernden Gemäuer mit einem Schrägaufzug versehen, der Besucher nach oben bringt. Die Aussicht ist toll und Touristen können ein wenig zwischen alten Mauern umherstreifen. In unregelmäßigen Abständen werden Veranstaltungen auf der Burg organisiert. Ein kurzer Fußweg führt zur kleinen **Chiesa SS. Crocifisso** aus dem 15. Jahrhundert *(N 37°49'38" E 15°13'51", Via Alcantara, Mitte Juni – Mitte September 16.00 – 20.00 Uhr, sonst 9.30 – 13.30 Uhr, 4 €).*

**Riviera dei Ciclopi** *(Markttag Acireale Sa., Corso Italia)*

Schon in der Antike waren die bizarren Felsnasen vor Siziliens Ostufer bekannt. Sie entstanden einst nach einem Vulkanausbruch unterhalb des Meeresspiegels aus erhärtetem Lavagestein. In Homers Odyssee gingen sie als Wurfgeschosse des Zyklopen Polyphem ein, der bis heute namensgebend für diesen Küstenabschnitt ist.

Bevor Sie die Felsen erreichen, fahren Sie erst durch eine fruchtbare Ebene, die vielerorts zum Anbau von Zitrusfrüchten dient und über recht schöne, weite und nur selten überlaufene Strände verfügt.

Ein erster Stopp steht vielleicht im winzigen **San Marco** an. Dort parken Sie entlang des Pinienwaldes für ein paar Euro gleich hinter dem meist ruhigen Strand. In der Nebensaison auch über Nacht. Am Zuweg ist der **Campingplatz *Almoetia*** angelegt, etwas weiter, unmittelbar hinter der Strandstraße, der kommerzielle Stellplatz ***Oasi San Marco***.

080 N 37°48'05" E 15°14'53", Lungomare Cottone

081 N 37°48'17" E 15°14'39", Via S. Marco 17, Tel. 095 64 19 36, www.campingalmoetia.it, WLAN, Supermarkt, Bar, März – Oktober, 27 – 41 €

082 N 37°47'59" E 15°14'47", Lungomare Cottone, Tel. 092 943 31 59, Ver- / Entsorgung, Toilette / Dusche, Waschmaschine, WLAN, 14 – 22 €

Folgen Sie der am Wasser entlangführenden Piste weiter in südliche Richtung. An der nächsten Abzweigung hinter dem Restaurant Mare Kambo können Sie rechts einen Zwischenstopp am **Riserva di Fiumefreddo** machen. Das kleine Landschaftsschutzgebiet im Mündungsbereich des »Kalten Flusses« lädt zu einem Spaziergang ein. In der sonst eher kargen, landwirtschaftlich geprägten Umgebung überrascht es mit einem Auwald, Seerosen, Farnen und mit Schilf bewachsenen Uferzonen, die von Wasserhühnern bewohnt sind *(N 37°47'22" E 15°13'48", Via Marina 1, Eintritt frei, 9.00 – 13.00 Uhr, Di. / Do. auch 15.30 – 17.30 Uhr)*.

Zurück am Lungomare gibt es allerorts Parkgelegenheiten, ganz viel Strand, kaum Bebauung und leider auch immer wieder viel zu viel achtlos in die Landschaft geworfenen Müll. Nur wenn Sie darüber hinwegsehen, finden Sie vielleicht ein persönliches Lieblingsplätzchen. Gleich eine ganze Reihe an meist etwas improvisiert wirkenden, aber recht gut ausgestatteten Stellplätzen werbt um Kundschaft. Sie heißen *»Solemar«*, *»Sport and Parking«* oder *»Oasi Park«*. In **Mascali** wirkt die Umgebung wenigstens in Strandnähe wieder etwas gepflegter. Am örtlichen Camping

**Strand von San Marco**

platz haben Sie Gelegenheit, länger zu verweilen. Im nachfolgenden Riposto befindet sich ein großer Parkplatz am Meer, um frei zu stehen, an Wochenenden ist er aber nicht zu empfehlen, außer Sie möchten mitfeiern – denn dann trifft sich dort gern die Jugend der Umgebung um »Party zu machen«.

TOUR 4

## 083 Mascali – *Camping Mokambo*

**GPS/Kontakt:** N 37°44'58" E 15°12'28", Via Spiaggia 211, Tel. 0392 805 22 22, www.campingmokambo.it. **Öffnungszeiten**: Ganzjährig geöffnet. **Ausstattung**: Waschmaschine, Restaurant, Minimarkt, eigener Strandbereich, kleiner Spielplatz, Auto- und Rollerverleih. **Beschreibung**: Meist schattige Stellplätze auf Rasen oder Naturboden ruhige Lage, eben, naturnah, grobsandiger Strand direkt gegenüber der Einfahrt, schöner Blick zum Ätna. **Preis**: 22 – 34 €, Ermäßigung mit Sicily Camping Card. **Zufahrt**: Mascali auf der Hauptstraße durchfahren, am Ortsende in einer großen Rechtskurve links auf die Via Torrente Vallonazzo halten und dieser bis zur Promenade folgen, dort links halten bis zum Platz linker Hand.

**084** N 37°43'15" E 15°12'51", SP173

Die Uferstraße endet wenig später und Sie erhalten über die SP173 Anschluss zur SP2. Im kleinen **Santa Tecla** gibt es wenig später einen übernachtungsgeeigneten Parkplatz. Im Ort finden Sie mit dem Meeresfrüchte-Restaurant ***Acquapazza*** *(Via C. Casino 36)* und der ***Trattoria Dal Barone*** *(Via Argenta 8)* auch zwei gute gastronomische Adressen.

Stellplatz 84 und 85

**085** N 37°38'20" E 15°10'36", **Via Fossa**

In einigen Serpentinen schwingt sich die SP2 die steilen Felsen empor zum Hauptort der Zyklopenküste, der 53.000-Einwohner Stadt **Acireale**. Sie entstand im 14. Jahrhundert und wurde wahrscheinlich von Piraten gegründet. Erst unter

**Piazza Duomo in Acireale, unten Strand von Mascali**

den Spaniern entwickelte sich der Ort zu einer richtigen Stadt und wurde Ende des 17. Jahrhunderts nach verheerenden Erdbeben im Barockstil neu errichtet. Es kann nicht ganz mit anderen, zu Recht bekannteren Großstädten Siziliens mithalten und wartet mit keinen ganz großen Sehenswürdigkeiten auf. Doch Acireale besitzt nichtsdestotrotz eine hübsche, von alten Palazzi, Kirchen und breiten Boulevards geprägte Innenstadt, die einen Bummel lohnt. Besonders, wenn Sie der Tatsache, dass es deutlich weniger Touristengruppen als anderswo gibt, etwas abgewinnen können. Eine Ausnahme stellt die Karnevalszeit dar. Dann ist Acireale eines der sizilianischen Festzentren.

Mittelpunkt ist die **Piazza Duomo** mit der Basilica und dem Rathaus. Als noch sehenswerter gilt die Kirche **San Sebastiano** gute 100 Meter weiter südlich an der **Via V. Emanuele II**. Ringsum breitet sich ein Gewirr kleiner Gassen aus, in denen die Orientierung nicht immer ganz leichtfällt. Dort verstecken sich das ***Vico Proiette*** *(Via Dafnica 88)*, die ***Trattoria U Puttusu*** *(Via V. Emanuele II 175)* das ***Caffe Cipriani*** *(Café, Piazza L. Vigo 3)* und **Il Rosticcere**

**Burg in Aci Castello, unten Inselchen in Aci Trezza**

*(Fast Food, Corso Savoia 4)* – nur falls Sie Appetit bekommen. Etwas Probleme verursacht die Parkplatzsuche. Chancen haben Sie gleich bei Ortsbeginn in der **Via Don Luigi Sturzo** bei N 37°37'21" E 15°10'05" (von dort etwa 700 m in die Ortsmitte) oder, mit nicht zu langen und breiten Fahrzeugen, da die Zufahrt eng beparkt sein kann, am großen, zentralen Stadtparkplatz, bei N 37°36'52" E 15°10'07" an der **Via Galatea**. Den Versuch, weiter ins Zentrum hineinzufahren, sollten Sie unterlassen. Plötzliche schmale Einbahnstraßen und zu enge Kurven lauern dort überall.

*Den schönsten Teil dieses Küstenabschnitts mit den Felseninseln im Wasser, endlich sichtbar, erreichen Sie zwischen den zusammengewachsenen Orten Aci Trezza und Aci Castello*. Ersterer ist für seine guten Fischrestaurants bekannt und ein beliebtes Ausflugsziel der Cataneser. Sie sollten ihn ob seiner engen Straßen und dem oft grotesken Verkehr besser meiden, vor allem an Wochenenden und in der Hauptsaison, und auf einem nervenschonenderen Spaziergang von Aci Castello aus anpeilen. Dort finden Sie am Ortsende, entlang der **Via G. Pezzana**, viele recht breite, kostenpflichtige Längsparker, die meist nicht so überfüllt sind, ab N 37°33'06" E 15°08'51".

Ab hier sind es nur wenige hundert Meter bis zum auffälligen, auf einem der Zyklopenfelsen errichteten **Castello Svevo** aus nor-

Fontana dell`Elefante, Catania

mannischer Zeit. Die trutzige kleine Burg besticht mit schönen Blicken über die Küstenlandschaft und beinhaltet ein kleines, lokal fokussiertes Museum *(Piazza Castello, www.acicastello.turismo.comunelive.it, 9.00–13.00 Uhr und 15.00–19.00 Uhr, Mitte Juni–Aug. bis 20.30 Uhr, Okt. – Apr nur bis 17.00 Uhr, 3,50 €)*. Auf den schwarzen Felsen unterhalb kann man sich sonnen und baden. Wenn Sie noch näher an die drei Lavainselchen **Lachea**, **Faraglione Grande** und **Faraglione Piccolo** ran wollen, folgen Sie der **Via Lungomare** bis zum Hafen, der rund zwei Kilometer dahinter liegt. Hier stehen Ausflugsfahrten zu den Inseln und entlang der Küste auf dem Programm.

**Catania** *(313.400 Einwohner)*

Lange galt Catania als dunkle, schmutzige, durch Mafia und Straßenkriminalität geprägte Stadt, um die Besucher besser einen großen Bogen machten. Und um ehrlich zu sein, ist dieser Ruf auch heute noch wenigstens teilweise berechtigt, da die Stadt Siziliens Kriminalitätshochburg ist, wenn auch weit weniger als dies in früheren Zeiten der Fall war. Die noch immer wenig einladenden, teils sogar slumähnlichen Plattenbauten der Vorstadt und die allerorts vor einem Vulkanausbruch warnenden Schilder wirken zusätzlich abschreckend. *Dabei ist die zum UNESCO Welterbe zählende Altstadt Catanias äußerst sehenswert, quirlig und voller Leben*. Wenn Sie mutig genug sind, Ihr Fahrzeug bis ins Zentrum zu steuern, um dort einen Parkplatz suchen, versuchen Sie Ihr Glück an der bewachten **Piazza Paolo Borsellino** bei N 37°30'06" E 15°05'20". Noch mehr Parkplätze finden Sie am **Parcheggio Del Pino** in der **Via M. Ventimiglia** bei N 37°30'33" E 15°05'33" und manchmal vor dem Gericht an der **Piazza G. Verga** bei N 37°30'52" E 15°05'34". Eine gute und noch sichere Alternative ist die Fahrt zu einem der genannten

Camping- und Stellplätze. Von dort geht es entspannt per Shuttleservice oder Bus in die Innenstadt.

TOUR 4

### 086 Catania – *Campeggio Jonio*

**GPS/Kontakt**: N 37°31'58" E 15°07'13", Via Villini a Mare 2, Tel. 095 49 11 39, www.campingjonio.com. **Öffnungszeiten**: Ganzjährig geöffnet. **Ausstattung**: Waschmaschine, WLAN, Spielplatz. **Beschreibung**: Recht enger, aber gepflegter Platz mit kleinem Badeplatz zwischen den Felsen und Stellflächen teils auf Schotter, teils auf Asphalt, direkt am Meer. Eben, teils schattig. Ungefähr 2,6 km bis ins Zentrum (Busverbindung möglich). **Preis**: 33 – 51 €, Ermäßigungen für ACSI / ADAC Mitglieder. **Zufahrt**: Am Beginn von Catania teilt sich die SS114. Sie müssen zunächst der Fahrtrichtungsspur geradeaus folgen, dann nach der Tankstelle links Richtung Cannizzaro abzweigen und bis zum Platz rechts.

### 087 Catania – *Villagio Europeo*

**GPS/Kontakt**: N 37°26'45" E 15°05'08", Viale Kennedy 91, www.villagioturisticoeuropeo.it. **Öffnungszeiten**: Juni – September. **Ausstattung**: Waschmaschine, WLAN, kleiner Pool für Kinder, Restaurant, direkter Strandzugang, Verlieh von Wassersportgeräten. **Beschreibung**. Etwas abgehalfterter Platz am relativ schönen Strand von Catania, nicht immer ganz sauber, teils laut, teils künstlich beschattete Plätze auf Schotter, Erdboden und Pflaster, etwa 6 km ins Zentrum. **Preis**: 25 – 45 €, Ermäßigung mit Sicily Camping Card. **Zufahrt:** Der SS114 durch Catania folgen, am Ende biegt die Straße vom Strand nach rechts ins Landesinnere ab. Dort im Kreisverkehr die Fahrtrichtung wechseln und in der genannten Kurve rechts ab zum Platz. **Hinweis:** Entlang der Via Kennedy gibt es mehrere kostenpflichtige und (zumindest tagsüber) bewachte Parkplätze für Tagesbesucher.

### 088 Catania – *Lua Beach*

**GPS/Kontakt**: N 37°29'14" E 15°05'07", Viale Kennedy 1, Tel. 0351 541 24 25. **Max. WOMOS**: 40. **Öffnungszeiten**: Ganzjährig geöffnet. **Ausstattung**: Ver- / Entsorgung, teils Strom, sehr einfache Toilette und kalte Dusche.

**Beschreibung**: Einfacher Platz, teils etwas schattige Stellfläche auf Naturboden hinter einem Strandclub, eben, bedingt klappstuhlgeeignet, nur 600 m vom Zentrum entfernt. Etwas ungepflegt, gute Lage, am Wochenende teils laut durch Musik im benachbarten Club. **Preis**: 10 €. **Zufahrt:** Der SS114 durch

Catania folgen, am Ende biegt die Straße vom Strand nach rechts ins Landesinnere ab. Dort im Kreisverkehr die Fahrtrichtung wechseln und in der genannten Kurve rechts ab.

## 089 Catania – *Area Sosta Camper Catania*



**GPS/Kontakt**: N 37°29'28" E 15°03'43", Via Giovanni da Verrazzano 25, Tel. 034 20 51 43 37, www.arcadisostacamper.jimdo.com
**Max. WOMOs:** 10 – 15. **Öffnungszeiten**: Ganzjährig geöffnet.
**Ausstattung:** Ver- / Entsorgung, Strom, einfache Toilette und Dusche, WLAN. **Beschreibung**: Gleich vorweg – dieser Platz ist alles andere als schön. Es handelt sich um ein paar für Wohnmobile geschaffene Stellplätze im Areal eines LKW- und Busservicebetriebs mit zweifelhaftem Schrottplatzambiente. Doch Sie stehen sicher, stadtnah und einigermaßen ruhig. Teils schattig, nur sehr bedingt klappstuhlgeeignet. Ungefähr 4 km in die Ortsmitte, der Bus hält direkt gegenüber und fährt bis ins Zentrum. **Preis**: 12 €. **Zufahrt:** Von der Küstenstraße SS114 kommend geradeaus durchfahren bis Catania. Gegen Ende, mit dem Leuchtturm im Blick, kommen Sie zu einem großen Doppel-Kreisverkehr. Dort immer rechts halten, erst Richtung Viale Kennedy und dann weiter Richtung Acquicella. Die Straße macht mehrere Richtungswechsel. Am Ende fahren Sie links auf die Via della Concordia und nach der Bahnüberführung bei erster Gelegenheit wieder links auf die Via Acquicella. Nachdem Sie den Friedhof passiert haben, folgen Sie nach rechts der Beschilderung Carabinieri. Am Kreisverkehr geht es erneut rechts, bis zur Einfahrt auf der rechten Seite.

## Unterwegs in Catania:

Catania geht auf eine sikulische Gründung zurück und wurde erstmals im Achten Jahrhundert v. Chr. erwähnt, als sich griechische Siedler aus dem nahen Naxos niederließen und bald darauf die Kolonie Katane gründeten. Unzählige Male gab es in der und um die Stadt Kriege und Schlachten, bei denen sich einheimische Tyrannen und fremde Mächte als Herren über Katane die

**Piazza Duomo, Catania**

Fischmarkt in Catania, unten Piazza Universitá

Klinke in die Hand gaben. Dazu kamen mehrmals schwere Verwüstungen durch Ausbrüche des Ätnas und Erdbeben. Nach dem Beben vom 11. Januar 1693 wurde die Stadt komplett neu errichtet. Schwere Eruptionen und Lavaströme sorgten zuletzt 1819 für umfangreiche Wiederaufbauarbeiten. Da in dieser Epoche vor allem schwarzer Lavastein als Baumaterial genutzt wurde, bezeichnet man Catania bis heute als »Schwarze Tochter des Ätna«

Dreh- und Angelpunkt für eine Besichtigungstour ist zweifelsohne die **Piazza Duomo**. Sie verkörpert das Herz Catanias und wird von den meisten Innenstadtbussen direkt oder im nahen Umfeld bedient. Die Sightseeing Angebote von Catania starten gleich nebenan, nördlich des Doms in der **Via V. Emanuele II**, nahe der **Touristeninformationsstelle**. Drei verschiedene Touren sind im Angebot Die »City Tour« fährt einige der interessantesten innerstädtischen Sehenswürdigkeiten an und wird mit einem kleinen Zug samt Anhängern durchgeführt. Die »Hop on Hop off Tour« folgt zusätzlich der Zyklopenküste bis Aci Trezza zurück und findet wie die »Etna Tour« per (offenem) Bus statt. Letztere bietet Gelegenheit, ganz ohne Wohnmobil zum Rifugio Sapienza zu gelangen. Von hier aus erschließen Lifte und Geländebusse den Vulkan. Die Audio-Kommentare sind auf Deutsch ab-

hörbar und Sie erhalten einen guten Überblick (*Zug: etwa alle 40 min, meist 10.00 – 20.00 Uhr, Okt. bis Apr. nur bis 19.00 Uhr, 5 €, Hop on / Hop off: zu ähnlichen Zeiten, Frequenz wechselnd, 15 €, Ätnatour: 1x täglich um 11.30 Uhr, 40 €*).

**Porto Uzeda und Chiesa di San Francesco d`Assisi**

Gleich zu Beginn des Rundgangs stechen, rund um die **Piazza Duomo**, einige der herausragendsten Bauwerke Catanias ins Auge. Unübersehbar, auf der Ostseite, die **Cattedrale di Sant`Agata**, rechts daneben das **Diözesanmuseum** und das **Porta Uzeda** am Ende der hier endenden **Via Etnea**. Das Gebäude rechts neben der Straße ist der **Palazzo die Chierici** mit dem ehemaligen Priesterseminar. Auf der gegenüberliegenden Seite liegt der mit Elefanten geschmückte **Palazzo degli Elefanti**, in dem das Rathaus beheimatet ist. Den Mittelpunkt des Platzes nimmt der Brunnen **Fontana dell`Elefante** ein. Mit dem markanten, schwarzen Elefanten an der Spitze ist er eines von Catanias Wahrzeichen. Zumindest den Dom sollten Sie sich etwas näher ansehen. Er stammt ursprünglich aus dem Mittelalter, wurde aber, durch die ständigen Naturka-

TOUR 4

**Anfiteatro Romano, unten Piazza Stesicoro**

tastrophen, immer wieder verändert und überarbeitet. Seine Grundmauern gehen auf die römische **Terme Achilliane** zurück, deren noch vorhandene Überreste Besucher rechts vom Dom besichtigen können *(www.museodiocesanocatania.com, Mo. – Sa., 9.00 – 13.00 Uhr, Di. / Do. auch 15.00 – 18.00 Uhr, 5 €, Kombi mit Diözesanmuseum 10 €)*. Die Barockfassade wurde im 18. Jahrhundert gestaltet. Das Hauptschiff ist recht schlicht gehalten, interessant sind die Seitenkapellen, unter anderem mit dem Grab des spanischen Vizekönigs, dem Reliquienschrein der Heiligen Agatha und dem mumifizierten Leichnam Kardinal Dusmets, der als »Vater der Armen« galt. Die tagsüber aufgetürmten Matratzen und Habeseligkeiten einiger hier untergekommener Obdachloser zeugen davon, dass man die Tradition des Kardinals versucht, bis heute zu leben. Das Grab des berühmten Cataneser Komponisten Vicenzo Bellini finden Interessierte in der Kirche *(Zutritt frei, meist 7.30 – 12.00 Uhr und 16.00 – 19.00 Uhr)*.

Vor allem wenn Sie am Morgen in Catania ankommen, sollten Sie nun, rechts vom **Palazzo dei Chierici**, zum Fischmarkt, dem **Mercato Pescheria** hinab gehen und die einmalige Stimmung auf sich wirken lassen. Immer der Nase nach verfehlen Sie ihn kaum. Von kleinen Muscheln bis zu riesigen Schwertfischen wird alles feilgeboten, was das Meer (noch) hergibt. Dabei geht es laut und derb, aber dennoch freundlich zu. Unmittelbar dahinter

Basilica Collegiata



schließt sich der Obst- und Gemüsemarkt an, auch andere Lebensmittel wie Käse, Fleisch- und Backwaren sowie Snacks können Sie erwerben.

Über die **Piazza Currio** und die **Via Bozomo** spazieren Sie zur Stauferburg **Castello Ursino** hinüber. Sie wurde zwischen 1239 und 1250 erbaut und ist heute Heimat des **Stadtmuseums** mit Antiken-, Waffen- und Gemäldesammlung *(Piazza F. di Svevia, www.comune.catania.it, Mo. – Sa., 9.00 – 13.00 und 15.00 – 19.00 Uhr, 6 €).*

Der **Via Castello Ursino** nach und am Ende mit einem kleinen Rechts-Links Schlenker weiter in die **Via Sant`Anna** können Sie die Wohnung des über Italiens Grenzen hinaus bekannten Schriftstellers **Giovanni Verga** (1840 – 1922) besichtigen. Zwölf seiner Werke erschienen auf Deutsch, fünf wurden verfilmt. Darunter »Die Erde bebt«, durch den großen Luciano Visconti *(Via Sant`Anna, www.comune.catania.it, Di. – Sa. 9.00 – 13.00 Uhr und 15.00 – 18.45 Uhr, 8 €).* An der nächsten Querstraße halten Sie sich rechts und stehen nach wenigen Metern an der **Piazza San Francesco d`Assisi** mit dem gleichnamigen Kirchenbau. Die Statue in der Mitte zeigt das Abbild des bereits aus dem Dom bekannten Kardinal Dusmet. Das Gebäude linker Hand war das Geburtshaus des bekanntesten Catanesers, **Vincenzo Bellini** (1801 – 1835) und wurde inzwischen zum **Museo Civico Belliniano** umgestaltet *(Piazza S. Francesco d`Assisi 3, www.museovicenzobellini.it, Mo. – Sa. 9.00 – 19.00 Uhr, So. bis 13.00 Uhr, 5 €).*

Folgen Sie der **Via Crociferi** ein Stück und biegen am Benediktinerinnenkloster **San Benedetto** vor dem Torbogen links ab. Nach wenigen Metern stehen Sie vor den Überresten des einst 7000 Menschen fassenden **Teatro Greco Romani** und eines benachbarten Konzerthauses aus römischer Zeit, dem **Odeon** *(Via Teatro Greco, www.regione.sicilia.it, 9.00 – 17.00 Uhr, 6 €).*

Die Via Teatro Greco öffnet sich zur **Piazza D. Aligheri** hin und gibt den Blick auf das gewaltige Bauwerk des ehemaligen Benediktinerklosters **San Nicolò l`Arena** frei. Es ist der drittgrößte Klosterbau Europas und heute Heimat der geisteswissenschaftlichen Fakultät von Catania. Individualbesuche sind nicht möglich. Interessierte schließen sich einer informativen, rund einstündigen Führung durch den Komplex an *(Piazza D. Aligheri, www.monasterodeibenedettini.it, verschiedene Themen-Führungen, auch auf Englisch um 13.00 Uhr, Sa. auch um 15.30 Uhr, 10.00 – 12.00 und 14.00 – 17.00 Uhr, Aug. von 11.00 – 18.00 Uhr, 10 €).*

Über die **Via Gesuiti** spazieren Sie, vorbei an den von außen einsehbaren römischen Ausgrabungen der **Terme della Rotonda**, zur Via Crociferi zurück *(Via della Mecca, nur 1. und 3. Montag im Monat von 9.00 – 13.00 Uhr, Eintritt frei).*

Vor der schönen **Chiesa di San Giuliano** drehen Sie links, folgen der bald verkehrsberuhigten Straße bis zum Ende und gelangen von dort, erst rechts und gleich wieder links, zu weiteren römischen Ausgrabungen. Es sind die Reste des **Amphitheaters** unterhalb des heutigen Straßenniveaus mitten auf der verkehrsreichen **Piazza Stesicoro** *(www.regione.sicilia.it, nur Di. – Sa. 9.00 – 13.00 Uhr, Eintritt frei).*

Links endet der Platz an der Kirche der Heiligen Agatha. Wenn Ihnen nach einem längeren Spaziergang ist, wandern Sie über die **Via Sant`Euplio** und die Parkanlagen der Villa Bellini bis zum **Botanischen Garten**. Alternativ fährt diesen der Sightseeing Bus an.

TOUR 4

Im rechten hinteren Eck der Piazza Stesicoro hinter dem Bellini-Denkmal beginnt Catanias von Montag bis Samstag stattfindender **Mercato Fera o Luni**, auf dem stets großes Getümmel herrscht. Wenn Sie sich ausreichend umgesehen haben, spazieren Sie über Catanias Hauptachse, die **Via Etnea** zurück. Zu den auffälligsten Bauten unterwegs gehört die **Chiesa Collegiata** aus dem 18. Jahrhundert und das **Teatro Machiavelli** an der **Piazza Università**. Dahinter können Sie sich durch kleine Straßen bis zum **Opernhaus Massimo Bellini** durchschlagen. Die **Piazza Vincenzo Bellini** direkt davor ist vor allem gegen Abend ein schöner Ort, wenn Straßenmusiker meist jazzlastige Klänge im Freien zum Besten geben.

Über die **Via Landolina** gehen Sie zu guter Letzt zum **Palazzo Biscari** hinüber. Er war einst der prächtigste Bau in ganz Catania und Heimat des illustren fünften Fürsten von Biscar, Iganzio Castello *(Via Museo Biscari, www.palazzobiscari.com, Führungen auf Anfrage)*.

Zuletzt stoßen Sie auf die **Via Porticello,** der Sie ganz kurz nach rechts folgen. Linker Hand bringt Sie die **Via V. Emanuele II** dann zum Ausgangspunkt am Domplatz zurück. Wenn sich nun Hunger breit macht, finden Sie eine große Auswahl an Restaurants im gesamten Zentrum verteilt. In fußläufiger Entfernung beispielsweise das ***Cascia*** *(Via G. Garibaldi 5)*, ***Scirocco Fish Lab*** *(Fast Food, Piazza A. )Garibaldi 98)*, ***A Casa di Pino*** *(Via G. Garibaldi 50)*, ***Uzeta Bistro Siciliano*** *(Via Penninello 41)*, ***U Fucularu*** *(Via E. Reina 20)*, ***Filo d`Esca*** *(Via Mazza 14)*, ***Canni e Pisci*** *(Via Museo Biscari 8)* sowie das ***Caffe Opera*** *(Café, Via M. Rapisardi)* und das **Comis Ice Cafe** *(Eis, Piazza V. Bellini 8)* am Bellini Platz.

***In der Nähe:***

· Wirklich sehenswert ist das äußerst zeitgemäß gestaltete **Museo Storico dello Sbarco in Sicilia 1943**. Im restaurierten Gebäude einer ehemaligen Raffinerie befasst es sich mit der Landung der Alliierten auf Sizilien im Jahr 1943. Unter anderem ist ein ganzer Platz im Stil der faschistischen Zeit nachgebaut und ein Luftschutzbunker zu sehen. Sie erreichen es am besten mit dem Sightseeing-Bus, der dort eine eigene Haltestelle hat *(Piazzale R. Chinnici, www.museosicilia1943.it, Di. – So. 9.00 – 16.45 Uhr, Juli / Aug. von 10.00 – 17.45 Uhr, 4 €)*.

· Westlich von Catania steht beim Örtchen **Valcorrente** Siziliens größter Einkaufskomplex, das beinahe 1000 Meter lange **Etnapolis.** Über 150 Geschäfte haben täglich fast 12 Stunden für große Shoppingtouren geöffnet *(N 37°32'33" E 14°57'21", Contrada Valcorrente, Belpasso, www.centroetnapolis.it, Mo. – Fr. 9.30 – 21.00 Uhr)*.

· Ganz in der Nähe des Einkaufszentrums liegt Siziliens größter Freizeitpark **Etnaland** mit zahlreichen Fahrgeschäften und Dinosauriergelände. Im Sommer ist ein umfangreicher Wasserpark integriert *(N 37°32'15" E 14°55'53", Contrada Agnelleria, Belpasso, www.etnaland.eu, Themenpark Apr. – Sep. Sa. / So. und Ferien 9.30 – 18.30 Uhr, Juli – Anfang Sep. täglich bis 1.00 Uhr nachts, Wasserpark Ende Juni – Mitte Sep. 9.30 – 18.30 Uhr, ab 24 €)*

## Kochen auf sizilianisch: Pasta alla Norma

Wie wäre es mal mit einem typisch sizilianischen Gericht in der WOMO-Bordküche? »Pasta alla Norma« sind wirklich lecker und ohne viel Aufwand machbar. Sie erhielten ihre Bezeichnung nach einer Oper des catanesischen Komponisten Vincenzo Bellini. Die Sizilianer waren von seinem Singspiel so begeistert, dass Großartiges danach mit »alla Norma« beschrieben wurde – eine wirklich treffende Bezeichnung.



***Zutaten für zwei Personen:***
*200 g Makkaroni oder Penne Rigate*
*250 g geschälte Tomaten*
*100 g Ricotta Salata*
*1 mittelgroße Aubergine*
*1 Knoblauchzehe*
*8–10 Blätter Basilikum*
*Olivenöl (extra vergine)*
*Salz und Pfeffer*

**1.** Aubergine waschen und in vier mm dicke Scheiben schneiden. In Schichten auf zwei Lagen Küchenpapier oder in einem Sieb übereinanderstapeln und jede Schicht gut salzen. Mit einem Teller beschweren und etwa 30 Minuten ruhen lassen.

**2.** In der Zwischenzeit Knoblauch schälen, würfeln und in einer heißen Pfanne mit Öl anbräunen. Die Tomaten hinzufügen und etwa 20 Minuten schwach köcheln lassen. Die Hälfte der Basilikumblätter in schmale Streifen schneiden und am Ende der Kochzeit zugeben. Mit Salz und Pfeffer mild abschmecken. Soße in eine Schüssel umfüllen und Pfanne etwas säubern.

**3.** Wasser in einem Topf zum Kochen bringen, reichlich Salz zugeben und die Nudeln nach Packungsanweisung zubereiten.

**4.** Währenddessen Auberginen abspülen, gut abtrocknen und in mehreren Durchgängen in heißem, aber nicht kochenden Öl rundum goldbraun braten, auf Küchenpapier abtropfen lassen. Ricotta Salata grob reiben.

**5.** Auberginen in Streifen schneiden, Nudeln abgießen und gemeinsam mit der Tomatensauce in der Pfanne für eine Minute sautieren. Mit Ricotta bestreuen und den restlichen Basilikumblättern dekorieren und servieren. Guten Appetit!

**Ätna** *(Markttag Belpasso Fr., Largo San Gaetano / Zaf. Etnea Fr., Via dei Giardini / Randazzo So, Piazza Loreto 1 / Bronte Do., Via Liguria)*
Eine Reise nach Sizilien wäre unvollständig, ohne dem bekannten, rund 3350 Meter hohen Vulkan einen Besuch abzustatten

TOUR 4

– sofern dies gerade möglich ist. Durch seine ständigen Eruptionen hält er nicht nur die umliegende Bevölkerung stets in Atem, sondern reguliert seine Besucherzahlen quasi selbst. *Er gilt, gleich nach dem nahen Stromboli, als zweitaktivster Vulkan Europas und gehört weltweit zu den Top Ten der Feuerberge*. Er besitzt gleich fünf produktive Krater, die zwischen 1911 und 2021 entstanden sind. An seinen Flanken reißt der Berg immer wieder auf und lässt Lava aus den entstandenen Rissen und Furchen quellen. Schuld daran ist die Lage Siziliens, halb auf der eurasischen, halb auf der afrikanischen Erdplatte, die sich unterhalb des Ätnas Stück für Stück ineinanderschieben. Immer wenn die Seismologen und Vulkanologen Alarm schlagen, wird die Auffahrt zum Berg eingeschränkt oder ganz verboten. Seit 2020 ist der Vulkan wieder verstärkt aktiv und größere Ausbrüche gab es seitdem mehrere. Die meiste Zeit über ist ein Besuch aber problemlos möglich und es besteht kaum Gefahr. Neben den rauchenden Gipfelschloten ist der Ätna aufgrund seiner vielfältigen Landschaft einen Besuch wert. Während in den kargen Höhenlagen nur noch wenige niedere Pflanzen wachsen, sind die Lagen zwischen 1000 und 2000 Meter durch teils dichte Laubwälder gekennzeichnet. Unterhalb gedeihen auf der wärmeren Süd- und Ostseite Zitrusfrüchte, Wein und weiteres Obst im trockenen Westen. Im kühleren Norden wachsen verschiedene Nüsse. Auf Wanderungen gibt es mit etwas Glück die Gelegenheit Stachelschweinen, Füchsen und Wildkatzen zu begegnen. Ebenso leben Eulen und andere Greifvögel rund um den Berg.

Für dieses Buch haben wir Ihnen eine Rundfahrt ausgearbeitet, die Sie von Catania aus beginnen. Natürlich ist es möglich

**Ätna bei einem großen Ausbruch 2011 vom Meer aus**

auch direkt die Westflanke anzusteuern und dafür alternativ bereits im Norden in der Nähe von Giardini Naxos zu starten *(siehe Übersichtskarte der Tour Vier)*.

## Vulkane

Als Vulkane werden geologische Strukturen bezeichnet, aus denen geschmolzenes Gestein, genannt Magma, durch nach oben aufbrechende Kanäle bis an die Erdoberfläche gelangt. Bereits ab einer Tiefe von etwa 100 Kilometern schmilzt Gestein bei den dort vorherrschenden Temperaturen von meist weit über 1000 Grad Celsius. Es sammelt sich in Kammern und wird bei ansteigendem Druck über die Vulkane ausgespuckt. Der Grund sind meist tektonische Verschiebungen der aneinanderreibenden Kontinentalplatten an den Kantenregionen. Sizilien befindet sich genau auf einer solchen.

Der Name Vulkan stammt übrigens tatsächlich von der kleinen Feuerinsel *Vulcano* gleich nördlich von Sizilien, die Sie vielleicht bei Ihrem Besuch auf den Liparischen Inseln erlebt haben. Der in der Antike noch viel aktivere Ort galt damals als die Schmiede des Feuergottes Vulcanus.

Weltweit gibt es heute rund 1500 aktive und bekannte Vulkane, da submarine Formationen oft noch unentdeckt sind. In Europa gelten der Stromboli und der Ätna als mit Abstand am aktivsten. Vor allem der Ätna sorgte seit Beginn der modernen Zeitrechnung immer wieder für verheerende Ausbrüche, die das Leben in der Region prägen. Allein seit Beginn des 20. Jahrhunderts kommt er auf 20 größere Ausbrüche. Als größte bekannte historische Eruption gilt der Ausbruch vom 8. März 1669, bei dem der Berg ganze vier Monate Lava spuckte und große Teile Catanias und des umliegenden Landes zerstörte.

TOUR 4

Stellplatz 90

Über **Belpasso** steuern Sie nach **Nicolosi**, der am höchsten gelegenen und mit 7.500 Einwohnern größten Ortschaft am Ätna. Wenn Sie sich ein wenig umsehen möchten, finden Sie in der Via Monti Rossi einen Parkplatz bei N 37°36'51" E 15°01'05". Möchten Sie einkehren, versuchen Sie es im ***Antichi Proverbi*** *(Via M. Rapisarda 2)*, in der ***L`Osteria del Siciliano*** *(Via C. Battisti 202)* oder dem ***Marialuisa*** *(Café, Via G. Garibaldi 123)*.

Südöstlich befindet sich an der **Viale Regina della Pace** ein kleines **Marienheiligtum**, nur von einer offenen Kuppel bedeckt. Am benachbarten Parkplatz ließe sich übernachten, sofern er nicht gerade von einer Kette versperrt ist. Nicht nur dann ist der gute Campingplatz in der fast parallel verlaufenden **Via Nicolosi** die bessere Wahl.

090 N 37°36'08" E 14°59'59"

## 091 Belpasso – *Mons Gibel Camping Park*

**GPS/Kontakt:** N 37°36'31" E 14°59'52", Via Nicolosi, Tel. 0389 885 01 03, www.monsgibelcampingpark.it. **Öffnungszeiten**: Ganzjährig geöffnet. **Ausstattung**: Spielplatz, Grill- und Spülgelegenheit, Fahrradverleih. **Beschreibung**: Sehr schön angelegter Platz auf Rasen mit mehreren Parzellen, teils schattig, 1,3 km in den Ort. **Preis**: 21 – 27 €, etwas vergünstigter Camper-Stopp-Tarif von 18.00 – 9.00 Uhr nach Verfügbarkeit, 15 – ^8 €. **Zufahrt:** An der Verbindungsstraße SP4 zwischen Nicolosi und Belpasso rechter Hand.

Falls Sie vorhaben, auf eigene Faust zum Ätnagipfel zu wandern oder allgemein längere Wanderungen in Hochlagen des Berges zu unternehmen, sollten Sie sich vorab unbedingt über die aktuellen Bedingungen erkundigen. Eine gute Anlaufadresse ist das Büro des **Parco dell`Etna** etwas außerhalb von Nicolosi. Vorab Infos auf Deutsch finden Sie online unter www.vulkan-etna-update.de *(N 37°37'49" E 15°01'27", Via del Convento 45, www.parcoetna.it, zuletzt nur Mi. 9.00 – 13.00 Uhr und 15.30 – 17.30 Uhr, Fr. 9.00 – 13.00 Uhr).*

Die recht gut ausgebaute SP92 wuchtet Sie über gut zwei Dutzend Serpentinen bis auf knapp 2000 Meter zur Bergstation **Rifugio Sapienza** hinauf. Unterwegs durchfahren Sie mehrere erkaltete Lavaströme und können an darunter verschütteten, nur noch teilweise erkennbaren Häusern die Macht erkennen, mit welcher der Vulkan über die Region hereinbrechen kann.

Der Hauptzugangspunkt für Touren zu den Kratern, ist die meiste Zeit des Jahres über gut besucht und entsprechend viele Parkplätze gibt es. Das (kostenpflichtige) Übernachten im Wohnmobil wird gestattet. Es gibt mehrere feste und mobile Marktstände, die neben allem möglichen Plunder ein paar schöne Andenken und lokale Produkte verkaufen. Alternativ treffen Sie unterwegs auch auf einen kommerziellen Stellplatz.

## 092 Etna – *La Grotta*

**GPS/Kontakt**: N37°40'32" E14°58'57", SP92. **Max. WOMOs**: 12 – 14. **Öffnungszeiten**: April – Mitte Oktober. **Ausstattung**: Wasser, Toilette / Dusche. **Beschreibung**: Meist schattenlose, etwas unebene Stellplätze auf einem ehemaligen Lavafeld, tolle Sicht, sehr ruhig, naturnah, klappstuhlgeeignet, Abendessen möglich, Wanderwege. **Preis**: 16 – 31 €. **Zufahrt:** Der SP92 Richtung Rifugio Sapienza folgen. Dort rechts markiert.

## 093 Etna – *La Sapienza*

**GPS:** N 37°41'58" E 15°00'02", SP92. **Max. WOMOs**: 30. **Öffnungszeiten:** Wetterabhängig ganzjährig geöffnet. **Ausstattung**: Toilette (nachts teils verschlossen), Mülltonnen, sonst keine Einrichtungen. **Beschreibung**: Großer asphaltierter, offiziell freigegebener und nicht ganz ebener Parkplatz direkt neben der Talstation der Etna-Liftanlage. Schöne Aussicht, tags sehr belebt, nachts ruhig. Rund 14 km bis Nicolosi. **Preis**: 12 €. **Zufahrt:** Der SP92 in Richtung Rifugio Sapienza folgen. Kurz davor befinden sich die für Camper freigegebenen Parkplätze linker Hand. **Hinweis**: Ist es Ihnen hier zu belebt, finden Sie auf der folgenden Abfahrt mehrere Parkplätze, die ebenfalls für eine Nacht genutzt werden könnten, wie bei N 37°41'57" E 15°03'14", SP92.

### Zugangswege zum Ätna:

• **von Süden:** Wenn Sie sich dem Berg von Süden über das **Rifugio Sapienza** nähern, gelangen Sie mit der Sechser-Kabinenbahn »**Funivia dell`Etna**« zum 2500 Meter hoch gelegenen **Rifugio Montagnola**. Von dort verkehren geländegängige Busse auf breiten Staubstraßen bis auf knapp 3000 Meter zum Torre del Filosofo. 2003 wurde eine weitere Berghütte an dieser Stelle von der Lava begraben. Sie haben nun eine gute Sicht auf die aktiven Krater. Eine frei zugängliche, ungefährliche Route führt zu den beim 2002 / 2003er Ausbruch entstandenen **Barbagallo** Doppelkrater.

Sie können den Weg zum Torre del Filosofo ab der Seilbahnbergstation alternativ zu Fuß in Angriff nehmen Unterwegs sind Abstecher zum **Monte Escrica** und **Monte Cisternazza** möglich. Wer noch weiter nach oben an den Rand des Hauptkraters möchte, sollte unbedingt über Bergerfahrung verfügen. Eine Expedition auf eigene Faust ist nicht ganz ungefährlich und neben den Unwägbarkeiten des Vulkans, kann plötzlich aufziehender Nebel, Regen oder vereiste Stellen zwischen Oktober und Juni die Orientierung auf den unmarkierten, sich immer wieder ändernden Trampelpfaden stark erschweren. Sicherer ist es, sich im Vorfeld für eine der im Sommer täglich angesetzten, geführten Vulkantouren anzumelden. Diese finden nicht immer statt. Auf über 3000 Meter gleichen die Bedingungen selbst im sonst so sonnigen Sizilien oft einem Glücksspiel.

Überhaupt lohnt die teure Auffahrt zum Ätnagipfel nur bei guter Sicht. Im Zweifelsfall machen Sie vom Parkplatz Sapienza aus in ein paar Minuten eine Kurzwanderung zu den kleineren Kratern **Silvestri Inferiore** und **Superiore** und hoffen auf besseres Wetter am Folgetag. Den angepriesenen »7D-Film« können Sie sich übrigens getrost sparen *(www.rifugiosapienza.com, aktuelle Zeiten und Preise zu Seilbahn und Bussen: www.funiviaetna.com, Seilbahn + Bus 78 €, Bergtouren zum Gipfelkrater: www.etnaguide.eu)*.

• **von Norden:**Wer vom **Piano Provenzana** im Norden des Ätna die Gegend erkunden will, wählt geführte Wanderungen, unter anderem zur Eishöhle

**Tour am Ätna und Exkursionsbus, unten am Laghetto Krater**

**Grotta del Gelo** und / oder kombinierte Geländewagen / Wandertouren zum Gipfelkrater. Die rund vier- bis achtstündigen Touren schlagen mit rund 50 € bis 150 € pro Person zu Buche. Mehr unter www.etnadiscovery.com.

Von der Bergstation im Süden des Ätna fahren Sie bis nach **Zafferana Etnea** am Osthang des Berges hinab. Der Ort hat mit am stärksten unter Beben und Ausbrüchen zu leiden. Die Schäden hielten sich aber, im Gegensatz zu früheren Ereignissen, in den letzten Jahren in Grenzen. In Italien ist der Ort ansonsten als »Honigstadt« bekannt, da mehr als ein Siebtel der jährlichen italienischen Gesamtproduktion von hier stammen. Entsprechend groß ist das Angebot ganz verschiedener Sorten in den Läden. Es gibt sogar ein kleines **Honigmuseum** und am Ortsrand einen Wohnmobil-Stellplatz *(N 37°41'46" E 15°06'23", Via Tenente Scuderi Giuseppe 26c, mielesicilia.it,).*

## 094 Zafferana Etnea – *Area Sosta Spuligni*

**GPS/Kontakt:** N 37°41'53" E 15°06'51", Via Finaita, www.areasostaspuligni.com. **Max. WOMOs**: 20+. **Zeiten**: Ganzjährig geöffnet. **Ausstattung**: Ver- / Entsorgung, Strom, Toilette / Dusche, WLAN, Waschmaschine, Picknickbänke, Grillgelegenheit, Spielplatz, Fahrradverleih. **Beschreibung**: Teils parzellierte Stellplätze auf Rasen und Schotter, einige schattig, meist eben, klappstuhlgeeignet. Einfach aber sympathisch, schöne Lage mit Blick auf den Ätna. 1,1 km bis in die Ortsmitte. **Preis**: 25. **Zufahrt:** Von der SP92 aus Richtung Sapienza kommend bis zum Kreisverkehr in Zafferana fahren, dort Richtung Milo abbiegen und danach gleich wieder rechts Richtung *cimitero*. An der großen Gabelung außerhalb links ab in die Via Marco Polo. Am Ende der Straße befindet sich die Einfahrt direkt vor Ihnen.

Über die Dörfer **Caselle**, **Milo** mit dem guten Restaurant ***Al Braciere dei Fratelli Leonardi*** *(Corso Italia 38)* und **Fornazzo** fahren Sie auf der **Via Mareneve** zum **Naturpark Etna Nord**, dem zweiten Zugangspunkt zur Gipfelwelt des Ätna. Unterwegs führt links, eine Straße zum **Rifugio Citelli**. Die Berghütte liegt am Ende einer Sackgasse mit Tages-Wanderparkplatz. Es gibt zwar keine Einrichtungen, doch während den Öffnungszeiten bietet die Hütte gastronomische Versorgung.

TOUR 4

### Monti Sartorio Naturlehrpfad beim Rifugio Citelli *(etwa 3,5 km)*

Auf dieser relativ leichten Wanderung erkunden Sie die schöne Gegend um die 1865 entstandenen Krater an der Nordostflanke des Ätna.

Die Tour beginnt auf halbem Weg zum Rifugio Citelli rechts der Zufahrtsstraße an einer Metallschranke. Davor sind einige Parkmöglichkeiten angelegt, weitere oben an der Hütte.

Folgen Sie dem Pfad durch ein mit Birken bewachsenes, sandhaltiges Gelände, bis zu einer Abzweigung. Für den Aufstieg zu den Kratern des Monti Sartorio halten Sie sich zunächst links. Leicht ansteigend erreichen Sie bald eine Lichtung. Ein Schild weist auf sogenannte Lavabomben hin. So

TOUR 4

bezeichnet man mit heißer Magma gefüllte, außen bereits erkaltete Steine. Inzwischen sind sie natürlich längst erstarrt. Sie queren nach einem kurzen Abstieg einen Bachlauf und gelangen zu einer Schutzhütte aus Lavagestein. Gehen Sie nach rechts zwischen den Birken hindurch weiter. Der etwas schwächer werdende Pfad neigt sich etwas und Sie passieren das Hinweisschild »Bosco di Betulle«. Drehen Sie nach rechts, direkt auf den schwarzen **Monti Sartorio** zu. Zwischen zwei Vulkankegeln steigen Sie nun deutlich an und queren den erneut markierten Lavafluss des Jahres 1865. Wenn Sie den Sattel erreichen, sehen Sie den Pfad schon wieder abfallen. Nach links können Sie zuvor noch das kurze Stück zum Kraterrand hinauf gehen.

Sie treffen beim Abstieg schließlich auf die Gabelung vom Beginn und halten sich dort links zurück zum Ausgangspunkt.

Am **Piano Provenzana** gibt es riesige Parkflächen, die fast nur im Winter ausgelastet sind, wenn sich die Gegend zum Hotspot des sizilianischen Skisports mausert. Das Übernachten ist gestattet und ganzjährig warten einige gastronomische Einrichtungen auf Besucher. Parkwächter kassieren ein paar Euro Gebühr.

**095** N 37°47'54" E 15°02'35"

Sie können von hier aus Wanderungen auf eigene Faust zu nahegelegeneren Kratern machen oder sich einer geführten Tour in Richtung Gipfel anschließen *(siehe »Zugangswege zum Ätna« zuvor)*. Sie fahren nun zur Nordseite des Berges bis **Linguaglossa** ab. Im Wald liegen an mehreren Stellen Picknickplätze. Vorsicht, hier gibt es immer wieder weit herabhängende Äste, daher sind sie besser für niedrige WOMOs unter drei Meter Höhe geeignet. Prüfen Sie vorab auch immer die Bodenbeschaffenheit, da der

**Aschewüste am Weg zum Ätnagipfel**

Untergrund nach Regenfällen sehr weich werden kann. Westlich des Ortes, in dem Sie auf die SS120 treffen, befindet sich ein WOMO-Landgut.

096 N 37°48'23" E 15°04'39"

096a N 37°48'38" E 15°05'08"



### 097 Passopisciaro – *Etna Wine*

**GPS/Kontakt:** N 37°52'29" E 15°01'31", SS120, www.etnawineagriturismo.com. **Max. WOMOs**: 8 – 9. **Öffnungszeiten**: Ganzjährig geöffnet. **Ausstattung**: Ver- / Entsorgung, Strom, Toilette / Dusche, WLAN, Waschmaschine, Pool, Grillgelegenheit, Spielplatz, Restaurant, Hofladen. **Beschreibung**: Schönes Weingut mit einfachen Stellplätzen und guter Ausstattung auf Rasen / Erdboden. Kein Schatten, eben, klappstuhlgeeignet. Rund 5 km bis Randazzo. **Preis**: 20 €. **Zufahrt:** Der SS120 in Richtung Randazzo folgen. Kurz nach Passopisciaro rechter Hand.

Die weitere Fahrt entlang der SS284 umrundet die zerklüftete Nordwestflanke des Ätna und führt durch ein landschaftlich besonders schönes Gebiet. Unterwegs streifen Sie das mittelalterliche **Randazzo**, das einen Zwischenstopp lohnt, auch zur Einkehr, wie im ***San Giorgio e il Drago*** *(Piazza San Giorgio 28)*, der ***Trattoria Agora*** *(Via Fisauli 7)*, oder dem ***Arturo*** *(Café, Via Umberto 73)*.

Danach folgt das kleinere Maletto. Mit einer Seehöhe von 960 Metern liegt es höher als alle anderen Ortschaften der Insel.

**Bronte** gilt als Mekka des Pistazienanbaus und ist für die hervorragende Qualität der grünen Nüsschen bekannt. Ganze Wälder breiten sich um die 19.000 Einwohner-Stadt aus. In der ***Cafeteria Luca*** *(Café, Via Messina 273)* können Sie einige der Spezialitäten versuchen, die daraus gewonnen werden.

Über **Adrano** und **Paternó** beenden Sie die Ätna Umrundung.

Am Westrand von Paternò können Sie etwas steil und schmal zum Normannenkastell und der benachbarten Kirche hinauffahren. Der Parkplatz daneben bietet eine tolle Aussicht, N 37°33'53" E 14°53'40", Via dei Normanni. Auf der Weiterfahrt zu Tour Fünf entlang der A18 können Sie am großen Einkaufkomplex ***Centro Sicilia*** südlich von **Misterbianco** nicht nur einkaufen, sondern auch über Nacht stehen, dort wurden Extraplätze für Camper eingerichtet.

098 N 37°28'44" E 15°00'46"

Tour 5
Catania
Tour 4
Ris. Nat. Oasi del Simeto
Agnone
Lentini
Carlentini
Francofonte
Brucoli
Castello Svevo
Augusta
Megara Hyblea
Melilli
Sortino
Necropoli Pantalica
Ris. Nat. Pantalica
Ferla
Priolo Gargallo
Belvedere
Castello Euralio
Solarino
Floridia
Palazzolo Acreide
Akrai
Syrakus
Ciane
Canicattini Bagni
Terrauzza
Arenella
Cava Grande
Ris. Nat Cava Grande
Avola Antica
Noto Antica
Fontane Bianche
Gallina
Avola
Noto
Piccio
Lido di Noto
Eloro
Villa Tellaro
Rosolini
Ris. Nat Oasi Faun. di Vendicari
Ispica
San Lorenzo
Marzamemi
Tour 6
S. Maria d. Focallo
Granelli
Pachino
Portopalo
10 km
N

# Provinz Syrakus

## 360 km

**Bis weit zurück in die sizilianische Vergangenheit führt Sie die Reise auf Tour Fünf. Neben den großartigen Ausgrabungen und archäologischen Zonen in Syrakus, können Sie auch in Megara Hyblea und um die Grabhöhlen von Pantalica sauf Spurensuche längst vergangener Kulturen gehen. Die Halbinsel Ortygia mit Syrakus` Altstadt gehört, genau wie das Barockzentrum von Noto, zu den interessantesten urbanen Zonen der Insel. Richtung sizilianische Südspitze treffe Sie dann auf reichlich Gelegenheiten zum Entspannen und Baden.**

- **Provinzhauptstadt Syrakus**
- **Naturpark Pantalica**
- **Cavagrande**
- **Barockstadt Noto**
- **Naturpark Vendicari**

**Brucoli** *(1.100 Einwohner)*
Südlich von Catania geht es auf der **SS114** zunächst schnurgerade in Richtung Süden. Das **Riserva Naturale Oasi del Simeto** und die südlich anschließenden Sandstrände werden von der Hauptstraße recht weiträumig umfahren und für Wohnmobile gibt es kaum Gelegenheit über enge, oft private Straßen, dorthin vorzudringen. Erst bei der Ferienhauskolonie **Agnone Bagni** gibt es ganz am Südende einen Zugang, mit Parkplatz am Wasser bei N 37°18'38" E 15°06'14", Lungomare Agnone Bagni. Ein Stellplatz befindet sich in der Umgebung.

### 099 Agnone – *Camperservice Agnone*

**GPS/Kontakt**: N 37°18'52" E 15°05'28", SS114, Tel. 0347 306 38 47, www.camperservices.it. **Max. WOMOs**: 20. **Öffnungszeiten**: Ganzjährig geöffnet. **Ausstattung**: Ver- / Entsorgung, Strom, Toilette / Dusche, WLAN. **Beschreibung**: Recht ordentlicher, einfacher Platz auf Schotter an einer Wohnmobil-Werkstatt, kaum Schatten, 500 m vom Meer und einer Wakeboard-Anlage entfernt, gut als Transitplatz geeignet. **Preis**: 12 €. **Zufahrt:** Direkt an der SS114 rechter Hand, rund 1,2 km nachdem Sie rechts einen Golfplatz passiert und den Fluss Simeto überquert haben, 1000 m nach dem Straßenkreuz. **Hinweis**: Auch der Camperstop Nelly befindet sich in der Nähe, N 37°19'50" E 15°05'12", SS114, www.areacampernelly.it, Mitte Mai – Mitte September, alle Einrichtungen, 18 – 25 €.

Bald darauf bietet sich ein Ausflug über die **SP57** in den kleinen Ort **Brucoli** an. Er bietet knapp ein halbes Dutzend guter Gast-

Parkplatz Agnone Bagni und Stellplatz 100

häuser und eine schöne Fernsicht auf die Bucht von Catania und den Ätna am leider nur von außen zu besichtigenden **Castello Brucoli**, direkt an der Landspitze. Am großen Ortsparkplatz kann man über Nacht stehen.

**100** N 37°16'49" E 15°11'18", Via Canale Parallela Ovest

Vorausgesetzt Sie lieben es abgeschieden und verfügen über ein weniger Bodenfreiheit, fahren über das Dorf Oliveto noch weiter nach Osten bis zur Landspitze am **Punta Tonnara**. Dort gab es einst ein Hotel und einen Campingplatz, die seit vielen Jahren vor sich hin rotten. An der großen Freifläche davor zweigt eine ziemlich holprige Staubpiste von der alten Zufahrtsstraße ab, die zu mehreren freien Stellplätzen an der Klippenküste führt. Es gibt Badestellen und meist viel Ruhe, aber keinerlei Infrastruktur. Sollte der Boden nach Regenfällen aufgeweicht sein, sollten Sie nur mit Allradantrieb einfahren.

**101** N 37°17'20" E 15°12'16"

Beim Betrachten der Landkarte sticht ganz in der Nähe die auf einer ins Meer hinausragenden Insel gelegene 36.000 Einwohner Stadt **Augusta** ins Auge. Sie ist stark industriell geprägt und nur bedingt einladend. Das **Castello Svevo** am Ortsbeginn wurde

Bucht von Brucoli

Megara Hyblea

geschlossen und verfällt. Ein Besuch lohnt sich eigentlich nur an einem Donnerstag so richtig, wenn ein besonders großer Wochenmarkt an der **Via Buozzi** stattfindet. Parkplätze finden sich meist unterhalb der Burg, etwa bei N 37°13'58" E 15°13'11".

## Megara Hyblea

Südlich von Augusta ziehen sich hässliche Industrie- und Raffineriegebäude für einige Kilometer die Küste entlang. An einer kleinen Abfahrt von der Schnellstraße zweigen Sie unterwegs auf einer schmalen, oft stark zugewucherten Straße zu den Ausgrabungen von Megara Hyblea ab. Die antike Stadt wurde im achten Jahrhundert v. Chr. gegründet und florierte, dank ihres besonders Rufes für kunstvoll verzierte Keramikarbeiten, einige hundert Jahre. Nach Angriffen und Zerstörungen durch das benachbarte Siracusa und zuletzt im Jahr 214 v. Chr. durch die Römer, verließen die Bewohner die Stadt und diese verfiel so nach und nach. Das große Ausgrabungsfeld ist gut erforscht und es lassen sich die Grundmauern von Wohnhäusern, Thermen und Werk-

Stellplatz 102



stätten ausfindig machen. Es liegt ziemlich abseits, wird wenig besucht und nicht viele Wachleute sind hier. So wurde das Ausgrabungsfeld zu einem beliebten Ort für nächtliche Räuber. Viele Löcher im Boden zeugen von illegalen Grabungen nach noch immer vorhandenen Münzen und anderen Schätzen rund um die antike Stadt. Da der Zugang, vor allem außerhalb der Hauptsaison, oft verriegelt ist, müssen Sie am kleinen Informationsbüro am Hinweg Tickets erstehen und sich gegebenenfalls aufsperren lassen. Erwarten dürfen Sie nach mehr als 2000 Jahren nicht mehr allzu viel, dafür sind Sie oftmals fast allein. Das angeschlossene Antiquarium mit Fundstücken aus Megara Hyblea liegt direkt daneben, ist aber nicht immer geöffnet. An der Parkfläche der Ausgrabungen ließe sich die Nacht recht abgeschieden verbringen *(Abfahrt von der Hauptstraße bei N 37°12'05" E 15°09'50", von dort an beschildert, Contrada Megara Giannalena, zuletzt nur 8.30–13.30 Uhr, 5 €)*.

**102** N 37°12'19" E 15°10'43"

**Syrakus** *(122.000 Einwohner)*
Syrakus zählt zweifellos zu den interessantesten Städten Siziliens. ***Vor allem der im Westen gelegene Archäologische Park und die auf der südlich vorgelagerten Insel Ortygia gelegene Altstadt ziehen Besucher an***. Für einen Abstecher nach Syrakus stehen gleich mehrere private offizielle und inoffizielle Stell- und Parkplatzmöglichkeiten zur Verfügung.

Kanal zur Insel Ortygia, Syrakus

Am Nordostende von Ortygia finden Sie große Parkflächen am **Riva della Posta**, N 37°03'59" E 15°17'30", die zumindest für kleinere WOMOs bis etwas 6,50 Meter ausreichend sind. Westlich, kurz vor Ortygia, können Sie am Großparkplatz sogar über Nacht stehen.

103 N 37°03'53" E 15°17'05", Via del Porto Grande, 1,90 € / h, 17 € / 24 h



Der größte kommunale Parkplatz in der Neustadt liegt gegenüber vom **Archäologischen Museum,** am **Parcheggio Van Platen**. Es gibt einen markierten Abschnitt für Wohnmobile samt Ver- und Entsorgungsstation und Strom, praktisch, zentral, aber wenig ansprechend.

104 N 37°04'37" E 15°17'15", Via A. von Platen, 15 – 25 €

In der Nähe der Ausgrabungen liegt der Parkplatz Paradise. Ein kleines Stück außerhalb sind zwei weitere WOMO-Plätze vorhanden.

### 105 Sircusa – *Parking Paradise*

**GPS/Kontakt:** N 37°04'24" E 15°16'35", Viale Giuseppe Agnello 1, Tel. 0366 268 31 99, www.parkingparadise.it. **Max. WOMOs**: 30+. **Öffnungszeiten**: Ganzjährig geöffnet. **Ausstattung:** Ver- / Entsorgung, Strom, Mülleimer, teils WLAN. **Beschreibung**: Großes Wiesengrundstück, tags gemischter Wohnmobil- / PKW-Parkplatz an den Ausgrabungen, teils schattig, nachts relativ ruhig trotz naher Hauptstraße, etwa 1100 m in den Ort. **Preis**: 25 €. **Zufahrt**: Von der SS114 an der Ausfahrt Siracusa Sud auf die SS124 wechseln. An der großen Kreuzung im Ort zweimal links in Richtung Teatro Greco abbiegen und am Kreisverkehr einen U-Turn machen. Dann die nächste rechts zum Stellplatz auf der linken Seite lenken.

### 106 Siracusa – *Area Sosta Camper Claud Car*

**GPS/Kontakt:** N 37°04'20" E 15°13'58", Via per Floridia 43, Tel. 0340 535 61 19, www.sostacamperclaudcar.it. **Max. WOMOs**: 20. **Öffnungszeiten**: Ganzjährig geöffnet. **Ausstattung**: Ver- / Entsorgung,

Strom, Toilette / Dusche, WLAN, Waschmaschine, Picknickplätze. **Beschreibung**: Schotterparkflächen zwischen Palmen, etwas eng, eben, etwas Schatten, klappstuhlgeeignet, nicht ganz leise wegen der Hauptstraße daneben. Rund 5 km bis in die Ortsmitte, Shuttleservice ins Zentrum. **Preis**: 22 – 27 €. **Zufahrt:** Von der SS114 an der Ausfahrt Siracusa Sud auf die SS124 wechseln. Nach rund 700 m rechts. **Hinweis:** Ein weiterer kommerzieller Stellplatz außerhalb von Syrakus befindet sich ganz in der Nähe, hinter dem Conad Superstore, **Ippocamper,** Via Necropolo del Fusco, N 37°04'15" E 15°15'43", Tel. 0340 617 71 93, www.ippocampersr.it. 20 €. Auch er bietet einen Shuttleservice ins Zentrum an.

TOUR 5

## Unterwegs in Syrakus

In der Antike galt Syrakus (*italienisch Siracusa*) als eine der prächtigsten griechischen Städte und war für lange Zeit die unangefochtene Metropole Siziliens. Schon die Sikeler hatten hier gesiedelt und die Gegend den nahen Sümpfen am Fluss Ciane nach, »Syrakka« (Sumpf) genannt. Unter den absolutistisch waltenden Tyrannen von Syrakus baute die Stadt ihren Einfluss zwischen dem Siebten und Zweiten Jahrhundert v. Chr. immer weiter aus und brachte nebenbei große Gelehrte wie Platon und Archimedes hervor. 212 v. Chr. wurde der Stadtstaat im Zweiten. Punischen Krieg von den Römern eingenommen und veränderte seinen Charakter über die nächsten 600 Jahre entsprechend. Es folgten Vandalen und Ostgoten für einige Jahre. König Konstantin II. erwählte die Stadt zum Regierungssitz und für ein paar Jahre zur Hauptstadt des oströmischen Reiches. Sie fand zu altem Glanz zurück. Unter den bald einrückenden Arabern und später folgenden Normannen und Spaniern verlor Syrakus zunehmend an Einfluss und wurde zur Regionalmetropole, die es bis heute geblieben ist. Gemeinsam mit der Totenstadt Pantalica wurde Syrakus 2005 ins UNESCO Welterbe aufgenommen.

Die Wege zu den interessantesten Ecken der Stadt sind etwas weiter. Es ist sinnvoll, diese motorisiert zu überbrücken. Dies erspart Zeit. Eine gute Gelegenheit ist der täglich verkehrende Hop On / Hop Off Sightseeing Bus **Siracusa Open Tour**. Die 16 Haltestellen bedienen Neustadt, Altstadt

**Das Ohr des Dionysios, unten Teatro Greco**

und Ausgrabungen. Reisende können jederzeit zu- und aussteigen und die Fahrt später wieder fortsetzen *(Hauptterminal in der Via Rodi, Zustieg an allen Haltestellen möglich, wie beim Teatro Greco, dem Archäologischen Museum oder der Brücke nach Ortygia, www.siracusaopentour.com, 9.00–19.30 Uhr, alle 20 Minuten, 12 €, Achtung: die Touren waren zuletzt noch bzw. seit der Corona-Krise ausgesetzt, sollen aber ab der kommenden Saison wieder starten).*

***Archäologischer Park***
Sie konnen die Ausgrabungen von Syrakus von zwei Seiten betreten. Im Osten gegenüber dem Busbahnhof an der **Viale Augusto**, von Westen, nahe dem Parkplatz Paradise, von der **Viale G. Agnello.** Bevor Sie das Gelände von dieser Seite aus erkunden, machen Sie einen kurzen Abstecher zum gegenüber liegenden, beschilderten **Technopark Archimede**. Aus Holz, Stein und Metall wurden verschiedene vom berühmtesten Erfinder der Antike, Archimedes, ersonnene Maschinen in einem Gartengrundstück aufgebaut. Dazu gibt es Erklärungen und regelmäßig Vorführungen *(Viale G. Agnello, www.tecnoparco-archimede.com, März–Okt. von 9.30–17.00 Uhr, 6 €).*

Apollo Tempel

Die wichtigste Station im **Parco Archeologico Neapolis** ist das große **Teatro Greco**. Es gilt als Erfindungsort der klassischen Komödie und Pantomime. Ursprünglich kleiner errichtet, wurde es um 230 v. Chr. vom Tyrannen Hieron II. auf 67 Sitzreihen aufgestockt. Ganze 16.000 Menschen fanden danach Platz. Die Terrasse im Hintergrund diente wohl dem Aufenthalt während der Pausenzeiten. Dahinter sind Kammern mit Grabtafeln und ein Nymphen-Heiligtum erhalten geblieben, aus dem noch immer Wasser sprudelt. Die Römer bauten das Theater für Gladiatorenkämpfe um. Im Mittelalter verfiel es und diente zum Teil als Baumaterial für die nahe Stadt. Im 18. Jahrhundert entdeckte man das Bauwerk neu und setzte es teilweise in Stand. Seit gut 100 Jahren führt man hier griechische Komödien auf.

Nach dem Theater folgen linker Hand die heute wie ein tropischer Garten wirkenden Steinbrüche, in denen Sklaven unter schrecklichen Bedingungen schuften mussten. Die aus einer Wasserader entstandene 23 Meter hohe Haupthöhle ist als »Ohr des Dionysios« bekannt. Die besondere Akustik des Raumes macht es möglich, selbst leise Gespräche durch schmale Öffnungen zu verfolgen. Genau dies tat Dionysios I. angeblich, um Aufständen unter Sklaven und Verschwörungen unter politischen Gegnern zuvorzukommen. Ein Stück weiter liegt die künstlich geschaffene **Grotta dei Cordari**. Sie diente seit dem 17. Jahrhundert zur Herstellung von Hanfseilen.

Neben den Steinbrüchen führt ein weiterer Weg in das nordöstlichste Eck des Parks zu Nekropolen. Auch das Grab von Archimedes soll darunter sein und wurde sogar genau bezeichnet. Auf der Südseite des Geländes, nahe dem Ostzugang, liegen die Reste des römischen **Amphitheaters**. Sie sind nur noch teilweise vorhanden. Dimensionen und Funktionen lassen sich aber noch ganz gut erkennen *(Via del Teatro Greco, www.regione.sicilia.it, 8.30–19.30 Uhr, an Feiertagen und im Winter teils kürzer, 10 €)*.

***Neustadt:***
Per Bus oder zu Fuß über die **Via Augusto** gelangen Sie zum Hauptanziehungspunkt der Neustadt, dem **Museo Archeologico Regionale**. Es ist das größte und modernste Siziliens und zeigt über 18.000 Exponate, beginnend mit Stücken aus dem neolithischen Zeitalter über die griechische Antike bis

Dom von Syrakus

zur römischen und byzantinischen Ära *(Viale Teocrito 66, www.regione.sicilia.it, Di. – So. 9.00 – 13.00 und 14.00 – 18.00 Uhr, Winterhalbjahr teils nur vormittags, 8 €).*

Schräg gegenüber dem Museum steht das auffällige, einer Träne nachempfundene **Santuario delle Madonna delle Lacrime**. Es ist eines der wichtigsten christlichen Heiligtümer Siziliens und wurde zu Ehren eines angeblich in den 1950er Jahren weinenden Gipsabbild der Muttergottes errichtet. Sie finden es über dem Altar *(Via del Santuario 33, www.basilicasantalucia.com, Fr. – So. meist 9.00 – 12.45 Uhr, Do. ab 11.00 Uhr, Eintritt frei).*

Nur gut 100 Meter vom Museum entfernt liegen nordwestlich die **Catacombe di San Giovanni** neben der bei einem Erdbeben zerstörten gleichnamigen Kirche. Einst waren dort entlang der Gänge Sarkophage aufgestellt *(Largo San Marciano, www.kairos-web.it, Feb. – Dez. zu unterschiedlichen Zeiten, siehe Website, 10 €).* Ähnlich, nur nicht so umfangreich, ist die **Catacombe di Vigna Cassia** direkt gegenüber vom Museum *(Via Augusto von Platen 38, meist Mo. – Fr., 11.00 – 13.00 und 14.30 – 17.00 Uhr, 6 €).*

Dianabrunnen am Abend

**Dianabrunnen bei Nacht**

Zur **Latomia dei Cappuccini** gelangen Sie nach einem weiteren Bustransfer oder längeren Marsch über die **Via Teocrito**, **Via Torino** und **Via Pordenone**, immer in nordöstliche Richtung. Der ehemalige Steinbruch wurde vom benachbarten Konvent mit der Zeit zu einem grünen Garten transformiert, der bei Besuchern und Einheimischen gleichermaßen beliebt, aber aufgrund der etwas abseits gelegenen Position nur selten überlaufen ist *(Largo San Marciano, zuletzt nur Sa. / So. 10.00 – 12.30 Uhr mit Führung, kostenfrei)*. Gute Gastroadressen in der Neustadt sind ***Agora La Cantina*** *(Viale Teocrito 115)*, die ***Latteria Mamma Labica*** *(Via G.B. Perasso 13)*, das ***Alfio Neri*** *(Café, Via Pausania)*, die ***Piadina Bedda*** *(Snackbar, Via Bacchilide 70)* und das ***Voglia Matta*** *(Gelateria, Corso Umberto 34)*.

***Altstadt:***
Vom Steinbruch kommend immer entlang der Küstenstraße oder von den Ausgrabungen her über den zentralen **Corso Gelone** erreichen Sie den Yachthafen rund um die Umbertino- und Santa-Lucia-Brücken. Sie verbinden die Neustadt mit der Insel Ortygia und dem mittelalterlichen Zentrum von Syrakus. Ein Gewirr kleiner Gassen verbindet Plätze, Boutiquen und Restaurants miteinander. Geradeaus stoßen Sie auf die Überreste eines griechischen **Apollo-Tempels**, der 1864 bei Straßenbauarbeiten zufällig entdeckt wurde. Linkerhand gelangen Besucher zum wochentags morgendlich abgehaltenen **Fisch- und Lebensmittelmarkt**.

Chiesa Santa Lucia

Über den zentralen **Corso G. Matteotti** oder eine der parallel verlaufenden, kleinen Sträßchen erreichen Sie die runde **Piazza Archimede** mit einem Diana-Springbrunnen in der Mitte. Nach schräg rechts vorne bringt Sie die verkehrsberuhigte **Via S. Landolini** bis zur **Piazza Duomo**, die links in die **Piazza Minerva** übergeht. Mit den vielen Palazzi ringsum gilt der Platz als einer der schönsten Italiens. Der Dom selbst entstand durch Umwidmung aus einem ehemaligen Athene-Tempel *(Piazza Duomo, 9.00–17.30 Uhr, Juli/Aug. meist bis 19.00 Uhr, 4 €)*. Im benachbarten **Ipogeo dei Piazza Duomo** können Interessierte unterirdische Gänge und Zisternen besichtigen, die im Zweiten Weltkrieg zuletzt als Luftschutzbunker dienten *(Piazza Duomo, www.regione.sicilia.it, meist 8.30–19.00 Uhr, Mo. bis 13.30 Uhr, 2 €)*.

Die **Via P. Picherali** leitet Sie in Richtung Meer weiter bis zur **Piazza Arethusa**. Dort wurde erst 1847 eine seit der Antike bekannte und der Nymphe Arethusa gewidmete Quelle gefasst. An ihren Rändern wächst eine echte floristische Rarität. Die Gegend um Syrakus ist der einzige Ort in Europa, wo echter Papyrus wächst. Das sehr kleine Aquarium daneben ist den Besuch nicht unbedingt wert.

Folgen Sie der Uferpromenade besser weiter bis zur Südspitze. Sie wird vom mächtigen Bau des **Castello Maniace** dominiert. Es kann besichtigt werden. Als schönster Raum gilt der kreuzrippengewölbte Sala Ipostila *(Mi. – Sa. 8.30–19.30 Uhr, sonst bis 13.30 Uhr, 9 €)*.

Am Rückweg können Sie bei Interesse noch einen Stopp an der klassischen Kunstgalerie **Galleria Regionale** im Palazzo Bellomo einlegen *(Via G. Maria Capodieci 14, www.regione.sicilia.it, Di. – Sa. 9.00–19.00 Uhr, So. bis 13.00 Uhr, 9 €)*. Kurz davor lockt vielleicht ein Zwischenstopp am kleinen Stadtstrand **Cala Rossa** unterhalb der Befestigungsmauern am **Lungoma-**

Papyrus an der Giane-Quelle

**re Ortygia**. Über die **Via Roma** spazieren Sie zurück. Alternativ folgen Sie der **Via Nizza** am Ostufer Ortygias entlang, um das interessante **Papyrusmuseum** zu besuchen. Es befasst sich mit der bekannten Nutzpflanze und ihrer Verwendung seit dem Altertum *(Via Nizza 14, www.museodelpapiro.it, Mitte Mai – Anfang Sep. Di. – Sa.. 10.30 – 17.00 Uhr, So. bis 14.00 Uhr, sonst Di. – So. 9.30 – 14.00 Uhr, 6 €)*. Die Altstadtinsel ist außerdem übersät mit einladenen kleinen Restaurants und Cafés, hier nur eine kleine Auswahl: ***Caseificio Borderi*** *(Via E. de Benedictis 6)*, ***Fratelli Burgio*** *(Piazza C. Battisti 4)*, ***Osteria Apollonion da Carlo*** *(Via C. Campisi 18)*, ***Pizzeria Schiticchio*** *(Via Cavour 30)*, ***Sicilia in Tavola*** *(Via Cavour 28)*, ***A Putia delle Cose Buone*** *(Via Roma 8)*, ***aLevante*** *(Largo della Garcia 5)*, ***Irma la Dolce*** *(Café, Via dei Mergulensi 39)* ***Levante Gelato*** *(Eis, Via Trento 8)*.



***In der Nähe:***

· Einst dehnte sich das größere antike Siracusa weiter nach Westen aus. Am höchsten Punkt wurde das 60.000 Mann fassende Bollwerk **Castello Eurialo** errichtet. Reste der riesigen, erst nach einem Verrat von den Römern eingenommenen Festung und erhalten gebliebene unterirdische Gänge können besichtigt werden *(N 37°05'30" E 15°13'08", Piazza Eurialo 1, www.regione.sicilia.it, zuletzt unregelmäßige Öffnungszeiten, meist Mi. / Sa. 12.30 – 17.45 Uhr, So. 8.30 – 13.45 Uhr, 6 €)*.

· Versteckt zwischen den Feldern liegt die **Quelle** des Flusses **Ciane**. Sie galt den Griechen als mystischer Ort und Heimat der gleichnamigen Nymphe. Ringsum wachsen Dutzende wilder Papyrusstauden. Es gibt einen kleinen Parkplatz an der Quelle und einen Wanderweg entlang des Flusses *(N 37°02'32" E 15°14'03", Traversa Testa Prisim)*.

## Archimedes

Der Name des von etwa 287 – 212 v. Chr. lebenden, griechischen Mathematikers, Physikers und Ingenieurs ist zwar bis heute ein Begriff. Dass er auf dem damals noch griechischen Sizilien lebte, ist dagegen weit weniger im Bewusstsein. Über sein tatsächliches Leben ist wenig bekannt. Gesichert ist nur, dass er sein Leben in Syrakus verbrachte und sich seine Kenntnisse bei Reisen zu Gelehrten im ägyptischen Alexandria aneignete. Viele unserer heute noch bestehenden technischen Gesetze und Werkzeuge gehen auf Archimedes zurück. Er soll, unter anderem das Prinzip der Schraube entwickelt haben, Brennspiegel, Flaschenzug und Zahnräder erdacht und mathematische Grundsätze geprägt haben. Dazu zählen die Hebelgesetze, die Kreiszahl Pi und das Archimedische Gesetz der Verdrängung, das er der Legende nach beim Baden entdeckte. Völlig fasziniert und versonnen soll er nackt aufgesprungen, auf die Straße gelaufen und laut »Heureka!« gerufen haben...

Zu den von ihm entwickelten mechanischen Apparaten zählten unter anderem riesige Katapulte, mit denen Syrakus lange Zeit die Verteidigung gegen die anrückenden Römer, während der Punischen Kriege gelang. Am Ende unterlag die Stadt dann doch und Archimedes kam bei den Kampfhandlungen ums Leben – angeblich sehr zum Leidwesen des Feldherrn Marcellus, der den genialen Geist gern in eigene Dienste gestellt hätte. Der Moment seines Todes ist mit den Worten »Störe meine Kreise nicht! « überliefert, die er, vertieft in mathematische Berechnungen, gesprochen haben soll, als die Soldaten in Syrakus einfielen und ihn gefangen nehmen wollten. Ob dieser »Frechheit« wurde er kurzerhand erschlagen.

## Arenella

Südlich von Syrakus ragt ein Landzipfel ähnlich einem umgedrehten Schuh in die Ionische See. Die zerklüftete Felsküste bietet einige kleine, oft steinige Badebuchten, die mit dem Wohnmobil nur schlecht erreichbar sind. Für einen Badestopp fahren Sie besser gleich bis Arenella. Südlich des kleinen Ortes gibt es einen schönen, feinen Sandstrand, der meist nicht zu überlaufen ist. Im dortigen Parkbereich können auch Wohnmobile parken, am Ende der **Traversa Renella** zumindest außerhalb der Saison auch nachts. Ein paar Kilometer zuvor gibt es alternativ Campinggelegenheiten.

TOUR 5

107 N 36°59'51" E 15°15'49"

### 108 Rinaura – *Camping Rinauro*

**GPS/Kontakt:** N 37°02'15" E 15°15'02", Str. Laganelli, Tel. 0931 72 12 24, www.campingrinaura.it. **Öffnungszeiten**: April – Oktober. **Ausstattung:** Waschmaschine, WLAN, Pool, Picknick- und Spülgelegenheiten. **Beschreibung**: Naturnaher Platz mit Stellflächen auf einer Wiese in schöner Landschaft, recht eben, teils schattig, ruhig, 6 km bis in den Ort. **Preis**: 28 – 33 €, Ermäßigung mit Sicily Camping Tour. **Zufahrt:** Von Syrakus aus auf der SS115 in Richtung Süden fahren. Der Campingplatz ist kurz nach Syrakus rechter Hand angeschrieben.

**Strand von Arenella**

## 109 Terrauzza – *Terrauzza Sul Mare*

**GPS/Kontakt:** N 37°00'45" E 15°17'19", Via Blanco 8, Tel. 0345 357 44 27, www.terrauzza.com. **Max. WOMOs**: 10 – 15. **Öffnungszeiten**: Etwa April – Oktober. **Ausstattung:** Ver- / Entsorgung, Strom, Toilette / einfache Dusche. **Beschreibung**: Kleiner Badeplatz mit Steinplattform, schattig unter Bäumen mit längerer geschotterter Zufahrt, nicht ganz eben, zeitweise etwas vernachlässigt, ruhig, klappstuhlgeeignet, teils etwas Schatten, klappstuhlgeeignet, rund 500 m in den Ort. **Preis**: 20 €. **Zufahrt:** Von Syrakus auf der SS115 nach Süden steuern. Am Kreisverkehr hinter der Stadt links Richtung Arenella abbiegen. Beim nächsten großen Kreisverkehr rechts Richtung Terrauzza halten und bei erster Gelegenheit links zum Stellplatz.

Wenn Sie die Fahrt durch das Inland auslassen und gleich der Küste folgen, erreichen Sie in **Fontane Bianche** den nächsten Strand. Parkplätze sind bei N 36°57'40" E 15°12'17" an der **Via Mazzaro** vorhanden, ein paar hundert Meter entfernt ist ein Agricampeggio entstanden.

## 110 Fontane Bianche – *Terra del Sole*

**GPS/Kontakt:** N 36°57'34" E 15°12'05", Viale dei Lidi, Tel. 0329 792 56 90, campingterradelsole.wixsite.com. **Max. WOMOs**: 15. **Öffnungszeiten:** Juni – September. **Ausstattung:** Ver- / Entsorgung, Toilette / Dusche, Mülleimer. **Beschreibung**: Parzellierte Plätze auf Schotter, teils etwas Schatten, eben, ruhige Lage, klappstuhlgeeignet, rund 350 m vom Strand entfernt, gepflegte Anlage eines Landgutes, das auf der gegenüberliegenden Straßenseite liegt. Ungefähr 900 m bis in den Ort. **Preis:** 30 – 50€. **Zufahrt:** Abfahrt von der SS115 zwischen Gallina und Cassibile nehmen nach Fontane Bianche. Kurz vor dem Ort befindet sich die Einfahrt linker Hand.

Besuchenswert ist auch der **Spiaggia del Gelsomineto**. Er ist nur durch eine enge und niedrige Unterführung für PKWs erreichbar, mit dem Wohnmobil aber nicht mehr. Sie müssen von ein paar Parkstellen gleich neben der **S115** die rund 350 Meter gegebenenfalls zu Fuß gehen. Dazu folgen Sie dem parallel zur Fahrbahn zurück verlaufenden Weg und nehmen die Unterführung nach rechts *(parken bei N 36°56'51" E 15°10'56")*. In **Gallina** sind die Zugänge zum Meer erneut so verbaut, dass die einzige gute Möglichkeit zu bleiben, in einem Campingaufenthalt besteht.

Nekropolen in der Anapo-Schlucht, unten Badestelle in der Schlucht

### 111 Gallina – *Paradiso del Mare*

**GPS/Kontakt**: N 36°56'18" E 15°10'39", Via Fondolupo, Tel. 0392 249 04 40, www.paradisodelmare.it. **Öffnungszeiten**: Mitte März – Oktober. **Ausstattung**: Waschmaschine, WLAN, Restaurant, Bar, Grillgelegenheit, Minimarkt, Tischtennis, Fahrradverleih. **Beschreibung**: Meist schattige Plätze auf Rasen und Naturboden, eigener Strandzugang, einfach aber gemütlich, sehr schmale Zufahrt, 1,8 km in den Ort.
**Preis:** 22 – 49 € (etwa 10 % Rabatt mit der Sicily Camping Tour-Card).
**Zufahrt:** Der S115 in Richtung Avola folgen und weiter geradeaus in Richtung Norden fahren. Die Zufahrt zum Platz ist auf der rechten Seite groß angeschrieben. **Hinweis:** Im Ort gibt es alternativ einen zweiten Campingplatz, ***Sabbiadoro***. Er ist nicht schlechter, liegt bei N 36°56'11" E 15°10'29", Via Chiusa di Carlo 45, Tel. 0931 82 24 15, www.campeggiosabbiadoro.it, ganzjährig geöffnet, 28 – 37 €.

## Necropoli di Pantalica

Einige Kilometer von Syrakus entfernt spannt sich zwischen den Ortschaften **Sortino** und **Ferla** die Anaposchlucht in die Landschaft. *Mindestens seit dem 12. Jahrhundert v. Chr. wurden die hochaufragenden, weichen Kalksteinfelswände von Menschen genutzt, um mehr als 5000 Wohn- und Grabhöhlen zu schlagen*. Heute sind sie an manchen Stellen gelocht wie ein Schweizer Käse. Vermutlich befand sich dazwischen Hybla, die Hauptstadt der Sikuler, einer der ersten Kulturen Siziliens. Von den Holzbauten gibt es inzwischen keine Spuren mehr.

Einige der Höhlen wurden im

frühen Mittelalter von christlichen Siedlern ausgebaut und wieder genutzt. Schwarze Flecken an den Decken zeugen bei diesen Höhlen bis heute von den Lagen der Feuerstellen.

Da es nicht möglich ist, mit dem Fahrzeug in die Schlucht einzufahren, müssen Sie die Höhlen erwandern. Dafür gibt es verschiedene, schöne Wege, die sich zu einer Rundtour kombinieren lassen. Schmale, aber mit einem rund sieben Meter langen Wohnmobil noch machbare Straßen, führen über Sortino zum Osteingang. Dort parken Sie entlang der Straße vor dem Kassenhäuschen, N 37°08'36" E 15°02'46". Der Platz ist begrenzt. Sie sollten möglichst früh kommen und vor dem Parken wenden, um bei der Rückkehr keine Probleme beim Rangieren zu bekommen.



Ein zweiter Zugang ist von Ferla aus möglich. Am Informationsbüro des Naturparks dürfen ein bis zwei Wohnmobile nach Rücksprache mit den Parkmitarbeitern sogar über Nacht stehen. Das Tor ist von 19.00 Uhr abends bis 7.00 Uhr morgens verschlossen.

**112** N 37°07'20" E 14°58'35", SR11, Spende erbeten

Nachteil ist ein deutlich weiterer Fußweg, der zunächst entlang der Teerstraße verläuft. Es gibt noch drei weitere, kleine Parkstellen bei N 37°07'59" E 15°01'02", N 37°08'12" E 15°01'27" und ganz am Ende der einspurigen Stichstraße bei N 37°08'22" E 15°01'57". Entgegenkommender Verkehr oder das Wenden können hier aber unangenehm werden.

## Wanderung durch die Anapo-Schlucht (etwa 9 km)

Die Wanderung startet am östlichen Eingang, ist aber ab entsprechender Stelle im Text, ebenfalls aus der anderen Richtung machbar.
Passieren Sie das Kassenhäuschen, an dem man sich nur manchmal eintragen muss (...und auch nur manchmal eine kleine Gebühr fällig wird...) und wandern entlang des gut sichtbaren Weges mit schönem Blick in die Schlucht zunächst nur leicht bergab. Von rechts vereint sich ein Weg mit sichtbaren alten Karrenspuren mit Ihrem. Sie bleiben links, vorbei an ein paar Höhlen, zum Talgrund hin, in dem der Calcinarabach munter plätschert. Ein schöner erster Rastpunkt mit kleinem Wasserfall und sattem Grün ringsum. Über ein paar Trittsteine balancieren Sie zum anderen Ufer hinüber und steigen über Steinstufen an dieser Schluchtseite hinauf. Wiederum erhalten Sie bezaubernde Blicke auf die Landschaft. Ein paar frühmittelalterliche Gebäudereste, darunter die **Chiesa dei Crocifisso** mit noch immer erkennbaren Fresken, stehen neben dem Weg. Sie erreichen den Parkplatz am hintersten Ende der Westzufahrt. Unmittelbar davor führt ein schmaler und teils steiler Pfad zur kleinen Tropfsteinhöhle **Grotta Trovata**. Ab dem Parkplatz folgen Sie der Teerstraße ein ganzes Stück. Der beschilderte Weg zum Belvedere **Necropoli della Cavetta** ist eine Sackgasse, die, dem Namen nach, nur eine gute Fernsicht auf die gegenüberliegenden Grabhöhlen bietet. In der nächsten scharfen Rechtskurve führt ein Pfad links am Hang entlang und in mehreren Serpentinen bergab. Bei der nächsten Gabelung bleiben Sie rechts, wieder aufwärts, und wandern weiter geradeaus bis zur nächsten Gabelung. Nach rechts machen Interessierte einen Abstecher zu einer Grabkammer und ein Stück weiter oben zu den Überresten eines Palastes der Bronzezeit, dem **Anaktoron** (mittlerer Parkplatz der Westzufahrt). Nach links führt Ihr Weg weiter in Richtung Belvedere Necropoli Sud. Erneut erreichen Sie eine Abzweigung mit der Möglichkeit, nach rechts zu einem in Fels geschlagenen Dorf aus byzantinischer

TOUR 5

**Die Pantalica-Schlucht**

Zeit zu gelangen. Links geht es steil in vielen Kurven weiter abwärts in die Schlucht. Erneut halten Sie sich links und stehen schon bald an einer Schotterstraße im Talgrund. Wieder nach links folgen Sie der in den 1950er Jahren aufgegebenen Bahntrasse, die heute nur noch für Fußgänger und Radfahrer freigegeben ist. Im ehemaligen Bahnhofsgebäude wurde ein kleines **Heimatkundliches Museum** eingerichtet. Falls das nächste Straßenstück wegen Steinschlags gesperrt sein sollte, gehen Sie wahlweise rechts nach dem Museum zum Fluss hinab und wandern dort, die Richtung beibehaltend, weiter. Der Weg geht nach kurzer Zeit erneut in den Schotterweg über. Rechts vom Weg folgt ein Picknickplatz, dann müssen Sie durch zwei alte Eisenbahntunnel hindurch. Der zweite ist so lang und dunkel, dass man kurzzeitig nicht mehr die Hand vor Augen sieht... Danach biegen Sie links an einem Haus ab und gehen zum Bach hinunter. Die paar vorhandenen Trittsteine sind rutschig. Daher macht es eventuell Sinn, Schuhe und Socken auszuziehen und das Wasser zu durchwaten, statt am Ende abzurutschen und zu fallen. Auf der anderen Uferseite hält sich der Weg kurz nach rechts und steigt dann in mehreren Kurven und vorbei an der Ruine eines Bauernhauses stetig an. Nach einigen Minuten erreichen Sie den Ausgangspunkt der Wanderung, direkt am östlichen Zugangspunkt.



**Palazzolo Acreide** *(8.700 Einwohner, Markttag Do., Piazza del Palazzolesi d`Australia)*
Nach den Nekropolen durchfahren Sie eine recht ausgestorben wirkende Gegend. Sobald Sie die größere **SS124** erreichen, drehen Sie nach links in Richtung Palazzolo Acreide. Die Stadt wurde, wie ihre viel bekannteren Nachbarn Noto, Ragusa und Modica, durch das Erdbeben von 1693 zerstört und als geschlossenes, barockes Ensemble neu erbaut. Zwar hält der Ort nicht ganz mit den anderen drei mit. Ein Bummel lohnt aber allemal. Fahren Sie keinesfalls direkt in den Ort hinein, denn die Straßen sind so eng, dass der Besuch mit dem Wohnmobil zur echten Tortur wird. Halten Sie sich besser an die Wegbeschreibung zum Stellplatz in Acreide, wo Sie auch kurzzeitig parken können und bleiben zur Umfahrung ganz auf der Umfahrungsstraße **SS124**. Wer sich für Archäologie interessiert, peilt an der gleichen Abfahrt wie zum Stellplatz, nur nach rechts über die südliche **Via Circonvallazione**, die Ausgrabungen des antiken **Akrai** an. Inzwischen sind Teile der Stadt freigelegt, darunter das wieder in Betrieb genommene Teatro Greco *(N 37°03'30" E 14°53'45", Via Teatro Greco, regione.sicilia.it, meist 8.30 – 19.30 Uhr, 5,50 €)*.

### 113 Palazzolo Acreide

**GPS**: N 37°03'45" E 14°54'33", Viale Cardinale Carpino.
**Max. WOMOs**: 4 – 5. **Ausstattung:** Ver- / Entsorgung, sonst keine Einrichtungen. **Beschreibung**: Großer, gepflasterter Platz am Rande der Stadt. Kein Schatten, meist ruhig, recht eben, rund 350 m in die Ortsmitte.

**Zufahrt:** Achtung – fahren Sie nicht mit dem Wohnmobil in den Ort hinein, da die Straßen äußerst schmal sind. Umfahren Sie Palazzolo Acreide auf der SS124 und nehmen Sie erst die Zufahrt nach den beiden Straßenbrücken rechts ab, dann links halten und bei der Tankstelle schräg rechts bis zum Stellplatz fahren. **Hinweis:** Mittwoch auf Donnerstag und Freitag auf Samstag nicht erlaubt, da morgens Markt ist. Alternativ können Sie dann den Platz bei N 37°03'34" E 14°54'07" am Parcheggio Fontana Grande nehmen.



Wenn Sie nun noch Einkehrtipps wünschen – hier kommen Sie: ***La Punto Giusto*** *(Via Maddalena 28)*, ***Taverna di Bacco*** *(Ronco Pisacane 9)*, ***Lo Scrigno dei Sapori*** *(Via Maddalena 50)*, ***Vecchio Molino*** *(Via Macello 4)* oder die Konditoreien ***Pasticceria Corsino*** *(Café, Via Nazionale 2)* und ***Pasticceria Caprice*** *(Café, Corso V. Emanuele 21)*. Für die Weiterfahrt steuern Sie entlang der **SS287** direkt nach Noto oder legen unterwegs noch einen Abstecher zur Cavagrande Schlucht ein.

### Riserva Naturale Cavagrande

Die gut ausgeschilderte »Große Schlucht« macht ihrem Namen alle Ehre. Wenn Sie sich vom angegebenen Parkplatz am Aussichtspunkt Belvedere nähern, liegt die Bucht wie eine riesige, tiefe Narbe in der Landschaft vor Ihnen. Ähnlich wie zuvor in der Anapo Schlucht, ist sie von Grabhöhlen übersät. Beinahe

**Badestelle in der Cavagrande**

80.000 sind gezählt worden. *Ein Abstieg in den rund 250 Meter tiefen Schlund lohnt insbesondere, wenn Sie auf den wunderschönen Steinterrassen und ausgewaschen Pools, die der Fluss am Grund hinterlassen hat, baden wollen.* Die dort wachsenden, großen Platanen gelten als echte Rarität. Mit etwas Glück werden Sie zur richtigen Jahreszeit unterwegs Orchideen entdecken, die an vielen Stellen der Cavagrande gedeihen. Der Weg ist steil und besonders beim abschließenden Aufstieg zurück zum Parkplatz anstrengend, dafür landschaftlich reizvoll und eindeutig markiert. Aus Sicherheitsgründen muss man sich am Eingangskiosk registrieren... manchmal zumindest. An anderen Tagen werden Bierkisten aufgestellt, um die verschlossenen Tore zu überklettern. Nur nach starken Regenfällen sollten Sie die Tour unterlassen. Es besteht eine echte Gefahr vor Sturzfluten *(parken bei N 36°58'03" E 15°05'37", Cava Grande)*. Um die Ecke war zuletzt ein Stellplatz im Entstehen, der vielleicht einen Blick wert ist, N 36°57'49" E 15°05'35", Contrada Avola.

TOUR 5

Falls Sie nicht zurückfahren wollen, um Noto zu besuchen, folgen Sie der **SP4** direkt hinab nach Avola. Unterwegs gibt es nahe **Avola Antica** links auf einer Parkfläche mit Ausblick eine Gelegenheit zur Zwischenübernachtung.

114 N 36°56'32" E 15°06'14"

**Noto** *(24.100 Einwohner, Markttag Mo., Piazza Risorgimento)*
Ehe Sie in der bekannten Barockstadt ankommen, können Sie wenige Kilometer zuvor, kurz nach der Abzweigung in Richtung Cavagrande, rechts den Schildern nach **Noto Antica** folgen. Nur mehr das Stadttor **Porta della Montagna** und die Reste des **Castello Reale** sind vorhanden. Die restlichen Ruinen des »alten Noto« werden seit dem 1693er Erdbeben von der Natur

überwuchert. Das mag zwar nicht allzu viel sein. Einen Spaziergang in der schönen Landschaft lohnt den Weg aber doch. Nehmen Sie unbedingt die erste beschilderte Abfahrt bei N 36°58'11" E 15°02'00" zur **SP64**. Der Fahrweg ist nach der zweiten Abfahrt zu schmal für Wohnmobile und nur bis drei Tonnen Gesamtgewicht zulässig. Wer die richtige Abfahrt wählt, kann die späteren Warnschilder ignorieren, solange wie Sie auf dem gleichen Weg von Noto Antica wieder zurückfahren. Parken können Sie direkt am Eingang bei N 36°56'47" E 15°01'23". Wenn Sie dem breiten Kiesweg durch das Gelände folgen und bei einer Gabelung noch vor dem Marienaltar den Pfad nach rechts wählen, wird über die **Carosello-Schlucht** aus dem Ausflug eine Rundwanderung.



Das heutige Noto ist die kleinste der sizilianischen Barockstädte. *Sie nimmt, dank der besonders gut restaurierten Bauwerke entlang des zentralen Corso V. Emanuele und ringsum, sowie durch den streng rechtwinkeligen Stadtplan, eine Sonderstellung ein*. Möglich wurden die beinahe schon theatralisch anmutenden Blickachsen und Perspektiven durch eine genau durchdachte Neugestaltung und Versetzung der ursprünglichen Stadt nach dem großen Erdbeben. Dieses zerstörte das bereits erwähnte Noto Antica komplett. Mit dem Projekt wurden die damals besten Architekten Italiens beauftragt.

Als in den 1980er Jahren Untersuchungen ergaben, dass die »neue« Innenstadt erneut stark einsturzgefährdet und völlig marode ist, begannen umfangreiche Sanierungen. Inzwischen erstrahlt Noto in frischem Glanz. Für einen Tagesbesuch eignet sich der recht zentral gelegene Parkplatz an der **Via Tommaso Fazello** gut. Er ist weitgehend problemlos für WOMOs ansteuerbar. Es besteht kein Nachtparkverbot. Komfortabler stehen Sie am privat betriebenen Stellplatz südlich der Stadt, der einen eigenen Shuttleservice anbietet.

**Cavagrande**

115 N 36°53'42" E 15°04'06"

## 116 Noto – *Camper Area Noto*

**GPS/Kontakt:** N 36°53'01" E 15°05'10", Contrada Faldino, Tel. 0328 806 52 60, www.anticotrappetonoto.it. **Max. WOMOs**: 40. **Öffnungszeiten:** Ganzjährig geöffnet. **Ausstattung**: Ver- / Entsorgung, Strom, Toilette / Dusche, WLAN, Pool. **Beschreibung**: Recht schön angelegter Platz am Rande von Noto, etwas Schatten und kleinere Bäume zwischen den Parzellen, Erd- / Schotterboden, ruhig, eben, klappstuhlgeeignet, teils etwas eng zum Rangieren. Bushalt 150 m entfernt, Shuttleservice ins Zentrum in 1,3 km Entfernung. **Preis**: 20 €. **Zufahrt**: Von der SS287 kommend Noto über die SS115 und SP35 westlich umfahren. Am Kreisverkehr südlich der Stadt links Richtung Zentrum abbiegen und geradeaus bis zum Platz fahren. Das Brückenwarnschild können Sie in den meisten Fällen ignorieren. Durchfahrtshöhe im mittleren Bereich beträgt 3,50 m.

TOUR 5

### Unterwegs in Noto

Vom genannten Parkplatz aus folgen Sie der **Via T. Fazello** zunächst nach rechts und biegen, bei zweiter Gelegenheit, links in den **Corso V. Emanuele** ab. Am vermeintlichen Ende verläuft der Corso weiter nach links und entpuppt sich als immer breiter werdende, städtische Hauptachse. Erster Prachtplatz ist die begrünte **Piazzale XVI Maggio** mit der **Fontane d`Ercole** in der Mitte. Rechts steht das ausnahmsweise klassizistisch gestaltete **Teatro Comunale**. Linker Hand die opulent anmutende **Kathedrale**

Dom von Noto

**San Domenico** aus dem Jahr 1735, gleich neben dem ehemaligen Dominikanerkloster. Sie gilt als Meisterwerk des sizilianischen Architekten Rosario Gagliardi, einem der Schöpfer des heutigen Noto.

Rechts nach dem Platz folgt das ehemalige Internat **Convitto Ragusa**. Heute finden darin wechselnde Ausstellungen namhafter Künstler statt, zuletzt mit Werken von Chagall und Missoni.

Vor dem nächsten Platz können Sie rechter Hand die **Chiesa di San Carlo** besichtigen. Sie wird oft das gelungenste Barockkunstwerk Notos genannt. Über eine rund 80 Stufen hohe Wendeltreppe gelangen Sie zum Turm, der einen wunderbaren Ausblick über Noto bietet. Die gegenüber beginnende **Via C. Nicolaci** führt zum **Palazzo Nicolaci** linker Hand. Sein Erbauer war ein durch Thunfischhandel reich gewordener Kaufmann. In den 1700er Jahren erwarb er zunächst einen Adelstitel und ließ danach den 90 Räume großen, überbordend mit Fabelwesen geschmückten Bau entwerfen, um in aristokratischen Kreisen wahrgenommen zu werden (*Via C. Nicolaci, 9.30–13.30 Uhr und 14.30–18.30 Uhr, 7 €*). Die daran vorbeiführende Straße rückt jedes Jahr am Wochenende um den 20. Mai ins Rampenlicht: nun ist sie Mittelpunkt der **Inflorata**, einem Fest bei dem sich riesige, aus Blüten gefertigte Bodenbilder auf Notos Straßen ausbreiten.

Inflorata, unten Chiesa San Francesco

Zurück an der Hauptstraße folgt rechts die kleine **Touristeninformationsstelle**, bevor sich die große **Piazza Municipo** anschließt. Linker Hand führt ein monumentaler Treppenbau zum Eingang der **San Nicolò Kathedrale** hinauf. Sie wird links vom **Patrizierpalast Landolina** und rechts vom bischöflichen **Palazzo Vescovile** gerahmt. Nicht minder erhaben erscheint der gegenüber errichtete **Palazzo Ducezio** mit dem Rathaus. Beinahe unscheinbar wirkt da im Verhältnis die innen besonders schön geschmückte **Chiesa Santa Chiara**, im Fortlauf des Corsos rechts. Kurz darauf öffnet sich der letzte Platz mit der erneut über einen Treppengang erreichbaren Kirche **San Francesco** und der **Porta Reale**. Sie bilden den Abschluss des Barockensembles zu den öffentlichen Gärten. Ganz in der Nähe hält der Shuttleservice des WOMO-Stellplatzes.

Für den Rückweg nehmen Sie den gleichen Weg oder halten sich neben der Treppe an der San Francesco Kirche rechts, um auf der parallel verlaufenden Via Cavour zurückzuspazieren. Sie ist weniger prächtig, bietet aber einige schöne Bauwerke und Palazzi. Zum Abschluss wie immer ein paar Gastro-Tipps, gut fahren Sie mit der ***Pizzeria Casa Matta*** *(Via T. Fazello 23)*, der ***Trattoria Fontane d`Ercole*** *(Vicolo Salonia 30)*, der ***Putia del Coppo*** *(Corso V. Emanuele 107)*, dem ***La Carretteria*** *(Vico Cernaia 19)* und den Rosticcerias ***Arancina Planet*** *(Snackbar, Via Ducezio 9)* und ***Palermitana*** *(Snackbar, Via M. Raeli)*.



**Avola** *(31.600 Einwohner, Markttag Donnerstag, im Zentrum)*
Die **SS115** führt östlich von Noto weiter nach Avola. Der sechseckig um die **Piazza Umberto I** angelegte Ort gilt auf Sizilien als »Mandelhauptstadt«, ist hübsch für einen Spaziergang, aber kein Muss. Gute Gaststätten sind die ***Pizzeria Fuori Binario*** *(Via Maestro S. Falbo 62)*, das ***Deja Vu*** *(Piazza V. Veneto 29)*, die ***Enoteca Trinacri*** *(Weinbar, Corso Garibaldi)*, das ***Veni e Tastari*** *(Snackbar, Piazza Umberto I 41)*, und die ***Bar Girlando*** *(Café, Viale Lido 22)*. Als Badeort bietet er in Ufernähe eine ganze Reihe an geeigneten Übernachtungsplätzen und mehrere schöne Strandabschnitte. Der erste von Norden her liegt in der **Via S. Pertini**. Einige hundert Meter bietet sich links der Straße eine weitere Möglichkeit, direkt neben dem **Pantanello-Strand**, die im direkten Vergleich etwas weniger gut geeignet scheint.

**117** N 36°54"57" E 15°09"15", 5 € / 10h

**117a** N 36°54"18" E 15°08"53"

Wenn Sie an der halbrunden **Piazza Esedra** im Ort rechts in die **Viale Papa G. Paolo II** abzweigen, steuern Sie einen privat bewirtschafteten, offiziellen Platz an.

Stellplatz 117 und 117a, unten links Strand von Avola



## 118 Avola – *Oasi Pacaru Village*

**GPS/Kontakt:** N 36°54'54" E 15°08'53", Viale Papa G. Paolo 2, Tel. 0347 600 41 88, www.oasipacaru.it. **Max. WOMOs**: 16. **Öffnungszeiten:** Ganzjährig geöffnet. **Ausstattung**: Ver- / Entsorgung, Strom, Toilette / Dusche, Waschmaschine, Pool. **Beschreibung**: Schön angelegter, sauberer Platz in Ortsrandlage, parzellierte, ebene Stellflächen auf Schotter, kein Schatten, klappstuhlgeeignet, nicht ganz leise, da an der Hauptstraße gelegen, etwa 350 m an den Strand, 700 m in die Ortsmitte. **Preis**: 25 – 35 €. **Zufahrt**: Von der Umgehungstraße SS115 am nördlichen Ende neben den Supermärkten in die Stadt fahren und an der ersten größeren Kreuzung links halten, der Platz kommt linker Hand. **Hinweis**: Ein weiterer, ganz ähnlicher Platz liegt parallel dazu, **Tremoli Parking**, etwas einfacher, N 36°54'59" E 15°09'04", Lungomare Tremoli, Tel. 0393 981 96 13, 15– 25 €.

**Lido di Noto** *(740 Einwohner)*
Badeableger vom bereits genannten Noto ist das kleine Lido di Noto. Es besitzt gleich drei Wohnmobilstellplätze und einen recht breiten, ordentlichen Sandstrand mit Bagno und freien Abschnitten. Am Südende des Strandes befindet sich ein größerer Tagesparkplatz. Von diesem erreichen Sie auf einem 300 Meter langen Fußmarsch die schöne, meist ruhige **Pizzuta Bucht**, N 36°51'12" E 15°06'48", **Viale Lido**.

## 119 Lido di Noto – *Oasi Park Falconara*

**GPS/Kontakt:** N 36°52'15" E 15°07'43", Lungomare Ionio, Tel. 0339 612 11 74, www.oasiparkfalconara.com. **Max. WOMOs**: 40 – 50. **Öffnungszeiten**: Ganzjährig geöffnet. **Ausstattung**: Ver- / Entsorgung, Strom, Toilette / Dusche, Waschmaschine, WLAN, Grillgelegenheiten. **Beschreibung**: Großer, schön angelegter und recht sauberer WOMO-Stellplatz mit parzellierten, oft schattigen Schotterflächen, erste Wahl im Ort, eben, etwas Schatten, klappstuhlgeeignet. Rund 1,3 km bis zum Strand, etwa 1,8 km in den Ort, Bushalt am Platz,

im Sommer teils auch Shuttleservice. **Preis:** 22 – 40 €, Ermäßigung mit Sicily Camping Tour sowie ADAC / ACSI Card. **Zufahrt:** Direkt an der nach Lido di Noto führenden SP59 kurz nach dem großen Kreisverkehr rechter Hand.

### 120 Lido di Noto – *Area sosta Il Canneto*

**GPS/Kontakt**: N 36°51'41" E 15°07'10", Lungomare Ionio 57, Tel. 0379 223 46 11. **Max. WOMOs:** 50+. **Öffnungszeiten**: April – September. **Ausstattung:** Ver- / Entsorgung, teils Strom, Toilette / Dusche, Waschmaschine. **Beschreibung**: Etwas improvisiert wirkender Platz mit Stellflächen meist auf Rasen oder Erdboden, relativ sauber und eben aber eng, bedingt klappstuhlgeeignet, teils Schatten, Strandzugang direkt gegenüber, 800 m in die Ortsmitte. **Preis**: 20 – 32 €. **Zufahrt**: Bei der Lido di Noto durch-querenden SP59 rechts.

### 121 Lido di Noto – *Airone*

**GPS:** N 36°51'33" E 15°06'58", Via Istrice, Tel. 0345 775 81 75, www.areadisostaairone.webnode.it. **Max. WOMOs**: 100+. **Öffnungszeiten:** Mitte Mai – September. **Ausstattung/Lage:** Ver- / Entsorgung, Toilette / Dusche. **Beschreibung**: Stellflächen auf Erdboden mit kleinen Mäuerchen unterteilt, nicht ganz eben, ruhig, klappstuhlgeeignet, zentral in zweiter Reihe gelegen, teils Meerblick, teils etwas Schatten, sehr groß, teils etwas verwildert, Strand 200 m, Ort 2,5 km. **Preis**: 18 – 28 €. **Zufahrt:** Von der Lido di Noto durchführenden SP59 rechts am *Disco Pub Gelateria* abbiegen, dann links am Ende auf die schmale Zielstraße.

**Lido di Noto**

Marlanelli Bucht und Mosaik in der Villa Romana del Tellaro

## Riserva Naturale Vendicari

Im und um das 1450 Hektar große Naturschutzgebiet Vendicari kommen sowohl Kultur- wie Naturinteressierte auf ihre Kosten. Auch für einen einfachen Badeaufenthalt lohnt ein Abstecher. Beinahe wäre es vor Jahren für den Bau einer Raffinerie und später für eine riesige Ferienanlage geopfert worden. Nur nachhaltige Proteste der Bevölkerung und internationaler Stellen konnten dies verhindern.

Am äußersten nördlichen Ende befinden sich unweit der Küste zunächst die Ausgrabungen der griechischen Stadt **Eloro**. Viel ist nicht mehr übrig. Es gibt aber, direkt benachbart, eine wirklich schöne Sandbucht. Die beschilderte, äußerst schmale Anfahrtsstraße ist nur etwas für kleine Wohnmobile und Spezialisten. Bei Hochbetrieb kann es mit dem Wenden schwierig werden, N 36°50'34" E 15°06'17" oder N 36°50'28" E 15°06'13". Wahlweise erreichen Sie Eloro sonst über eine knapp einen Kilometer lange

**Tonnara di Vendicari, unten Calamosche-Bucht**

Küstenwanderung ab Lido di Noto über die Pizzuta-Bucht.

Rechts weist ein Schild nach rund 2,5 km in Richtung Pachino von der **SP19** zur **Villa Romana del Tellaro**. Sie stammt aus dem Vierten Jahrhundert und wurde erst in den 1970er Jahren zufällig bei Erdarbeiten entdeckt. Einige Grundmauern und Bodenmosaike sind erhalten. Zwar kein Vergleich zur Villa Romana Casibile auf Tour Sieben, aber ein interessanter Zwischenstopp, falls Sie erstere ausgelassen haben *(Parken bei N 36°50'00" E 15°04'45", Strada di Bonifica XXIII, www.regione.sicilia.it, 8.30–19.00 Uhr, 6 €).*

Bei N 36°50'06" E 15°05'05" zweigt dann eine teils ziemlich schmale, mehrfach gewundene Piste zu einem Parkplatz mitten im Nichts ab. Von dort führt ein knapp 900 Meter langer Fußweg zur **Marianelli Bucht**, eine einsame, weiter Sandbucht, die auch für FKK-Baden freigegeben ist *(Zugang kostenpflichtig, 3 € pro Person, nur Bargeld, Parkplatz ebenfalls zeitweise gegen Gebühr).*

Wenig später weisen etwas dilettantisch aufgesprühte Worte und Pfeile links auf den Fahrweg zur Calamosche-Bucht hin. Vielen gilt sie als eine der schönsten Siziliens. Mitten im Naturschutzgebiet gelegen, erreichen Sie diesen ebenfalls nur über einen knapp 1000 Meter langen Fußweg. Die Anfahrt zum Parkplatz des genannten Agricampeggio ist schmal, holprig und bei viel Gegenverkehr nervenaufreibend. Zu manchen Zeiten kann das Baden ganz verboten sein. Denn die Bucht und ihre umliegenden Bereiche bilden eines der letzten verbliebenen Brutgebiete für Wasserschildkröten, die ihre Eier dann im Sand verscharren.

## 122 Oasi Vendicari – *Agricampeggio Calamosche*

**GPS/Kontakt:** N 36°48'58" E 15°05'54", Oasi Naturale di Vendicari, Tel. 0347 858 73 19. **Max. WOMOs:** 50+. **Öffnungszeiten**: Ganzjährig

geöffnet. **Ausstattung:** Ver-/Entsorgung, Strom, einfache Toilette und Dusche, in der Hauptsaison mit Restaurant. **Beschreibung**: Einfach und etwas improvisiert, teils schattige Parkflächen zwischen kleinen Bäumen am Rande des tagsüber auch als Parkplatz für Badebesucher genutzten Grundstücks, ruhig, teils uneben, klappstuhlgeeignet. Naturnah, rund 1000 m zum Calamosche-Strand. **Preis**: 20 €. **Zufahrt**: Von Lido di Noto kommend wechseln Sie an einem großen Kreisverkehr auf die SP19 in Richtung Pachino. Kurz nach der Abfahrt rechts zur Villa Tellaro biegen Sie links ab. Nur mit Farbe ist die Bucht Calamosche auf den Betonwänden an dieser Stelle angeschrieben. Folgen Sie der schmalen Staubstraße bis zum Platz auf der rechten Seite ganz am Ende. ACHTUNG: eher pistenähnlich und mit nur sehr wenigen Ausweichstellen kann die An-/Abfahrt, vor allem an schönen Sommerwochenenden, unangenehm werden!



## Rundwanderung durch das Naturschutzgebiet Vendicari
*(rund 6,5 km)*

Beginnend am Agricampeggio folgen Sie der Zufahrtspiste ein kleines Stück zurück und biegen beschildert nach rechts zur **Calamosche** Bucht ab. Nur wenige Pflanzenarten wie Myrte, Oleaster, Wacholder und Zwergpalmen gedeihen auf dem karg sandigen Untergrund. Dafür fühlen sich eine ganze Reihe an Tieren, wie Füchse und Stachelschweine, wohl. Nur an den schönsten Tagen im Hochsommer ist der links gelegene Calamosche-Strand wirklich voll. Der längere Fußmarsch sorgt automatisch für eine gewisse Auslese.

Der gut sichtbare Wanderweg folgt dem Küstenverlauf gen Süden, immer der zerklüfteten, felsigen Uferlinie nach. Rechts von Ihnen tauchen die Lagunenseen **Pantano Piccolo** und **Grande** auf. Vielleicht können Sie in der Ferne schon einige der hier lebenden, seltenen Wasservögel erspähen. Je früher am Tag Sie unterwegs sind, desto größer die Chance. Je mehr Besucher ankommen, desto rarer machen sich die Tiere. An einem ersten Aussichtspunkt schwenkt der Weg entlang einer mit Kakteen bewährten Mauer nach links zu den Ruinen eines Gebäudes, um von dort wieder dem Meer zu folgen. Vor Ihnen tauchen die Reste einer alten Fischfabrik auf, die als Industriedenkmal noch immer besteht. In der **Tonnara di Vendicari** produzierten schon die Römer eine Würzsoße aus fermentiertem Fisch.

**Vögel im Vendicari Naturpark**

Daneben stehen die Reste des **Torre Sveva**. Dahinter existiert ein weiterer Badestrand und rechts können Sie von mehreren, gut erreichbaren Aussichtspunkten nachsehen, welche Vögel gerade ein Bad in der Lagune nehmen – oftmals sind es allerlei Enten, immer wieder Flamingos und ab und zu Kraniche, Löffler und Kormorane. Bei nächster Gelegenheit halten Sie sich nun rechts, um die Lagune herum, zur Vendicaristraße hin. Bei einem kleinen Steingebäude schwenken Sie nach rechts in den mit einer Metallschranke versperrten Feldweg. Zwischen Obstplantagen führt der Weg schnurgerade zurück, bis er links um ein Bauernhaus herumführt. Sie stoßen auf einen weiteren Feldweg, den Sie nach links einschlagen. Bei der ersten Baumreihe rechts folgen Sie dieser über den nur mehr schlecht erkennbaren Trampelpfad und müssen am Ende eine kleine Mauer überwinden. Dahinter erreichen Sie wieder das Grundstück des Agricampeggios, an dem Sie gestartet sind.

Einfacher zugänglich ist die offizielle Anfahrt ins Vendicarigebiet, an der Sie nach weiteren, rund 1,6 Kilometer ankommen. Sie führt zu einem Parkplatz am Ende. Von dort gehen Sie auf einem Holzbohlenweg zum manchmal von Algen- und Seegrasresten bedeckten **Vendicari-Strand** und den Überresten der daneben befindlichen, ehemaligen Fischfabrik, einem Industriedenkmal. In der Lagune gleich dahinter leben Flamingos und andere interessante Vogelarten. Von mehreren, versteckt angelegten Observatorien aus lassen sie sich gut beobachten. Die vorab beschriebene Wanderung kann man auch von diesem Punkt aus starten.

Wenn Sie mit einem Übernachtungsplatz in der zweiten Reihe zufrieden sind, haben Sie hinter dem Naturschutzgebiet eine breite Auswahl. Zuerst passieren Sie die Abfahrt zum alternativ angehauchten **Campingplatz DaVinci** dessen einst sympathischer Hippieflair zuletzt maroder Ungepflegtheit gewichen und damit keine Empfehlung mehr ist. Danach folgen die auf Wohnmobile eingerichteten Landgüter **Le Zagare** und **Maccari**.

123 N 36°47'31" E 15°04'30", Contrada Sighilli, Tel. 0320 077 14 50, www.lezagaredivendicari.it, Mai – September, alle Einrichtungen, 30 – 40 €

124 N 36°45'52" E 15°04'23", SP56, Tel. 0347 533 81 11, www.agrimaccari.it, ganzjährig geöffnet, alle Einrichtungen, Pool, 38 €



Südlich von Vendicari folgt der Ort San Lorenzo. Wenn Sie einen Abstecher dorthin unternehmen, finden Sie an zwei Stellen große Parkplätze in Nähe des gepflegten Sandstrandes. Übernachten können Sie am nahen Agricampeggio.

### 125 San Lorenzo – *Agricampeggio San Lorenzo*

**GPS/Kontakt**: N 36°45'48" E 15°05'47", Strada Consortile, Tel. 0329 423 96 52, www.sanlorenzoagriturismo.net. **Max. WOMOs**: 24. **Öffnungszeiten**: Ganzjährig geöffnet. **Ausstattung:** Ver- / Entsorgung, Strom möglich, Toilette / Dusche, Grill- und Sitzgelegenheiten, Waschmaschine. **Beschreibung**: Schöne schattige, durch größere Bäume beschattete Stellflächen auf Rasen. Auf niedrig hängende Äste achten, eben, klappstuhlgeeignet, teils etwas nah an der Hauptstraße, rund 600 m in den Ort. **Preis**: 30 €. **Zufahrt:** Von der SP19 links nach San Lorenzo abfahren. Am Ortsbeginn links halten. Das Agricampeggio ist angeschrieben.

**Marzamemi** *(370 Einwohner)*
Schöner als die meisten anderen, erst durch den Tourismus entstandenen Küstenorte ringsum, ist das Fischerdorf Marzamemi. Rund um die **Piazza Regina Margherita** haben Gaststätten und Cafés Sitzmöbel nach draußen gerückt und in den schmalen Gassen dahinter treffen sich die Einheimischen zum Plausch. Gute Adressen sind das ***Sama*** *(Piazzale R. Brancati 2)*, ***Cortile Arabo*** *(Piazza Villadorata)*, ***Il Borgo*** *(Via Giardina 2*, ***I Pupi Bistrot*** *(Fastfood, Via Marzamemi 65)* und ***Il Tuo Gelato 2*** *(Eis, Via Letizia 7)*. Richtig voll

**Stellplatz 126**

wird es immer im September, wenn Marzamemi das Kinofestival Cinema di Frontiera beherbergt *(www.cinefrontiera.it)*. Sonst haben Sie gute Chancen auf den gebührenpflichtigen Parkplätzen am Ortsrand unterzukommen.

In einigen hundert Metern Abstand zum Ort liegen noch weitere Campingplätze und wohnmobilfreundliche Landgüter.

126 N 36°44'15" E 15°06'45", Parcheggio Scirè, Via degli Orti, 6 €



126a N 36°44'14" E 15°06'47", Parcheggio Sicurezza, Viale Citta di Toronto, 5 €

### 127 Marzamemi – *Sun Sea Beach Camping*

**GPS/Kontakt:** N 36°44'50" E 15°05'58", Via Bove Marino, Tel. 0347 653 45 95, www.sunseabech-camping.it. **Max. WOMOs**: 25+. **Öffnungszeiten:** April – Mitte Oktober. **Ausstattung:** Pool, Restaurant/Bar, Spielplatz, Minimarkt, Tischtennis. **Beschreibung**: Meist schattige Plätze auf Schotter oder Rasen, etwa 800 m vom Meer entfernt gelegen, ebene, gepflegte Anlage, 3,8 km außerorts. **Preis:** 18 – 40 €. **Zufahrt:** Von der S19 kommend links die Schilder zum Parkplatz in Marzamemi und zum Lido Isola Blu beachten. Nach knapp 2 km linker Hand.

### 128 Marzamemi – *Club Dragomar*

**GPS/Kontakt**: N 36°43'39" E 15°07'15", SP84, Tel. 0335 570 82 93, www.dragomar-sosta.it. **Max. WOMOs**: 25+. **Öffnungszeiten**: Ganzjährig

geöffnet. **Ausstattung**: Ver- / Entsorgung, Strom, Toilette / Dusche. **Beschreibung**: Teils künstlich beschattete Schotter-Erdstellflächen am südlichen Ende von Marzamemi, eben, abgesehen von der Hauptstraße ruhige Lage, klappstuhlgeeignet. Der nächste Sandstrand befindet sich ungefähr 600 m entfernt in südlicher Richtung (Lido Baia Kaibo). Ungefähr 1,7 km in den Ort,. **Preis:** 15 – 25 €. **Zufahrt:** An der von Marzamemi aus nach Süden führenden Küstenstraße SP84 rechter Hand.

**Portopalo** *(3.900 Einwohner)*
Vorbei an der Badebucht **Baio Kaibo** bei N 36°43'17" E 15°07'07" führt die **SP84** an Siziliens südöstlichsten Zipfel. Hier ist das schachbrettartig angelegte und beinahe schon afrikanisch anmutende Städtchen Portopalo zuhause. Wirklich viel zu tun und

zu sehen gibt es nicht, doch Sie können bis zum äußersten Ende an die Hafenmole fahren und dort kostenfrei stehen. Allerdings ist die Ortsdurchfahrt durch viele Einbahnstraßen schwierig und teils sehr eng. Am Morgen anlandende Fischer verkaufen an manchen Tagen ihren Fang gleich vom Boot aus. Im Ort befinden sich einige beliebte Restaurants, wie die ***Trattoria La Caverna*** *(Contrada Porto)*, das ***Scala*** *(Via G. Carducci 8)*, das ***Colapesce*** *(Via V. Emanuele 73)* oder das ***Ristorante Jonic*** *(Via V. Emanuele 23)*. Am Westende Portopalos gibt es Campinggelegenheiten.



129 N 36°40'13" E 15°07'35"

### 130 Portopalo – *Camping Del Capo*

**GPS/Kontakt**: N 36°40'37" E 15°06'58", Via Maucini, Tel. 0331 486 01 77, www.campingdelcapo.it. **Öffnungszeiten**: April – Anfang Oktober. **Ausstattung**: Waschmaschine, Bar, sonst campingplatzüblich. **Beschreibung**: Schattiger Platz unter Bäumen, Naturboden, direkter Strandzugang, ruhig, nicht ganz eben. **Preis**: 30 – 48 €, in der Hauptsaison zwei Nächte Mindestaufenthalt. **Zufahrt**: Direkt an der westlichen Ausfallstraße au Portopalo linker Hand. **Hinweis:** Der **Campingplatz Capo Passero** kommt kurz davor. Da er aber nur in der Hauptsaison öffnet, mehrtägige Aufenthalte fordert und überproportional teuer ist, sei er nur am Rande erwähnt.

Spätestens jetzt bekommen Sie einen Vorgeschmack, auf das, was Sie die kommenden Kilometer im großen Stil begleiten wird: meist mit Kunststofffolien eingedeckte Gewächshäuser, oft beidseits der Straße, soweit das Auge reicht. Und leider oft auch größere Mengen Müll… Am südlichsten Punkt Siziliens liegt hinter der bei Flut komplett vom Festland abgetrennten **Isola delle Correnti** der schöne **Lido Scialai.** Ionisches und Lybisches Meer

**Lido Scialai**

**Oben und unten Correnti Bucht, beleibt auch bei Kite Surfern**

treffen an diesem Punkt aufeinander und bieten oftmals ein besonderes Schauspiel, wenn sich die Wellen-, Wind- und Wasserbewegungen aus zwei Richtungen treffen. Leider führt das ab und an zu vermehrter Algenkonzentration im Wasser, an anderen Tagen ist die Bucht aber wirklich schön. Neben Badegästen werden viele Surfer angelockt. *Und manchmal Meeresschildkröten*. Die legen an diesem Punkt ihre Eier in den Sand, warum zeitweise Teile abgesperrt werden. Die Parkgelegenheiten an der direkten Zufahrtsstraße können schon mal voll werden. Ein großer privater Parkplatz bietet da Abhilfe und erlaubt das Nachtparken mit dem WOMO. Etwas mehr Komfort bietet ein direkt benachbarter Campingplatz.

Ein zweiter sehr schöner Strand befindet sich beinahe daneben. Die Zufahrt zum **Spiaggia Carratois** erfolgt am besten neben einem kleinen Binnensee, an dem sich manchmal Flamingos

zeigen, Zufahrt bei N 36°39'50" E 15°04'16", Viale Portobello. Auch dort gibt es einen Campingplatz.

### 131 Portopalo – *Parcheggio Isola delle Correnti / I Due Mari*

**GPS/Kontakt:** N 36°39'18" E 15°04'50", Via Guardiana Contrada, Tel. 0351 979 26 40. **Max. WOMOs**: 20+. **Öffnungszeiten**: Mindestens Mitte April bis Ende September. **Ausstattung**: Strandbar, Mülleimer, sonst keine Einrichtungen. **Beschreibung**: Einfaches, schattenloses Parkgelände direkt am Strand, ruhig, nicht ganz eben. **Preis**: 10 €. **Zufahrt**: Der Platz ist an der letzten Abzweigung vor dem Strand links ab nach 250 m rechts beschildert.

TOUR 5

### 132 Portopalo – *Campeggio Captain*

**GPS/Kontakt**: N 36°39'18" E 15°04'43", Via Guardiana Contrada, Tel. 0338 428 87 82, www.campeggiocaptain.it. **Öffnungszeiten:** Ende Mai – September. **Ausstattung**: Campingplatzüblich, aber nur einfache Sanitäranlagen, kein Trinkwasser, Spielplatz, Minimarkt, einfaches Restaurant **Beschreibung**: Recht schöner, wenn auch in die Jahre gekommener Platz, teils künstlich beschattete Stellflächen, oft parzelliert, auf einem teils geschotterten, alternativ wirkenden Gelände. Bei Surfern beliebt, tolle Lage, direkt am Strand. Keine Hunde erlaubt. Rund 5 km in den Ort. **Preis**: 30 – 40 €.

### 133 Portopalo – *Camping Carratois*

**GPS/Kontakt**: N 36°39'33" E 15°04'38", Via Carratois, Tel. 0339 800 65 78, www.campingcarratois.com. **Öffnungszeiten:** Ende Mai – Mitte September. **Ausstattung**: Waschmaschine, WLAN, Restaurant / Bar,

Minimarkt, Spielplatz. **Beschreibung**: Schöner Platz auf einem grünen Rasengelände, meist schattige Plätze unter Bäumen und künstlicher Beschattung. Ruhig, eben, recht gute, intakte Ausstattung. **Preis**: 30–40 €. **Zufahrt**: Etwa 1000 m nördlich des Lido Scialai Tagesparkplatzes links halten, dort kommt der Platz gleich auf der rechten Seite.

TOUR 5

Nicht gerade attraktiv präsentiert sich **Pachino**, eine Planstadt mit 22.000 Einwohnern. Sie ist Versorgungszentrum der Region und logistische Zentrale des regionalen Obst- und Gemüseanbaus. Wenn Sie nicht Vorräte auffrischen müssen, gibt es keinen Grund, länger zu bleiben. Südwestlich führt die **SP44** zurück an die Küste, in **Granelli** finden Sie einen Stellplatz.

### 134 Granelli – *Area Camper Venere*

**GPS/Kontakt:** N 36°42'03" E 15°01'41", Via Salerno, Tel. 0333 921 59 73, www.villagioinsicilia.it. **Max. WOMOs**: 40. **Öffnungszeiten**: Offiziell Mitte Mai – September, auf Anfrage aber auch zu anderen Zeiten möglich. **Ausstattung**: Ver- / Entsorgung, Strom, einfache Toilette / Dusche, WLAN. **Beschreibung**: Schmales, langgezogenes Gelände beidseits der Straße, meist mit Hecken oder Matten voneinander getrennte Stellplätze auf Schotter beidseits der Straße, direkter Strandzugang, kein Schatten, ruhig, eben, klappstuhlgeeignet, gepflegt, 5,5 km bis Pachino. **Preis**: 25 €. **Zufahrt:** Von der SP 22 und SP44 aus Pachino kommend Richtung Meer fahren und dort den braunen Schildern links nach Granelli folgen. Am Restaurant links abbiegen und bis zum Platz auf der rechten Seite fahren.

## Santa Maria del Focallo *(550 Einwohner)*

***Der beliebte, langgezogene und weit verstreute Badeort an der SP67 bildet mit seinen oftmals dünenartig aufgetürmten Sand-***

**Carratois-Strand**

*bergen am Strand den Abschluss von Tour Fünf.* Zumindest in der Nebensaison zwischen Oktober und Mai können Sie direkt am wilden Strand bei der nur im Sommer geöffneten Gaststätte Lido Otello parken und über Nacht stehen – zumindest dann, wenn die Parkflächen nicht gerade unter Sandbergen begraben ist. Für längere Aufenthalte gibt es einen recht guten kommerziellen Stellplatz.

135 N 36°43'36" E 14°54'25"



### 136 Santa Maria del Focallo – *Porto Ulisse*

**GPS/Kontakt**: N 36°41'51" E 14°59'10", Tel. 0328 941 89 77.
**Max. WOMOs:** 20+. **Öffnungszeiten**: April – September.
**Ausstattung:** Ver- / Entsorgung, Strom, einfache Toilette und Dusche, Waschmaschine, Grillgelegenheit. **Beschreibung**. Stellplätze auf Rasen. Freundliches, kleineres Gelände, rund 150 m langer Fußweg zum schönen Strand Porto Ulisse, kaum Schatten, eben, klappstuhlgeeignet, keine Hunde, 3,5 km außerorts. **Preis**: 18 – 24 €. **Zufahrt:** Linker Hand der SP67 kurz vor Santa Maria del Focalo. **Hinweis**: etwas weiter westlich gibt es einen zweiten Platz, ***CVSM***. Er liegt eigentlich sehr schön, direkt am Wasser, die Sanitäranlagen waren jedoch marode und der Platz zuletzt geschlossen, es bleibt abzuwarten, ob er noch einmal renoviert und eröffnet wird, N 36°41'39" E 14°58'28", SP67.

# Tour 6

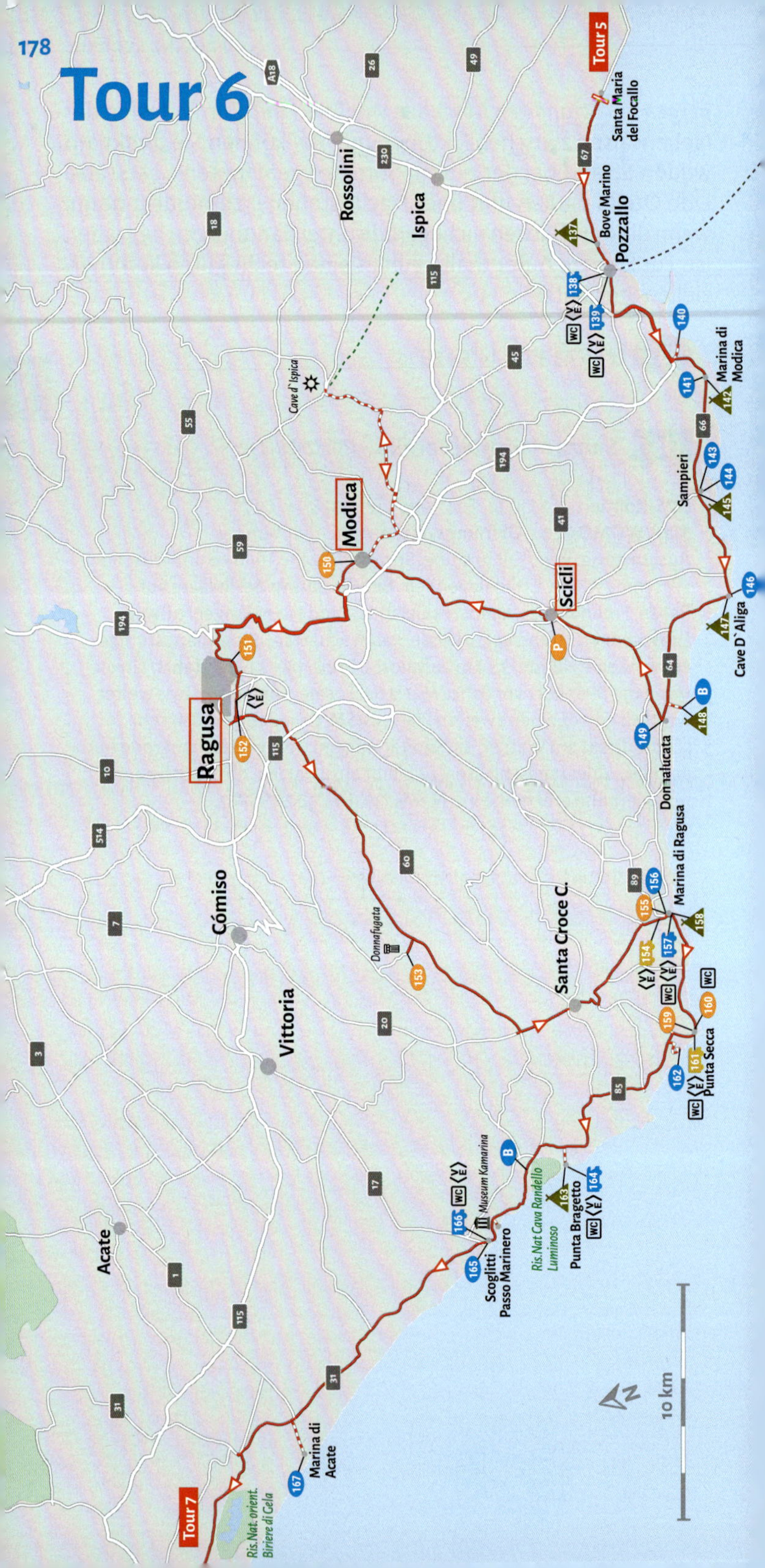

Tour 5
Santa Maria del Focallo
Bove Marino
Pozzallo
Rossolini
Ispica
Cave d'Ispica
Marina di Modica
Sampieri
Modica
Scicli
Cave D'Aliga
Ragusa
Donnalucata
Marina di Ragusa
Cómiso
Vittoria
Santa Croce C.
Donnafugata
Punta Secca
Ris. Nat. Cava Randello Luminoso
Punta Bragetto
Museum Kamarina
Scoglitti Passo Marinero
Acate
Marina di Acate
Ris. Nat. orient. Biriere di Gela
Tour 7
10 km

## Provinz Ragusa

### 180 km

**Im Südosten Siziliens fahren Sie von Badeort zu Badeort. Hier steht eindeutig Erholung und Strandvergnügen im Vordergrund. Von einsam bis belebt ist für fast jeden Geschmack etwas dabei. Als Kontrastprogramm erwarten Sie auf der Rundfahrt durch das Hinterland äußerst sehenswerte Barockstädte. Unterwegs streifen Sie das gut erhaltene Castello Donnafugata als Zugabe. Highlights sind**

- **Scicli**
- **Modica**
- **Ragusa**
- **Naturpark Cava Randello**

**Pozzallo** *(19.500 Einwohner, Markttag Sa., im Zentrum)*
Einstmals war Pozzallo ein ziemlich unbedeutender Hafen, der nur von wenigen Soldaten bewohnt und gesichert wurde. So konnten Weizen und andere Güter der Stadt Modica ungehindert verschifft werden. Seit dem 14. Jahrhundert stieg die Einwohnerzahl kontinuierlich. In den letzten 200 Jahren wuchs sie um das Zehnfache. Einen Hafen gibt es immer noch. Aus touristischer Sicht sind vor allem die Strände in Kombination mit der guten Infrastruktur Grund für einen Aufenthalt. So gibt es beispielsweise eine ganze Reihe an gastronomischen Einrichtungen, wie die ***Osteria Il Tonno Rosso*** *(Piazza C. Battisti 2)*, die ***Trattoria L`Angolo*** *(Via Torino 77)* und das ***Shoreline*** *(Via Presidente Kennedy 21)*. Süßes gibt es in der ***Pasticceria F.lli Sciuto*** *(Café, Via G. Mazzini 31)* und der sehr bekannten ***Gelateria L`Artigianale*** *(Eis, Lungomare Pietre Nere 31)*. Wohnmobile finden einen ersten Anlaufpunkt im Vorort **Bove Marino**. Unmittelbar am Ortseingang befindet sich dann ein privat geführter Stellplatz direkt am Meer. In Hafennähe existiert eine Fischfarm, die über Einrichtungen für Wohnmobile verfügt. Sie ist ein guter Haltepunkt, falls Sie Lust auf einen Ausflug nach Malta haben.

### 137 Bove Marino – *The King`s Reef*

**GPS/Kontakt**: N 36°43'48" E 14°53'21", SP67, Tel. 01138 87 08 84, www.kingsreef.it. **Öffnungszeiten**: Ganzjährig.
**Ausstattung**: Waschmaschine, sonst campingplatzüblich.
**Beschreibung**: Einfacher Platz, schräger Naturboden als Untergrund. Schattig durch alten Baumbestand aber schwierig für hohe, große Wohnmobile, ruhig, Strand 180 m entfernt, Restaurant vorhanden. **Preis**: 20 – 28 €. **Zufahrt:** Direkt an der SP67,

rechter Hand angeschrieben. **Hinweis**: Achtung, der Platz war zum Recherchezeitpunkt geschlossen, soll aber ab der kommenden Saison wiedereröffnen.

## 138 Pozzallo – *Giardino di Epicuro*

**GPS/Kontakt**: N 36°43'53" E 14°51'45", Via Pozzallo Marza, Tel. 0339 719 34 66, www.areasostacamperpozzallosicilia.it. **Max. WOMOs**: 30+.

**Öffnungszeiten:** Mai bis Mitte Oktober. **Ausstattung**: Ver- / Entsorgung, Strom, Toilette / Dusche, Cafeteria. **Beschreibung**: Einfacher Stellplatz mit Sand- / Erdboden, teils schattig und durch Hecken getrennt, direkt am Strand gelegen, oft eben, klappstuhlgeeignet. Ungefähr 1,2 km in den Ort. **Preis**: 15 €. **Zufahrt:** Direkt an der SP67, linker Hand am Ortsbeginn.

## 139 Pozzallo – *Salvamar*

**GPS/Kontakt**: N 36°42'56" E 14°49'21", Via F. Barrera, Tel. 0338 991 50 19, www.salvamar.it. **Max. WOMOs**: 25+. **Öffnungszeiten**: Ganzjährig geöffnet. **Ausstattung**: Ver- / Entsorgung, Strom, Toilette / Dusche, Waschmaschine, WLAN, Pool. **Beschreibung**: Stellflächen auf Schotter und Rasen bei einer Fischfarm, relativ eben, klappstuhlgeeignet. Möglichkeit zum Angeln und Segeln, wenig Schatten, direkter Strandzugang. Etwas außerhalb in Nähe des Hafens. Rund 2,5 km in den Ort, rund 150 m bis zum Strand. **Preis**: 15 – 20 €. **Zufahrt**: Von der SP66 nach Pozzallo zum Porto abbiegen. Ganz am Ende, direkt an der Küste, rechts fahren bis zum Platz.

**Strand bei Pozzallo**

## Ausflug nach Malta

Keine 100 Kilometer südlich von Pozzallo liegt die Inselrepublik Malta. Ähnlich wie Sizilien stand das Land jahrhundertelang für die meiste Zeit unter dem Einfluss fremder Mächte und Kulturen. Phönizier, Römer, Vandalen und Ostgoten kamen und gingen. Seit dem Jahr 870 erfolgte eine umfangreiche Islamisierung der Bevölkerung durch die Einverleibung ins Arabische Reich. Diese Zeit hat bis heute in Form der traditionellen Bebauung, vor allem in der welterbe-geschützten Altstadt der Inselmetropole Valletta und der alten Hauptstadt Medina, deutlichere Spuren hinterlassen als anderswo. Die maltesische Sprache ist stark arabisch geprägt, wird aber mit lateinischen Buchstaben geschrieben. Unter den Staufern und den spanisch-französischen Häusern Aragon und Anjou gehörte es von Mitte des 13. Jahrhunderts bis 1530 zu Sizilien. Danach wurde es als Lehen an den Johanniterorden vergeben, der sich seit dem auch Malteserorden nennt. Als die Franzosen unter Napoleon im 18. Jahrhundert die Insel belagerten, baten die Malteser das britische Empire um Hilfe. Bis zur Unabhängigkeit 1964 gehörte Malta zuletzt zum Vereinigten Königreich. Die englische Sprache ist bis heute im alltäglichen Leben gängig. Es herrscht Linksverkehr und unter den rund 1,8 Millionen Touristen, die jedes Jahr Malta besuchen, sind eine beträchtliche Zahl an Sprachschülern.

Der Hafen von Pozzallo bietet die Möglichkeit, einen ein- oder mehrtägigen Ausflug mit der Fähre nach Malta zu unternehmen, sowohl auf eigene Faust oder wahlweise als geführte Tour. Beliebte Besuchspunkte sind, neben der Inselhauptstadt, die Blaue Grotte und die Megalith Tempel von Hagar Qim. Wenn Sie länger bleiben, ist es möglich, auf Wunsch das Wohnmobil nach Malta mitzunehmen, eine einfache Campingplatzstruktur ist vorhanden *(N 36°43'01" E 14°49'38", Porto di Pozzallo, Largo Vespri Siciliani 70, www.virtuferries.com, ganzjährig bis zu 3x täglich, Preise ab rund 65 € für Hin- und Rückreise, etwa 400 inkl. Wohnmobil, Dauer ungefähr 2 h).*

TOUR 6

**Marina di Modica** *(850 Einwohner)* **bis Donnalucata** *(3.200 Einwohner)*

Nach Pozzallo folgen mehrere kleinere Badeorte. Ob und vor allem wo Sie für ein paar Stunden oder Tage bleiben möchten, hängt von Ihrem individuellen Geschmack ab. Kurz vor **Marina di Modica** können Sie zum schönen **Spiaggia Maganuco** lenken. Dort stehen immer wieder mal Camper frei.

**Stellplatz 140**

TOUR 6

**Strand von Sampieri, unten Maganacu-Strand**

140 N 36°43'05" E 14°48'56"

Ein Stück weiter fahren Sie alternativ zum **Campingplatz Di Vita Vera** ab. Der dortige Sandstrand ist etwa 150 Meter entfernt. Alle Parkplätze im Ort wurden in der letzten Zeit mit WOMO-Verbotsschildern versehen, die in der Regel nur noch das kurzfristige Parken am Tag gestatten. Eine verbliebene Möglichkeit scheint der an der Via del Mughetto zu sein.

141 N 36°42'23" E 14°47'04"

142 N 36°42'18" E 14°46'55", Lungomare Regilione, Tel. 0338 220 79 01, www.divitavera.it, mindestens März – Oktober, Waschmaschine, WLAN, 29 – 39 €

Beinahe noch schöner, weil etwas wilder und unverbauter, ist die nächste Bucht, der **Lido di Sampieri**. Ehe Sie den zugehörigen Ort **Sampieri** erreichen, zweigen Sie links über die **Contrada Pisciotto** zur Ruine einer Ziegelei ab. Direkt davor befinden sich Parkplätze oberhalb der Küste mit toller Sicht, die gerne von Wohnmobilen genutzt wird. Bleiben Sie irgendwo am Rand, da es

Costa di Carro-Strand



an manchen Tagen entlang der Anfahrt etwas unruhig sein kann. Ein Manko ist die am letzten Stück unangenehme Anfahrt über äußerst unebenen Untergrund, Der Strand ist von diesem Platz aus gut 200 Meter entfernt.

**143** N 36°42'46" E 14°45'24"

In Sampieri finden Reisende wahlweise einen gemischten, privat betriebenen und bewachten Großparkplatz unmittelbar hinter dem Strand vor, der nur in den Sommermonaten öffnet. Er lässt Wohnmobile zu und es gibt Wasser und einige Schattenplätze am Rand. Der Preis hält sich im Rahmen. Mehr Komfort stellt der wirklich schöne Campingplatz zur Verfügung mit einem direkten Zugang zur folgenden, kleineren und ruhigeren Sandbucht.

**144** N 36°43'16" E 14°44'20", Via Miramare, etwa Mai–Oktober, 2 € / h, max. 12 €

## 145 Sampieri – *La Spiaggetta*

**GPS/Kontakt**: N 36°43'17" E 14°43'59", SP65, Tel. 0333 767 46 63, www.la-spiaggetta.it. **Öffnungszeiten**: Ganzjährig geöffnet. **Ausstattung**: WLAN, Pizzeria / Bar, sonst campingplatzüblich. **Beschreibung**: Großer Platz mit parzellierten, meist durch Hecken getrennten Stellflächen auf Naturbo-

Lido Spinasanta

den, teils schattig, direkter Strandzugang, am Gelände. Recht gepflegt. Ungefähr 350 m in den Ort. **Preis:** 18 – 35 €. **Zufahrt:** Am Kreisverkehr der Straße 25 der Beschilderung nach Bracetto folgen. Dort direkt an der Hauptstraße linker Hand beschildert.

Nach rund vier Kilometern folgt **Cave D`Aliga**. Hinter den Stränden gibt es mehrere Parkplätze. Einer, auf dem keine Einschränkungen vermerkt sind, befindet sich in der Via delle Isole. In der Nähe erwartet Sie der kleinere **Campingplatz Flintstones Park**. Er liegt zwar nur in zweiter Reihe, macht aber einen sympathischen und gepflegten Eindruck, besonders für Familien, schattig auf Rasen und ruhig.

146 N 36°44'05" E 14°40'49", Piazzale Orazio Morana

147 N 36°44'07" E 14°41'01", Via Isola Lampione 30, Tel. 0328 958 42 65, www.flintstonespark.it, ganzjährig, Waschmaschine, WLAN, Pool, 20 – 35 €

Cava D`Aliga

Scicli

Ehe Tour Sechs für eine Runde ins Inland führt, finden Sie kurz vor **Donnalucata** links eine Abzweigung zum angeschriebenen **Lido Spinasanta** mit einem Parkplatz bei N 36°44'49" E 14°39'46". Der weite, meist recht ruhige Sandstreifen ist von kleinen Ferienhäusern geprägt, die sich locker entlang der Küste verteilen. An der Zufahrt existiert ein weiterer, empfehlenswerter Campingplatz. In Donnalucata parken Sie rund 200 Meter hinter dem Ortsstrand **Playa Grande.**

Stellplatz 149

### 148 Donnalucata – *Club Piccadilly*

**GPS/Kontakt:** N 36°44'52" E 14°39'47", Via Mare Adriatico, Tel. 0932 93 87 04. **Öffnungszeiten**: Ganzjährig geöffnet. **Ausstattung**: WLAN, Spielplatz, im Sommer Barbetrieb. **Beschreibung**: Direkter Strandzugang, teils schattig, recht eben, auf Naturboden. Einfach aber recht gepflegt, ruhig gelegen, rund 3 km bis in den Ort. **Preis**: 18–20 €. **Zufahrt:** Ein Stück hinter Cave d`Aliga folgen Sie der mit Lido Spinasanta beschilderten Straße nach links bis zum Platz auf der rechten Seite.

**149** N 36°45'53" E 14°38'08", Via Merano, Wasseranschluss vorhanden

**Scicli** *(27.200 Einwohner, Markttag Di., Contrada Zagarone)*
Auf der Fahrstrecke zu den südsizilianischen Barockstädten erreichen Sie zehn Kilometer südöstlich von Modica zuerst Scicli. Einst hoch oben am Hügel um das **Castello dei Tre Cantoni** errichtet, teilte es 1693 das Schicksal vieler Städte der Gegend – die

Chiesa di San Matteo in Scicli

Stadt wurde beim großen Erdbeben ausradiert. Der barocke Wiederaufbau erfolgte im benachbarten Tal. Da der Ort kleiner und enger bebaut ist als seine bekannteren Nachbarn, finden Sie alle Kirchen, Palazzi und interessanten Gebäude auf engstem Raum. Gleichsam problematisch wie nervenaufreibend gestaltet sich dadurch die Parkplatzsuche. Je größer das Fahrzeug, desto entschiedener sollten Sie Experimente unterlassen, die im Gewirr der kleinen und kleinsten Gassen und Einbahnstraßen keinen passenden Ausweg mehr bieten. Am Ende können Sie sonst nur noch durch haarsträubende Aktionen im Rückwärtsgang den Ort verlassen. Folgen Sie besser dieser Wegbeschreibung: Wenn Sie auf der **SP39** Scicli erreichen, halten Sie sich beim ersten Kreisverkehr an der ersten Ausfahrt rechts und überqueren die Gleise. An einer Tankstelle teilen sich die Spuren und Sie fahren schräg rechts über die schmalere **Via Bixio** im Einbahnbetrieb weiter. Ein Links-Rechts-Schlenker bringt Sie schließlich auf den **Corso Garibaldi**. Linker Hand passieren Sie die für Fahrzeuge gesperrte **Piazza Italia** und müssen kurz vor Ende links fahren. Dann nehmen Sie sofort wieder die erste Gelegenheit nach rechts Richtung Modica und folgen dann der **Via Bartolomeo**. Sie geht in die **Via Guadagna** über, an der Sie an mehreren Stellen ganz gute Chancen haben, einen Parkplatz zu ergattern, N 36°47'27" E 14°42'30".

Bei einem Spaziergang durch den Ort entdecken Sie, neben kunstvoll ausgeführten Sakral- und Profanbauten, beispielsweise ein **Kostümmuseum**, eine Apotheke von anno dazumal *(beide Via F. M. Penna)* und können das interessante **Museo Grotte »A rutta ri Ron Carmelu«** unweit Ihres Parkplatzes besichtigen. Es vermittelt einen Eindruck, wie die Menschen in teils in Stein geschlagenen Wohnhöhlen hier früher lebten *(Via Timponello 37, meist 9.00–12.45 Uhr und 14.30–18.00 Uhr, Sommer teils länger, 5 €)*.

Gäste, die nach rechts um den Burgberg herumwandern, gelangen an der **Chiesa di San Vito** zum Aufgang zur Festungsruine. Davor haben Sie von der alles überragenden **Chiesa di San Mat-**

**teo** eine bezaubernde Sicht über Scicli. Unterhalb des Aufgangs befindet sich neben dem Restaurant La Grotta in der **Via Dolomiti** die in den Felsen gebaute **Schaukrippe G. Marinero**. Statt alles per pedes zu erkundigen, unternehmen Sie wahlweise eine Tour mit der Bummelbahn »Trenino Barocco«. Sie startet an der **Piazza Busacca**, die Interessierte ab der Piazza Italia über die Via Nazionale nach rund 250 Meter erreichen *(www.treninobarocco.it, ab ungefähr 10.30 Uhr, Infos auf italienisch und englisch, €)*. Hier noch ein paar Gastrotipps für den Ort: ***Pizzeria Busacca*** *(Piazza Busacca 1)*, ***Baqqala*** *(Piazza A. Ficili 3)*, ***Ummara*** *(Via Aleardi 9)*, ***My Name is Tannino*** *(Piazza G. Mazzini)*, ***Prosit*** *(Via Dolomiti 6)* sowie die ***Dolceria Giannone*** *(Café, Corso Garibaldi 29)* und ***Nivera Gelato Natura*** *(Eis, Via F. M. Penna 14)*.

Zur Weiterfahrt verlassen Sie den Parkplatz auf gleichem Weg bis zur Piazza Italia. Dann weiter nach rechts der **Via Nazionale** folgend aus Scicli hinaus lenken und der Beschilderung von dort in Richtung Modica nach.

**Modica** *(54.500 Einwohner, Markttag Mi., Via Campo Sportivo)*
In Modica ist die Gefahr etwas kleiner sich irgendwo festzufahren, solange Sie keinen Versuch unternehmen, die Hauptstraßen im Tal zu verlassen. Parken Sie entweder südlich des Zentrums oder nördlich davon. An beiden Plätzen wäre eine zweckmäßige Übernachtung möglich, richtig schön stehen Sie zugegeben nicht, doch bessere Möglichkeiten bietet der Ort nicht.

**Modica, oben Stellplatz 150**

150 N 36°51'13" E 14°45'20", Viale Medaglie D`Oro

150a N 36°52'00" E 14°45'25", Piazzale Falcone e Borsellino

## Unterwegs in Modica:

Modica existierte bereits zu Zeiten der Karthager und Griechen. Ab dem 13. Jahrhundert wurde es politisches und wirtschaftliches Zentrum einer eigenen, einflussreichen Grafschaft. Es lag am Zusammentreffen zweier Flüsse zwischen vier umliegenden Hügeln und galt mit seinen 23 Mühlen und 17 Brücken als süditalienische Ausgabe Venedigs und »Hauptstadt der Hybläischen Hügel«. Nach dem barocken Neuaufbau im 18. Jahrhundert verschwand der Hauptfluss unter dem Corso Umberto I und die gesamte Optik wandelte sich ins heutige Bild. Modica teilt sich in eine Unter- und Oberstadt auf. Neben seinem klassisch-markanten Aussehen ist es für seine Schokoladenspezialitäten bekannt, die seit Jahrhunderten nach originalen Rezepten der Inkas gefertigt werden. Die Kakaomasse wird nicht, wie sonst üblich, conchiert und die Zuckerkristalle bleiben erhalten. Das gibt den Tafeln, die es in Dutzenden Geschmacksrichtungen zu kaufen gibt, einen crunchigen Biss statt zartem Schmelz – wie bei so vielen Dingen ist das Geschmackssache. Sicher etwas

**Castello dei Conti am höststen Punkt der Stadt, oben Bähnchen und Dom**

**Höhlenbehausungen im Burgberg**

Besonderes aber nicht Jedermanns Ding.

Egal ob Sie vom südlichen oder nördlichen Parkplatz aus starten, werden Sie auf dem zentralen **Corso Umberto I** landen. Dort liegt ein Großteil der örtlichen Geschäfte und Cafés. Kurzweilig gestaltet sich ein Besuch beim nahe dem Südende gelegenen, medizinischen **Museo Tommaso Campailla** im ehemaligen Syphiliskrankenhaus *(Piazza G. Matteotti, Di. / Do / Sa. 16.00 – 19.00 Uhr, Mi. / Fr Museo Tommaso Campailla. So. 9.30 – 12.30 Uhr, 2 €).*

Etwa in der Mitte der Straße treffen Sie auf die am Ende eines großen Treppenaufgangs erbaute **Kirche San Pietro**. Schräg dahinter versteckt sich die kleine **Chiesa San Nicolo Inferiore**. Sie ist die älteste der Stadt, ihre byzantinischen Fresken gleichen eher Höhlenmalereien *(Via C. Grimaldi, 10.00 – 13.00 Uhr, Sommer auch 16.00 – 19.00 Uhr, 2 €)*. Fast gegenüber von San Pietro steht der **Palazzo della Cultura** mit dem interessanten **Modica Musei**. Es handelt sich um mehrere eigenständige Museumsabteilungen, die sich vor allem mit Archäologie, dem Werk des aus Modica stammenden, international renommierten Malers Salvatore Quasimodo (1901 – 1968) und Schokolade beschäftigen *(Corso Umberto I 149, Di. – So. 10.00 – 14.00 Uhr und 16.00 – 20.00 Uhr, 5 €).*

An der Haltestelle davor können Sie erneut einen **Trenino Barocco** besteigen, der durch ganz Modica fährt. Der Weg in die Oberstadt kann aufgrund der vielen Stufen und verschlungenen Wege, gerade im Sommer, zu Fuß zu einem schweißtreibenden Unterfangen geraten. Die Zugfahrt lohnt somit noch mehr als zuvor in Scicli. Markante Haltepunkte, an denen Sie aussteigen und später wieder weiterfahren, sind der **Dom**, der letzte verbliebende Turm des ehemaligen Castello, das Geburtshaus Quasimodos sowie der **Belvedere Pizzo** am obersten Ende des Hügels mit schönem Blick auf Unterstadt und Umgebung *(www.treninobarocco.it, Infos auf italienisch und englisch, ab etwa 11 Uhr, 6 €).*

Unsere Gastrotipps für Modica lauten ***Il Girasole*** *(Via Merce 63)*, ***Aqua e Farina*** *Via V. Veneto 14)*, ***Ornato*** *(Via Pozzo Barone 30)*, ***Fattoria delle Torri*** *(Vico Napolitano 14)*, ***I Lupini*** *(Via Santa 22)* und ***Cappero Bistrot*** *(Corso Umberto I 156)*. Süßes und Eis erhalten Sie in guter Qualität im ***Latteria*** *(Café, Corso Umberto I 28)*, dem ***Caffe Adamo*** *(Café, Via M. Tedeschi 17)*, ***Caffe dell`Arte*** *(Café, Corso Umberto I 114)*, ***Antica Dolceria Bonajuto*** *(Café, Corso Umberto I 159)* und im ***Fargione*** *(Eis, Piazza Principe di Napoli 14)*,

Ragusa

***In der Nähe:***

• Ein interessanter Ausflug führt von Modica in östliche Richtung bis zum Flusstal **Cave d`Ispica**, das sich von der Stadt **Ispica** aus nach Nordwesten zieht. *Auf einer Wanderung können Sie bronzezeitliche Nekropolen, Wohnhöhlen und frühchristliche Katakomben erkunden*. Die größte ist die **Catacomba della Larderia** am Nordende der Schlucht, ebenso das **Grottenmuseum** und die historische Wassermühle. Ein Besucherparkplatz liegt links von der SP32 bei N 36°51'01" E 14°50'13" *(mehr unter www.cavadispica.org, Via Cave D`Ispica, verschiedene Öffnungszeiten und Preise).*

**Ragusa** *(73.500 Einwohner, Markttag Do., Contrada Bibbiena)*
Schon die Sikuler gründeten vor Jahrtausenden eine erste Siedlung auf dem heutigen Stadtgebiet, doch erst unter den Arabern erlebte die Stadt einen ersten Aufschwung. Im 15. Jahrhundert führte der damals herrschende Graf Cabrera ein Erbpachtsystem ein, das vielen Bauern zu Reichtum verhalf. Zwischen ihnen und den ansässigen Aristokraten kam es in der Folgezeit immer häufiger zu Streitigkeiten, die nach dem verheerenden 1693er Erdbeben darin gipfelten, dass beide Seiten beschlossen, eigene Städte zu bauen. Die Aristokratie zog es vor, das bestehende Siedlungsgebiet, heute als Ragusa Ibla bekannt, mit seinen mittelalterlichen, verwinkelten Gassen neu zu beleben. Die Bauern legten einen Hügel weiter mit Ragusa Superiore eine ganz neue Planstadt an, die in einem oftmals rechtwinkeligen Raster entstand. Erst 1926 wurden beide Teile, nach einer Landreform und Entstehung einer neuen Provinz Ragusa, zu einer Stadt vereint. *Ragusa ist heute die größte und bedeutendste der sizilianischen*

*Barockstädte* und einer der wirtschaftlichen Motoren mit signifikant niedriger Arbeitslosigkeit und entsprechend hohen Durchschnittseinkommen. Für Gäste mit Wohnmobil ist die Infrastruktur mittelmäßig. Für einen Tagesbesuch finden Sie nah an der Altstadt gelegene Parkplätze an der **Via Avocato G. Ottaviano**. Der Platz wäre auch übernachtungsgeeignet, er ist aber nicht sonderlich groß und wird auch von PKWs genutzt. Alternativ nehmen Sie die meist ausreichend vorhandenen Längsparker ab N 36°55'33" E 14°44'15" die folgen, wenn Sie die Straße einfach weiterfahren. Spätestens wenn die Straße sich teilt, sollten Sie aber umdrehen, da die Wege danach enger werden. Weiter außerhalb, in der Neustadt, gibt es weitere Übernachtungsmöglichkeiten.



151 N 36°55'27" E 14°44'11", Via Avocato G. Ottaviano.

### 152 Ragusa

**GPS**: N 36°54'51" E 14°43'38", Cave Tabuna Balatelli. **Max. WOMOs**: 10–12. **Ausstattung**: An dem Parkplatz selbst gibt es keine Einrichtungen, eine V/E-Station befindet sich aber gleich in der Nähe bei N 36°54'58" E 14°43'52", Largo Caduti sul Lavoro, am Busparkplatz. **Bescheibung**: Gemischter Parkplatz, der im hinteren Bereich fast ausschließlich von WOMOs genutzt wird. Auf Asphalt, teils schattig, recht eben, nachts meist recht ruhig. **Zufahrt**: Von der SS115 kommend die Abfahrt zur Altstadt passieren, weiter geradeaus, dann direkt vor der Tankstelle links bergauf in die Via S. G. Bosci abbiegen und am Ende rechts halten. Nun bei erster Gelegenheit links. Dort teilt sich die Straße – links zur V/E-Station, rechts weiter zum Parkplatz, den Sie ganz am Ende der Straße nach rechts erreichen. **Hinweis:** Ein weiterer möglicher Nachtparkplatz ist nicht weit entfernt, N 36°54'46" E 14°43'30", Strada Comunale Tabuna Tondo.

## Unterwegs in Ragusa

Vom angegebenen Parkplatz z direkt zwischen den beiden Stadthügeln gelegen, müssen Sie entscheiden, welchem der beiden Teile Sie den Vorzug geben.

***Ragusa Ibla***

Wenn Sie hinter dem Parkplatz die Treppe nach oben steigen und sich rechts halten, erreichen Sie zuerst die **Piazza della Repubblica**. Die dort

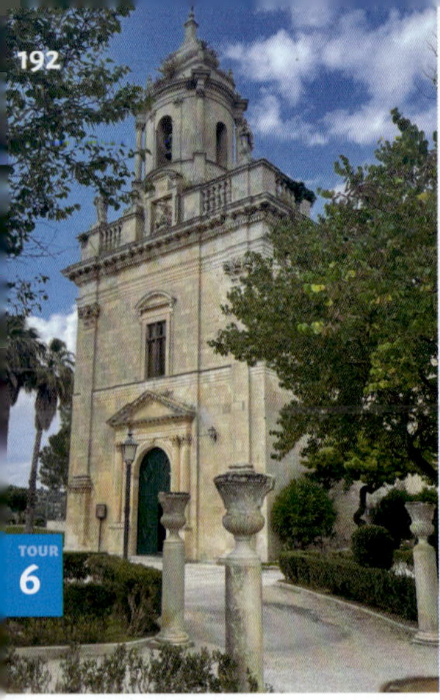

Chiesa di San Giacomo Apostolo und Stadtdom, unten Altstadt bei Nacht

gelegene Kirche **Santissimo Anime del Purgatorio** ist aufgrund ihrer Geschichte besonders: sie gehört zu den ganz wenigen Bauwerken, die das große Erdbeben überstand und aus dem Jahr 1658 datiert.

Gleich links davon folgen Sie der **Via del Marcato** und nach rechts der **Via XI Febbraio** weiter zum Ortsmittelpunkt, mit dem **Dom San Giorgio**. Besonders auffällig sind kurz bevor Sie ankommen, die aufwändig gestalteten Balkone des ansonsten ziemlich bröckeligen **Palazzo La Rocca** linker Hand. Nur wenige Meter weiter stehen Sie an der **Piazza Duomo**. Den leicht ansteigenden Platz schließt am Ende eine breite Treppenanlage ab, an deren Ende, noch weiter oben, der mächtige Dom platziert wurde. Wie schon in Scicli und Modica zuvor gibt es in Ragusa Ibla einen **Trenino Barocco**, der am Hauptplatz seinen Haltepunkt hat. Die Tour führt nur durch diesen Ortsteil und ist daher von allen drei Städten die am wenigsten notwendige *(www. treninobarocco.it, Infos auf italienisch und englisch, ab etwa 10.30 Uhr, 6 €)*. Geradeaus schlendern Sie auf dem malerischen **Corso XXV Aprile** bis zur **Piazza Pola**. Links daneben befindet sich der Eingang zum schönen öffentlichen

Garten **Gardino Ibleo**. Der Rückweg erfolgt am besten auf gleichem Weg bis zur Piazza Duomo und von dort diesmal zu Abwechslung auf der anderen Seite vom Dom herum. Solange Sie immer Ihre Richtung beibehalten, gelangen Sie früher oder später zurück zur Piazza della Repubblica, wo Sie gestartet sind. Gute Adressen für eine Einkehr in der Altstadt sind ***Agli Archi Trattoria*** *(Piazza della Repubblica 10)*, ***La Duomo*** *(Via Capitano Bocchieri 31)*, ***La Bettola*** *(Largo Camerina 7)*, ***LoSteri*** *(Piazza Chiaramonte 8)*, ***Trattoria Da Nino*** *(Via Porta Modica 21)*, ***Cantunéra Ibla*** *(Largo San Domenico 18)*, ***Mastrocilie-gia*** *(Café, Corso XXV Aprile 96)* und ***Gelati DiVini*** *(Eis, Piazza Duomo 20)*.

**Battista-Kathedrale in der Neustadt**



***Ragusa Superiore***

Den Besuch der Neustadt beginnen Sie an der Piazza della Repubblica oberhalb der am Parkplatz beginnenden Treppenstiege. Diesmal nehmen Sie die große Treppe aufwärts, die als **Via Scala** gegenüber der Kirche aufsteigt. Nach der ersten Straßenuntertunnelung halten Sie sich links und nehmen den Aufgang zum **Corso Mazzini** rechtsherum. Nach einer Serpentinenkurve klettern Sie links auf einer weiteren Treppenstiege vor den ansteigend gebauten Häusern weiter nach oben. Die Stufen werden breiter, führen an der **Chiesa di Santa Maria della Scale** vorbei und geben einen tollen Blick auf Ragusa Ibla frei. Am obersten Ende der knapp 350 Stufen folgen Sie der **Via XXIV Maggio** bis zum Corso Italia, dem Sie nach rechts entlangwandern. Der breite Boulevard führt an der **Piazza Matteotti** vorbei und passiert den Platz vor der mächtigen **Cattedrale di San Giovanni Battista**, die ihrem Pendant in der Altstadt in kaum etwas nachsteht. Halten Sie sich hier links. Am Ende des Platzes schließt die kleine, von Restaurants gesäumte **Via M. Coffa** an, eine Parallelstraße weiter nach rechts können Sie auf der verkehrsberuhigten **Via Roma** bis zum Hotel Mediterraneo gehen. Im Untergeschoss befindet sich an der **Via Natalelli** das **Archäologische Museum** von Ragusa *(www.regione.sicilia.it, Mo. – Sa. 9.00 – 18.30 Uhr, Eintritt frei)*. Wenn Sie sich am Ende des Kirchplatzes dagegen links halten, folgen Sie dem parallel zum Corso Italia zurückführenden **Corso V. Emanuele**, bis Sie am Ende rechts auf die **Chiesa Santuario e Convento del Carmine** stoßen. Links davon führt die **Piazza Carmine** zu einer Treppenanlage, der Sie abwärts folgen. Sie endet an einem Parkplatz vor den Felsen. Nach links spazieren Sie in wenigen Schritten zurück zum Parkplatz. Gastrotipps in der Neustadt sind das ***Tipico*** *(Piazza San Giovanni 41)*, das ***Basilico*** *(Via M. Coffa 20)*, die ***Trattoria da Luigi*** *(Corso V. Veneto 96)* und das ***Giro di Vite*** *(Corso V. Veneto 100)*.

## Castello Donnafugata

Auf dem Rückweg zum Meer können Sie das sehenswerte Castello di Donnafugata besichtigen. Einst war es ein eher schlichtes Landhaus. Es wurde 1865 von Baron Corrado V. Arezzo de Spuches

**Oben und unten: Castello Donnafugata**

zu einem wehrhaft wirkenden Adelssitz umgebaut. Ganze 122 Zimmer umfasst das Gebäude, von denen eine ganze Reihe besichtigt werden können. Im acht Hektar großen Garten gefällt eine kleine Grotte, Kinder freuen sich über das Labyrinth. Der Zugang zum Haus wird von mehreren Cafés und Gaststätten gesäumt und ein großer Parkplatz gehört zum Anwesen. Am Parkplatz kann man die Nacht verbringen. Ein schöner privater Stellplatz folgt dann kurz vor Marina di Ragusa *(www.commune.ragusa.gov.it, etwa. Apr. – Okt. Di. – So., 9.00 – 13.00 und 14.00 – 17.00 Uhr, etwa Juni – Aug. meist bis 19 Uhr und keine Mittagspause, 6 €).*

**153** N 36°52'50" E 14°33'53", Contrada Donnafugata

### 154 Cerasella – *Casa Cautha 16*

**GPS/Kontakt**: N 36°48'12" E 14°33'19", Via Mar Baltico 2. **Max. WOMOs**: 2. **Öffnungszeiten**: Ganzjährig geöffnet. **Ausstattung**: Ver- / Entsorgung möglich. **Beschreibung**: Kleine Pension, deren Betreiber selbst Camper sind und auf ihrem Grundstück drei Parkplätze zur Übernachtung

Oben und unten: Strände in Marina di Ragusa



bereithalten. **Preis**: Kostenfrei, aber ein freiwilliger Beitrag für V/E und Übernachtung sollte selbstverständlich sein. **Zufahrt**: Von der SP25 aus Richtung Ragusa kommend nach Cerasella einfahren, dann die vierte Straße, Via Cerasella, rechts nehmen. An der vierten Abzweigung rechts befindet sich die Pension.

**Marina di Ragusa** *(3.500 Einwohner, Markttag Do., Piazza V. Rabito)* Marina di Ragusa war einst vor allem als Hafenstadt bekannt, von der Bitumen verschifft wurden. Dank der schönen Sandstrände entwickelte es sich seit dem zu einem beliebten Badeort. Mit vielen Restaurants, Cafés, Clubs und Diskotheken fehlt es nicht an Unterhaltungsmöglichkeiten. Für das leibliche Wohl sorgen unter anderen ***AmaLaPizza*** *(Lungomare Mediterraneo 33a)*, ***Ristorante Il Delfino*** *(Lungomare Andrea Doria)*, ***LaGrotta*** *(Via Napoli 1)*, ***Arà*** *(Fastfood, Via Tindari 13)* und das ***Caffè delle Rose*** *(Café, Piazza Duca Degli Abruzzi 25)*.

Für Sie gibt es gleich mehrere recht günstige Wohnmobilstellplätze zur Auswahl. Sollten tatsächlich alle besetzt sein oder Sie aus anderen Gründen lieber freistehen wollen, versuchen Sie es

alternativ an der großen zentralen **Piazza Vinzenzo Rabito**. Am östlichen Ortsrand kommen ein bis zwei kleinere Wohnmobile notfalls gleich hinter dem Strand am Ende des **Lungomare Andrea Doria** unter. Oder Sie wählen den örtlichen Campingplatz.



155 N 36°47'08" E 14°33'30", nicht Mo. auf Di. Nacht, Mi. auf Do. Nacht und Do. ganztags wegen Marktbetrieb

156 N 36°46'50" E 14°34'13"

### 157 Marina di Ragusa

**GPS**: N 36°47'17" E 14°32'49", Via Falconara. **Max. WOMOs**: 30. **Öffnungszeiten**: Ganzjährig geöffnet. **Ausstattung**: Ver- / Entsorgung, Strom, Toilette / Dusche, Waschmaschine. **Beschreibung**: Asphaltierte und umzäunte, ebene Parkfläche mitten in Marina di Ragusa in »zweiter Reihe«, die von der Stadt betrieben wird. Etwa 650 m zum Strand, 700 m in den Ort. Gepflegt, kein Schatten, bedingt klappstuhltauglich. **Preis**: 10 €. **Zufahrt**: Aus Richtung Santa Croce Camerina kommend auf der SP36 nach Marina di Ragusa fahren. Am großen Kreisverkehr bei Ortsbeginn rechts und gleich am nächsten Kreisverkehr erneut rechts in die Via Rimembranza halten. Links in die Zielstraße abbiegen zum Platz auf der rechten Seite.

### 158 Marina die Ragusa – *Camping Baia del Sole*

**GPS/Kontakt:** N 36°46'54" E 14°34'03", Via San Scrofani 5. **Öffnungszeiten**: Ganzjährig geöffnet. **Ausstattung**: Waschmaschine, WLAN, Brötchenservice. **Beschreibung**: Gepflegter schattiger Platz mitten im Ort, Strand gut 100 m entfernt, Plätze meist eben, relativ ruhig, auf Naturboden. **Preis**: 24 – 42 €, Ermäßigung mit Sicily Camping Tour. **Zufahrt:** Von der Küstenstraße aus östlicher Richtung kommend nach dem Kreisverkehr die erste Straße rechts ab nehmen, Einfahrt dort auf der linken Seite.

Wer es etwas beschaulicher und ruhiger liebt, dem gefällt vielleicht das kleinere **Punta Secca** besser. Es schließt sich gleich hinter Marina di Ragusa an. Dort gibt es erneut verschiedene Arten von Übernachtungsmöglichkeiten, ganz nach Geschmack.

**159** N 36°47'25" E 14°29'40", Via G. Gronchi, kostenloser Parkplatz, nur von Mitte April – Mitte Oktober geöffnet

**160** N 36°47'35" E 14°29'35", Via G. Saragat, inkl. Toiletten

Auf beiden Parkplätzen stehen Sie ein Stück vom Meer entfernt und sie sind eher zweckmäßig als schön. Mehr bietet das benachbarte Agricampeggio am westlichen Ortsende. Am nächsten Strand Torre di Mezzo gibt es einen großen Parkplatz, auf auch über Nacht geparkt werden kann. Die Zufahrt ist etwas holprig.



### 161 (G161) Punto Secca – *Capo Scalambri*

**GPS/Kontakt**: N 36°47'36" E 14°29'24", Contrada Bosco Punta Secca, Tel. 0932 61 62 63, www.caposcalambri.com. **Max. WOMOs**: 50+. **Öffnungszeiten**: Ganzjährig geöffnet. **Ausstattung:** Ver- / Entsorgung, Strom, Toilette / Dusche, WLAN, Spielplatz, Sportmöglichkeiten, Fahrradverleih. **Beschreibung**: Teils parzellierte Stellplätze auf Schotter / Erdboden, direkt am Strand, teils schattig, ruhig, schön und wild, aber einfach, rund 900 m in den Ort. **Preis**: 16 – 38 €, Ermäßigung mit ACSI und ADAC Camping Card und bei längeren Aufenthalten zwischen Oktober und März. **Zufahrt:** Wenn Sie Punta Secca am nordwestlichen Ortsausgang über die SP88 verlassen, ist das Landgut linker Hand angeschrieben. Nach gut 200 m links ab zur Einfahrt.

**162** N 36°48'17" E 14°28'50"

Der letzte schöne Strandabschnitt in diesem nach Süden ausgerichteten Teil der Küste befindet sich im Weiler **Punto Bracetto**. Der setzt sich im Großen und Ganzen aus wenigen Ferienhäusern und gleich vier Campingplätzen zusammen, die sich gemeinsam eine halbrunde Sandbucht teilen. Schlecht sind sie alle nicht, zwei stellen wir Ihnen näher vor:

**Strand bei Punta Secca**

### 163 Bracetto – *Baia dei Coralli*

**GPS/Kontakt**: N 36°49'00" E 14°28'08", Via dei Canalotti 41, Tel. 0932 918 82 82, www.campingbaiadeicoralli.it. **Öffnungszeiten**: Ganzjährig geöffnet. **Ausstattung**: Waschmaschine, WLAN, Bankautomat, teils private Bäder, saisonal Pool, Sportangebot und Animation, Minimarkt, Restaurant und Bar. **Beschreibung**: Gepflegter, parzellierter Platz mit Schotterflächen und direktem Strandzugang, meist ruhig, recht eben. **Preis:** 23 – 53 € (Rabatt mit der Sicily Camping Tour, ACSI und ADAC Camping Card). **Zufahrt:** Am Kreisverkehr der Straße 25 der Beschilderung nach Bracetto folgen. Dort direkt an der Hauptstraße linker Hand beschildert. **Hinweis:** Gleich neben der Einfahrt befindet sich ein weiterer Campingplatz, **Luminoso**, www.campingluminoso.com.



### 164 Bracetto – *Scarabeo*

**GPS/Kontakt**: N 36°49'03» E 14°28'00», Via dei Canalotti, Tel. 0338 979 30 62, www.scarabeocamping.it. **Öffnungszeiten**: Ganzjährig geöffnet. **Ausstattung**: Waschmaschine, WLAN, Grillgelegenheit, Fahrradverleih, Tischtennis, Minimarkt, verschiedene gastronomische Angebote. **Beschreibung**: Ordentlicher Platz auf grünem Gartengelände mit direktem Strandzugang, schattig durch Sonnensegel, Naturboden und Kies, meist ruhig. **Preis**: 18 – 69 €. **Zufahrt:** Am Kreisverkehr der Straße 25 der Beschilderung nach Bracetto folgen. Dort direkt an der Hauptstraße linkerhand beschildert. **Hinweis**: Etwas weiter westlich folgt ein weiterer Platz, Camping Rocca dei Tramonti, www.roccadeitramonti.it

## Riserva Naturale Cava Randello

Das relativ unbekannte Naturschutz- und Freizeitgebiet Cava Randello darf beinahe noch immer als Geheimtipp gelten. Es ist direkt von der Hauptstraße **SP85** aus erreichbar, dort gibt es einige Parkplätze bei N 36°50'28" E 14°27'39". Abgesehen von den Wochenenden im Juli/August sind diese selten überfüllt. Hinter dem Zugangstor liegt ein ausgedehnter Piniengürtel, der für

**Unten und oben rechts: Cava Randello Naturreservat**

den motorisierten Verkehr versperrt ist. In diesem finden Gäste eine große Anzahl an Picknickbänken und einige Grillplätze vor. Auch einfache Duschen und Toiletten wurden für Besucher installiert. Nach einigen hundert Metern biegen Sie rechts zum Strand hin ab. Zwischen den dünenartig aufgetürmten Sandbergen sind Sie nicht selten ganz allein oder treffen wenigstens auf ein ruhiges Plätzchen. Oft findet man im Sand Muscheln aller Formen und Größen. Weitere Infrastruktur oder gar Verkaufsstände gibt es erfreulicherweise nicht. Alles, was Sie für den Tag am Meer benötigen, müssen Sie mitführen und natürlich wieder mit zurücknehmen. Ein toller Platz, solange Sie den etwas weiteren Fußweg nicht scheuen.

**Scoglitti** *(4.200 Einwohner)*
Vor dem Beginn des nächsten nennenswerten Badeortes, Scoglitti, können Sie links in den Weiler **Passo Marinaro** abfahren, wenn Sie an einem außerhalb der Hauptsaison äußerst ruhigen Strand Station machen möchten. Bald darauf weisen Schilder nach links den Weg zum **Museo Regionale e scavi di Kamarina**. Von den Ausgrabungen der antiken, griechischen Stadt Camarina ist heute nicht mehr allzu viel zu sehen. Immerhin beherbergt das zugehörige Museum eine größere Zahl an Fundstücken. Besonders interessant sind einige vor der sizilianischen Küste im Meer gefundene Artefakte. Am nachfolgenden Kamarina-Strand gibt es entlang der Strandstraße meist ausreichend Parkplätze, auch für WOMOs *(N 36°52'20" E 14°26'53", SP102, www.regione.sicilia.it, meist Mo. – Fr. 9.00 – 14.00 Uhr und 15.00 – 19.00 Uhr, Eintritt frei).*

Das ehemalige Fischerdorf Scoglitti lebt heute überwiegend vom Tourismus und bietet mit dem **Spiaggia La Laterna** einen weiten, recht gepflegten Sandstrand, einen kleinen Hafen, Leuchtturm und einige Geschäfte.

Es gibt mehrere einfache Parkplätze, die öfters von Wohnmobilen angesteuert werden, allerdings nur in den Wintermonaten. Alternativ gibt es einen gut ausgestatteten, kommerziellen Wohnmobilstellplatz.

TOUR 6

**Hafen von Scoglitti, unten Strand bei Passa Marinaro**

165 N 36°53'41" E 14°25'41" Via Príncipe di Piemont

165a N 36°53'54" E 14°25'35", Via C. Orazio

## 166 Scoglitti – Kamarina Pit Stop

**GPS/Kontakt**: N 36°53'39" E 14°26'18", SP19, Tel. 0393 507 68 78, www.kamarinapitstop.it. **Max. WOMOs**: 30+. **Öffnungszeiten**: Ganzjährig geöffnet. **Ausstattung**: Ver- / Entsorgung, Strom, Toilette / Dusche, WLAN, Kiosk, Spiel- und Grillplatz, Fahrradverleih, in der Saison Pool. **Beschreibung**: Parzellierte, geschotterte Flächen, meist mit zusätzlicher Rasenfläche pro Platz, durch kleine Büsche und Bäumchen getrennt, schön angelegt, kaum Schatten, eben, relativ ruhig, klappstuhlgeeignet, etwa 900 m zum Meer, 700 m in den Ort, Shuttleservice wird angeboten. **Preis**: 18 – 24 €. **Zufahrt:** Direkt an der SP19 durch Scoglitti linker Hand. **Hinweis**: Wenn Sie es etwas abgeschiedener mögen, können Sie auch den Platz ***Baia Dorica*** ansteuern, etwas außerhalb aber gar nicht schlecht, bei N 36°54'59" E 14°25'05", Via Germania, Tel. 0377 356 92 85, ganzjährig geöffnet mit kurzen Schließungen in der Nebensaison, alle Einrichtungen, Pool, Grill- und Tennisplatz, 15 – 30 €.

Stellplatz 167

Ehe Sie auf Tour Sieben die Großstadt Gela erreichen, können Sie einige Kilometer weiter ein letztes Mal links zum kleinen Bade- und Urlaubsort **Marina di Acate** abzweigen. Neben der Strandbar Chupa Chupa parken Sie, auch über Nacht, ganz am Ende der zu manchen Zeiten stark versandeten Promenade. Achtung, außerhalb der Saison kann dieser Bereich ziemlich einsam, dreckig und heruntergekommen wirken.

167 N 36°59'10" E 14°21'22"

# Tour 7

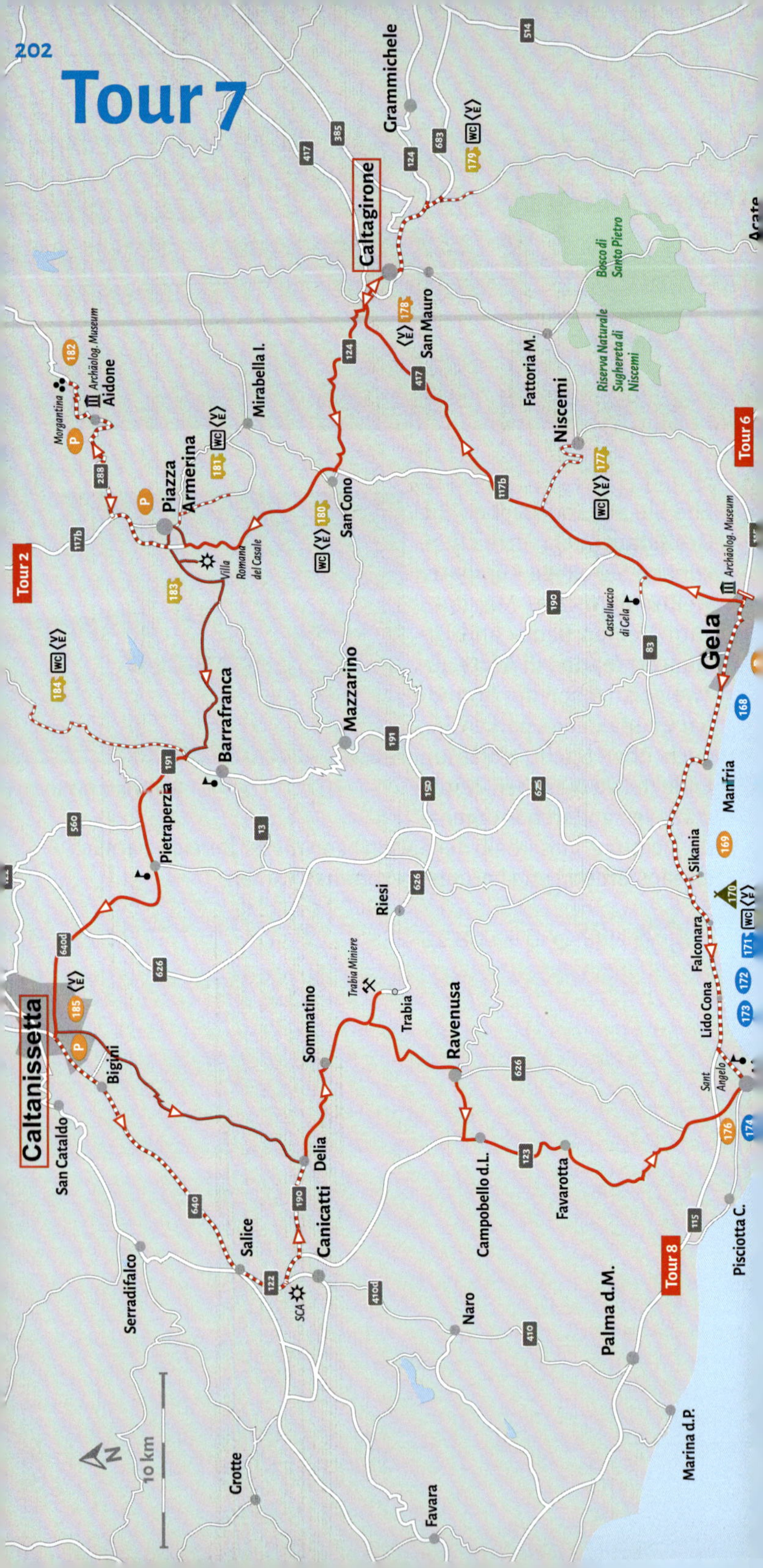
Caltanissetta
San Cataldo
Bigini
Serradifalco
Salice
Grotte
Favara
Canicattì
Delia
Sommatino
Trabia Miniere
Trabia
Riesi
Ravenusa
Campobello d.L.
Naro
Favarotta
Palma d.M.
Marina d.P.
Pisciotta C.
Sant Angelo
Lido Cona
Falconara
Sikania
Manfria
Gela
Castelluccio di Cela
Archäolog. Museum
Mazzarino
Barrafranca
Pietraperzia
Piazza Armerina
Villa Romana del Casale
Aidone
Morgantina
Archäolog. Museum
Mirabella I.
San Cono
Caltagirone
San Mauro
Grammichele
Niscemi
Fattoria M.
Riserva Naturale Sughereta di Niscemi
Bosco di Santo Pietro
Acate
Tour 2
Tour 6
Tour 8
SCA
10 km
N

## Provinzen Caltanisetta und Enna-Süd

270 km

**Nur ein kleiner Küstenstreifen gehört zur Provinz Caltanissetta, die sich dahinter weit ins weniger touristisch geprägte Inland zieht. Zuvor erwartet Sie außerdem Siziliens Keramikhauptstadt und eine der besterhaltenen römischen Villen, ein Highlight jeder Kulturreise. Wer dagegen abkürzt und an der Küste bleibt, findet zwischen Gela und Licata einige gute Badeplätze. Entdecken Sie:**

- **Keramikstadt Caltanisetta**
- **Ausgrabungen von Morgantina**
- **Villa Romana Casale**
- **Caltanisetta**

***Kurzvariante entlang der Küste:***

**Gela** *(72.000 Einwohner, Markttag Di, Via Recanati)*
699 v. Chr. gründeten Einwanderer aus Kreta und Rhodos den antiken Vorgänger der heutigen Stadt Gela. Fast 200 Jahre lang florierte der Ort und es gelang, andere griechische Städte auf Sizilien einzunehmen. Als der Tyrann Gelon sich aber entschied, seinen Sitz nach Syrakus zu verlegen, ging Gelas Stern unter.

Bis nach dem Zweiten Weltkrieg blieb es ein unbedeutendes kleines Nest, das erst durch die Entscheidung des Erdölkonzerns ENI, seine Raffinerien hier zu errichten, auf die heutige Größe wuchs. Schöner ist Gela dadurch sicher nicht geworden. Zwar stehen die meisten der beeindruckend hässlichen Anlagen inzwischen still, dennoch haben diese Natur und Ortsbild auf lange Sicht ziemlich verschandelt. Hinzu kommt der miserable Ruf als einer der kriminellsten Orte Italiens, in dem sich bis vor wenigen Jahren Mafia und andere Unterweltorganisationen tum-

**Weststrand von Gela**

Stellplätze 168 und 169

melten. Erst seit dem neuen Jahrtausend ist langsam Ruhe eingekehrt und die Probleme scheinen etwas an Dringlichkeit verloren zu haben. Der dringend benötigte Strukturwandel ist aber noch lange nicht abgeschlossen.

Für Touristen gibt es somit weniger Gründe lange zu verweilen als in anderen Küstenorten ähnlicher Größe. Der vielleicht Beste ist das **Archäologische Museum** der Stadt. Es wurde renoviert, recht modern gestaltet und zeigt eine der umfangreichsten Sammlungen bronzezeitlicher und antiker Exponate Siziliens. Unmittelbar daneben befinden sich die Ausgrabungen der antiken Akropolis *(Parken entlang der Straße bei N 37°03'46" E 14°15'28", www.beniculturali.it, Corso V. Emanuele I, Mo–Sa, 9–19 Uhr, auch erster So im Monat bei freiem Eintritt, 4 €)*. Falls Sie sich ein wenig länger umsehen möchten oder den Strand testen wollen, können Sie auf dem bewachten Strandparkplatz am **Lungomare F. II di Svevia** parken, N 37°03'48" E 14°15'01". Zur Einkehr empfehlen sich das ***Disiu*** *(Vico Santa Lucia 9)*, das ***Ristorante Centrale Toto*** *(Via Generale Cascino 99)*, die ***Osteria Miseria e Nobilita*** *(Corso V. Emanuele 291)* und die ***Trattoria San Giovanni*** *(Via Damaggio Fischietti 51)*.

Etwas hübscher, weniger städtisch und von weniger Menschen frequentiert ist der Strand am westlichen Ortsrand. An der **Piazza delle Tre Porte** stehen ab und an Wohnmobile, auch über Nacht. Tatsächlich gibt es aber in der Umgebung noch einladendere Orte

**168** N 37°04'28" E 14°12'55"

### Caltanisettas Küste

Westlich von Gela spannt sich ein kilometerlanger, ziemlich schmaler Sandgürtel vor die Küste. Die Gewächshäuser machten in dieser Gegend kleinen Ferienhaussiedlungen Platz, meist Wochenenddomizile, die Sie getrost links liegen lassen können. Erst am Weiler **Sikania** lohnt ein Abstecher zur Küste wieder. Auf dem riesigen, asphaltierten Parkplatz am Strand kann man Tag und Nacht stehen, leider ist in dieser Gegend nur das Müllproblem wieder besonders schlimm. Zumindest in der Nebensaison ist alternativ auch schon die Abfahrt zum Strand ein paar hundert Meter zuvor einen Versuch wert, wenn Sie es etwas weniger exponiert mögen. Im nächsten Örtchen **Falconara** bietet der **Campingplatz Due Rocche** eine besser ausgestattete Alternative.

169 N 37°06'35" E 14°04'53", Contrada Desusino

169a N 37°06'14" E 14°06'52", Via del Sole

### 170 Falconara – Camping Due Rocche

**GPS/Kontakt**: N 37°06'34" E 14°02'19", SS115, Tel. 0934 34 90 06, www.duerocche.it. **Öffnungszeiten**: April – Oktober. **Ausstattung**: Waschmaschine, WLAN, Spielplatz und Kinderanimation im Sommer, Restaurant, Minimarkt, Sportgelegenheiten. **Beschreibung**: Einfacher, schattiger Platz mit Stellplätzen zwischen Bäumen, Naturboden, recht eben, ruhig, rund 200 m zum schmalen aber ganz schönen Strand. **Preis**: 23,50 – 36,50 €, Ermäßigung mit Sicily Camping Card. **Zufahrt**: Der SS115 nach Westen folgen, kurz nach Falconara dann links mit einem großen Schild angeschrieben.

TOUR 7

Am Weg nach Licata gibt es noch mehrere Male Gelegenheit in Strandnähe zu parken. Die erste befindet sich am Canticaglione Strand, bietet sogar einfache Stellplatzausstattung und gehört zum recht schönen Gelände einer Kitesurf-Schule mit Palmen. Die nächste liegt an der Playa Serenusa, ist nichts weiter als ein kostenpflichtiger Parkplatz, dafür haben Sie Strand und Umgebung beinahe ganz für sich. Am Lido Cona folgt dann der dritte Platz, auch hier keinerlei Ausstattung von einfachsten Stranduschen abgesehen, dafür ein ganz nettes Parkgelände – entscheiden Sie selbst, ob Sie sich an einem der Orte wohl fühlen. Leider können die zeitweise immensen Müllmengen unterwegs die Freude möglicherweise etwas verderben.

Strand von Sikania

TOUR 7

**Markt von Licata, unten Licata Beach und Stellplatz 174**

**171** N 37°06'33" E 14°01'36", Contrada Canticaglione, Mitte Apr. – Sep., Ver- / Entsorgung, teils Strom, einfache Toilette / Dusche, 15 – 30 €

**172** N 37°06'38" E 14°00'40", SS115, Jean Beach, ganzjährig unregelmäßig geöffnet, 10 – 15 €

**173** N 37°06'42" E 13°59'25", SS115, nur saisonal geöffnet, 10 €

**Licata** *(37.400 Einwohner, Markttag Do, Via Piazza Armerina)*

Die Stadt Licata erlebte ihre besten Zeiten als Hafen und Verladezentrum während des Schwefelbooms im 19. Jahrhundert. Zahlreiche prächtige Jungendstilgebäude erinnern noch heute daran. Das Zentrum befindet sich rund um das auffällige, mit einem Uhrturm ge-

Castello Sant´Angelo



schmückte Rathaus am **Corso V. Emanuele**. Einige hundert Meter weiter östlich gibt es einen Wohnmobilstellplatz. Parken können Sie ansonsten tagsüber wie nachts am Hafen. Dort befindet sich der Fischmarkt und der erstaunlich schöne **Marinello-Strand**, an dem auch eine Übernachtung denkbar wäre. Auch gastronomisch wird in Licata Einiges geboten, so beispielsweise in der ***L`Osteria E Il Sacrestano*** *(Via Sant`Andrea 19)*, dem ***Ristorante de Gustibus*** *(Corso V. Emanuele 136)*, dem ***La Drogheria*** *(Corso Roma 22)* und in der ***Gelateria La Dolce Vita*** *(Eis, Piazza A. Regolo 41)*.

174 N 37°05'48" E 13°55'51"

### 175 Licata – Gli Oleandri

**GPS/Kontakt**: N 37°05'59" E 13°56'31", Via Salvo D`Acquisto 7, Tel. 0338 408 63 50. **Max. WOMOs**: 25. **Öffnungszeiten**: Ganzjährig geöffnet. **Ausstattung**: Ver- / Entsorgung, Strom, Toilette / Dusche, Waschmaschine. **Beschreibung**: Geschotterter, einfacher Stellplatz eben, kaum Schatten, nette Atmosphäre, klappstuchgeeignet, rund 350m in die Ortsmitte und zum Strand. **Preis**: 12 – 16 €. **Zufahrt**: Der SS123 ins Zentrum folgen, am Rathaus (Palazza da Citta) links in den Corso Umberto abbiegen. An der zweiten größeren Straße, einer winzigen Tankstelle gegenüber, nach rechts fahren und der Via G. d. Chiesa bis zum kleinen Wohnmobilschild mit Pfeil nach links (etwa 400 m) folgen. Dort zum Platz steuern.

Statt direkt der Hauptstraße **SP67** weiter nach Westen zu folgen, wählen kleinere Wohnmobile unter 3,5 Tonnen ab dem Rathaus die Fahrt über die **Via S. Maria**. Sie müssen dann zwar ein kurzes, relativ steiles und schmales Fahrstück bezwingen, danach wird die Straße aber breiter und verläuft mit schöner Aussicht direkt oberhalb der Küste. Vor allem haben Sie so Gelegenheit, das geschichtstrachtige **Castello Sant`Angelo** oberhalb von Licata zu besuchen. Es geht auf die Karthager zurück und war später immer wieder ein entscheidender Ort kriegerischer Auseinandersetzungen, an dem Griechen, Römer und Araber kämpften. Die heutige Burg stammt aus dem 17. Jahrhundert und ist spanischen Ursprungs. Sie bietet eine bezaubernde Aussicht. Bis auf zwei Räume mit Schaustücken ist die Anlage leer. Kurz nach dem beschilderten Aufgang gibt es eine große geschotterte Parkfläche *(Burg: Via Semaforo, meist Mo.–Fr. 9.00–13.00 Uhr, Eintritt frei).*

176 N 37°05'59" E 13°55'50", Strada Comunale Sant`Antonio

TOUR 7

## Arancini

Kennen Sie schon Arancini? Dem Namen nach »kleine Orangen« werden damit goldgelb frittierte und mit verschiedenen Inhalten gefüllte Reisbällchen bezeichnet, die einen der beliebtesten Snacks auf Sizilien darstellen und in beinahe jeder (Snack)-Bar erhältlich sind – mal von hervorragender Qualität, mal eher trocken und langweilig. Probieren sollten Sie sie unbedingt einmal, auch wenn Reis sonst nicht zu ihren Lieblingsgerichten zählt.

Für das Rezept wird Rundkornreis, wie er auch für Risotto verwendet wird, langsam mit Brühe gekocht und im Anschluss mit Safran, Butter, Parmesan und Ei zu einer beinahe schnittfesten Masse vermengt. Die Füllung besteht traditionell aus Erbsen, Tomaten, Zwiebeln, Hackfleisch und Speck, doch auch andere, wie etwa fisch-, spinat- oder käselastige Füllungen sind erhältlich. Zu Bällchen geformt werden die Arancini in heißem Fett frittiert und warm oder kalt verspeist. Manche besitzen zur besseren äußerlichen Unterscheidung eine konische oder ovale Form.

### Rundfahrt durch die Provinz

Auf der Fahrt von Gela in Richtung Caltagirone können Sie einen ersten kurzen Halt an den gut erhaltenen, aber sonst verlassenden Überresten des **Castelluccio di Gela** einlegen, nur etwa 1,4 Kilometer von der Hauptstraße entfernt. Zumindest wenn es Ihnen

»lost places« angetan haben. Es scheint sich schon lange niemand mehr um das Bauwerk zu kümmern, das erstmalig in historischen Dokumenten aus dem Jahr 1143 auftaucht. Parken Sie am Rand der kleinen Zufahrtsstraße, etwa bei N 37°07'28" E 14°16'58", ab SP83 und nehmen Sie den Rest des Weges besser zu Fuß in Angriff. Bald darauf können Sie rechts von der SS117bis nach **Niscemi** abzweigen. Der Ort selbst ist nicht von größerer touristischer Bedeutung, doch es gibt hier, etwas südlich der Stadt, einen recht schönen Stellplatz an einer Pension.



### 177 Niscemi – *Area Verde di Casa Giulia*

**GPS/Kontakt**: N 37°06'57" E 14°23'21", SP11, Tel. 0347 458 27 79, www.casagiulianiscemi.it. **Max. WOMOs**: 8 – 10. **Öffnungszeiten**: Ganzjährig geöffnet. **Ausstattung**: Ver- / Entsorgung, Strom, Toilette / Dusche, Waschmaschine, WLAN, Grillgelegenheit. **Beschreibung**: Teils betonierte Parkfläche an der Pension, teils Stellflächen im Obstgarten, teils etwas Schatten, eben, sehr ruhig, klappstuhlgeeignet freundliche Atmosphäre. **Preis**: 15 €. **Zufahrt**: Der SS123 ins Zentrum folgen, am Rathaus (Palazza da Citta) links in den Corso Umberto abbiegen. An der zweiten größeren Straße, einer winzigen Tankstelle gegenüber, nach rechts fahren und der Via C. d. Chiesa bis zum kleinen Wohnmobilschild mit Pfeil nach links (etwa 400 m) folgen. Dort zum Platz steuern. **Hinweis**: Bei N 37°08'51" E 14°24'19", Via A. Gramsci gibt es zusätzlich direkt in Niscemi eine einfache Parkfläche. Die V/E-Station an dieser Stelle war zuletzt allerdings gesperrt.

**Caltagirone** *(35.700 Einwohner, Markttag: Sa., im Zentrum)*
Die Stadt Caltagirone ist Teil des UNESCO-Welterbes. Grund ist die nach den schweren Erdbeben von 1693 geschlossen neu erbaute Oberstadt im barocken Stil und Majolika. *So wird die Kunst der Keramikbemalung und -verzierung bezeichnet, als deren unbestrittene Hauptstadt Caltagirone seit dem 15. und 16. Jahrhundert gilt.* Als Besucher werden Ihnen die vielen Kachelverzierungen an Häusern, Brücken, Schildern und Böden auffallen. Wie immer im Landesinneren Siziliens sollten Sie auf eine Fahrt in den engen Ort hinein tunlichst verzichten und einen der vorgesehenen Parkplätze nutzen. Dieser ist zwar auch übernachtungsgeeignet, schöner stehen Sie allerdings rund 12 Kilometer außerhalb.

### 178 Caltagirone – *Area San Giovanni*

**GPS**: N 37°14'22" E 14°30'26", Via Circonvallazione (SS124).
**Max. WOMOs**: 10 – 12. **Ausstattung**: Ver- / Entsorgung, Mülleimer,

tags Snack Bar. **Beschreibung**: Teils schattiger, relativ ebener, asphaltierter Platz. Durch die nahe Durchgangsstraße relativ laut, oft auch bellende Hunde, etwas ungepflegt, aber praktisch, zentrale Lage, etwa 450 m bis in die Ortsmitte. **Zufahrt**: Gut 200 m nach Ortseinfahrt rechter Hand unterhalb der Durchgangsstraße. **Hinweis**: Ein zweiter Parkplatz folgt direkt danach, auch dieser ist im Prinzip übernachtungsgeeignet, aber wenig schöner, N 37°14'18" E 14°30'29", Via Circonvallazione.



## 179 Caltagirone – *Sicily Ranch*

**GPS/Kontakt**: N 37°09'51" E 14°34'53", SP63, Tel. 0347 458 27 79, www.casagiulianiscemi.it. **Max. WOMOs**: 8. **Öffnungszeiten**: Ganzjährig geöffnet. **Ausstattung**: Ver- / Entsorgung, Strom, Toilette / Dusche, WLAN, Pool. **Beschreibung**: Ebene Stellplätze auf festem Untergrund an einer Farm mit vielen Hoftieren in Alleinlage. Gepflegt, gute Atmosphäre. **Preis**: 15 – 20 €. **Zufahrt**: Caltagirone nach Westen über die SS124 verlassen, nach einigen Kilometern rechts Richtung Ragusa halten und dann geradeaus in Richtung Mazzarrone weiterfahren. Nach rund 5,5 km links auf einen kleinen Fahrweg zur Farm abbiegen, die nach etwa 300 m rechts kommt.

Basilika di San Giacomo, unten Scalinata Santa Maria, links unten Santa Maria del Monte

## Unterwegs in Caltagirone

Für einen Rundgang folgen Sie der Hauptstraße in den Ort hinein. Gegenüber vom PKW-Parkplatz nach rund 150 Meter können Sie links über eine Treppenanlage zur **Basilica di San Giacomo** aufsteigen, vor der nach rechts der **Corso V. Emanuele** weiter ins Zentrum führt. Legen Sie einen kleinen Schlenker ein und biegen, unmittelbar vor dem Postamt, rechts in den schmalen Treppenweg **Via Ligama** ab. Dieser entlässt Sie nach einer kleinen Links-Rechts Schikane neben dem ehemaligen Gefängnis, heute das **Museo Civico Luigi Sturzo** an der **Via Roma**. Rechts führt die keramikgeschmückte **Ponte San Francesco** in die Unterstadt. Direkt benachbart steht linker Hand die **Kathedrale San Giuliano**. Sie stammt aus dem Jahr 1293, wirkt mit ihrer im 20. Jahrhundert erneuerten Jugendstilfassade aber deutlich jünger.

Vorbei an der **Piazza Umberto I** passieren Sie am Beginn der **Via E. Taranto** den **Palazzo Libertini di San Marco** mit schönen Deckenfresken. Gleich danach biegen Sie links in die kleinere **Via degli Studi** ab und spazieren so zur **Jesuitenkirche del Gesù** hinüber. Geradeaus über die **Via S. Giovanni Bosco** und zweimal links, um die **Chiesa Santa Maria degli Angeli** herum, erreichen Sie linker Hand den Hauptplatz mit dem Rathaus und der **Galleria Luigi Sturzo**. Rechter Hand stehen Sie vor Caltagirones bekanntester Sehenswürdigkeit, der 142 Stufen zählenden **Scalinata di Santa Maria del Monte**. Seit den

1950er Jahren ist jede einzelne Stufe mit verschiedenen keramischen Fliesen verziert und bildet das Wahrzeichen der Stadt. An Festtagen wird sie mit Blumen und Lichtern geschmückt. Vor allem am 24. und 25. Juli, beim Fest *La Scala Illuminata*, ist die Treppe abends mit farbigen Papierlaternen beleuchtet. Bevor Sie nach oben steigen, können Sie rechts noch den **Palazzo Ceramico** besuchen, ein Museum für zeitgenössische Keramikkunst. Am oberen Ende erwartet Sie die **Chiesa Santa Maria del Monte**, einstige Hauptkirche der Stadt. Über die **Via Ex Matriche**, die Sie vor einem Aussichtspunkt ganz am Ende links über die **Via S. Bonaventura** verlassen und dann rechts in die **Via Trigona** abbiegen, kommen Sie zur Basilica di San Giacomo zurück, die vom Beginn der Runde bekannt ist *(mehr zu den Ortsmuseen unter www.paesaggicalatini.it)*. Empfehlenswerte Gasthäuser im Zentrum der Stadt sind das ***Ristorante Il Dasa*** *(Via d`Antona 1)*, die ***Bar Iudica*** *(Café, Via P Amedeo 22)*, die ***Trattoria Anima e Core*** *(Piazza Marcinno 15)*, das ***Il Locandiere*** *(Via Don L. Sturzo 59)* und das Café ***Gusto e Arte*** *(Via Studi)*.

Wer sich für die Keramikkunst Caltagirones interessiert und einmal zusehen will, wie die bunten Kunstwerke entstehen, sollte während des Rundgangs entweder über die erwähnte Ponte San Francesco weiter nach Südosten marschieren oder alternativ mit dem Wohnmobil einen Halt am etwas außerhalb, gleich neben dem **Stadtpark** gelegenen **Museo Regionale della Ceramica** einlegen. Es zeigt nicht nur Majolika aus allen Epochen, sondern auch Live-Vorführungen zur Herstellung. Ein großer Parkplatz befindet sich in der Nähe, südlich des Parks, nur 100 Meter entfernt *(N 37°13'57" E 14°30'56", Via Corconvallazione, Museum: www.regione.sicilia.it, Via Guardini Pubblici, 9.00–18.30 Uhr, 5 €)*.

Ein weiterer interessanter und lohnender Ort ganz in der Nähe, ist der etwas außerhalb gelegene Friedhof **Cimitero Monumentale di Caltagirone**. Er wird auch Friedhof des Paradieses genannt, ist im gotischen Stil in Form eines griechischen Kreuzes angelegt und gilt mit seinen vielen privaten Kapellen seit 1931 als Nationaldenkmal *(N 37°13'57" E 14°32'15", Via della Prece 4)*.
Bei der Weiterfahrt nach Piazza Armerina treffen Sie nun auf mehrere Landgüter, die Wohnmobil-Stellplätze anbieten.

## 180 San Cono – *Agriturismo Gigliotto*

**GPS/Kontakt**: N 37°17'26" E 14°23'14", SS117bis, Tel. 0391 734 03 76, www.gigliotto.com. **Max. WOMOs:** 4 – 5. **Öffnungszeiten**: Ganzjährig geöffnet. **Ausstattung**: Ver- / Entsorgung, Strom, Toilette / Dusche, WLAN, Restaurant, Pool. **Beschreibung**: Schönes Landgut mit gutem Essensangebot und großem Pool, ruhige Lage, eben auf Schotter, teils etwas Schatten, Weinverkauf vor Ort. **Preis**: 25 €. **Zufahrt**: Ab Caltagirone nach Piazza Armerina fahren. Nach dem Wechsel auf die SS117bis die Abfahrt nach Mirabella nehmen, dann Richtung Gela rechts abfahren. Ab hier ist das Landgut bereits angeschrieben.

## 181 Piazza Armerina – *Cooperativa Agricasale*

**GPS/Kontakt**: N 37°20'15" E 14°23'15", Contrada Ciavarini, Tel. 0935 68 60 34, www.agricasale.com. **Max. WOMOs**: 20+. **Öffnungszeiten**: Juni – Mitte September Saison, sonst teils nur Stellplatz. **Ausstattung**: Ver- / Entsorgung, Strom, Toilette / Dusche, WLAN, Pool, Restaurant. **Beschreibung**: Schöne ruhige, großzügige Anlage, teils schattig, allerdings etwas in die Jahre gekommen und nicht immer ganz sauber. Stellflächen auf Rasengitter oder Schotter, eben, klappstuhlgeeignet. Etwa 6,5 km bis in den Ort. **Preis**: 20 – 25 €. **Zufahrt**: Von der SS117bis bei Piazza Armerina in die Stadt einfahren und dort rechts Richtung Mirabella halten. Am Kreisverkehr geradeaus fahren. Agricasale ist ab hier auf Schildern mit einem Fuchs markiert. Die Zufahrtsstraße ist recht schmal und nicht in bestem Zustand. **Hinweis:** Am Kreisverkehr nach links fahren Sie alternativ zum ***Agriturismo Savoca***. Dort werden ebenfalls Übernachtungsmöglichkeiten für Wohnmobiles angeboten, N 37°21'55" E 14°23'39", Contrada Polleri, Tel. 0935 68 30 78, www.agrisavoca.it, ganzjährig geöffnet, 20 €.

### Piazza Armerina

*(20.700 Einwohner, Markttag: Do., Piazzale Europa)*

Die einst beinahe vergessene und vor sich hin bröckelnde Stadt hat seit der Entdeckung der nahen Villa Romana einen deutlichen Aufschwung erlebt, nicht zuletzt durch den Tourismus. Wer einen Rundgang durch das nicht uninteressante *Centro Storico* mit ver-

Piazza Armerina

**Oben und rechts unten: Morgantina, unten links Dom von Piazza Armerina**



schiedenen Kirchen, Palazzi und dem Dom machen will, parkt am »WOMO-Stellplatz«. Die Anführungszeichen sind notwendig, denn inzwischen ist davon nur mehr ein heruntergekommener Parkplatz übrig, alle Einrichtungen wurden schon vor Jahren zerstört, N 37°23'14" E 14°22'03", Via G. Lo Giudice. Immerhin, auch Parkgebühren fielen zuletzt nicht mehr an. Gleich oberhalb gibt es noch weitere Parkplätze an der Via Giacinto Lo Giudice, zumindest wenn kein Markt stattfindet. Die meisten Besucher kommen übrigens Mitte August in die Stadt, wenn der alljährliche **Palio dei Normanni** abgehalten wird. Bei dem Historienspektakel prägen Ritter und Burgdamen für drei Tage das Stadtbild. Es gibt Turnierkämpfe und andere Aufführungen *(mehr unter www.paliodeinormanni.com)*. Bei einem Rundgang durch die Altstadt können Sie in der ***Cucina Garibaldi*** *(Via G. Garibaldi 62)*, der ***Trattoria Da Gianna*** *(Commenda dei Cavalieri di Malta)*, dem ***La Tavernetta*** *(Via Cavour 14)*, der ***La Locanda*** *(Via Laura de Assaro 2)* oder dem ***Cafeteria Marconi*** *(Café, Via G. Marconi 26)* einkehren.

Die historisch gesehen interessantesten Orte liegen allerdings nicht in der Stadt, sondern in der Umgebung. Auf einem Abstecher nach Osten können Sie die Ausgrabungen von Morgantina erkunden, auf der Weiterfahrt nach Westen die »Römische Villa«.

## Morgantina

Für diesen Abstecher steuern Sie zunächst durch ein großes Waldgebiet, das am Ort **Aidone** endet. Er gilt als Nachfolger der hellenistischen Siedlung Morgantina, die Sie kurz darauf errei-

chen. Ein Stopp lohnt wegen dem **Museo Archeologico di Aidone**, in dem viele interessante Fundstücke von dort gezeigt werden. Dazu zählen Rückgaben großer internationaler Museen und auf dem Schwarzmarkt aufgekaufte Raubkunst, die einst illegal in Morgantina ausgebuddelt wurde. Wie immer sollten Sie einen hauptstraßennahen Parkplatz wählen und von dort den etwas längeren Spaziergang zum Museum in Kauf nehmen, um enge Gassen zu vermeiden. Zum Beispiel an der **Piazza Canalotto** bei N 37°24'54" E 14°26'31". Die dortige V/E-Station war zuletzt nicht in Betrieb, ist aber einen Versuch wert (*Museum: Largo Truppia 1, www.regione.sicilia.it, 10.00–18.00 Uhr, 7 €*)

Wenige Kilometer weiter zweigt linker Hand die grob gepflasterte, äußerst holprige Piste *zur sehenswerten sikulisch-griechischen Ausgrabungsstätte Morgantina* selbst ab, die etwa von 1400 v. Chr. bis ins Erste Jahrhundert n. Chr. bestand. In der Hochzeit lebten um die 10.000 Menschen in der Stadt und schufen eine Reihe großer öffentlicher Gebäude rund um den griechischen Hauptplatz, die Agora. Reste von Wohnhäusern und Getreidespeichern sind bis heute erkennbar und teilen sich auf zwei getrennte Bereiche auf, der obere, ältere Bereich und der neuere am Fuß des Hügels mit dem großen Theater. Am hintersten Ende steht die Villa Ganimed mit einem teilweise erhaltenen

**Villa Romana del Casale, unten und rechts Mosaike in der Villa**

Bodenmosaik aus dem dritten und zweiten Jahrhundert v. Chr. Am Parkplatz der Ausgrabungen von Morgantina lässt sich auch übernachten (*www.beniculturali.it, 10.00–18.00 Uhr, 7 €*).

182 N 37°25'42" E 14°28'28",

### Villa Romana del Casale

Rund sechs Kilometer entfernt von Piazza Armerina in westliche Richtung wurde in den 1920er Jahren eine große römische Villa aus dem ersten bis fünften Jahrhundert entdeckt, die sich als echte Sensation entpuppte. Nachdem sie ausgegraben war, wurde sie ab den 50er Jahren allmählich für die Öffentlichkeit zugänglich gemacht. *An keinem anderen Ort der Welt blieben Bodenmosaiken besser erhalten als hier und vermitteln äußerst plastisch einen Eindruck vom Leben vor bald 2000 Jahren*. Kein Wunder, dass sie zum UNESCO-Welterbe zählt. Nehmen Sie sich für den Besuch ausreichend Zeit und investieren ruhig ein paar Euro in ein deutschsprachiges Begleitheft, zumindest, falls am Einlass gerade kein deutscher Audioguide verfügbar ist. Das ursprünglich als einfaches Landgut

entstandene Haus wurde später zur herrschaftlichen Villa ausgebaut. Nach den Römern nutzten es Araber und Normannen in umgebauter, deutlich vereinfachter Funktion. Erst nach einem Erdrutsch im 12. Jahrhundert wurden die Gebäude ganz aufgegeben und vergessen. Beinahe alle Böden sind mit farbigen, kleinen Steinen illustriert und zeigen noch heute über 40 gut erkennbare Szenen, unter anderem Jagdmotive, afrikanische Wildtiere bei der Verladung nach Europa sowie Vorstellungen der altertümlichen Sagenwelt und geben Einblick in die damaligen Lebens- und Gedankenmodelle. Als bekanntestes Mosaik gelten die »Bikinimädchen«, eine Gruppe junger Frauen beim Sport. Vielen Räumen wurden die Motive thematisch zugeordnet. So finden sich in den Schlafzimmern erotische Darstellungen, in den Kindergemächern Wagenrennen und eine Hasenjagd. Neben den Böden sind teilweise Wandfresken und Mauerreste erhalten. Zum luxuriösen Anwesen gehörte außerdem ein kompletter Thermenbereich. Am Parkplatz gibt es einen markierten Bereich für Wohnmobile mit Wasserhahn, der Platz muss allerdings bis 19.30 Uhr geräumt werden *(N 37°22'12" E 14°20'01", SP90, www.villaromanadelcasale.it, parken erste Stunde 5 €, dann 1,50 €, 9.00 – 18.00 Uhr, 12 €)*. Benachbart gibt es seit einiger Zeit außerdem einen kleinen Themenpark zum Thema »Römisches Leben«, das **Romaland**. Ganz nett für Familien und alle, die noch etwas weiter in die Thematik einsteigen wollen, ein wenig Italienischkenntnisse sind aber von Vorteil *(romaland.it, Mo. – Fr. 9.00 – 16.00 Uhr, 8 €)*.

An der Zufahrtsstraße zur Villa passieren Sie das **Ristorante Trinacria**. Es räumt Gästen die Möglichkeit ein, am Parkplatz über Nacht zu stehen.

**Burgruine in Pietraperza**

183 N 37°22'16" E 14°20'00", SP90, Tel. 0334 338 48 78

Bei **Barrafranca** stoßen Sie auf die Richtung Caltanissetta führende SS191. Das Städtchen *(parken etwa an der **Piazza M. Fratelli**, N 37°22'23" E 14°11'57")* als auch das folgende **Pietraperzia** *(parken entlang der Hauptstraße)* bietet ein wenig echtes, sizilianisches Leben mit, wenn Sie Lust haben sich die Beine zu vertreten. Die gut ausgebaute **SS640dir** lässt Sie von dort aus auf den folgenden Kilometern schnell vorankommen. Vorher lohnt ein Abstecher zu einem schönen Agriturismo.

184 **Gerace** – *Villa Gerace*

**GPS/Kontakt**: N 37°28'07" E 14°15'02", Strada Vicinale Gerace., Tel. 0935 54 16 66, www.agrigerace.com. **Max. WOMOs**: 16 – 18. **Öffnungszeiten**: Ganzjährig geöffnet. **Ausstattung:** Ver- / Entsorgung, Strom, Toilette / Dusche, WLAN, Pool, Waschmaschine, Restaurant. **Beschreibung**: Sehr gepflegte Anlage mit teils schattigen Plätzen im Grünen an einem Oliven- und Weinbauernhof. Recht eben, ruhig, klappstuhlgeeignet. Etwa 12 km nördlich von Barrafranca in Richtung Enna gelegen. **Preis**: 35 €. **Zufahrt:** Von Barrafranca der SP49 12 km Richtung Enna folgen, dann rechts. **Hinweis**: Gleich daneben befindet sich das ***Landgut Mandorleto***, es bietet einen ähnlichen Service und ähnliche Ausstattung an, nur alles eine Nummer kleiner, N 37°28'04" E 14°14'57", Strada Vicinale Gerace, Tel. 0935 54 13 89, www.ilmandorleto.it.

**Caltanisetta** *(59.300 Einwohner, Markttag: Sa., Via Ferdinando)*
In Caltanisetta angekommen, lenken Sie hinter dem Tunnel

rechts zur »Zona Industriale« und halten sich nun links. Sie gelangen so auf dem kürzesten Weg zur Altstadt. Einen zentralen Parkplatz finden Sie fast immer entlang der breiten **Viale Regina Margherita**, etwa bei N 37°29'01" E 14°03'34". Etwas weiter vom Zentrum entfernt ist der Parkplatz in der **Via A. Guastafero**, er kann dafür zur Übernachtung genutzt werden.

185 N 37°29'21" E 14°02'43", V/E-Anlage

**Fußgängerzone von Caltanisetta**



Mit rund 60.000 Einwohnern ist Caltanissetta die größte Stadt des sizilianischen Binnenlandes. Unter dem Namen Qalat-at-Nissa war es einst eine Hochburg der Araber. Im 18. Jahrhundert entstanden mehr als 300 Schwefelminen rund um die Stadt. Zeitweise stammte ein Großteil des Jahresweltbedarfs von hier. *Inzwischen ist der Kräuterlikör Amaro Averna das bekannteste Exportgut*. Er wurde von hiesigen Mönchen entwickelt und ab 1868 vom geschäftstüchtigen Händler Francesco Averna hergestellt und vertrieben. Inzwischen gehört die Fabrik zum Campari-Konzern, die Produktion befindet sich noch immer in der Via Xiboli 345 am nordöstlichen Stadtrand *(Besichtigung leider nur für Gruppen nach Voranmeldung möglich)*. Nur 100 Meter entfernt ist das sehenswerte **Museo Archeologico Regionale** in einem modernen, schneckenhausähnlichen Gebäude untergebracht *(N 37°30'21" E 14°04'39", Contrada Santo Spirito, www.regione.sicilia.it, 9.30 – 13.00 und 15.30 – 19.00 Uhr, 4 €)*. Vom Museumsparkplatz sind es nur ein paar Schritte zum im Stil der Romantik gehaltenen Augustiner-Kloster **Santo Spirito**. Dort schließt sich der Kreis, denn das Averna-Rezept stammt aus genau dieser Abtei!

## Unterwegs in Caltanissetta

Vom Stadtparkplatz spazieren Sie in nordöstliche Richtung, um in die Altstadt zu gelangen. Zentraler Punkt, um den herum alle interessanten Gebäude und Straßen liegen, ist die **Piazza Garibaldi** mit einer imposanten Brunnenanlage in der Mitte, der in weiß gehaltenen **Kathedrale Santa Maria La Nova** und der Kirche **San Francesco D`Assisi** auf der gegenüberliegenden Seite. Als Haupteinkaufsstraße gilt der quer verlaufende **Corso**

San Francesco D`Assisi

**V. Emanuele**. Wenn Sie morgens hier sind, sollten Sie unbedingt in der im Westen parallel verlaufenden **Via C. Benintende** vorbeischauen. Dort wird wochentags ein bunter und günstiger Stadtmarkt abgehalten.

In nördliche Richtung verläuft die Fußgängerzone **Corso Umberto I** bis zur Jesuitenkirche **Sant`Agata al Collegio**. Am Weg machen Kunstinteressierte rechts einen kurzen Abstecher zum **Palazzo Moncada** in der **Via G. Matteotti**. Dort finden immer wieder wechselnde Ausstellungen statt. Ein paar gute Gastroadressen in der Altstadt sind das ***Piacere & Gusto*** *(Via Chiaranda 46)*, das ***Sale & Pepe*** *(Vicolo Neviera 1)*, das ***Gusto Misto*** *(Via Terranova 15)* *und das* ***Ristorante Centro Storico*** *(Via C. Benintendi 133)*.

## Amaro Averna

Aus Italien stammen gleich zwei international bekannte Kräuterliköre, der Ramazzotti und der Amaro Averna. Er stammt aus der sizilianischen Stadt Caltanissetta und wurde einst im Kloster Santo Spirito erfunden. 1854 schenkte der Benediktinermönch Bruder Girolamo seinem Freund Salvatore Averna die geheime Rezeptur für den »gesundheitsfördernden Likör«. Der stellte ihn zunächst nur für Freunde und Bekannte her. Erst sein Sohn Francesco produzierte ihn 27 Jahre später für die breite Öffentlichkeit. Zu den Inhaltsstoffen zählen angeblich Orangen, Bitterorangen, Granatäpfel, Limetten, Ingwer, Lavendel, Salbei, Thymian, Süßholz, Myrte, Wacholder, Rosmarin, Salbei und Minze. Insgesamt sollen es 40 bis 60 Zutaten sein, genaueres dringt nicht nach außen.

Getrocknet werden sie alle im richtigen Verhältnis gemischt, gemörsert und 30 bis 40 Tage in reinem Alkohol unter Zugabe von Karamell, Zuckersirup und gebranntem Zucker gelagert. Danach wird das Ergebnis mit älteren Jahrgängen so lange verschnitten, bis ein absolut gleichmäßiges Ergebnis vorliegt. Averna genießt man pur auf Eis, manche geben ihn über Milcheis oder lieben ihn süß mit Orangenlikör, Sirup und Espresso verfeinert.

Eine sommerlich leckere Variante ist der »Rosso Siciliano«. Dazu wird der mit Zitronensaft befeuchtete Rand eines Glases in Meersalz gedrückt und mit zwei bis drei Eiswürfeln gefüllt. Dazu kommt ein Teil Amaro Averna und zwei Teile Blutorangensaft, am besten frisch gepresst!

Miniera Trabia Tallarita



Für den Rückweg zur Küste empfiehlt sich die Fahrt über die **SP1** bis **Delia**, weiter nach **Sommatino** und **Ravanusa** bis **Licata**. Weinliebhaber wählen den Umweg über die noch besser ausgebaute **SS640** und **Canicatti**. Es gilt als ein Zentrum des sizilianischen Weinbaus und kultiviert die als besonders edel geltende Traube Uva Italia. Ein guter Anlaufpunkt ist der außerhalb gelegene Weinshop der ***Società Cooperativa Agricola CVA Canicatti*** *(N 37°21'47" E 13°46'46", Contrada Aquilata, www.cvacanicatti.it, Mo. – Fr. meist 8.00 – 13.00 und 15.00 – 18.00 Uhr).*

Zwischen Sommatino und Ravanusa machen Geschichtskenner nach links einen interessanten Abstecher in Richtung **Riesi**, um auf halber Strecke das **Freilichtmuseum della Miniera Trabia Tallarita** zu besuchen. Es wurde in der einst größten Schwefelmine Siziliens eingerichtet, die in den 1920er Jahren ihre Glanzzeit erlebte. Nach einem durch günstigere, ausländische Minen erfolgten Preisverfall ab den 1950er Jahren musste sie 1975 schließen. Zu sehen gibt es, neben den Produktions- und Förderanlagen, die Überreste des Bergarbeiterdorfes sowie Informationen zu schrecklichen Unfällen. Explosionen und Erdrutsche bedrohten während des Bestehens das Leben der Kumpels massiv *(N 37°17'58" E 14°02'06", Contrada Palladio / SS626, www.distrettoturisticodelleminiere.it, Mo. – Sa. 9.00 – 13.00 Uhr und 15.30 – 19.00 Uhr, 4 €).* Nahe Licata stoßen Sie dann wieder auf die Küste und haben Anschluss an Tour Acht.

# Tour 8

Tour 7
Sommatino
Delia
Ravanusa
Campobello di Licata
Licata
Pisciotto C.
Poliscia M.
Torre di Caffe
Camastra
Naro
Canicattì
Palma di Montechiaro
Marina di Palma
Castello Chiaramonte
Castrofilippo
Favara
Racalmuto
Milena
Campofranco
Grotte
Casteltermini
S. Elisabetta
Aragona
Ris. Nat. Macalube di Aragona
Agrigent
Valle dei Templi
Casa Pirandelli
Archäolog. Museum
San Leone
Dune
Fiume -naro
Porto Empedocle
Punta C.
Caliato
Scala dei Turchi
Capo Rossallo
Siculiana
Siculiana Marina
San Biagio
Raffadali
Alessandria d.R.
Cianciana
Cattolica Eraclea
Montallegro
Ris. Nat. Torre Salsa
Eraclea
Eraclea Minoa
Ris. Nat. Foce del Fiume Plàtani
Seccagrande
Lucca Siculo
Burgio
Ribera
Caltabellotta
San Giorgio
San Calogero
Castello Incantato
Sciacca
Sambuca di Sicilia
Menfi
Lido Fiori
Porto Palo
Tour 9
10 km
Pelagische Inseln
Ris. Nat. Isola di Lampedusa
Lampedusa
Linosa

# Provinz Agrigent und Pelagische Inseln
200 km

**Siziliens Südküste besticht mit allem, was Sie für einen gelungenen Urlaub brauchen: herrliche Sandstrände wie bei Bovo Marina, unverbaute Naturschutzgebiete an den Flüssen Salsa und Plàtani, sehenswerte Städte und Ausgrabungen von Weltrang. Wenn Sie Muse zu einem Ausflug an Italiens südlichsten Punkt haben, erreichen Sie die Pelagischen Inseln Linosa und Lampedusa mit dem Schiff. Erleben Sie:**
- **Valle dei Templi**
- **Provinzhauptstadt Agrigent**
- **Naturpark Torre Salsa**
- **Eraclea Minoa**
- **Sciacca**

**Marina di Palma** *(2.000 Einwohner)*
Rund um den Badeort Marina di Palma finden Touristen eine ganze Reihe schöner kleiner Buchten, oft mit Sandstränden, die mal mehr, mal weniger gut mit dem Wohnmobil erreichbar sind. Den Anfang macht die schöne Doppelbucht **Baia di Morello** in **Poliscia dei Mollarella**. Nur wenige Meter hinter dem Strand gibt es einen großen Parkplatz bei N 37°06'18" E 13°52'48".

In Pisciotto Carrubella stößt die Hauptdurchgangsstraße **SP67** auf die Küste und folgt ihr bis **Torre di Caffe**. Dort können Sie durch den kleinen Ort bis zu einem recht wilden und unverbauten Stück Küste fahren, dort parken, baden oder auch übernachten. Mit breiten und hohen Fahrzeugen kann die Durchfahrt allerdings, vor allem gleich zu Beginn, schwierig sein.

**186** N 37°08'25" E 13°49'52", Via Giulio Tomasi

Nun geht es auf einigen Kilometer etwas weiter von der Küste entfernt voran, bis Sie nach **Marina di Palma** abbiegen. In dem eher ruhigen Ort existiert am Südende des Strandes eine große, einfache Parkfläche neben der ***Pizzeria VIII Arco***. Hier können WOMOs über Nacht parken, ein Besuch im Gasthaus wird wenigstens gerne gesehen.

**Stellplatz 187**

Castello Chiaramonte und Stellplatz 188

TOUR 8

187 N 37°10'01" E 13°43'49", Via Torre San Carlo

Am nordwestlichen Ortsende liegt die recht gut erhaltene Burganlage **Castello Chiaramonte**. Sie gehörte einst der einflussreichen, gleichnamigen Familie und besaß im 14. Jahrhundert große strategische Bedeutung, besonders im Kampf mit immer wieder für Bedrohung sorgenden Piraten. Sie war zuletzt nicht für die Öffentlichkeit zugänglich, steht aber seit Längerem zu Verkauf. Vom Parkplatz an der **Via Gibildolce** können Sie einen Spaziergang zur Burg mit schönem Blick zur Küste unternehmen, hier ließe sich auch über Nacht parken.

188 N 37°11'01" E 13°41'58"

Wenn Sie ein Stück weiter von der **SS115** links auf die **SP71** in Richtung San Leone abbiegen, folgen Sie nach gut 1,5 Kilome-

Küste in Marina di Palma

tern links einem Schild mit der Beschriftung ***Punta Bianca***. Die anfangs noch schlechte Teerstraße wird bald zur schmalen und holprigen Staubpiste, die am Ende recht steil wird und nahe den Klippen verläuft. Das ist sicher nichts für jeden. Kleinere Campingbusse, vor allem mit Allrad und etwas Bodenfreiheit sind deutlich im Vorteil. Wägen Sie gut ab, ob und wie weit Sie mit Ihrem Fahrzeug zu diesem Strand fahren! Am Ende der rund 3,5 Kilometer langen Piste werden Sie mit weißen Kalksteinterrassen und Sandbuchten belohnt, N 37°11'39" E 13°39'45". Bis zum Parkplatz bei N 37°11'52" E 13°39'47", etwa 600 Meter davor, an dem auch viele PKWs stoppen, geht es allerdings relativ problemlos. An der ein- oder anderen Haltebucht unterwegs ist sicher auch eine Übernachtung denkbar. Nur bei Nässe sollten Sie keinesfalls kommen, denn dann werden die Lehmpisten für schwerere Fahrzeuge unpassierbar.

Auf halbem Weg können Sie rechts bei N 37°12'36" E 13°39'51" außerdem zur ebenso schönen **Drasy-Bucht** abzweigen. Sie wird gern zum FKK-Baden genutzt. Die Anfahrt ist aber in keiner Weise besser und das letzte Stück sollten Sie in jedem Fall zu Fuß zurücklegen.

TOUR 8

**San Leone** *(6.100 Einwohner)*

Das lebhafte San Leone verfügt über einen größeren Yachthafen, eine ganz nette Promenade und östlich des Zentrums über einen guten Sandstrand.

Nicht nur für Gäste aus dem nahen Agrigent ist das eine recht attraktive Kombination. Neben Hotels und Pensionen haben Sie die breite Auswahl an WOMO-spezifischen Unterkünften. Den Anfang macht ein etwas weiter außerhalb gelegener, kleinerer Campingplatz.

### 189 Fiumenaro – Camping Nettuno

**GPS/Kontakt:** N 37°14'39" E 13°36'50", Via Lacco Ameno 3, Tel. 0350 033 00 02, www.campingnettuno.com. **Öffnungszeiten**: Ganzjährig geöffnet. **Ausstattung**: Waschmaschine, Spielplatz, Restaurant / Bar, Minimarkt, Picknickbänke und Grillgelegenheit. **Beschreibung**: Direkter Strandzugang. Großer, recht sauberer und schattiger Platz unter Bäumen mit Stellflächen auf Erd-/Schotterboden, relativ eben, ruhige Lage, rund 3,1 km nach San Leone, Busverbindung oder Shuttle möglich. **Preis**: 21 – 37 €. **Zufahrt:** Von der SP71 am Kreisverkehr vor Argigento die dritte Abfahrt zum Lido Cannatello nehmen. Kurz vor einer starken Rechtskurve am Ufer linker Hand.

Kurz darauf gelangen Sie an die Viale delle Dune, die den schönen Strand begleitet. Es gibt hier mehrmals Parkmöglichkeiten – der letzte Platz ist speziell für Wohnmobile und als Stellplatz für längere Aufenthalte gedacht. In San Leone selbst gibt es ebenfalls einen guten Campingplatz, Tipps zur Einkehr sind ***Doctor Fish*** *(Viale dei Guardini 70)*, ***Il Molo*** *(Lungomare F. Borsellino)* und die bekannte Eisdiele **Le Cuspidi** *(Viale delle Dune 2)*

## 190 Dune – Albachiara

**GPS/Kontakt:** N 37°14'53" E 13°36'31", Viale delle Dune, Tel. 0922 41 60 04, www.albachiararooms.it. **Öffnungszeiten**: Ganzjährig geöffnet. **Ausstattung**: Ver- / Entsorgung, Strom, Toilette / Dusche, Waschmaschine, WLAN. **Beschreibung**: Saubere, durch Hecken voneinander getrennte Parzellen auf einem geschotterten Platz neben dem zugehörigen Restaurant und Gästehaus nur 80 m vom Sandstrand entfernt. Kaum

Schatten, teils nicht ganz eben, meist relativ ruhig, klappstuhlgeeignet, 1,6 km bis San Leone, Shuttle nach Agrigent und ins Tal der Könige möglich. **Preis**: 25 – 30 €. **Zufahrt:** Wie zum vorgenannten Campingplatz Nettuno, nur am Ende der Kurve nach rechts. Der Platz kommt nach rund 650 m auf der rechten Seite.

## 191 San Leone – Valle dei Templi

**GPS/Kontakt**: N 37°16'10" E 13°35'00" Viale Emporium 94, Tel. 0922 41 11 15, www.campingvalledeitempli.com. **Öffnungszeiten**: Ganzjährig geöffnet. **Ausstattung**: Waschmaschine, Pool, Spielplatz, Minimarkt und Bar. **Beschreibung**: Mittelgroßer, oft schattiger Platz mit teils parzel-

**Strand von Dune, oben rechts Juno Tempel im Valle dei Templi**

lierten Stellflächen auf Schotter und Naturboden in einer grünen Anlage, ruhig, Supermarkt und Bäcker benachbart, gute Busverbindung zu den Tempeln und nach Agrigent, etwa 800 m in die Ortmitte, etwas weiter zum Meer. **Preis**: 23 – 37 € (Rabatt mit Sicily Camping Tour), 12h-Stopover in der Nebensaison 17 €. **Zufahrt:** Der Strandpromenade in San Leone bis zum Ende folgen, rechts Richtung Agrigento lenken. Die Einfahrt zum Platz kommt nach mehreren hundert Metern rechts nach der Tankstelle.

**Valle dei Templi**

Die Stadt Akragas im Tal der Tempel wurde als Expansion des älteren Gelas um 580 v. Chr. gegründet und mit einigen der spektakulärsten Tempel der griechischen Welt gekrönt. *Selbst wenn Sie nicht sonderlich an Ausgrabungen und griechischer Geschichte interessiert sind, ist der dem UNSECO-Welterbe zugehörende Höhenzug vor Agrigent beinahe ein Muss und gehört zu den absoluten Highlights einer Sizilienreise*. Nirgends in Italien gibt es besser erhaltene antike Bauwerke dieser Epoche in solcher Fülle als hier, noch dazu auf engstem Raum.

Wenn Sie nicht einen Shuttleservice der umliegenden Stellplätze in Anspruch nehmen, befindet sich der beste Parkplatz für Wohnmobile bei N 37°17'20" E 13°34'55", **Viale Cadutti di Marzabotto**. Da die Tempel, aufgereiht wie an einer Perlenschnur, über einen stetig abfallenden Fußweg erschlossen sind und der Parkplatz am unteren Ende des Weges liegt, macht es Sinn, den angebotenen Taxiservice zu wählen. Er bringt Gäste für ein paar Euro zum rund drei Kilometer entfernt gelegenen Osteingang. Sie begehen so alle Tempel talwärts und müssen die Strecke nicht zweimal ablaufen.

Als erstes besichtigen Sie so den **Juno-Tempel** linker Hand. Er wurde ungefähr 500 v. Chr. erbaut und hat eine Länge von rund 40 Metern. Acht seiner Säulen stehen noch und die Ringhalle ist gut erkennbar. Neben dem Tempel erkennen Sie die Fundamente eines Opferaltars.

**Herakles Tempel, unten Concordia Tempel**



Danach folgt der besterhaltene dorische Tempel seiner Zeit, das **Concordia-Heiligtum**, entstanden um 430 v. Chr. Den guten Zustand verdankt er Bischof Gregor, der ihn im 6. Jahrhundert zu einer Kirche umgestalten ließ und so seine Erhaltung sicherte. Rechter Hand passieren Sie frühchristliche Nekropolen. Als drittes erreichen Sie die Überreste des **Herakles-Tempels**. Er wurde vermutlich durch ein Feuer während des Angriffs der Karthager auf die Stadt um 400 v. Chr. zerstört. Anfang des 20. Jahrhunderts ließ sich der vermögende, englische Kapitän Alexander Hardcastle ganz in der Nähe nieder und verwendete sein Geld, um die Ausgrabungen im Tal der Tempel voranzutreiben – unter anderem ließ er neun Säulen dieses Tempels wiederaufrichten. Sein Wohnhaus, die Villa Aurea, haben Sie gerade erst passiert.

Sie überqueren eine Straße und betreten den Westteil der An-

Zeus Tempel

lage. Der nur noch in Trümmern vorhandene **Zeus Tempel** war nicht nur der größte auf Sizilien, sondern vermutlich sogar der größte griechische Tempel, der jemals gebaut wurde. Er besaß den Umfang eines modernen Fußballfeldes, doch nur mehr die riesigen, umgekippten Figuren vermitteln seine monumentalen Ausmaße von einst. Viele der Steinblöcke wurden später fortgeschafft und, unter anderem zum Hafenbau in Porto Empedocle, umgenutzt. Die chaotisch verstreuten Überreste am Ende des Tempeltals gehören zu einem Heiligtum, an dem Götter der Unterwelt, wie Demeter und Kore, verehrt wurden. Den Abschluss bildet der teilweise wieder aufgebaute **Dioskuren Tempel**.



Nach rechts wandern Sie auf einem abfallenden Pfad zum **Giardino della Kolymbetra** hinunter. Der schön angelegte Garten lädt zum Verweilen und Entspannen ein, gerade wenn es gegen Abend etwas kühler wird. Einst befand sich hier ein See mit einer Fischzucht. Dort erreichen Sie den letzten Tempel. Bis auf zwei Säulen und ein paar Grundmauern ist vom **Hephais-**

Unterwegs in...

**tos-Heiligtum** aber nicht mehr viel übrig. Vom Dioskuren Tempel aus nach links gelangen Sie zurück zum Ausgangsparkplatz *(Contrada Sant`Anna und Via Panoramica dei Templi, www.parcovalledeitempli.it, 8.30 – 20.00 Uhr, im Hochsommer werden zusätzlich nächtliche Besuche angeboten, Garten nur 10.00 – 19.00 Uhr, außerhalb der Saison kürzer, ab 12 €, Audioguides 5 €, Kombitickets mit Archäologischem Museum verfügbar).*

Per Shuttle oder eigenem Fahrzeug erreichen Sie über die **SP4** das 1,5 Kilometer entfernt gelegene **Museo Archeologico Petro Griffo.** Es zeigt unter anderem eine der besten Sammlungen griechischer Keramik. Benachbart befindet sich die Klosterkirche **Santa Nicola**, deren Mauern über dem früheren griechischen Versammlungsplatz hochgezogen wurden. Daneben wird seit 2016 ein erst vor wenigen Jahren entdecktes Theater ausgegraben.

Hinter dem Museum, bzw. auf der gegenüberliegenden Straßenseite, besichtigen Interessierte Reste des griechisch-römischen Wohnquartiers und römische Tempelruinen *(N 37°17'48" E 13°35'25", SP4, www.parcovalledeitempli.it, meist 10.00 – 19.00 Uhr, 6 €, Kombitickets mit Ausgrabungen verfügbar).*

**Agrigent** *(59.600 Einwohner, Markttag Fr., Via Esseneto)*
Das einige Kilometer hinter den Ausgrabungen gelegene »neue« Agrigento ist zwar nicht ganz so sehenswert wie das Tal der Tempel. ***Für Sizilien-Reisende die in der Nähe sind, lohnt ein Bummel durch die kompakte, teils mittelalterliche Innenstadt mit ihren verwinkelten, schmalen Gassen und Häuserschluchten aber durchaus.*** Am Stadtrand parken Sie, zur Not auch über Nacht, neben dem Fußballplatz oder auch gleich nebenan, eine Querstraße weiter, aber Vorsicht, Freitags ist hier Markt.

**192** N 37°18'15" E 13°35'17", Via Esseneto

**193** N 37°18'13" E 13°35'23", Piazzale Ugo La Malfa

## Unterwegs in Agrigent

Das heutige Agrigent liegt auf dem Hügel, der einst Ort der antiken Akropolis war. Für einen Rundgang folgen Sie von Ihrem Parkplatz am Stadion zunächst der neben dem Postamt aufwärts führenden **Via Essento** Richtung »Centro Storico«. Nach knapp 250 Metern macht die Straße einen Knick nach links und Sie gehen an einer Mauer entlang. Überqueren Sie die Einmündung zur Via Europa und nehmen Sie nach weiteren etwa 180 Metern rechts den kleinen Treppenaufgang über die **Salita Damareta**. Oben angekommen, bleiben Sie geradeaus, queren den Platz am Bahnhof und gelangen so, vorbei an der **Chiesa di San Calogero**, zur schattigen, begrünten **Piazza Aldo Moro**. Rechts grüßt eine Statue an der **Piazetta Vadalà.** Verschiedene gute Restaurants liegen ringsum, zum Beispiel das ***Kalos*** *(Salita Filino 1)*, das ***Pititto Restaurante*** *(Piazzetta Vadalà)* und das ***Sal8 Ristorante*** *(Via C. Battisti 8)*. Links halten Sie sich in die **Via Atanea**, die zentrale Achse Agrigents. Weitere Gastronomie liegt hier und in direkter Umgebung, so das ***Naif*** *(Via Vela 8)*, ***La Scala*** *(Via Atanea 72)*, ***Krokos*** *(Cortile Contarini 4)*, ***Opera*** *(Via Atanea 239)*, für den kleinen Hunger ***A Putia Bottega*** *(Snackbar, Via Porcello 18)* und das ***Caffè Concordia di Saito Andrea*** *(Café, Piazza L. Pirandello 36)*.

...Agrigent

Vorbei an kleinen Shops passieren Besucher linker Hand den Treppenabgang zur Franziskanerkirche **Beata Maria Vergine Immacolata**, die erst in den 2010er Jahren frisch renoviert wurde. Nächster markanter Punkt, diesmal rechts, ist die »Kirche des Fegefeuers« **Chiesa del Purgatorio** aus dem 17. Jahrhundert, die vor allem von außen beeindruckt. Die Straße macht einen deutlichen Linksknick. Auf der linken Seite folgt der mit Fahnen geschmückte, prächtige **Palazzo del Orologio,** in dem die Industrie- und Handelskammer untergebracht ist. Nun folgt ein modern gehaltener Platz mit dem **Circolo Empedocle** dessen Eingang ein griechisch angehauchter Säulenportikus schmückt. Sie beenden den Spaziergang entlang der Via Atanea am mit Efeu bewachsenen Rathaus, in dessen Hintergebäude das **Theater Luigi Pirandello** beheimatet ist und nehmen den rechts davon ansteigenden Treppenaufgang **Vicolo Teatro**. Bei zweiter Gelegenheit wechseln Sie links auf die Treppen der **Via Santa Sofia**, machen am Ende einen kleinen Rechts-Links Schlenker und gehen weiter geradeaus nach oben. So kommen Sie zur **Chiesa Santa Maria dei Greci**. Sie wurde im 13. Jahrhundert auf den Überresten eines noch heute erkennbaren griechischen Tempels errichtet. Dahinter steigt die **Via Sant Alfonso** zum höchsten Punkt Agrigents auf. Bei der **Via Duomo**, machen Interessierte einen Abstecher zur Hauptkirche von Agrigent, dem großen **San Gerlando-Dom** linker Hand, der auf das 11. Jahrhundert zurück geht. Benachbart können Sie wenn Sie möchten

Chiesa San Domenico und Pirandello Theater, unten Chiesa San Lorenzo

das **Diözesanmuseum** besuchen *(Via Duomo 100, www.museodiocesanoag.it, 10.00–19.00 Uhr, 5 €).*

Nach rechts fällt die Straße langsam ab. Der Aufgang **Viccolo Carcere Vecchio** linker Hand leitet zu den Überresten des **Castello di Agrigento**. Es wurde erstmals unter den Arabern errichtet.

Vor Ihnen öffnet sich die Straße zu einem kleinen Platz, der eine recht hübsche Aussicht bietet. Zur Fortsetzung des Spaziergangs nehmen Gäste die am Kreisverkehr gleich neben der Via Duomo in gleiche Richtung abfallende Gasse und halten sich auf dieser entlang der **Via G. Matteotti** und **Via Bac Bac** immer geradeaus, bis Sie wieder die Via Atenea erreichen. Für ein kurzes Stück folgen Sie dieser auf bereits bekannter Strecke nach links zurück, dann zweigen Sie an der Fegefeuer-Kirche links in die **Via Fodera** ab. Sie endet am schönen **Monastero Santo Spirito**. Bekannt ist das Nonnenkloster für seine süßen Spezialitäten auf Mandel- und Pistazienbasis wie zum Beispiel Pistazien-Couscous. Sie können käuflich im angeschlossenen Laden erworben können *(www.monasterosspirito.wixsite.com/agrigento).*

Ein paar Meter zurück steigen Sie rechts den Treppenweg **Salita Iacono hinauf**, der zur gleichnamigen Straße führt. Dort rechts halten und über die verschlungene kleine **Via Argento** zum Park am Aldo-Moro-Platz laufen. Von dort schlagen Sie den bekannten Rückweg zum Parkplatz ein.

***In der Nähe:***

· Zwischen Agrigent und Porto Empedocle lenken Sie auf einer Stichstraße zum Parkplatz am **Casa Natale di Luigi Pirandello**. Das Geburtshaus des Literaturnobelpreisträgers Pirandello (1867 – 1936), der zu den bedeutendsten Dramatikern des 20. Jahrhunderts zählt, wurde in den 1950er Jahren in ein Museum umgewandelt. Seine Grabstätte befindet sich auf dem Grundstück direkt dahinter *(N 37°17'32" E 13°33'04", Via Fosse Ardeatine, www.mondosicilia.it, Mo. – Sa. 9.00 – 19.00 Uhr, So. bis 13.00 Uhr, 4 €).*

**Porto Empedocle** *(16.900 Einwohner)*

Agrigent vorgelagert ist Porto Empodocle, eine Art verlängerter Arm der Stadt. Es bietet eine ganz hübsche kleine Fußgängerzone und einen durch den einstigen Schwefelhandel zu Ruhm gekommenen Hafen, für den viel Baumaterial aus dem Tal der Tempel abgetragen wurde. Er ist heute Ausgangspunkt für Verbindungen zu den Pelagischen Inseln *(Parkplatz bei N 37°17'13" E 13°31'31", Via Empedocle).*

Am östlichen Ortsrand liegt ein für diesen eher industriell geprägten Küstenabschnitt unerwartet schöner Strandabschnitt unterhalb der Klippen. Die Umgebung ist allerdings etwas verwahrlost, zeitweise leider ziemlich vermüllt und die oberhalb verlaufenden Zug- und Autoverkehrswege muss man ausblenden, N 37°17'11" E 13°32'58", SS640.

**Ausflug zu den Pelagischen Inseln**

Der winzige Archipel südlich von Sizilien besteht aus drei Inseln: **Lampedusa** *(6.400 Einwohner)*, **Linosa** *430 Einwohner)* und **Lampione** *(unbewohnt)*. Sie wurden erstmals unter den Römern dauerhaft besiedelt, später dienten sie als Piratenversteck und Strafkolonie. Heute sind nur die beiden ersten bewohnt. Die Menschen leben dort ziemlich isoliert zwischen Europa und Afrika und nur 120 Kilometer von der tunesischen Küste entfernt. Vor allem die mit rund 22 Quadratkilometern größte Insel Lampedusa steht seit Jahren durch die anhaltende Flüchtlingskrise, deren Ende nicht absehbar scheint, immer wieder im Fokus der Öffentlichkeit. Kein anderer Ort Italiens kann schneller von afrikanischen Schleppern ab Libyen erreicht werden. Und private Hilfsorganisationen, die ebenfalls zuerst versuchen, hier Gerettete unterzubringen, machen die Situation nicht einfacher. Da der Tourismus, von dem die Inseln abhängig sind, darunter stark leidet, ist das nicht nur grundsätzlich ein riesiges Problem, insbesondere die einheimische Bevölkerung trifft all das hart. *Falls Sie trotzdem Lust auf einen Ausflug zu den Inseln haben, erwartet Sie einer der schönsten Strände Italiens und eine 2002 zum Meeresschutzgebiet ernannte Unterwasserwelt, die als Paradies für Taucher und Schnorchler gilt.*

Lampedusa, unten Spiaggia dei Conigli

TOUR 8

Lampedusa besteht aus Kalkstein, ist einst vom afrikanischen Kontinent abgebrochen und nach Norden gedriftet. Die Vegetation ist noch immer afrikanisch geprägt, vor allem im zum Naturschutzgebiet erklärten, langgestreckten Westen der Insel. Am bekanntesten von allen Badeplätzen ist der »Kaninchenstrand«, **Spiaggia dei Conigli**. Er liegt neben einem kleinen, vorgelagerten Inselchen und ist über eine meist vom Meer überspülte Sandbank zu erreichen. Jedes Jahr ist Lampedusa Ort eines ganz besonderen Naturschauspiels, wenn tausende kleiner Karettschildkröten an den Stränden aus ihren Eiern schlüpfen und sich auf die Reise zum und durch das Meer aufmachen. An Sehenswürdigkeiten sind nur eine kleine frühchristliche Nekropole und die spärlichen Überreste einer römischen Fischfabrik erwähnenswert, in der früher Garum produziert wurde. Die salzige Fischsoße galt als eine Art Universalwürze in der damaligen Welt. Weitere nützliche Informationen bietet die Website www.lampedusa.de. Auf der

**Strand an den Scala dei Turchi**



Insel existiert ein Campingplatz. Einkehren können Sie beispielsweise in der ***Pescheria Gianni*** *(Via Madonna 30)*, im ***Scuri e Fava*** *(Via G. Verga 1)*, dem ***Le Mille e una Notte*** *(Lungomare Luigi Rizzo)* oder dem ***Isola delle Rose*** *(Café, Via Roma 68)* und der ***Bar dell`Amicizia*** *(Eis, Lungomare L. Rizzo)*.

Das viel kleinere, wilde und grüne **Linosa** ist vulkanischen Ursprungs. Auf der Insel gibt es nur ein einziges Dorf und ein paar Strände, die unter den meist überschaubaren Touristen als Geheimtipp gehandelt werden. Auch hier brüten Karettschildkröten. Und auch hier gibt es einen sehr einfachen, kleinen Campingplatz. Gute Restaurants sind die ***Trattoria Anna*** *(Via V. Veneto 1)* und das ***Ristorante Errera*** *(Via Scalo Vecchio 1)*.

Passagier- und Autofähren verkehren in der Regel täglich ab Porto Empedocle ein- bis zweimal. Aufgrund der Fährzeiten und Überfahrtdauer sollten Sie in jedem Fall Zwischenübernachtungen einplanen. Mehr Informationen erhalten Sie bei den Fährgesellschaften www.carontetourist.it und www.libertylines.it.

### 194 Lampedusa Villagio Camping La Roccia

**GPS/Kontakt:** N 35°30'32" E 12°35'07", Str. Di Ponente, Tel. 0922 97 00 55, www.laroccia.net. **Öffnungszeiten**: Ganzjährig geöffnet. **Ausstattung:** Restaurant / Bar, Minimarkt, Fahrrad-, Auto und Rollerverleih, Organisation von Ausflügen. **Beschreibung**: Begrünter terrassiert angelegter Platz mit teils künstlicher Beschattung als Teil eines Feriendorfes, eigener Strandzugang, 1,6 km in den Ort. **Preis:** 24 – 40 €. **Zufahrt:** Nach Ankunft am Hafen der nach Nordwesten wegführenden Via Punta Favaloro folgen. Sie geht in die Strada Di Ponente über. Der Platz kommt nach rund 1,2 km linker Hand.

### Scala dei Turchi

Nach Porto Empedocle schließen sich bei **Caliato** zunächst einige nur mittelmäßig schöne Strandabschnitte an. Am **Lungomare Nettuno** bei N 37°17'35" E 13°30'04" ist ein großer Parkplatz angelegt. Dort oder nach der Einfahrt linker Hand, die zu einer weiteren Schotterfläche führt, wäre das Parken über Nacht möglich. Besser liegt der folgende Wohnmobilstellplatz.

195 N 37°17'35" E 13°30'11"

TOUR 8

### 196 Caliato – Punta Piccola Park

**GPS/Kontakt:** N 37°17'21" E 13°29'34", Via Nereo 25, Tel. 0347 529 85 25, www.puntapiccolapark.it. **Max. WOMOs**: 25+. **Öffnungszeiten**: Ganzjährig geöffnet. **Ausstattung:** Ver- / Entsorgung, Strom, Toilette / Dusche, Waschmaschine, WLAN, Brötchenservice. **Beschreibung**: Etwas nüchterner, aber gut gelegener, umzäunter Schotterparkplatz direkt am Meer, Ort, Strand und Scala dei Turchi in Gehweite. Shuttleservice zum Valle dei Templi und zur Scala dei Turchi. Eben, kein Schatten, nicht ganz ruhig durch vorbeiführende Hauptstraße, klappstuhlgeeignet. Etwa 3,1 km bis Porto Empedocle. **Preis**: 19 – 25 *(Rabatt mit ADAC Camping Card)*. **Zufahrt:** Direkt an der Küstenstraße SP68 linker Hand kurz nach Caliato.

*Punta Grande ist wegen seiner sehenswerten weißen Kalksteinfelsen bekannt, die terrassenförmig ins Meer abfallen* und zusammen mit dem vorgelagerten Sandstrand eine tolle Kulisse bieten, sowohl als Fotomotiv als auch für einen längeren Aufenthalt. Lange war das Herumklettern auf den Felsen eine beliebte Freizeitbeschäftigung. Inzwischen wurde es verboten und unter Strafe ge-

**Im Bild und oben rechts: Scala dei Turchi**

stellt. Das sich aber noch immer zahlreiche Touristen dabei beobachten lassen, zeugt davon, dass die Kontrollen lax gehandhabt werden. Woher der Name **Scala dei Turchi** *(Türkentreppe)* stammt ist nicht sicher belegt. Eine Theorie gründet auf die einst generell als Türken bezeichneten, oft osmanischstämmigen Piraten, die gern in dieser Bucht vor Anker gingen. Eine andere stellt die Verbindung zu den ähnlichen Kalksinterterrassen im türkischen Pamukkale her. Kurz vor dem Ort befinden sich linker Hand Ausgrabungen einer römischen Villa *(N 37°17'24" E 13°29'17", Via Nereo 21, nur Fr. zwischen 10.00 und 12.00 Uhr mit Führung, 7 €)*. Nun folgt eine wirklich große Zahl an Parkplätzen beidseits der Straße, die im Hochsommer tatsächlich komplett gefüllt sind. Nicht alle sind für Wohnmobile zugänglich. Gut geeignet ist der auch zur Übernachtung ausgestattete Platz gleich oberhalb des Treppenzugangs zum Strand.

## 197 Punta Grande – Scala dei Turchi

**GPS/Kontakt**: N 37°17'21" E 13°28'13", SP68, Tel. 0333 663 59 36. **Max. WOMOs:** 20+. **Öffnungszeiten**: Ganzjährig geöffnet. **Ausstattung**: Ver- / Entsorgung, Strom, Toilette / Dusche, WLAN. **Beschreibung**: Geschotterte Parkfläche, die Tags auch als PKW Parkplatz dient. Eigener Bereich für Wohnmobile mit tollem Blick auf die Küste, kein Schatten, fast eben, durch nahe Hauptstraße nicht ganz ruhig, klappstuhlgeeignet. Etwa 4,2 km bis Porto Empedocle. **Preis**: Parken ab 10 €, 20 € / 24 h. **Zufahrt:** Direkt an der Küstenstraße SP68 rechter Hand oberhalb der Sca-

la dei Turchi. Achtung: Die Auffahrt ist sehr steil! Mit langem Überhang besteht die Gefahr aufzusitzen. **Hinweis:** Kurz nach diesem Stellplatz folgt noch ein weiterer der ebenfalls Park- und Stellplätze für PKWs und WOMOs bietet. N 37°17'27" E 13°28'28", SP68, Tel. 0392 982 96 07, etwa April – Oktober, nur Toilette / Dusche, ab 5 €, 15 h / 24 h.

Ein Stück hinter der Türkentreppe endet die **SP68** am **Capo Rossello**. Der dortige Strand bietet einen guten Blick zurück zu den weißen Klippen, ist meist ruhiger und ein recht angenehmer Ort, um etwas zu Verweilen. Auf dem einfachen Gelände des Restaurants **Nodo Ammare** dürfen Wohnmobile über Nacht bleiben. Ist geschlossen, kann man auch den Ortsparkplatz ein Stück weit zurück an der Straße nutzen.



**198** N 37°17'42" E 13°27'16", Via dell`Orsa Maggiore, Wasser, tags Toiletten, 20 €

**198a** N 37°17'52" E 13°27'20", Via dell`Orsa Maggiore

**Siculiana Marina** *(50 Einwohner)*
Die weiterführende Hauptstraße verläuft für ein Stück etwas weiter von der Küste entfernt unterhalb des Ortes **Siculiana**. Im durch eine Sackstraße erreichbaren Siculiana Marina bietet sich die nächste Gelegenheit, gut mit dem Wohnmobil ans Meer zu gelangen. Am großen Parkplatz in der **Via Botticelli** kann man über Nacht mit dem WOMO stehen und ringsum einkehren. Der Ort weist einen Spielplatz und eine öffentliche Toilettenanlage vor. Der schöne Strand liegt gute 100 Meter westlich, ein Stück hinter dem benachbarten Ristorante Oasi. Achtung: da die Hauptortsdurchfahrt für Wohnmobile gesperrt ist, müssen Sie kurz vorher bei der entsprechenden Beschilderung links entgegen der Einbahnstraße zum Platz fahren – ein kleines Zusatzschild erlaubt dies für sonst ausgesperrte Fahrzeuge und Busse.

**Strand von Capo Rossello**

Bereits am Ortsbeginn von Siculiana Marina biegen Sie alternativ links zum Restaurant Canne ab, das Wohnmobilstellplätze anbietet und einen eigenen Strand besitzt.

Stellplatz 199

199 N 37°20'15" E 13°23'16"

### 200 Siculiana Marina – Ristorante Camping Canne

**GPS/Kontakt:** N 37°20'08" E 13°23'37", Via Antonio Gramsci, Tel. 0338 747 66 60. **Öffnungszeiten**: Ganzjährig geöffnet. **Ausstattung:** Campingplatzüblich. **Beschreibung**: Schattige Parkfläche auf Naturboden unter großen Bäumen, neben der Pizzeria mit eigenem Strand. Alles einfach und in die Jahre gekommen, meist ruhig, einigermaßen eben, 900 m in die Ortsmitte. **Preis**: 20–25€. **Zufahrt:** Von der Küstenstraße SP75 links nach Siculiana Marina steuern und am Ortseingang links zur beschilderten Pizzeria.



### Riserva Naturale Torre Salsa

Das Naturschutzgebiet am Torre Salsa steht unter Protektion des WWF. Ziel ist, den beinahe letzten verbliebenen, weitgehend unberührten Küstenabschnitt nachhaltig zu bewahren und zu schützen. *Es ist einer der letzten Orte, an dem Meeresschildkröten auf Sizilien zwischen Juni und August regelmäßig Eier ablegen*. Sanfter Wander- und Badetourismus ist gestattet, der Zugang ist nur auf wenigen Allradpisten (wie Zugang Pantano) und zu Fuß möglich. Bei einer Wanderung sollten Sie auf alle Fälle Badesachen mitnehmen.

### Wanderung zum Strand des Riserva Naturale Torre Salsa

*(rund 5,6 km hin- und zurück)*

Wenn Sie bei Siculiana Marina von der **SS115** auf die **SP75** abzweigen, sehen Sie Schilder, die rechts zum **Riserva Torre Salsa** weisen. Diese unterqueren die Schnellstraße und gelangen rund einen Kilometer weiter zum Zugang Omomorto linker Hand. Das dortige Besucherzentrum scheint die meiste Zeit über geschlossen zu sein. Daneben besteht eventuell die Möglichkeit, für wenige Fahrzeuge am Straßenrand zu parken, ohne die Zufahrt zu blockieren, N 37°21'36" E 13°22'15". Kurz nach dem Gebäude wird die Straße zum Feldweg. Nach rund 400 m gibt es eine weitere Parkfläche, N 37°21'34" E 13°22'01". Prüfen Sie im Vorfeld unbedingt, ob Wegzustand und Ihr Fahrzeug zusammenpassen... weiter sollten Sie mit einem normalen Wohnmobil aber nicht fahren.

Folgen Sie dem Schotterweg für rund 500 Meter und halten sich dann an einer Abzweigung rechts, leicht abfallend zum Meer hin. Sie gelangen zu einer letzten geschotterten Parkfläche und nehmen den ganz gerade wei-

**Klippen im Torre Salsa Naturpark, unten Strand in Bovo Marina**



terführenden Pfad auf die Klippen zu. An einigen Olivenbäumen gelangen Sie zur Abbruchkante der Klippen und gehen dort nach links weiter. Der Weg nimmt einige Kurven. Dann wandern Sie über einen steileren, mit einigen Stufen versehenen Abstiegsweg zum Strand hinunter. Halten Sie sich am Meer mit dem Spiaggia Cannicella rechts, bis Sie den für Sie passenden Badeplatz finden. Der Rückweg verläuft auf gleicher Route.

Eine weitere Möglichkeit, sich dem Naturschutzgebiet und seinen Stränden zu nähern, besteht über den WOMO-freundlichen Agriturismo Torre Salsa. Nicht mehr ganz so still und natürlich und meist stärker frequentiert ist der Strand ein Stück weiter westlich bei **Bovo Marina**. Dafür gibt es Infrastruktur und in der Saison viele Tagesparkplätze auf den Feldern beidseits der Straße, ein Stück hinter dem Strand gelegen, N 37°22'55" E 13°18'34".

## 201 Montallegro -Torre Salsa – *Sosta Camper Torre Salsa*

**GPS/Kontakt:** N 37°22'35" E 13°19'40", Contrada Torre Salsa, Tel. 0371 427 07 67, www.sostacampertorresalsa.it. **Max. WOMOs:** 18 – 20.

**Öffnungszeiten**: März – Oktober. **Ausstattung**: Ver- / Entsorgung, Strom, Toilette / Dusche, Waschmaschine, WLAN. **Beschreibung**: Schotterparkplatz in einem sehr ruhigen Gelände in Alleinlage, eben, klappstuhlgeeignet, kein Schatten, am Ende holprige Zufahrt. Wandermöglichkeiten zum 2 – 3 km entfernten Strand. **Preis**: 22 – 25 €. **Zufahrt:** Von der SS115 kurz nach Montallegro links nach einer kleinen Brücke abzweigen. Nach etwa 3 km dann links ab, beschildert zum Platz.

**Eraclea Minoa** *(30 Einwohner)*

Das heutige Eraclea Minoa besteht aus über zwei Straßenzüge verteilte Ferienhäuser, einen Kieferngürtel – und eine wirklich schöne Strandbucht. In der Nebensaison ist kaum etwas los. In der Hauptsaison wird dieser stille Ort dagegen schnell voll. Um sich alles aus der Nähe anzuschauen, ist der hiesige Campingplatz die beste Möglichkeit. Es gibt auch einen kleinen Parkplatz direkt am Meer, der zumindest in der Nebensaison als Alternative fungieren kann.

Stellplatz 202

**202** N 37°23'26" E 13°17'34", Via Tutelina

TOUR 8

### 203 Eraclea Minoa – *Eraclea Minoa Village*

**GPS/Kontakt:** N 37°23'34" E 13°17'07", Viale Eraclea 2, Tel. 0922 84 60 23, www.eracleaminoavilllage.it. **Öffnungszeiten**: Mitte April – September. **Ausstattung**: Waschmaschine, WLAN, Pool, Animation, diverse Sportangebote, Restaurant und Bar, Minimarkt. **Beschreibung**: Stellplätze meist auf Naturboden unter Bäumen, etwas uneben, wild, relativ sauber, meist ruhig, viele Bungalows zur Vermietung. **Preis**: 30 – 51 €. **Zufahrt:** Von der S115 in Richtung Eraclea Minoa auf die SP30 lenken und der Beschilderung zum Campingplatz folgen.

**Eraclea Minoa**



Oberhalb der Felsklippen liegen die erst zu einem kleinen Teil ausgegrabenen, nichtsdestotrotz sehenswerten Reste des antiken, griechisch-römischen **Eraclea Minoa**, gebaut im sechsten Jahrhundert v. Chr. Prunkstück ist das vor Erosion durch ein Dach geschützte Theater aus Sandstein.

Auf dem Stellplatz der Ausgrabungen ließe sich über Nacht parken. Von hier startet auch eine schöne Badewanderung zum **Capo Bianco** *(Via Esculapio / SP30, www.regione.sicilia.it, 9.00–18.30 Uhr, Winterhalbjahr bis 17.30 Uhr, 5 €).*

**204** N 37°23'38" E 13°16'58", SP30

## Bade-Wanderung zum Capo Bianco *(ungefähr 3,5 km)*

Folgen Sie dem Wanderweg, der vom Parkplatz oberhalb der Klippen nach Westen führt. Am Capo Bianco werfen Sie einen Blick hinab. Kletterer, die partout abkürzen möchten, versuchen sich an der steilen Kraxelei nach unten... Besser ist es, dem Weg noch für 700 weitere Meter zu folgen, bis Sie viel einfacher nach links zur Mündung des Plàtani-Flusses absteigen können. Da an dieser Stelle Badeverbot herrscht, gehen Sie nach links am wilden, meist einsamen Strand entlang, der ab und an auch für FKK-Baden genutzt wird. Am schönsten sind die mit Felsen durchzogenen Abschnitte unterhalb des weiß strahlenden **Capo Bianco**. Der weiße Kreidefels bröckelt leicht ab. Angeblich ist er ein wahrer Jungbrunnen, den schon die Damen der Antike zu schätzen wussten. Zerbröseln Sie das Gestein und geben Sie Wasser dazu. Alles gut vermengt muss diese Paste als Maske für zehn Minuten auf das Gesicht oder sonstige Körperpartien aufgetragen und dann abgewaschen werden. Die Prozedur soll ganze zehn Jahre wett machen können. Wahrheit oder Legende? Entscheiden Sie selbst!

Der Rückweg verläuft auf gleichem Weg. Wagemutige gelangen westlich des Kaps über Felsstufen nach oben. Achtung: diese Variante ist nicht ganz ungefährlich. Trittsicherheit und geeignetes Schuhwerk sind Voraussetzung.

Capo Bianco, unten Fiume Plàtani Mündung



**Riserva Naturale del Fiumi Plàtani**

Unmittelbar hinter Eraclea schließt sich ein weiteres Naturschutzgebiet an. Das **Riserva Naturale del Fiumi Plàtani** beginnt nördlich der Flussmündung, die Sie bereits von der Wanderung zum Capo Bianco kennen. Das Naturgebiet umfasst einen rund 3,5 Kilometer langen Küstenstreifen, der ohne Bebauung und von einem Waldgürtel geschützt ist. Spazier- und Fahrradwege durchziehen das Gebiet. Es gibt Picknickplätze und Fußgängerstege führen bis an den Sandstrand. Ein reparaturbedürftiges Asphaltband zweigt von der Hauptstraße in Richtung Borgo Bonsignore ab und endet an einem einfachen Parkplatz. Meist haben Sie an diesem Ort viel Ruhe, müssen allerdings einen rund 500 Meter langen Weg bis zum Strand auf sich nehmen, N 37°24'31" E 13°16'10", **SP57**

**Seccagrande** *(500 Einwohner)*

Die letzten guten Badegelegenheiten vor der größten Stadt der Gegend, Sciacca, liegen rund um Seccagrande. In der Nebensai-

Strand im Fiume Plàtani Naturpark, unten Seccagrande mit Stellplatz 205

son können Sie direkt am Wasser auf einem sehr schönen Platz neben einer Strandbar stehen. Es gibt mehrere Parkgelegenheiten. Ansonsten eignet sich der nahegelegene Campingplatz.



**205** N 37°26'02" E 13°14'15", **Via Caravaggio**.

### 206 Seccagrande – *Kamemi*

**GPS/Kontakt:** N 37°26'21" E 13°14'29", Contrada Kamemi Superiore, Tel. 0925 692 12, www.kamemivillage.com. **Öffnungszeiten**: Ganzjährig geöffnet. **Ausstattung**: Waschmaschine, WLAN, Pool, in der Saison Animation, diverse Sportangebote, Restaurant und Bar. **Beschreibung**: Teils künstlich, teils durch Bäume beschattete Stellplätze auf Schotter, teils eben, ruhig, viele Bungalows in der Vermietung, 3,8 km außerorts. **Preis**: 18 – 38 €. **Zufahrt:** Von der S115 rechts nach Seccagrande steuern. Dort ist der Platz nach 300 m links angeschrieben

Nach ein paar Kilometern führt eine nur klein beschilderte Abfahrt zum Weiler **San Giorgio**. Auch dort versteckt sich ein WOMO-Stellplatz neben einem Strandkiosk.

Sambuca di Sicilia, unten Corso Umberto I

## 207 San Giorgio – La Playa Barracuda

**GPS/Kontakt:** N 37°29'41" E 13°10'01", Tel. 0327 909 79 40.
**Max. WOMOs:** 30+. **Öffnungszeiten:** Etwa Juni – September. **Ausstattung**: Einfache Toilette / Dusche **Beschreibung**: Einfacher Erd- / Schotterplatz mit einigen Bäumen, direkter Strandzugang, 8,5 km bis Sciacca, etwas uneben, nachts ruhig, klappstuhlgeeignet, zuletzt etwas verlottert. **Preis**: 15 €. **Zufahrt**: Gute 10 km nach Seccagrande folgen Sie ab der SS115 rechts dem weißen Schild zur Loc. San Giorgio. Sie müssen durch eine schmale Unterführung auf die andere Seite der Schnellstraße wechseln und sich links halten. Der Platz La Playa ist angeschrieben und über eine etwas holprige, schmale Zufahrtsstraße erreichbar.

TOUR 8

**Sambuca di Sicilia** *(5.900 Einwohner, Markttag Mi., im Zentrum)*
Haben Sie Lust auf einen kleinen Abstecher ins Landesinnere? Dann ist Sambuca keine schlechte Wahl. Das Städtchen liegt eingebettet in den sanften Hügeln des Hinterlandes und bietet dank seiner exponierten Lage eine richtig schöne Aussicht auf den nahegelegenen Lago Arancio im Süden und die umliegenden Weinberge von der großen Terrazzo Belvedere ganz im Osten der Altstadt. *Das Zentrum ist von engen Gassen und historischen Gebäuden geprägt und geht in Teilen noch immer auf die Araber zurück, die die Stadt einst gründeten*. Sehenswert sind die recht imposante **Chiesa Madre** und das Archäologische Museum, wenn Sie entsprechend interessiert sind *(Via Panitteri 1, www.museoarcheologicopalazzopanitteri.it, im Sommer Di. – So. 9.00 – 13.00 Uhr und 16.00 – 20.00 Uhr, 3€)*. Kulinarisch kommen Sie ebenfalls

**Chiesa Beeata Vergine Maria dell`Udienza**



nicht zu kurz – Wein und Oliven werden vor Ort angebaut, in Gasthäusern wie dem ***Pane e Radici*** *(Corso Umberto I)* oder der ***Pizzeria Desidero di G. Sebastian*** *(Corso Umberto I)* ist die Auswahl natürlich noch deutlich größer. Einen Versuch wert ist auch die ***Pasticceria E. Pendola*** *(Via Baglio Frande 42)*. Sie verkauft die süße Gebäck-Spezialität Sambucas, die *Minne di Virgini*. Sie sind mit Ricotta, Schokolade und kandierten Früchten gefüllt. Sambuca di Sicilia wurde 2016 übrigens zum schönsten Ort Italiens gewählt – das liegt sicher im Auge des Betrachters, aber es bietet zweifellos ein authentisches Erlebnis abseits der ausgetretenen Pfade. Ein Parkplatz samt Wasseranschluss steht am Fuss der Altstadt bereit. Und wer möchte, kann auch gleich für immer bleiben...

**208** N 37°39'10" E 13°06'54", Via A. Gramsci

### Hauskauf auf Sizilien: Billiger als ein Cappuccino

2018 machte das kleine, rund 20 km nördlich von Sciacca entfernte **Sambuca di Sicilia** von sich Reden, als der Bürgermeister beschloss, etwas gegen die Landflucht und das drohende Sterben seines Ortes zu unternehmen. Die alten, im Besitz der Gemeinde befindlichen Wohngebäude wurden gesammelt und werbewirksam mit großer Pressemitteilung auf der Homepage Sambucas veröffentlicht. Die zwischen 40 und 150 Quadratmeter großen Objekte waren alle für nur einen Euro zu haben!

Einziger Haken des Angebots: die künftigen Besitzer mussten eine Kaution von 5.000 Euro hinterlegen und sich verpflichten, das Haus innerhalb von drei Jahren für mindestens 15.000 Euro zu renovieren. Wird das eingehalten, wird die Kaution zurückgezahlt und man ist stolzer Besitzer seines eigenen, sizilianischen (Ferien)Hauses. Sie haben selbst Interesse? Es werden immer wieder mal Häuser angeboten und auch andere Gemeinden liebäugeln mit dem Konzept, halten Sie also ruhig die Augen offen.

**Sciacca** *(40.700 Einwohner, Markttag Sa., Via San Michele)*
Über die Schnellstraßenabfahrt 19 und weiter nach links besuchen Interessierte kurz vor dem Zentrum Sciaccas über die **Via E. Ghezzi** die ungewöhnliche Sehenswürdigkeit **Il Castello Incantato**. Auf einem kargen Hanggrundstück hat der aus armen Verhältnissen stammende Filippo Bentivegna (1885 – 1967) tausende aus Stein gehauene und Holz geschnitzte Köpfe hinterlassen, die gemeinsam mit in den Stein geschlagenen Grotten ein äußerst bizarres Lebenswerk ergeben. Der schon in seiner Jugend als »verrückter Filippo« bekannte Junge war für einige Zeit in die USA emigriert, erlitt dort eine Kopfverletzung, die seine psychischen Probleme verstärkte. Wieder zu Hause erwarb er das Grundstück und begann seine viele Jahre andauernde Arbeit. Ob sie Ausdruck einer wahnhaften, zwanghaften oder schizophrenen Störung ist, lässt sich nicht mehr feststellen. Gesichert ist, dass sich Bentivegna in diesem selbst geschaffenen Reich zwischen seinen »Untertanen« als Hoheit ansprechen ließ. Heute jedenfalls wird sein Werk als Art Brut-Kunst gefeiert. Direkt am Grundstück sind keine WOMO-geeigneten Parkplätze vorhanden. Parken Sie das Fahrzeug eine Parallelstraße weiter *(Parkplatz: N 37°30'19" E 13°06'29", Via Slovenia, Park und Gebäude: Via F. Bentivegna 16, www.sciaccamusei.it, Apr. – Juni und Okt. von 9.00 – 13.00 und 15.00 – 20.00 Uhr, Juli– Sep. 9.00 – 20.00 Uhr, sonst 9.00 – 13.00 und 15.00 – 18.00 Uhr, 6 €)*.

Da im Osten des heutigen Sciacca heiße Quellen entspringen, war der Ort schon den Griechen und Römern bekannt. Eine Stadt errichteten aber erst die Araber und nannten sie As-Saqqah. *Die orientalischen Wurzeln sind noch heute erkennbar, auch wenn Burg und Befestigungen aus der späteren, normannischen Zeit stammen*. Das laute, bunte, enge und verschachtelte Zentrum ist abschreckend und faszinierend zugleich. Verstärkt werden die Eindrücke jedes Jahr im Karneval, dann ist die 40.000 Einwohner-Stadt das unbestrittene Zentrum Siziliens.

Il Castello Incantato

TOUR 8

Wie so oft zuvor, gerät ein Besuch mit dem Wohnmobil nur allzu leicht zur Tortur. Sie sollten daher auf den um die Innenstadt herumführenden Hauptstraßen bleiben. Ein guter und häufig von WOMOs frequentierter Parkplatz befindet sich direkt am Hafen, außerhalb der engsten Gassen und in Schlagweite zur Altstadt.

### 209 Sciacca – *Sciacca Porto*

TOUR 8

**GPS:** N 37°30'20" E 13°04'35", Via Gaie di Garaffe. **Max. WOMOs**: 20+. **Ausstattung**: Keine Einrichtungen. **Beschreibung**: Einfache, beleuchtete, sehr große asphaltierte und ebene Parkflache am Hafen der Stadt, 550 m in die Ortsmitte. Nachts teils laut. **Zufahrt:** Nehmen Sie von der SS115 kommend die Ausfahrt 19 nach Sciacca und folgen der SP76 in Richtung Stadtzentrum. Kurz nach dem eigentlichen Ortsbeginn geht es im Einbahnbetrieb weiter und wenn Sie rechter Hand einen begrünten Platz passieren, biegen Sie links in die Via Agatocle und bei erster Gelegenheit rechts in die Via Maddaluzza ab. Kurz danach müssen Sie wegen einer Einbahnregelung links den Hügel hinab lenken und sich unten erneut links um eine recht steile, aber mit ausreichendem Ausholen machbare Serpentinenkurve schlängeln. In mehreren Kurven geht es auf der vielleicht etwas beengend wirkenden, aber stets noch passierbaren Straße weiter, bis Sie auf Meeresniveau ankommen. Bleiben Sie, trotz des einen oder anderen Straßenschlenkers, immer geradeaus entlang der Küste. Sie erreichen nach rund 750 m die Parkfläche linker Hand. Hinweis: eine Alternative ganz in der Nähe ist die kurz vor dem Hafen gelegene Parkfläche bei N 37°30'18" E 13°04'51", Piazza Consiglio, ebenfalls direkt am Wasser.

## Unterwegs in Sciacca

Der Ort teilt sich in eine Unter- und Oberstadt auf. In der Unterstadt bewegt sich vieles im Takt der Fischverarbeitung, da Sciacca bis heute über eine der größten Fischfangflotten Siziliens verfügt und die Verarbeitung zu einem guten Teil direkt vor Ort erfolgt. Andere Betriebe sind, dank der großen Tonvorkommen in der Nähe, mit Keramikverarbeitung beschäftigt. Im äußersten Osten der Unterstadt liegt der Thermenbereich mit einem großzügig in einen Park gebetteten Kurhotel. Aus unerfindlichen Gründen gammelt es seit Jahren vor sich hin, wie das ein Stück weiter östlich gelegene Thermalfreibad – natürliche Ressourcen die, anderswo im großen Stil vermarktet, auf Sizilien einmal mehr brach liegen.

Wenden Sie sich über die nordwestlich vom Parkplatz aufwärts führende Straße der Oberstadt zu. Gleich nach der Unterführung halten Sie sich rechts und kommen so zum gut gemachten Spielzeugmuseum **Museo del Giocattolo**. Es zeigt eine Sammlung an Spielwaren ab dem ausgehenden 19. Jahrhundert *(Via F. Argento 15, www.museodelgiocattolosciacca.it, Juli–Sep. 10.00–13.00 und 16.30–19.00 Uhr, sonst nur Mo.–Sa. 16.30–19.30 Uhr und So. 10.00–12.30 Uhr, 5 €)*.

Weiter geradeaus stoßen Sie am Ende der **Via A. Gramsci** auf die **Via Mori**, der Sie nach links folgen. Nach einer Rechtskurve betreten Sie am ehemaligen Stadttor San Salvatore das Zentrum. Vor Ihnen liegen gleich mehrere Kirchenbauten, darunter rechts die **Chiesa Sant Margherita** und links die **Chiesa del Carmine** (beide 14. Jahrhundert). Links ab über die **Via P. Gerardi** spazieren Sie bis zum zinnengeschmückten **Palazzo Steripinto** und halten sich rechts in den **Corso V. Emanuele**. In der Nähe treffen Sie auf das Restaurant ***Buona Forchetta*** *Via P. Gerardi)* und das ***La Favola*** *(Cafe, Corso V. Emanuele 234)*.

Nach 80 Metern wechseln Besucher am kleinen Platz linker Hand über die **Vicolo la Marca** zur parallel verlaufenden Geschäftsstraße **Via G. Licata** und folgen dieser nach rechts. Vorbei an der bröckelnden Fassade des ehemaligen Franziskanerkonvents und der **Chiesa San Francesco** spazieren Sie bis zur Fußgängerzone **Via G. Garibaldi** rechter Hand und folgen ihr bis zur großen **Piazza A. Scandaliato** mit tollem Blick auf die Unterstadt und das Meer. Östlich wird der Platz von der **Chiesa San Domenico** und dem Dominikanerkonvent abgeschlossen, westlich vom katalanisch geprägten **Palazzo Maurici**. Vorbei an der überbordend mit barockem Prunk geschmückten **Chiesa del Colleggio** und dem Rathaus bringt Sie die **Via Roma** zurück zur Via G. Licata. In diesem Bereich liegt das ***La Stranizze*** *(Via G. Garibaldi 33)*, das ***Hosterua dek Vicolo*** *(Vicolo Sammaritano 10)* und die ***Antica Panelleria*** *(Fastfood, Via G. Licata 124)*,

An einem kleinen, mit Palmen begrünten Platz linker Hand können Sie über die **Via Santa Caterina** nach links einen Abstecher zum noch weiter oben im ältesten Teil »Terravecchia« gelegenen **Castello Luna** unternehmen. Die im 14. Jahrhundert errichtete Burg wurde bei einem Erdbeben 1740 zerstört, nur Außenmauern und ein Turm blieben erhalten. Heute ist sie im Sommer ab und an Veranstaltungsort für Konzerte und Aufführungen. Unterwegs streifen Sie die **Chiesa di Santa Caterina** und direkt gegenüber die viel kleinere **Chiesa S. Nicolo** aus dem 11. Jahrhundert.

Wenn Sie sich an dem Platz nach rechts halten, erreichen Sie den Domplatz mit der **Basilica Madonna del Soccorso**, Sciaccas Hauptkirche. Im Inneren beherbergt sie eine wundertätige Marmorstatue Marias, die dank der ihr



**Sciacca in der Abendsonne**

Basilica Madonna del Soccorso

TOUR 8

zugeschriebenen Befreiung von der Pest als Schutzpatronin gilt.

Am nördlichen Ende des Platzes liegt das **Museo Francesco Scaglione**. Es präsentiert eine privat zusammengetragene Kunstsammlung des Stifters mit Münzen, Möbeln, Keramik und Gemälden *(Piazza Duomo, meist 9.00–13.00 und 17.00–21.00 Uhr, 3 €)*.

Unterhalb des Platzes führt die **Piazza Campidoglio** zu einer Treppe, die Sie in die Unterstadt bringt. Immer nach schräg rechts vorne und jeden sich bietenden Abgang nutzend, erreichen Sie in kurzer Zeit das Hafenbecken. Nach rechts gelangen Sie zu Ihrem Stellplatz. Unterwegs kommen Sie an weiteren erwähnenswerten Lokalen vorbei, wie dem ***La Bottega del Porto*** *(Lungomare C. Colombo 26)*, der ***Granita-Bar Roma*** *(Eis, Porto di Sciacca)*, und den Trattorien ***Al Faro*** *(Via Porto 25)* und ***La Cambusa*** *(Ronco Reclusio Vecchio 10)*.

### *In der Nähe*

· Am Westende Sciaccas besuchen Interessierte das etwas außerhalb gelegene **Museo del Carnavale,** um sich näher über das seit dem 19. Jahrhundert jährlich veranstaltete Karnevalstreiben zu informieren. Es zeigt unter anderem viele Modelle der im Original bis zu 15 m hohen Umzugswagen und historische Kostüme *(N 37°30'28" E 13°03'52, Via F. Bellanca, 10.00–13.00 und 16.00–19.00 Uhr, 4 €)*. Mehr Informationen zu den genauen Austragungsdaten und Abläufen des Karnevals von Sciacca erhalten Sie unter www.sciaccarnevale.it.

· Nordöstlich von Sciacca können Sie über die **SP54** zum **Monte San Calogero** steuern. Er bietet eine tolle Sicht auf Küste und Binnenland, es gibt einen schattigen Picknickplatz und einen Spielplatz. Die kleine **Basilica di San Calogero** erinnert an den Eremiten und Heiler Calogerus, der hier im Fünften Jahrhundert Grotten mit heißen Thermaldämpfen zu therapeutischen Zwecken genutzt haben soll. Die Grotten gibt es noch immer, sie liegen unter dem inzwischen geschlossenen Hotelkomplex neben der Kirche. Leider sind sie nicht zugänglich *(N 37°31'09" E 13°06'55", Via S. Calogero al monte)*.

### Lido Fiori

Südlich der Stadt **Menfi** steuern Sie als Abschluss von Tour Acht **Fiori** an. Ein Badeparkplatz liegt bei N 37°34'18" E 12°56'54", Via degli Oleandri. Ansonsten können Sie zwischen Camping- und Stellplatz wählen. Ganz nett ist auch das nachfolgende **Porto Palo** mit Parkmöglichkeit am Strand bei N 37°34'42" E 12°54'44".

#### 210 Lido Fiori – *Camping La Palma*

**GPS/Kontakt**: N 37°33'54" E 12°57'51", Via delle Palme 29, Tel. 0338 829 31 32, www.campinglapalma.com. **Öffnungszeiten**: Mitte März – November. **Ausstattung**: Waschmaschine, WLAN, Bar, Minimarkt. **Beschreibung**: Teils künstlich, teils durch Bäume beschattete Stellplätze auf Schotter, teils eben, ruhig, viele Bungalows in der Vermietung, 3,8 km außerorts. **Preis**: 24 – 35 €. **Zufahrt:** Von der SS50 bei Fiori links in Richtung Zona Balneare abbiegen, nach links ist der Platz von da aus beschildert.



#### 211 Lido Fiori-Cipollazzo – *Boomerang*

**GPS/Kontakt**: N 37°34'31" E 12°56'26", Via Geser 11, Tel. 0339 501 28 77. **Öffnungszeiten**: Ganzjährig geöffnet. **Ausstattung**: Ver- / Entsorgung, Strom, Toilette / Dusche, Waschmaschine, WLAN, Restaurant. **Beschreibung**: Einfaches Schottergelände etwas vom Strand zurückversetzt, eben, recht sauber, sehr ruhig, klappstuhlgeeignet, kein Schatten. **Preis**: 24 – 35 €. **Zufahrt:** Am Ende der SS50 links halten, dann gleich wieder links Richtung Cipollazzo und dann nach rechts der Beschilderung zum Platz folgen.

Strand in Porto Palo

# Tour 9

Ägadische Inseln
Levanzo
Grotta Genovese
Maréttimo
Tonnara
Favignana
10 km
Isola delle Femmine
P.-Mondello
P.-Sferracavallo
S. Rosalia
Capaci
Palermo
Catacomba Villagrazia
Bioparco
Torre Pozzillo
Cinisi
Terrasini
Carini
Monreale
Altofonte
Montelepre
Borgetto
1194 m M. Gradara
Partinico
Balestrate
San Giuseppe Jato
San Cipirello
Alcamo Marina
San Vito lo Capo
Ris.Nat. dello Zingaro
Tonnara
Scopello
Mascari
Castelluzzo
Ciauli
Castellammare d.G.
Alcamo
Camporeale
Bosco di Alcamo
Ris.Nat. Monte Cófano
Mangiapane
Cornino
Custonaci
Cortigliolo
Segestane und Gorga
Pizzolungo
Valderice
Erice
Segesta
Calatafimi Segesta
Trapani
R.N. Sal. d.Trap.
Calcara
Saline
Paceco
Vita
Salemi
Gibellina
Santa Ninfa
S. Margherita
Marausa
San Teodoro
Montevago
Partanna
Mozia
Is. Grande
Menfi
Marsala
Castelvetrano
Campobello di Mazara
Ris.Nat. Foce del Fiume Bélice
Lilibeo und Archäolog. Museum
Tortorelle
Strassati
Sibiliana
Petrosino
Biscione
Cave di Cusa
M. Selinunte
Selinunt
Triscina
Mazara del Vallo
Tre Fontane
Granitola T.
Pantelleria
Cossyra
Ris.Nat. Isola di Pantelleria

# Provinz Trapani und Ägadische Inseln

490 km

**Die letzte Tour Ihrer Sizilien Rundfahrt durch den Westteil der Insel bietet zum Abschluss noch einmal einen abwechslungsreichen Strauß an Erlebnissen. Großartig erhaltene griechische Ausgrabungen und auf einer kleinen Insel erfahren Sie mehr über die phönizischen Wurzeln Siziliens. Städte mit ganz unterschiedlichen Charakteren wollen entdeckt werden und Sie können Salinen und eines der schönsten Bergdörfer der Insel in Augenschein nehmen. Dazu kommen herrliche Badeplätze, vor allem im äußersten Nordwesten. Auf Wunsch bietet sich Gelegenheit zu einem Besuch der Ägadischen Inseln oder dem noch weiter südlich gelegenen Eiland Pantelleria.**

- **Ausgrabungen von Selinunt**
- **Mazara del Vallo**
- **Insel Mozia**
- **Salinen von Marsala und Trapani**
- **Provinzhauptstadt Trapani**
- **Bergort Erice**
- **Strände um San Vito Lo Capo**
- **Zingaro Naturpark**
- **Ausgrabungen von Segesta**

**Selinunt**

Neben dem Tal der Tempel bei Agrigent, das Sie von Tour Sieben kennen, sind die Ausgrabungen von Selinunt die umfangreichsten der Insel. Der Name dieser um 650 v. Chr. gegrundeten hellenistischen Stadt stammt vom altgriechischen Wort für den noch immer gedeihenden Wilden Sellerie. Eine Blütezeit erlebte sie im Fünften Jahrhundert v. Chr. Ständige Konflikte mit dem benachbarten, karthagischen Segesta führten 409 v. Chr. zu einem großen Angriff, bei dem alle Einwohner den Tod fanden. Für weitere 150 Jahre lebten Karthager in Selinunt, bis ein Erdbeben die Stadt endgültig zerstörte.

*Aufgrund ihrer Größe dauern die Ausgrabungsarbeiten bis heute an, der Umfang des Geländes ist wirklich erheblich.* Für einen Besuch steuern Sie den Parkplatz nahe der **Piazzale B. Marconi** bei N 37°35'06" E 12°50'13" an.

Die interessantesten Tempel sind in zwei rund 1,8 Kilometer voneinander entfernt gelegene Gebiete unterteilt. Gleich hinter der Kasse führt ein Weg rechts zum rekonstruierten Tempel E. Einst war er vermutlich der Liebesgöttin Aphrodite geweiht. Von den benachbart gelegenen Tempeln F und G steht nur mehr eine Säule des einstigen Zeus-Heiligtums.

**Tempel *E* in Selinunt, unten Stellplatz 212**

TOUR 9

Mit der Übersichtskarte, die Sie beim Eintritt erhalten, können Sie den Spaziergang über das zugehörige archäologische **Museo Baglio Florio** fortführen und nach Belieben ausdehnen. Gerade an sehr heißen Tagen sind Besucher froh, wenn Sie Fußwege durch das meist schattenlose Gelände abkürzen können. Es steht ein Shuttleservice zur Verfügung, den Sie nach dem Kassengebäude zubuchen. Mit dem Ticket besteht auch die Möglichkeit, am Ende des Parkplatzes auf einer Zubringerstraße einen zweiten Parkplatz nahe des westlichen Tempelfeldes anzupeilen. Von dort sind es nur noch wenige hundert Meter bis zu den Ruinen um den Tempel C. Er war wohl Apollo geweiht und das gewaltigste Bauwerk der Stadt. 14 der Säulen wurden wiederaufgerichtet und vermitteln ein gutes Bild seiner einstigen Größe. Vier weitere Tempel und Grundmauern anderer Bauten liegen im direkten Umkreis (*www.selinunte.gov.it, geöffnet ab 9.00 Uhr, je nach Jahreszeit bis 17.00 /18.00 / 19.00 / 20.00 Uhr, 10 €*).

Wahrscheinlich haben Sie von den Tempeln aus schon den schönen Strand **Lido Porta del Sole** entdeckt, der direkt unterhalb liegt. Er gehört zum benachbarten Badeort **Marinella di Selinunte**. Sie erreichen ihn, in dem Sie das Ausgrabungsgelände am Kreisverkehr verlassen und auf der ersten Abfahrt nach rechts (Via P. Marconi) immer geradeaus steuern. Rund um eine Haarnadelkurve am Ende gibt es Parkgelegenheiten neben der Straße. Es sind aber nicht sehr viele. Daher ist es ratsam, den Parkplatz an der **Piazzale delle Metrope**, zu nutzen, auf dem Sie über Nacht parken können und die 450 Meter zum Strand zu gehen.

**212** N 37°35'00" E 12°50'18"

**Unterwegs im Ausgrabungsgelände, unten Marinella-Strand**

Im Zentrum des Ortes gibt es neben dem kleinen Hafen einen weiteren Strand, der weniger hübsch ist. Für einen etwas längeren Aufenthalt empfiehlt sich das Restaurant **Athene** an der Zufahrtsstraße. Ihm ist ein etwas älterer **Campingplatz** angeschlossen. Kurz vor dem Ort gibt es alternativ eine weitere Stellplatzgelegenheit auf dem gepflegten ***Agricampeggio Agrisilicia***.



213 N 37°35'44" E 12°50'29", SS115dir, Tel. 0924 461 32, www.athenaselinunte.com, ganzjährig geöffnet, 20 – 30 €

214 N 37°36'21" E 12°50'19", Via Leandro, Tel. 0380 517 92 33, www.agrisicilia.it, ganzjährig geöffnet, ab rund 30 €

**Triscina** *(740 Einwohner)*
Zur Weiterfahrt lenken Sie ein Stück zurück, bis zur **SP56**. Erst dort können Sie den Weg nach Westen fortsetzen. Beim Badeort Triscina linker Hand bietet sich die nächste Gelegenheit ans Meer zu gelangen. Dort befindet sich der Campingplatz Helios.

### 215 Triscina – *Helios*

**GPS/Kontakt**: N 37°34'57" E 12°46'11", Via del Mediterraneo 271, Tel. 0924 843 01, www.campinghelios.it. **Öffnungszeiten**: Etwa März – Mitte November. **Ausstattung**: Waschmaschine, teils WLAN, Pool, div. Sportmöglichkeiten, Bar. **Beschreibung**: Mittegroßer Platz in einem üppigen Garten. Direkter Strandzugang, meist schattige und parzellierte Stellplätze, eben, ruhig, rund 3,8 km in den Ort. **Preis**: 22 – 42 € (Ermäßigung mit Sicily Camping Tour). Zuletzt nur Bargeldzahlung möglich. **Zufahrt**: Von Selinunt kommend auf die SP56 Richtung Campobello di Mazara wechseln und bei nächster Gelegenheit links die SP81 Richtung Triscina nehmen. In den Ort einfahren und der Hauptstraße nach rechts folgen. Der Platz ist nach rund 3,5 Kilometer linker Hand angeschrieben.

TOUR 9

Von Triscina aus können Sie nun im Prinzip direkt am Strand entlang bis in den nächsten Ort **Tre Fontane** und weiter noch weiter bis Kartibubbo fahren. Sie müssen aber auf die Befahrbarkeit des Untergrundes achten, der ungeteert nach Regenfällen schmierig und rutschig sein kann oder mit Sand überweht – beides gleichermaßen problematisch. Sofern Sie aber gut vorankommen, treffen Sie unterwegs auf einige stille Badeplätze und übernachtungsgeeignete Orte, die Sie im besten Fall ganz für sich alleine haben.

**216** Etwa N 37°34'42" E 12°45'35" bis N 37°33'38" E 12°40'36"

Gegen Ende des langgezogenen Ortes biegt die **Via Trapani** ansonsten nach rechts ins Landesinnere Richtung **Campobello di Mazara** ab. Schilder weisen auf die **Cave di Cusa** hin. Statt über

**Strand von Triscina**

die SP51dir direkt weiter nach Mazara del Vallo zu fahren, ist dieser Abstecher vor allem dann interessant, wenn Sie sich schon gefragt haben, wo die riesigen Steinblöcke für den Bau der griechischen Tempel herkommen. Hier haben Sie Gelegenheit, einen antiken Steinbruch zu besichtigen. Außergewöhnlich ist, dass er beim Anrücken der Karthager wohl fluchtartig verlassen wurde und Besucher anhand noch unfertiger, halb im Felsen steckender Blöcke, die Arbeit der Steinmetze recht gut nachvollziehen können. Zuletzt war die Anlage allerdings auf unbestimmte Zeit geschlossen, der Zugang war dennoch möglich. Am Parkplatz parken ab und an WOMOs auch über Nacht.

Strandstellplätze 216



**217** N 37°37'09" E 12°43'27", Wasseranschluss

**Mazara del Vallo** *(51.600 Einwohner, Markttag Mi., Piazza Macello)*

Bei **Granitola Torretta** stößt die SP51dir wieder auf die Küste. Der kleine Ort besitzt eine ganz hübsche Sandbucht im Westen. Dort übernachten Badegäste ab und an im Wohnmobil.

**218** N 37°34'35" E 12°39'08", Via Quarara

Am Ortsbeginn von Mazara passieren Sie rechter Hand einen Campingplatz, dessen Preis-Leistungsverhältnis allerdings in keinem Verhältnis steht. Besser ist der ein Stück weiter entfernte, private Stellplatz. Am zentralen Parkplatz für die Stadtbesichtigung, dem Parcheggio G.B. Quinci ist es gestattet über Nacht zu bleiben.

Stellplatz 217

## 219 Mazara del Vallo – *Parcheggio G.B. Quinci*

**GPS:** N 37°39'05" E 12°35'13", Lungomare G. Mazzini. **Max. WOMOs**: 10+. **Ausstattung**: Wasser, Beleuchtung, sonst keine Einrichtungen. **Beschreibung**: Asphaltierte Parkfläche direkt an der Hafenmole, kein Schatten, recht eben, eher belebt, sehr zentral, ungefähr 100 m ins Zentrum. **Zufahrt:** Von der SP38 kommend der Strandstraße entlang ins Zentrum. Unmittelbar vor der Mündung des Màzaroflusses linker Hand. **Hinweis:** Das Parken ist kostenlos. Immer wieder versuchen »private Parkwächter« eine Gebühr von ein paar Euro zu verlangen, für die sie auf das Wohnmobil während ihrer Abwesenheit oder nachts »aufpassen«...

## 220 Mazara del Vallo – *Giardino di Epicuro*



**GPS/Kontakt**: N 37°39'59" E 12°34'43", Via Rocca di Mezzo 7, Tel. 0339 405 09 01, www.camping-sicilia.jimdosite.com. **Max. WOMOs**: 30+. **Öffnungszeiten**: Ganzjährig geöffnet. **Ausstattung**: Ver- / Entsorgung, Strom, Toilette / Dusche, Waschmaschine, WLAN. **Beschreibung**: Geschotterter, sehr gepflegter Platz am westlichen Ortsrand. Kaum Schatten, recht ruhige Lage, eben, klappstuhlgeeignet, 2,5 km in die Ortsmitte, Shuttleservice möglich. **Preis**: 12 – 24 €. **Zufahrt**: Von der SS115 kommend am Ende von Mazara am ersten von zwei direkt nacheinander folgenden Kreisverkehren in die Via Fani abfahren, dann an einer Ampelanlage links halten in die Via Alpi und nachdem diese einen Rechtsknick macht, geradeaus bleiben. Der Platz ist dann nach 250 m rechts angeschrieben. **Hinweis**: Ein kleines Stück weiter in der Peripherie gibt es noch eine Alternative, der Platz ***Vacanze EMaMè***, N 37°40'43" E 12°35'58", Via T. di Lampedusa 17, Tel 0342 552 17 91, mindestens Mitte April – September, inkl. Pool, ab etwa 15 € (Bild 2).

### Unterwegs in Mazara del Vallo

Als Sitz von Siziliens größter Fischfangflotte, wird ein beträchtlicher Teil des Lebens dieser Stadt bis heute von den ein- und auslaufenden Booten bestimmt. Als einstmals phönizische Gründung entwickelte sich Mazara später zu einer der arabischen Hochburgen Siziliens. Und das merkt man der verschachtelten, aus hunderten schmalen Sträßchen bestehenden In-

Promenade von Mazara del Vallo, unten Piazza Repubblica

nenstadt mit ihrer orientalischen Kasbah bis heute an. Da sich inzwischen wieder mehrere tausend, vor allem tunesisch-stämmige Einwanderer dort ansiedelten, wird der Eindruck, mit einem Mal in Nordafrika zu sein, noch verstärkt – selbst den Muezzin hört man zum Gebet rufen.

Folgen Sie dem **Lungormare G. Mazzini** zunächst nach Osten. Entgegen den meisten anderen Städten befindet sich hier rechts von Ihnen ein recht schöner und gut frequentierter Sandstrand mitten im Zentrum Mazaras.



Nach der Grünanlage nehmen Sie die bunt gekachelten Stufen links hinauf zur **Piazza Mokarta**. Der **Arco Normanno** links ist das letzte Überbleibsel der einstigen normannischen Burg aus dem 11. Jahrhundert. Ein Stück weiter hinten führt die **Via S. Giuseppe** nach links zur zentralen **Piazza Repubblica** mit dem Standbild des Hl. Vitus, dem Schutzpatron der Stadt. Gleich links steht der große **Dom Santissimo Salvatore**. Er wurde als Zeichen des Sieges über die Araber um 1093 errichtet, später aber komplett im barocken Stil überarbeitet. In den großen Palazzi auf den beiden Längsseiten des Platzes sind Museen untergebracht, links das **Diözesanmuseum**, rechts eines mit ornithologischem Schwerpunkt *(Di. / Do. / So. von 10.00 – 12.30 Uhr, Mi. / Fr. / Sa. auch 16.00 – 18.00 Uhr, 4 €)*.

Am Ende des Platzes linker Hand finden Sie die **Touristeninformation**. In die arabische Kasbah gelangen Interessierte rechts über die **Via Garibaldi**. Die schmalen Gassen sind von vielen kleinen Geschäften bevölkert, die Häuser mit Keramik geschmückt. Bei Läden, die geschlossen sind, wurden die Rollos in den letzten Jahren mit großen Gemälden verschönert, die einen Spaziergang selbst am Wochenende und während der ausgedehnten

Chiesa di Sant`Ignazio, unten unterwegs in der Kasbah



Siesta ganz interessant machen. Folgen Sie am Beginn der **Piazza Chinea G. Ciraolo** der **Via Porta Palermo** nach rechts, vorbei an der **Chiesa San Bartolomeo**. Kurz vor dem Ende halten Sie sich links, scharf ums Eck, in die **Via Bagno** und wechseln sofort wieder nach rechts in die **Via S. Francesco**. Sie erreichen das ehemalige **Nonnenkloster San Francesco.** Es besitzt einen schönen Kreuzgang und einen üppig begrünten Innenhof, wird aber ab der Saison 2018 saniert und zeitweise geschlossen. Die gleichnamige Kirche davor ist innen überbordend geschmückt. Links benachbart ist ein privates **Miniaturen Museum**, das der Erbauer leitet. Seine selbst geschaffenen und detailverliebt nachgebauten Kirchen und Palazzi zeigt er sehr gerne *(meist 10.00–12.00 und 16.00–18.00 Uhr, Eintritt frei, Spende erwünscht)*.

Gegenüber vom Kloster führt die **Via Bambino** zur **Piazza Regina**. Auf der gegenüberliegenden Seite der breiten **Via Molo C. G. Caito** befindet sich der große Fischmarkt, in dem an jedem Wochentag morgens das Leben tobt. Am Fluss entlang folgt linker Hand die burgähnliche kleine **Kirche San Nicolò** aus dem 12. Jahrhundert. Halten Sie sich dahinter links und an der danach querenden **Via Pescatori** rechts, um noch einmal in die Kasbah einzutauchen. Rechts, entlang der **Via P. Ferro,** kommen Sie zur **Piazza Chinea** zurück und verlassen diese über die schmale Straße vorne rechts, die in die **Via Santa Teresa** übergeht. Die **St. Vitus-Kirche** rechterhand wurde angeblich auf den Mauern des Wohnhauses vom Heiligen Vitus erbaut. Sie gelangen zur **Piazza Plebiscito**. Die **Chiesa di Sant`Ignazio** vor Ihnen stammt aus dem Jahr 1701. Da sie seit 1936 kein Dach mehr besitzt, wirkt sie viel älter. Rechts daneben ist im ehemaligen Jesuitenkonvent das **Stadtmuseum** untergebracht *(Di.–So. 9.00–13.00 und 15.00–18.00 Uhr, 3 €)*. Gleich gegenüber widmet sich das **Mu-**

**seo del Satiro Danzate** einem einzigen Ausstellungsstück: dem überlebensgroßen, tanzenden Bronzesatyr. Für diese doch recht überschaubare Menge an Kunst ist der Eintritt hoch bemessen. Die Geschichte des Satyrs fasziniert dennoch: Er wurde wohl im 4. Jahrhundert vor Christus vom griechischen Bildhauer Praxiteles geschaffen und war schon zu seiner Zeit ein viel beachtetes und immer wieder kopiertes Meisterwerk. Er wurde schließlich nach Rom gebracht, dort ausgestellt und verbrachte mehrere Jahrhunderte in der Stadt. 455 n. Chr. überfielen Vandalen Rom und plünderten es. Sie nahmen den Satyr mit. Laut Aufzeichnungen sank ihr Schiff auf dem Weg zurück nach Afrika nahe der Insel Pantelleria südlich von Sizilien... und genau dort zogen Fischer die Statue im Jahr 1998 nach über 1500 Jahren wieder an Land... *(9.00–19.15 Uhr, 8 €)*. Über die kleine Stiege am Ende des Platzes laufen Sie zurück zum Uferparkplatz, wo Ihr Wohnmobil steht. Wenn Sie in Mazara auch einkehren möchten versuchen Sie das ***Caffè Garibaldi*** *(Via G. Garibaldi 4)*, das ***Príncipe Granatelli*** *(Via G. Garibaldi 23)*, das ***Donna Franca*** *(Piazza Santa Veneranda 1)*, ***La Bettola*** *(Via F. Maccagnone 32)* oder die ***Gelateria Mucho Gusto*** *(Eis, Lungomare Mazzini 21)*.

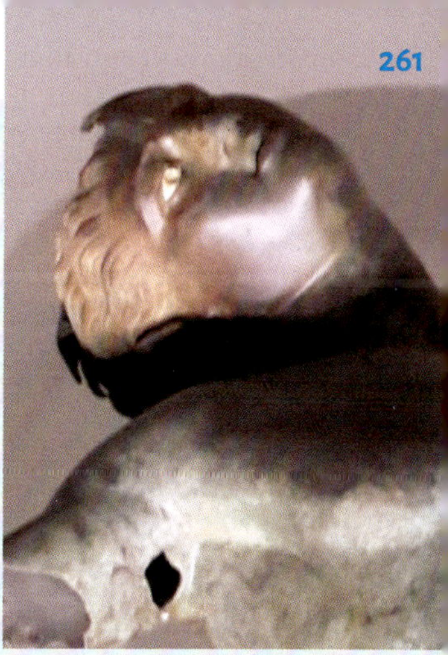

**Der Tanzende Satyr**

TOUR 9

**Marsala** *(83.200 Einwohner, Markttag Di., Via Circonvallazione)*
Die **SS115** führt, beinahe schnurgerade, weiter bis in die Stadt Marsala, die das äußerste westliche Ende Siziliens markiert. Am Weg gibt es mehrmals Gelegenheiten zur Übernachtung, wie kurz vor **Biscione**.

Einen sehr schönen und gepflegten Campingplatz samt Pool finden Sie etwas weiter im Landesinneren bei **Tortorelle**. Wenn Ihnen Strand wichtig ist, wählen Sie **Torre Sibliano** als Ziel.

## 221 Torre Sibliano

**GPS**: N 37°41'02" E 12°29'38", Via Torrazza. **Max. WOMOs**: 8–10. **Ausstattung**: Keine Einrichtungen. **Beschreibung**: Große, recht ebene Naturbodenfläche direkt am Meer an einer wenig befahrenen Küstenstraße, kaum Verkehr, kein Schatten, meist ruhig. **Zufahrt:** Von der SS115 nach einem Autohändler links Richtung Lido Torrazza abfahren, nun immer geradeaus, bis zum Ende der Straße am Meer. **Hinweis 1**: Wenn Sie kurz vor Ende der Straße rechts ab-

biegen, können Sie auf einer Piste zu einem weiteren Parkplatz fahren, der ebenfalls für eine Nacht in Frage kommt, hier gibt es zeitweise eine kleine Strandbar. **Hinweis 2**: Ist Ihnen ein Campingplatz lieber, treffen Sie im folgenden Küstenort **Biscione** auf einen, ***Camping Biscione***, N 37°42'04" E 12°28'38", Via del Campeggio, Tel. 0333 110 46 33, www.campingbiscione.com, ganzjährig geöffnet, einfach, 21–29 €. **Hinweis 3**: Auch an der nach Westen führenden Via L. Biscione gibt es Möglichkeiten, wie bei N 37°41'33" E 12°29'03" (siehe Bild).

## 222 Punto Parrino Sibiliana

**GPS**: N 37°42'51" E 12°28'18". **Max. WOMOs**: 16 - 18. **Ausstattung**: Keine Einrichtungen. **Beschreibung**: Mehrere Naturbodenflächen direkt am Meer neben einer Staubpiste, etwas holprig aber machbar, kein Schatten, ruhig. Leider zeitweise viel Müll. **Zufahrt:** Von der SS115 nach Petrosino abfahren, dort nach dem Coop rechts Richtung Marsala fahren und am Beginn einer großen Rechtskurve geradeaus auf der Piste bleiben, die Sie zum Meer führt. Hier befinden sich Parkflächen links und rechts der Zufahrt.



## 223 Marsala-Tortorelle – *Lilybeo Village*

**GPS/Kontakt**: N 37°44'52" E 12°29'46", Contrada Bambina 131 b, Tel. 0320 954 39 01, www.campinglilybeovillage.it. **Öffnungszeiten:** Ganzjährig geöffnet. **Ausstattung**: Waschmaschine, WLAN, Pool, Grillgelegenheit,

Strand in Torre Sibliano

**Chiesa Madre di San Tommaso in Marsala**



Spielplatz, Fahrradverleih, Sportfeld, Brötchenservice, Exkursionen. **Beschreibung**: Gepflegter Platz. Meist schattige Stellflächen auf Schotter und Naturboden, oft eben, ruhige Lage, schöne grüne Anlage, etwa 3,8 km in den Ort. **Preis**: 23 – 45 € (Rabatt mit der Sicily Camping Tour). **Zufahrt:** Von der SS115 Richtung Marsala kommend ist gleich nach dem Ortsende von Strassati nach rechts der Campingplatz angeschrieben. Sie erreichen ihn am kommenden Kreisverkehr nach links.

Marsala wurde als Lilybaion um das Jahr 396 v. Chr. gegründet, nachdem der Tyrann Dionysios I. die Karthager vom weiter nördlich gelegenen Mozia vertrieben hatte. Sie umgaben sich mit einer dicken Mauer und erst die Römer schafften es rund 150 Jahre später, die nun in Lilybaeum umbenannte Siedlung unter ihre Kontrolle zu bekommen. Von hier starteten die Kriegsschiffe zu ihren Raub- und Eroberungszügen nach Nordafrika und hier verdiente sich der spätere Kaiser Cicero seine ersten politischen Sporen als niederer Quästor während seiner senatorischen Laufbahn. Unter den Arabern und Normannen ging der Stern Marsalas unter. Um die Küste vor den ständigen Piratenangriffen zu schützen, wurde schließlich der Hafen zugeschüttet, was zu einer Verarmung der Bevölkerung führte. Erst die Briten brachten neue Hoffnung, als sie Ende des 19. Jahrhunderts anfingen, in der Region den weltweit bekannten Dessertwein Marsala anzubauen. Sie waren es auch, die den italienischen Freiheitskämpfer Giuseppe Garibaldi bei seiner Landung am Kap Boeo unterstützen, der von hier aus ganz Sizilien einnahm, es von den Bourbonen befreite und endgültig Italien zuschlug.

Marsala wurde im Zweiten Weltkrieg durch Bombenangriffe schwer beschädigt und viele der Schäden hat man erst in den 1990er Jahren endgültig beseitigt. Es gibt eine kleine, barock an-

**Fußgängerzone in Marsala, unten Innenhof der Stadtverwaltung**



mutende, ganz hübsche Innenstadt, die umgebenden, recht gesichtslosen Neubaugebiete sind dagegen uninteressant.

Der große Auto- und Busparkplatz der Stadt an der Via Maltese bei N 37°47'43" E 12°25'55", hat sich in den letzten Jahren nicht gerade zu seinem Vorteil entwickelt und scheint nicht immer sicher zu sein. Auch die V/E-Anlage ist zuletzt kaum mehr nutzbar gewesen. Eine Alternative für einen Rundgang kann im Zweifelsfall daher der Parkplatz an der Porta Nuova, Viale Isonzo, N 37°48'03" E 12°25'39" sein. Oder Sie starten vom Museumsparkplatz aus, Via Boeo, N 37°48'03" E 12°25'39", falls vorher oder nachher dort vorbeischauen möchten.

### Unterwegs in Marsala:

Vom erstgenannten Parkplatz ausgehend befindet sich das **Monumento ai Mille**, das an Garibaldis Landung mit seiner 1000-Mann-Truppe erinnern soll, gleich benachbart. Davor führt die **Via S. l`Africano** zum großen Stadttor **Porta Garibaldi**. Dahinter liegt rechter Hand in der ehemaligen spanischen Kaserne unter anderem der morgendliche Fischmarkt. Danach schließen sich die kommmunalen Gärten im Innenhof der Stadtverwaltung an. Geradeaus für die verkehrsberuhigte **Via G. Garibaldi** zur zentralen **Piazza della Repubblica** mit der **Chiesa Madre**, die dem Bischof von Canterbury, Thomas Becket (1118 – 1170), geweiht wurde. Folgen Sie der **Via XI Maggio** nach links. Rechter Hand passieren Sie das ehemalige **Kloster San Pietro**. Darin ist heute das **Museo Risorgimento** samt Garibaldi Abteilung untergebracht *(Di. – So. 9.00 – 13.00 und 16.00 – 20.00 Uhr, im Winter 15.00 – 19.00 Uhr, kostenfrei)*. Die Straße endet an der **Porta Nuova** wo sich der angegebene Alternativparkplatz befindet. Außerhalb gelangen Sie hinter dem **Teatro Impero** zum **Archäologischen Park Lilibeo**. Der Eintritt erfolgt über das **Archäologische Museum**. Sie erreichen das Museum links über die **Viale Isonzo** und am Ende der Straße rechts, entlang der **Via Boeo** nach ungefähr 700 Metern. Es ist als einzelner Punkt weiter hinten im Text beschrieben. Gehen Sie ansonsten durch das Tor zurück und biegen in die dritte Straße nach rechts, **Via Caturca**, ab. Rechter Hand kommen Besucher zum ehemaligen **Karmeliterkloster** und dem **Palazzo Grignani**. Darin ist heute eine Galerie eingerichtet. Ein paar Meter zurück und dann rechts entlang der **Via G. Garraffa** laufen Sie zurück zur Via Garibaldi vom Beginn. Kurz bevor Sie diese erreichen, statten Interessierte links dem kleinen **Museo deglo Arazzi Epoca Flamminga** einen Besuch ab. Es zeigt mehrere erlesene Wandteppiche flämischer Schule aus dem 16. Jahrhundert *(Di. – So. 9.30 – 13.00 und 16.00 – 18.00 Uhr, 2 €)*. Für Ihr leibliches Wohl passieren Sie entlang der Weges in Marsala folgende empfehlenswerte Lokalitäten: ***Assud Cibo da Strada*** *(Snackbar, Via Scipione l`Africano 7)*, ***La Sirena Ubriaca*** *(Weinbar, Via G. Garibaldi 39)*, ***La Vecchia Salumeria*** *(Snackbar, Via Abele Damiani 30)*, ***Natura a Tavola*** *(Via G. Garibaldi 2)*, ***Portale Botteghe*** *((Piazza Filippo Milazzo Maggio)*, ***O`Scià*** *(Via Vaccari 6)*, ***Gelateria Romeo*** *(Eis, Via A. Sarzana 10)*, ***Quimera*** *(Snackbar, Via A. Sarzana 34)* und ***Osteria Siciliando*** *(Via G. Garraffa)*.

Porta Garibaldi

TOUR 9

Entweder zu Fuß oder mit dem Wohnmobil erreichen Sie nach kurzer Fahrt entlang der **Via Boeo** an der Landspitze das **Archäologische Museum B. Anselmi** mit dem angeschlossenen archäologischen Park. *Neben vielen anderen Schaustücken sind eine 2005*

Im Archäologischen Museum von Marsala

*ausgegrabene Venusstatue und Überreste eines 1971 geborgenen punischen Kriegsschiffs die größten Highlights*. Im Inneren wurde eine große Ladung Cannabis gefunden – vermutlich diente es dazu, die Ruderer bei Laune zu halten. Die Ausgrabungen des antiken Lilybeos hinter dem Gebäude umfassen einen Tempel, eine Thermenanlage und Reste einer römischen Wohnsiedlung. Leider waren sie zuletzt in einem eher schlecht gepflegten Zustand, überwuchert und sich weitgehend selbst überlassen. Die kleine **Kirche San G. Battista,** rechts neben dem Gelände, können Sie nach Voranmeldung im Museum besichtigen. Am interessantesten ist die darunter verborgene Grotte, die in der Antike ein Sybillen-Heiligtum gewesen sein soll. Das **Ipogeo di Crispia Salvia** ist ebenfalls Teil des Museums. Die Grabkammer aus römischer Zeit ist mit festlichen Wandszenen versehen und stammt aus dem 2. Jahrhundert, eine Voranmeldung zur Besichtigung im Museum ist der einzige Weg, es zu sehen. Einen letzten Blick wert ist der äußerste Landzipfel, **Kap Boeo**. Eine Säule erinnert daran, dass an dieser Stelle Garibaldi anlandete und die Römer zu ihren Afrikafeldzügen ablegten *(N 37°48'03" E 12°25'39", www.parcolilibeo.it, Via Boeo 30, Di. – Sa. 9.00 – 18.30 Uhr, Apr. – Sep. bis 19.30 Uhr, 7 €).*



Wenn Sie sich ab dem Ausgrabungsgelände den angegebenen Koordinaten nach halten, gelangen Sie in der **Via del Fante** zur **Weinkellerei Pellegrino**. Sie bietet die Gelegenheit sich bei einer Führung über den komplizierten Herstellungsprozess des Marsala-Süßweins zu informieren, aber auch andere Sorten werden von Pellegrino produziert und verkauft, auf Wunsch auch gleich vor Ort *(N 37°48'24" E 12°26'22", Via Fante 39, www.carlopellegrino.it, Führungen meist Mo. – Fr. 10.00 / 11.30 / 16.00 Uhr, Sa. nur vormittags, ab 20 €).*

**In der Nähe:**

· Von Marsala aus legen Fähren zu den **Ägadischen Inseln** und zur **Insel Pantelleria** ab. Das Fährterminal befindet sich ganz in der Nähe des Stellplatzes bei N 37°47'32" E 12°26'06" am Lungomare Mediterraneo. Mehr dazu finden Sie im Anschluss an das Kapitel Trapani, da dort der größere Fährhafen liegt, von dem die Inseln ebenfalls angesteuert werden.

## Marsalawein

Auch wenn der Marsala aus der gleichnamigen sizilianischen Hafenstadt stammt, ist er im Grunde eine britische Erfindung und war seinerzeit der erste Wein, der sich in England durchsetzte.
Seine Geschichte begann mit einem Zufall: der Kaufmann John Woodhouse strandete mit seinem Schiff nach einem Sturm zur Reparatur im Hafen von Marsala, statt direkt sein eigentliches Ziel Mazara del Vallo anzulaufen. Dort probierte er den Wein und war von dem Geschmack fasziniert, der ihn an Madeira und Sherry erinnerte – beides beliebte Getränke der feinen englischen Gesellschaft. Sofort entschied er große Mengen nach England zu verschiffen. Damit der Wein die lange Reise unbeschadet übersteht, wurde er vorher gespritet, also mit zusätzlichem Alkohol, vermutlich Brandy, versetzt.

Daheim in England angekommen, war er ein voller Erfolg, der auch außerhalb der feinen Country-Clubs großen Anklang fand.

Woodhouse kehrte nach Sizilien zurück und begann, sich selbst um Anbau und Vermarktung im großen Stil zu kümmern, andere folgten bald. Ab 1840 stieg das Unternehmen Vincenzo Florio zum größten Hersteller auf und verschiffte seinen Marsala mit einer 99 Schiffe zählenden Flotte um die halbe Welt.

Da ab 1900 vermehrt minderwertige Marsalaweine produziert wurden und den Ruf schädigten, wurde in den 60er Jahren ein DOC-Siegel eingeführt, um die echten Marsalas zu schützen. Seither gibt es ein festgelegtes Anbaugebiet, einen festen Alkoholgehalt zwischen 15 und 20 % und festgelegte Trauben der Sorten Oro, Ambra und Rubino.

Je nach Geschmacksrichtung und Anlass wird er, neben dem puren Genuss, gerne zur Herstellung und Veredelung von Gebäck, Käse und anderen Speisen verwendet.



### Mozia

Kurz nach Marsala bildet das Meer zwischen der sizilianischen Küste und der vorgelagerten **Isola Grande** die flache, windreiche **Lagune Stagnone**, die bei Wind- und Kite-Surfern äußerst beliebt ist. Direkt im Zentrum liegt die kleine Insel Mozia, die es aufgrund ihrer besonderen Lage vor fast 3000 Jahren den Phöniziern besonders angetan hatte. Sie beschlossen, hier ihre erste

**Lagunge Stagnone**

und größte Stadt auf sizilianischem Boden zu errichten. Dabei hatte selbst der große Archäologe Heinrich Schliemann seinerzeit schon abgewunken und war sicher, auf Mozia nichts mehr davon zu finden. Statt seiner versuchte sich ab 1906 der britische Marsalaproduzent Joseph Whitaker mit Grabungen auf der Insel, die er kurz zuvor erworben hatte – und förderte dabei das phönizische Motya zu Tage. Heute befindet sich die Insel im Besitz der Whitaker Foundation, mit der ihm seine 1971 verstorbene Tochter Delia ein Denkmal setzte. Auf dem Weg zur Insel kommen Sie an einem recht guten Stellplatz vorbei. Die meisten der bislang vorhandenen Küstenparkplätze sind dagegen durch einen neuen Fahrradweg verloren gegangen. Der Parkplatz für Besucher der Insel liegt vis-a-vis der Ablegestation an der **Contrada Spagnola**, das Übernachten ist möglich *(Contrada Spagnolo, www.isoladimozia.it, Apr. – Okt. 9.45 – 18.30 Uhr, sonst 9.15 – 15.00 Uhr, 10 €, zzgl. Bootstransfer).*



225 N 37°51'24" E 12°28'40"

### 224 Marsala – *Area Sosta Camper Mamma Colette*

**GPS/Kontakt**: N 37°50'39" E 12°27'53", Contrada Spagnola 66. Tel. 0339 173 93 20. **Max. WOMOs**: 6 – 8. **Öffnungszeiten**: Ganzjährig geöffnet. **Ausstattung**: Ver- / Entsorgung, Strom, Toilette / Dusche, Waschmaschine, WLAN, Frühstücksservice. **Beschreibung**: Etwas enge Stellfläche meist auf Rasen, relativ ebene Lage direkt fast am Meer, kein Schatten, nachts ruhig, gepflegt, klappstuhlgeeignet. **Preis**: 25 – 30 €. **Zufahrt:** Direkt an der Küstenstraße zwischen Marsala und Mozia. **Hinweis**: Laut letzter Info ist der Camperstellplatz (vorübergehend?) etwa 500 m weiter nach Norden verlegt worden.

### Unterwegs auf Mozia

Ungefähr 600 auf 700 Meter misst das versteckt hinter der **Grande Isola** gelegene Laguneninselchen Mozia. Geschützt und vom Meer aus nicht sofort sichtbar aber trotzdem einfach ansteuerbar, erschien es den Phöniziern etwa im 8. Jahrhundert v. Chr. als idealer Ort, um einen Handelsposten vor Sizilien zu errichten, den sie schnell zu einer echten Stadt ausbauten. Ab dem 6. Jahrhundert v. Chr. wurde das damalige Motya von Karthago kontrolliert und konnte seine Vormachtstellung im Westen bis ins Jahr 397 v. Chr. sichern. Der Angriff Dionysios I. zerstörte die Stadt. Die meisten Bewohner flüchteten vorher zum heutigen Marsala und gründeten die Festungsstadt Lilybaion (siehe »Marsala«). Die Insel wurde später nochmals besiedelt, konnte aber nie mehr an ihre frühere, ruhmreiche Zeit anknüpfen. Irgendwann geriet sie, samt ihren stummen, steinernen Zeugen der phönizischen Kultur in Vergessenheit und dient seit dem Mittelalter nur mehr als Agrarland zum Weinanbau. Nachdem Joseph Whitaker die Insel 1906 gekauft

Aloe Vera Pflanzen und Ausgrabungen auf Mozia



hatte, ließ er sich eine Villa bauen, die heute als Museum dient. Hier besichtigen Besucher die wichtigsten Fundstücke von Mozia. Wenn Sie mit den nach Bedarf ganztags verkehrenden Fährschiffen vom Ableger herüberkommen und die dicht mit Aloe Vera bewachsene Auffahrt hinter sich lassen, ist es der erste Anlaufpunkt. Mozia und seine Ausgrabungsstätten sind durch ein Netz an Fußwegen erschlossen, die einmal ringsum führen aber auch quer durch die Inselmitte verlaufen. An der Kasse erhalten Sie einen Übersichtsplan, der Ihnen hilft, die für Sie interessantesten Stationen zu erreichen. Dazu gehört vielleicht das **Casa Mosaici**, das **Wasserheiligtum** oder die **Nekropolen**. Nehmen Sie sich Zeit und machen Sie zwischendurch eine Pause. Neben dem Museum gibt es eine kleine Café-Bar. Damit Sie nicht enttäuscht werden, muss klar gesagt werden, dass die meisten Überreste eher auf Grundmauerniveau sind und dem Vergleich mit den großen griechischen Ausgrabungsstätten Siziliens nicht standhalten. Erwähnenswert sind auch die schönen Windmühlen der anschließenden Salinenfelder, auf die Sie vom Anleger auf sizilianischer Seite einen perfekten Ausblick haben.

## Via del Sale

Ungefähr auf der Höhe von Mozia beginnt die Via del Sale, Siziliens Salzstraße, die sich über rund 25 Kilometer bis fast nach Trapani erstreckt. Sie begleitet die großen, bis heute genutzten, flachen Becken, in denen das Meerwasser langsam verdampft, um Meersalz zu gewinnen. Diese auch als Salzgärten bezeichneten Anlagen legten die Spanier an. Nur noch wenige der einst zur Körnung genutzten schönen Windmühlen stehen noch. Die größte ist die **Mulino d`Infersa**, gleich nach der Insel Mozia, die man besichtigen kann. Am noch immer funktionierenden Mahlstein wird die Salzgewinnung erläutert. Gleich benachbart liegt ein Laden, in dem Sie neben Salz auch andere lokale Produkte kaufen können. Er hat seinen Parkplatz nachts für Wohnmobile frei gegeben. Am Restaurant **Fior di Sal**, nur wenige hundert Meter dahinter, ist es Gästen erlaubt, kostenfrei am Parkplatz über

Nacht zu bleiben. Kurz darauf folgt eine weitere Saline, die Sie besichtigen können *(Contrada E. Infersa, mehr unter www.seisaline.it)*.

### 226 San Leonardo – *Bazar Oro Bianco*

**GPS**: N 37°51'44" E 12°29'06", Contrada Ettore Infersa. **Max. WOMOs**: 7 – 8. **Öffnungszeiten**: April – Oktober. **Ausstattung**: Keine Einrichtungen. **Beschreibung**: kostenloser Stellplatz auf dem geschotterten Parkplatz eines Ladens, der regionstypische Produkte verkauft. Kein Schatten, nachts ruhig, etwa 10 km bis Marsala. **Preis:** Kostenfrei. **Zufahrt:** Zunächst der SP21 von Marsala aus in Richtung Trapani lenken und links den braunen Schildern nach Mozia. Einige hundert Meter nach dem Mozia-Ableger rechter Hand. **Hinweis**: Auch am Parkplatz der folgenden Saline ist das über Nacht parken möglich, N 37°51'48" E 12°29'06", C. E. Infersa.



An vielen Tagen im Jahr werden Ihnen die vielen Kite-Surfer auffallen, die mit ihren im Wind stehenden Segeln mal mehr, mal weniger elegant ihre Kreise und Kunststücke auf dem Wasser vollführen. Die Lagune bietet dafür so gute Bedingungen, dass hier schon öfters internationale Meisterschaften ausgetragen wurden. Im Weiler **Birgi Vecchi** parken vor allem Kite-Surfer gern mit ihren Bussen linker Hand der Straße, doch auch ohne Surfambitionen ist das natürlich nicht verboten.

227 N 37°52'59" E 12°28'41", Wasseranschluss am Platz

Am nordwestlichen Ende der Lagune ragt neben der kleinen Siedlung **San Teodoro** ein schmaler Landzipfel fast bis zur vorgelagerten **Isola Grande** hinüber. Neben einem kleinen Strand gibt es dort einen privat betriebenen Stellplatz und alternativ viel freie Fläche außerhalb am Parkplatz des Torre San Teodoro. Das dortige Restaurant mit seinem Strand sah zuletzt etwas baufällig aus.

### 228 San Teodoro – *Nautisub Club*

**GPS**: N 37°54'37" E 12°27'42", Contrada San Teodoro, Tel. 0344 414 42 67, www.nautisubclub.it. **Max. WOMOs**: 20+. **Öffnungszeiten**: Mai – Oktober. **Ausstattung**: Ver- / Entsorgung, Strom, Restaurant, Liegewiese. **Beschreibung**: Recht ebene Stellflächen auf einer einfachen Wiese direkt am Meer, nachts ruhig, klappstuhlgeeignet, kein Schatten, Strand benachbart. **Preis:** 20 – 25 €.

**Zufahrt:** Zunächst der SP21 von Marsala aus in Richtung Trapani lenken und links den braunen Schildern nach Mozia. Einige hundert Meter nach dem Mozia-Ableger rechter Hand. **Hinweis**: Der Küstenstraße bis ganz zum Ende folgen, dort links Richtung San Teodoro halten, dann rechter Hand nach dem Strand.

**228a** N 37°54'31" E 12°27'35"



## Zu Fuß zur Isola Grande

Wenn Ihnen nach einem kleinen Abenteuer zu Mute ist, gehen Sie an der Landspitze links bis zur Strandbar. Von dort besteht die Möglichkeit, über eine Sandbank, an den meisten Tagen des Jahres bis zur gegenüberliegenden Isola Grande hinüberzuwandern. Das Wasser geht Ihnen dabei, je nach aktuellem Wasserstand, an der tiefsten Stelle mal nur bis zum Knie oder mal bis zur Hüfte. Gegenüber erwarten Sie alte Salinenanlagen, die zunächst einmal ziemlich enttäuschend sind: alles ist weitgehend verlassen, verfallen und vermüllt. Wenn Sie die ersten Gebäude hinter sich haben, führt der Weg bis zu einem weiteren, etwa 350 Meter entfernt gelegenen Gebäude, an dem Sie sich links halten müssen. So gelangen Sie zu faszinierenden, rot schimmernden Salzbecken. Das Wasser soll schwefelhaltig sein und so wird das erste Becken gern für ein kleines (Fuß)bad genutzt. Rechts erheben sich meterhohe Salzberge gleich daneben. Der Rückweg erfolgt auf die gleiche Weise wie zuvor.

Die Weiterfahrt entlang der Küste wird durch den Flughafen von Trapani unterbunden und Sie müssen ihn umrunden, indem Sie einige Kilometer ins Landesinnere zurück steuern und sich dann links auf die **SP21** einordnen. Sie können nach **Tritoni** abfahren, um dort am Strand zu parken und auch um die Nacht zu verbringen, in der nahen Lagune sind oft Flamingos zu sehen. Bei **Marausa** fahren Sie ein weiteres Mal links zum vorgelagerten, aber wenig erbaulichen gleichnamigen Lido ab. Immerhin gibt es dort ein ganz gutes Agricampeggio.

229 N 37°55'51" E 12°28'47", Via dei Tritoni

## 230 Lido Marausa - *Villa Maria*

**GPS/Kontakt**: N 37°56'47" E 12°29'37", Str. Torre di Mezzo 71, Tel. 0923 84 13 63. **Max. WOMOs**: 30+. **Öffnungszeiten**: Ganzjährig geöffnet. **Ausstattung**: Strom, Toilette / Dusche. **Beschreibung**: Schattige Stellplätze auf einem recht schönen Naturgrundstück. Es werden landwirtschaftliche Produkte verkauft, zuletzt ein wenig verwahrlost, nicht ganz eben, ruhig, klappstuhlgeeignet, 2,7 km in den Ort. **Preis**: 24 €. **Zufahrt:** Von der SP21 links nach Marausa Lido abbiegen, nach ungefähr 1,7 km auf der linken Seite.

Einen Abstecher wert ist die **Saline von Trapani**. *Die zugehörige Salzmühle wurde zu einem Museum umgestaltet und bietet einen*

**Unten und oben rechts: Saline von Trapani**

*interessanten Einblick in die Salzgewinnung von damals und heute*. Sie können außerdem einen Spaziergang zwischen den Salzbecken machen. Allein schon die Lage der Mühle zwischen den Salzbecken ist malerisch und bietet ein schönes Fotomotiv. Auf dem benachbarten Parkplatz ist es möglich, mit dem Wohnmobil über Nacht zu stehen *(Via Nubia Chiusa, www.museodelsale.it, meist 9.30 – 19.00 Uhr, ab 1 €)*.



231 N 37°58'53" E 12°29'55"

Ganz in der Nähe biegen Sie zur **Salina Calcara** ab. Sie ist Zentrum eines vom WWF verwalteten Naturschutzgebietes, das sich über die umliegenden Salzseen erstreckt und zur Heimat vieler Tiere und Pflanzen, unter anderem Flamingos, wurde. Die Zufahrt befindet sich an der **Via G. Verdi** bei N 37°58'57" E 12°30'52". Mehr Informationen zu den wechselnden, aktuellen Öffnungszeiten, Führungen und mehr erhalten Sie unter www.salinacalcarapaceco.eu.

**Stellplatz 231**

**Trapani** *(68.500 Einwohner, Markttag Do., Via C. Colombo)* Der Name Trapani geht auf das griechische Wort für »Sichel« zurück, denn in genau dieser Form präsentiert sich das seit der Karthagerzeit besiedelte Zentrum auf einem ins Meer ragenden, schmalen Landstück. Spätestens seit der arabischen Herrschaft über Sizilien entwickelte sich Trapani zu einer Handelsdrehscheibe zwischen Orient und Okzident und gelangte zu einer frühmittelalterlichen Blüte. Doch der Handel mit dem einst »Weißen Gold« Salz ist längst nicht mehr so lukrativ wie einst. Die Herstellung anderer Exportschlager wie Schnitzkorallen und Dosenthunfisch ist in andere Länder abgewandert und die strategische Bedeutung in unserer globalisierten Welt ist kaum mehr von Belang. Immerhin, der nahe Flughafen, der Fährbetrieb nach Tunesien, Pantelleria und zu den Ägadischen Inseln sowie der Tourismus halten die Stadt über Wasser. In den letzten Jahren umfangreich restauriert und verschönert, entwickelt sich Trapani mehr und mehr zu einem wirklich sehenswerten Stopp, den Reisende nicht auslassen sollten.



Ein praktischer, allerdings nicht sonderlich schöner Stellplatz für Wohnmobile liegt einige Kilometer vor Trapani auf einer gepflasterten Parkfläche hinter dem **Motel Le Saline** mit Tankstelle. Näher an der Stadt, aber auch nicht gerade eine Schönheit, ist der gleichnamige Parkplatz **Le Saline** im vorgelagerten Industriegebiet angelegt.

**232** N 37°58'58" E 12°31'52", SP21, www.lesalinehotel.com, ganzjährig, Ver- / Entsorgung, Strom, Toilette / Dusche, 8 – 15 €

## 233 Trapani – *Le Saline*

**GPS/Kontakt**: N 38°00'39" E 12°31'52", Via I Dorsale Z.I.R., Tel. 0349 977 65 53, www.parkinglesaline.it. **Max. WOMOs**: 20+. **Öffnungszeiten**: Ganzjährig geöffnet. **Ausstattung**: Ver- / Entsorgung, teils Strom, einfache Toilette / Dusche, WLAN. **Beschreibung**: Einfacher, gemischter und videoüberwachter Parkplatz vor der Stadt mit Parkplatzcharme, Stellflächen auf Schotterboden, eben, kein Schatten, nachts einigermaßen ruhig, Shuttleservice zum Hafen und in die Stadt. Als Stellplatz

für Fahrten zu den umliegenden Inseln sehr gut geeignet, rund 4 km bis ins Zentrum. **Preis**: 10–15 €. **Zufahrt**: Von der SS115 kommend die Abfahrt zur Autobahn kurz vor Trapani nehmen und dann links halten. Sie stoßen auf die Via Libica, der Sie nach rechts folgen. Bei erster Gelegenheit links zum Platz nach 400m abbiegen. **Hinweis**: Noch ein Stück näher am Ort liegt der neue Parkplatz bei N 38°00'49" E 12°31'35", Via dei Grandi Eventi, 16, ganzjährig geöffnet, Entsorgung, beschrankt und automatisiert, Busverbindung, 20 €.

In Trapani besteht ansonsten die Möglichkeit, am Ende der Hafenmole über Nacht zu parken. Für einen Tagesbesuch ist der näher zur Innenstadt gelegene Parkplatz kurz davor an der **Piazza Scalo d`Alaggio**, N 38°01'00" E 12°29'55", aufgrund des kürzeren Fußwegs ins Zentrum besser geeignet. Aber nicht wochentags am Vormittag – dann findet hier der Fischmarkt statt, N 38°00'54" E 12°29'45", **Via C. Lutatio**. Übernachten im Prinzip möglich, aber oft unruhig.

Sollten Sie am Hafen keinen Parkplatz finden oder die Zufahrt nicht möglich sein, steuern Sie die riesige Parkfläche Ilio vor dem Schwimmbad an. Schön ist zwar anders, aber mit nur 800 Metern liegt sie in überschaubarer Entfernung zur Innenstadt, N 38°00'54" E 12°31'25", **Via Ilio**. Auch hier gilt: Übernachten möglich, aber oft unruhig.

TOUR 9

## Unterwegs in Trapani

In der Nähe des Fischmarkts an der Piazza Scalo d`Alaggio startend, streifen Sie durch die **Via C. Colombo** gen Osten, bis zum begrünten Platz an der quer verlaufenden **Via Duca D`Aosta**, der den Beginn der eigentlichen Innenstadt markiert. Gehen Sie zum hinteren linken Ende und folgen dem **Corso V. Emanuele** nach rechts, der eine von Trapanis zentralen Achsen ist. Am kleinen Platz linker Hand wechseln Sie links vorne zur **Via Botteghelle,** von der aus Sie links über ein paar Stufen zur Uferpromenade an der **Via Mura di Tramontana** gelangen. Unter Ihnen liegt der hübsche Stadtstrand

**Stadtstrand von Trapani**

**Piazza Mercato del Pesce, unten Fußgängerzone Via Garibaldi**



Trapanis. Links und rechts bieten sich ansprechende Blicke auf das Küstenhalbrund und die orientalisch angehauchten Häuser. Der Weg endet an einer im Halbrund ausgeführten Säulenhalle an der **Piazza Mercato del Pesce**. Sie war Schauplatz des ehemaligen Fischmarkts und wird heute für Kleinkunstmärkte und andere Veranstaltungen genutzt. Biegen Sie nach rechts in die **Via Torrearsa** ab und gleich wieder links in die **Via G. Garibaldi**, einer weiteren wichtigen Ader Trapanis. Verkehrsfrei führt diese bis zum Rathaus linker Hand, an dem sie sich zu einem Platz hin öffnet. Ein Stück weiter zweigen Sie direkt rechts in die mit Jugendstilgebäuden gesäumte **Via XXX Gennaio** ab oder werfen eine Querstraße weiter einen Blick in den Stadtpark Trapanis. Folgen Sie dem breiten Boulevard bis zur schmalen **Via Guldecca**, die in das ehemals jüdische Viertel von Trapanis leitet. Markant ist der **Palazzo Ciambra** auf der rechten Seite aus dem 16. Jahrhundert. An der nächsten winzigen Wegkreuzung halten Sie sich rechts und dann wieder rechts in die schmale **Via Calvano**, die an der **Via Mercè** endet. Als Fußgängerzone ausgeführt folgen Gäste der Straße nach links. Bald führt die Gasse zu einem kleinen Platz, an dem die **Chiesa di San Francesco di Paolo** und der **Palazzo Nobili** stehen. Links ist das **Museum of Illusions**, in dem man nicht nur lustige Fotos machen kann *(Via Mercè 2, www.mooitrapani.com, Öffnungszeiten siehe Website, 14 €)*. Am Ende des Platzes nach schräg rechts vorne spazieren Sie entlang der **Via B. Grande** zur Dominikanerkirche aus dem 14. Jahrhundert. Sie markiert den höchsten Punkt der Altstadt. Von hier geht es links durch die **Via Orfani** weiter. Am Ende halten Sie sich links und wieder am Ende nach rechts. Entlang der **Via della Cuba** kommt man zur **Porta Oscura** mit dem markanten Uhrturm **Torre dell`Orologio** von 1596. Streifen Sie noch ein wenig durch die von Geschäften gesäumte **Via Torrearsa**, und treten dann, gleich gegenüber, entlang der **Via V. Emanuele** den Rückweg an. Erwähnenswert ist der **Jesuitenkonvent** rechter Hand

und die **San Lorenzo-Kathedrale** gleich darauf. Immer geradeaus wandern Sie zum Platz zurück, an dem der Rundgang durch das Zentrum begann. Statt direkt zurück zum Parkplatz zu gehen, können Sie Sie ein kleines Stück weiter geradeaus und dort rechts durch die **Via Borea** zur **Viale delle Sirene** am Meer schlüpfen und ihr nach links bis zur Landspitze folgen, die vom **Torre di Ligny** bewacht wird. Dieser beheimatet ein kleines **Museo Civico** *(Via Torre di Ligny 37, Di. – So. 10.00 – 12.30 Uhr, Di. bis Sa. 16.00 – 19.30 Uhr, Nov. – Apr. nur bis 18.30 Uhr, €).*

San Lorenzo Kathedrale, unten Pepoli-Museum



Quer über die ganze Altstadt verteilt treffen Sie auf eine ganze Reihe guter Gastro Adressen. Empfehlungen sind das ***Salamureci*** *(Piazza Generale Scio 17)*, die ***Osteria La Lanterna*** *(Corso V. Emanuele 211)*, ***Osteria Il Moro*** *(Via G. Garibaldi 86)*, ***Pizza & Pizza*** *(Fastfood, Piazza Notai 1)*, ***Al Vicoletto*** *(Via Biscottai 6)*, ***Enoteca Versi di Rosso*** *(Corso V. Emanuele 63)*, ***Ristorante Stravento*** *(Viale delle Sirene 15)*, die ***Pasticceria La Rinascente*** *(Café, Via Gatti 3)* und die ***Gelateria Tredici*** *(Eis, Via A. Staiti 61).*

**In der Nähe:**

• In der Neustadt Trapanis besuchen Interessierte das große und sehenswerte **Regionalmuseum Pepoli** im ehemaligen Karmeliterkonvent. Sie können es sowohl mit dem Fahrzeug als auch auf einem längeren Spaziergang ab der Altstadt erreichen. Neben historisch bedeutenden Schaustücken, wie der bis ins 19. Jahrhundert genutzte Guillotine von Trapani und einer Pinakothek, gehört die Sammlung an Krippen zu den Highlights. Direkt daneben liegt mit dem **Santuario Maria SS. Annunziata** Westsiziliens wichtigster Wallfahrtsort. Als verehrtestes Objekt gilt die marmorne Madonna von

**Hafen von Levanzo, unten rechts Bucht auf Favignana**

Trapani von 1350 *(N 38°01'07" E 12°32'35", Museum: Via Conte A. Pepoli 180, Di. – Sa. 9.00 – 18.00 Uhr, So. bis 13.00 Uhr, 7 €, Kirche: www.madonnaditrapani.it, Mo. – Sa. 7.00 – 12.00 und 16.00 – 19.30 Uhr, Winter nur bis 19.00 Uhr).*



· Vom Fährhafen in Trapani legen die Fähren zu den **Ägadischen Inseln** und zur **Insel Pantelleria** ab. Das Terminal befindet sich bei N 38°00'51" E 12°30'26" in der Viale R. Elena, vor allem Tragflügelboote, beziehungsweise bei N 38°00'34" E 12°30'45" in der Via Isola Zavorra, Autofähren, zum Beispiel nach Favignana)

**Ausflug zu den Ägadischen Inseln**

Die Inseln **Favignana**, **Levanzo** und **Marèttimo** westlich von Sizilien bilden, gemeinsam mit zwei weiteren winzigen Eilanden, die Gruppe der Ägadischen Inseln. Geschichtlich tauchen sie vor allem als Austragungsort des 1. Punischen Krieges zwischen Rom und Karthago auf, den erstere, trotz truppenmäßiger Unterlegenheit, für sich entschieden. ***Heute sind sie ein beliebtes Ausflugsziel, um zu Baden, Wandern oder einfach abseits der großen Touristenströme ein paar entspannte Stunden zu verbringen.***

Um die drei Inseln von Trapani aus zu erreichen, nehmen Reisende entweder das Tragflügelboot *(mehr als 10 x täglich)* oder, falls Sie das Wohnmobil nach Favgnana mitnehmen möchten, die Autofähre *(1 – 2 x täglich)*. Nähere Informationen erhalten Sie unter www.libertylines.it oder unter www.carontetourist.it.

***Levanzo*** *(450 Einwohner)***:**

Die ab Trapani zuerst angelaufene Insel der Ägaden ist das kleine Levanzo. Es ist gerade mal 5,5 Quadratkilometer groß und im einzigen Dorf leben nur rund 100 Menschen. Besucht wird Levanzo vor allem wegen der **Grotta del Genovese** im Nordwesten. Sie birgt steinzeitliche Malereien, die in ihrer Art und Güte einzigartig für die Region sind. Der Zugang ist streng reglementiert und auf eine maximale Zahl an Tagesbesuchern begrenzt. Die Anreise zur Grotte ist ab dem Hafen per Jeep und Esel oder per Boot möglich. Reservierungen und Buchungen erfolgen telefonisch, mehr Informationen erhalten Sie unter www.grottadelgenovese.it

***Favignana*** *(4.300 Einwohner):*
Mit knapp 20 Quadratkilometern und immerhin 4000 Einwohnern ist Favignana die mit Abstand größte Ägadische Insel. Sie ist die einzige der Inseln mit einem echten Straßensystem und für längere Aufenthalte kann man das Wohnmobil mitnehmen. Auf der Insel gibt es einen eigenen Campingplatz. Hier und da besteht auch immer mal wieder die Möglichkeit frei zu stehen.

### 234 Favignana – *Camping Egad*

**GPS/Kontakt:** N 37°55'29" E 12°20'31", Contrada Arena, Tel. 0923 92 15 55, www.campingegdad.com. **Öffnungszeiten**: Ende März – Oktober. **Ausstattung**: Spielplatz, Grillgelegenheit, Restaurant / Bar, Minimarkt. **Beschreibung**: Schattige Plätze auf einem großen, begrünten Grundstück auf Erdboden, recht eben, ruhig. Teil eines Urlaubsdorfes mit Rad- / Rollerverleih und Tauchbasis rund 1,5 km in den Ort.

**Preis**: 21 – 31 €. **Zufahrt:** Nach der Hafenankunft links auf die Via Circonvallazione fahren, nach einer Weile links zur Cala Rossa abbiegen. Der Campingplatz ist dort beschildert.

TOUR 9

Ein gutes Verkehrsmittel auf der Insel ist das Fahrrad, damit kommen Sie unter anderem zur **Tonnara di Favignana**. Die ehemalige Thunfischfabrik, nahe dem Hafen, ist der Erfindungsort des Dosenthunfischs und wurde erst nach der Jahrtausendwende endgültig geschlossen, nachdem die auf traditionelle Weise erfolgte Thunfischjagd 2007 zum letzten Mal abgehalten wurde. Das ziemlich blutige Treiben der »Mattanza« wird, neben vielen anderen Informationen, bei einem Besuch erklärt *(Via Amendola 29, Apr.– Okt. 10.00 – 13.30 Uhr und 17.00 – 23.00 Uhr, 8 €)*. Die ab-

**Punta Troia auf Marèttimo, unten rechts Lago di Venere auf Pantelleria**

seits des Hauptortes meist recht stille Insel bietet eine Reihe ganz hübscher Felsbuchten. Sand gibt es fast nur im Süden am **Lido Burrone.** Gute Lokalitäten auf der Insel sind ***Scialae*** *(Via Archimede 24)*, ***Pizzeria Napulè*** *(Via G. Matteotti 19)*, ***Sotto Sale*** *(Via Pilota di Garibaldi 9)*, ***Santi & Marinai*** *(Fastfood, Via Florio 111)*, ***Kebabberia di Tonno*** *(Fastfood, Via Nicotera 14)*, ***La Pasticceria FC*** *(Café, Via G. Garibaldi 28)* und außerhab des Hauptortes das ***Ristorante Cavallo*** *(Contrada Cavallo 75) und das* ***Cibo Chiacchiere*** *(Cala del Pozzo)*.



***Marèttimo*** *(650 Einwohner)*:
Die am weitesten von Sizilien entfernt gelegene der drei Inseln ist rund zwölf Quadratkilometer groß und hat rund 250 feste Einwohner. Außerhalb des kleinen Dorfes gibt es keine Straßen. Die Insel ist lediglich per Fuß- und Wanderwegen erschlossen. Mit immerhin 686 Metern Höhe am **Monte Falcone** und einer dank vieler Quellen recht üppig grünen Vegetation gilt die Insel als Wanderparadies. Im Infobüro neben dem Hafen erhalten Sie eine kostenlose Karte und machen sich, je nach Lust und Konstitution, selbst auf den Weg zu einer kleineren oder größeren Runde. Sehr schön ist beispielsweise der Nordosten mit einer normannischen Burgruine am Capo Troia. Im Sommer werden vom Hafen aus empfehlenswerte Bootsfahrten zu den Seegrotten rund um die Insel angeboten. Auch ein Badestopp wird dabei eingelegt.

**Ausflug zur Insel Pantelleria** *(7.700 Einwohner)*
Nur 70 Kilometer von der tunesischen Küste entfernt, und damit näher an Afrika als an Europa, bietet die rund 84 Quadratkilometer große »Schwarze Perle« Pantelleria eine ganz eigene Welt für sich: Ein ständig wehender Scirocco Wind sorgt selbst an den heißesten Tagen für eine angenehme Prise. Das Kulturland ist von ungewöhnlichen, niedrig und breit wachsenden Traubenstöcken und Kapernsträuchern geprägt, die lange Trockenmauern

schützen. Der Dialekt der etwa 7500 Einheimischen und ihre oft im Dammusi-Stil errichteten Häuser lehnen sich noch immer an die arabische Kultur an, die nach der Eroberung im Neunten Jahrhundert Einzug hielt. Pantelleria ist ab Trapani per Autofähre einmal täglich erreichbar *(etwa sieben Stunden, www.carontetourist.it)*. Mit dem Tragflügelboot geht es für Fußpassagiere im Sommer in der halben Zeit hinüber *(www.libertylines.it)*. Die interessantesten Orte der Insel sind das im ansonsten nicht sonderlich spannenden Hauptort gelegene **Castello Barbacane** das man besichtigen kann, die Ausgrabungen der antiken Stadt **Cossyra** und die **Megalithgräber** von Mursia weiter südwestlich. Schön ist der vulkanische Binnensee **Lago Specchio di Venere** und einige Buchten, wie die **Cala Tramontana** mit dem markanten Felsbogen Arco dell`Elefante. Sand suchen Sie auf Pantelleria vergeblich, bestenfalls gelangen Sie von Betoninseln oder schroffem Felsen ins Meer. Beliebt ist die Insel bei Tauchern, die eine abwechslungsreiche Unterwasserwelt erwartet. Auch Bootstouren rund um die Insel werden im Sommer angeboten. Gute gastronomische Adressen auf dem abgelegenen Eiland sind das ***Ristorante Dammuso*** *(Via Catania 2)*, das ***Emporio del Gusto*** *(Via Napoli 97)*, die ***Pasticceria Katia*** *(Café, Lungomare P. Borsellino 8)* und außerhalb der Hauptortschaft die ***Osteria Il Principe e Il Pirata*** *(Centro Punta Karace)* und das ***Pippo Il Buongustaio*** *(Fast Food, Piazza Marina)*.

Wenn Sie sich für einen Besuch entscheiden, sollten Sie aufgrund der Entfernung mehrere Nächte bleiben. Für Wohnmobile besteht eine Campingmöglichkeit am Landgut Zinedi, prüfen Sie im Vorfeld aber unbedingt die Verfügbarkeit.



## 235 Pantelleria – *Agriturismo Zinedi*

**GPS/Kontakt:** N 36°48'59" E 11°58'46", Contrada Zinedi, Tel. 0923 91 40 23, www.agriturismozinedi.com. **Max. WOMOs**: 7 – 8. **Öffnungszeiten**: Ap-

ril – Oktober. **Ausstattung**: Ver- / Entsorgung, Strom, Toilette / Dusche, Restaurant, Pool, Rollerverleih. **Beschreibung**: Recht schön angelegtes Gelände mit Rundumsicht nahe dem Flughafen im Inselzentrum, teils schattig, klappstuhlgeeignet, nicht ganz eben, rund 5,5 km außerorts. **Preis**: 30 €. **Zufahrt:** Nach Ankunft am Hafen halten Sie sich links und biegen vom Hafenbecken bei erster größerer Gelegenheit nach rechts ab. Sie gelangen zur Via Roma, die aus dem Ort hinausführt. Am Ende der Straße halten Sie sich rechts auf die Via Velcimursà und fahren, wenn es geradeaus nicht mehr weitergeht, bei einer Marienstatue links. Am Ende dieser Straße wechseln Sie erneut nach links und bei erster Gelegenheit nach rechts in eine Einbahnstraße (Via Cappozoli). Sie führt deutlich bergauf, vereint sich mit einer links kommenden Straße, führt zum Flughafen und im weiteren Verlauf immer an der Landebahn entlang. Am hintersten Ende ist der Agriturismo Richtung links angeschrieben und über eine ziemlich schmale Straße erreichbar.

**Erice** *(28.000 Einwohner, Markttag Mo., Piazza Lucca)*

TOUR 9

***Knapp 800 Meter über dem Meeresspiegel thront hinter Trapani das bestens erhaltene, mittelalterliche Erice auf einem Hügel und gestattet seinen Bewohnern und Gästen einen fabelhaften Rundumblick***. Für einen Besuch gibt es zwei Möglichkeiten. Entweder fahren Sie in die Neustadt von Trapani. Am Fuße des Hügels bringt eine Seilbahn Gäste elegant und autofrei in den Bergort. Wahlweise gelingt die Auffahrt über eine gut ausgebaute, aber kurvenreiche Straße. Folgen Sie mit dem Wohnmobil unbedingt der offiziellen Beschilderung und ersparen sich Abkürzungen, die fast unweigerlich ungut enden. Ein recht naher Parkplatz, speziell für größere Fahrzeuge, liegt gleich unterhalb des Ortes am Nordwesthang *(Seilbahn: N 38°01'27" E 12°33'01", Via Capua 4, www.funiviaerice.it, Parkplätze vorhanden, stark wechselnde Betriebszeiten siehe Website, 11 €)*

Ladenstraße in Erice, unten links Burgberg des Ortes, unten rechts Süßwaren aus Erice

## 236 Erice – *Porta Spada*



**GPS**: N 38°02'26" E 12°35'05", Viale Porta Spada. **Max. WOMOs**: 15+. **Ausstattung**: Toilette (nicht immer geöffnet), sonst keine Einrichtungen. **Beschreibung**: Für WOMOs reservierte Parkplätze entlang der schrägen Sackstraße und an einem kleinen Platz weiter oben kurz vor dem Tor (dort max. 5 – 6 Fahrzeuge). An der Straße schattig, teils schräg. Nachts ruhig, 650 m in den Ort. **Preis**: € (per Parkuhr oder durch einen Parkwächter). **Zufahrt**: Der Beschilderung nach Erice folgen. Kurz vor dem Ort im Waldgürtel links zur Porta Spada lenken. Die Stellplätze befinden sich links der Straße.

### Unterwegs in Erice:

Als einer der ältesten Siedlungspunkte Siziliens wurde Erice erstmals rund 1200 Jahre vor Christus von Elymern besiedelt, die einen recht ausschweifenden, stark sexuell geprägten Tempelkult pflegten. Als die Karthager den Ort 600 Jahre später einnahmen, hielt sich die als »Tempelprostitution« fortgeführte Tradition. Und selbst die Römer fanden Gefallen und bauten den Venustempel Erices weiter aus. Die weitere Geschichte von Erice ruht im Verborgenen. Erst die Araber brachten wieder Leben auf den Berg, Normannen und Spanier bauten später zahlreiche Kirchen in das Dorf. Für Gäste fällt die Orientierung leichter als angenommen. Vom WOMO-Stell-

Torre di Re Federico und Piazza della Logia



platz aus, spazieren Sie durch das Spada-Tor am Ende der Straße und folgen den überall aufgestellten und durchnummerierten Schildern, die einen gut durchdachten Rundgang durch den Ort ermöglichen, ohne etwas Wichtiges zu verpassen. Von Norden her gelangen Sie so, vorbei an den Kirchen **San Cataldo** und **San Giovanni Battista** bis zum **Castello Pepoli** und dem dahinter gelegenen, älteren **Castello di Venere**. Durch das schöne, aber touristisch geprägte Zentrum mit kleinen Geschäften in den schmalen, gepflasterten Gassen erreichen Sie die **Porta Trapani.** Von hier aus schwebt die Seilbahn nach Trapani hinunter. Wer süße Backwaren liebt, probiert einige in einer der Konditoreien des Ortes. Sie sind berühmt für ihre traditionellen und hervorragend schmeckenden Rezepturen. Rechts vom Trapani-Tor entdecken Interessierte den großen **Dom**. Dahinter steigen Sie über Stufengänge entlang des Hügels wieder zum Parkplatz hinab. Unsere Gastroempfehlungen für den Ort lauten ***La Pentolaccia*** *(Via F. Guarnotta 17)*, ***Ristorante Monte San Giulioano*** *(Vicolo San Rocco 7)*, ***La Tonda Fritta*** *(Fastfood, Porta Trapani)*, ***Antica Pasticceria del Convento*** *(Café, Via Guarnotta)*, ***Pasticceria San Carlo*** *(Café, Via Guarnotta)*, ***Pasticceria Maria Grammatico*** *(Café, Via V. Emanuele 14)*, ***Ristorante Monte San Giulioano*** *(Vicolo San Rocco 7)*.

## Riserva Naturale Monte Cofano

Sofern Sie Erice nicht mit dem eigenen Fahrzeug angesteuert haben und nun ab Trapani die Fahrt entlang der Küstenstraße nach Norden antreten, durchfahren Sie das kleine **Pizzolungo**. Dort treffen Sie am Ortsende auf die nächste Übernachtungsgelegenheit, einmal mehr direkt am Wasser. Das holprige Gelände ist recht ruhig und sofern kein Müll aufgetürmt liegt, sogar recht idyllisch. Ein nächster Campingplatz folgt dann in **Cortigliolo**, allerdings gibt es im Umfeld nicht sehr viel, was einen längeren Aufenthalt rechtfertigt – außer Sie suchen ein besonders ruhiges Fleckchen.

237 N 38°04'09" E 12°34'20", Via Priamo

Stellplatz 237

## 238 Cortigliolo – *Camping Lido Valderice*

**GPS/Kontakt:** N 38°04'13" E 12°37'52", Via della Conchiglia, Tel. 0923 57 34 77, www.campinglidovalderice.it. **Öffnungszeiten**: Ganzjährig. **Ausstattung**: Campingplatzüblich. **Beschreibung**: Schotterflächen, meist parzelliert, oft schattig, eben, ruhig, einigermaßen gut in Schuss, kleiner, nicht sonderlich einladender Strand in direkter Nähe. **Preis:** 18 – 29 €. **Zufahrt:** Von der SP18 links ab ist der Campingplatz bereits angeschrieben. **Hinweis:** Für eine Zwischenübernachtung kommen sonst auch die ziemlich überdimensionierten, meist völlig leeren Parkflächen in dem Ort in Frage, bei N 38°04'13" E 12°37'39", Via del Tonno oder bei N 38°04'32" E 12°38'25", Via del Mare.

TOUR 9

Ein Stück weiter ragt dann der 659 Meter hohe Monte Cofano auf einer Landzunge in den Golf von Bonagia. Er ist zum Naturschutz-

Blick auf den Monte Cofano von Pizzolungo

gebiet erklärt worden und nur auf Wanderwegen zugänglich. Zuvor können Sie an seinem Fuß links ab in den kleinen Badeort **Cornino** fahren. Er bietet einen je nach Jahreszeit und Pflegezustand mal schönen, mal ziemlich verwahrlosten Strand und eine zweifelsohne tolle Kulisse.

### 239 Cornino

**GPS:** N 38°05'41" E 12°39'50", Via della Grotta. **Max. WOMOs**: 6–8.

**Ausstattung**: Keine Einrichtungen. **Beschreibung**: Zur Übernachtung freigegebener Parkplatz mit einfachem Rasen / Erdboden nur wenige Schritte vom Ufer entfernt. Kein Schatten, etwas schräg, meist ruhig, in Ortsrandlage. **Preis:** Juni – September kostenpflichtig, 6 € / 12 h. **Zufahrt:** In Cornino bis an die Uferstraße fahren, dort rechts halten, der Platz ist dann am Ortsende nach rechts markiert..



### Wanderung rund um den Monte Cofano (ungefähr 8,5 km)

Bei dieser Wanderung gelangen Sie zu uralten, einst bewohnten Grotten, entlegenen Zwergpalmhainen und können unterwegs baden, sofern Sie Badeschuhe besitzen. Sie starten direkt am **Lungomare C. Colombo** gleich vom angegebenen WOMO-Parkplatz aus in nördliche Richtung. Auf einer Wandertafel ist die Tour vermerkt. Am Ende des Strandes halten Sie sich rechts, in die zusehends ungeteerte **Via della Grotta**. Nach dem Ende der Bebauung rechter Hand macht die Straße eine Links-Rechts-Kurve und teilt sich vor einem letzten Haus. Nach rechts lohnt ein kurzer Abstecher zur **Grotta Mangiapane**. Sie war bereits in der Steinzeit besiedelt und viel später wurde eine ganze Häuserzeile in den Felsspalt gebaut. Bis in die 1940er Jahre waren sie bewohnt. Heute kümmert sich ein Verein um das Bestehen und hat eine Art Freilichtmuseum eingerichtet. Zeitweise wird das Dorf samt Tieren und Handwerkern wieder zu Leben erweckt, ein Restaurant hat im Sommer täglich geöffnet *(Contrada Scurati, www.grottamangiapane.it, Apr. – Okt. 10.00 – 18.00 Uhr)*.

Zurück an der Abzweigung gehen Sie ansteigend in Richtung Berg weiter. Rechter Hand passieren Sie riesige Marmorsteinbrüche. Der Weg wird schmaler und steigt in Serpentinenkurven zwischen Zwergpalmen weiter an. Kurz vor dem Sattel, gelangen Sie zu einer Gabelung. Sie bleiben am Weg nach links, der mit »Tonnara di Cófano« beschildert ist. Nach kurzem Marsch gelangen Wanderer zum höchsten Punkt. Rechter Hand befindet sich ein kleiner Tümpel, links führt ein steiler und unsicherer Weg zum Berggipfel. Rechts vorne erblicken Sie San Vito Lo Capo, eines der nächsten Ziele. Geradeaus führt der Weg, meist sanft abfallend, zum Meer hinab. Bei einer Gabelung halten Sie sich rechts und erreichen in Kürze die alte Fischfabrik, die inzwischen zu Ferienwohnungen umfunktioniert wurde. Unterhalb gibt es Badestellen, die aber recht felsig sind und sich nicht für nackte Füße eignen. Nach links nehmen Sie den steinigen Weg oberhalb der Steilküste für eine ganze Weile. Sie passieren das markante **Kap Saraceno** und sehen mit etwas Glück einen der hier heimischen Adler. Schließlich erreichen Sie eine Bank, die unter einem einzelnen Baum im Schatten liegt. Gleich steigen Sie links auf einem kurzen Pfad zur **Grotta del Crocifisso** hinauf. Hier wurden mehrfach steinzeitliche Funde gemacht. Eine Kapelle steht gleich benachbart. Folgen Sie dem Uferweg. Nächster markanter Punkt ist der **Torre del Cofano** mit einer Aussichtsplattform am Dach. Bei klarer Sicht erkennen Sie gut die Ägadischen Inseln. Die Steilküste wird immer flacher und an einigen Stellen gibt es erneut Gelegenheit für ein Bad. Zwischen dichter werdendem Bewuchs gelangen Sie langsam zurück nach Cornino und erreichen die Strandpromenade, von der Wanderer gestartet sind.

Für die direkte Weiterfahrt in Richtung Castellammare nehmen Sie ab der Hauptstraße die SP16 nach rechts. Dann lassen Sie allerdings das schöne San Vito Lo Capo aus. Für die komplette Tour halten Sie sich links auf die SP16 und passieren unterwegs linker Hand die Zufahrt zum **Agriturismo Valle dei Tramonti**.

TOUR 9

**240** N 38°04'32" E 12°44'08", Tel. 0335 651 11 25, www.lavalledeitramonti.com, Ver- / Entsorgung, Toilette / Dusche, Restaurant, 20 €

Noch bis vor wenigen Jahren konnten Sie von **Castelluzzo** links ab zu einem der schönsten und letzten wirklich freien Strand- und Küstenspots lenken. Doch damit ist inzwischen Schluss. Aus Umweltschutzgründen wurden weite Teile dieser Region für den Verkehr im Allgemeinen und Wohnmobile im Besonderen gesperrt. *Nichtsdestotrotz gilt der Macari-Beach als einer der Schönsten Siziliens und die angrenzenden Calettas sind auch nicht schlecht*. Die Anfahrt gelingt nun mit einer kleinen Pendelbahn, mehreren Parkplätzen, auf denen das Übernachten bis auf Weiteres immerhin

**Bue Marino Bucht, im Hintergrund Macaristrand**

Stellplatz 241b

gestattet bleibt. Beachten Sie die Beschilderung, je nach Jahreszeit dürfen nicht immer alle davon angefahren werden. Der drittgenannte ist am einfachsten ab der Hauptdurchgangsstraße zu erreichen, dadurch aber auch der Vollste und lauteste. Im Sommer kommt an den Plätzen meist einmal am Tag ein Wagen vorbei, der Backwaren, Obst und Gemüse verkauft. Ein guter Campingplatz mit toller Sicht auf das Meer liegt am Ende der langgezogenen Meeresbucht.

**241** N 38°06'40" E 12°43'26", Via Calazza

**241a** N 38°06'59" E 12°43'14", Via Calazza



**241b** N 38°07'16" E 12°43'59", SP16

**241c** N 38°07'26" E 12°43'45", SP16

## 242 Macari – *Campeggio El Bahira*

**GPS/Kontakt:** N 38°09'03" E 12°43'55", Contrada Salinello, Tel. 0923 97 25 77, www.elbahira.it. **Öffnungszeiten**: Ganzjährig. **Ausstattung**: Waschmaschine, WLAN, kleiner Strand, Pool, Bar, Restaurant, Minimarkt, Sportgelegenheiten, Animation. **Beschreibung**: Großer gepflegter Platz in schöner, ruhiger Lage, grünes Gelände, meist schattige Stellplätze auf Naturboden und Schotter, meist eben, rund 45 km bis San Vito. **Preis**: 18 – 46 €. Ermäßigung mit Sicily Camping Card und für ACSI / ADAC Mitglieder. **Zufahrt:** Von der SP16 links ab ist der Campingplatz bereits angeschrieben, das letzte Stück Weg erfolgt über eine ziemlich schmale Straße. **Hinweis:** Entlang der Zufahrtsstraße zum Platz stehen öfters WOMOs für eine Nacht frei an einem der Strandparkplätze.

Küste bei Macari

San Vito Lo Capo, unten Stellplatz 243

**San Vito Lo Capo** *(4.700 Einwohner, Markttag Fr., im Zentrum)*
Ein kurzes Stück Straße ist es zum beliebten Ferienort San Vito Lo Capo, der ziemlich isoliert und nur über diese eine Straße erreichbar im äußersten nordwestlichen Winkel Siziliens liegt. *Er bietet zwar keine besonderen Sehenswürdigkeiten, dafür aber eine der schönsten, sanft abfallenden Buchten der Insel, feinen Sand und eine Prise Karibikflair*. Hinzu kommt die von einem Ferienort erwartete Infrastruktur mit Geschäften, Bars, Cafés und Restaurants und eine abendliche Fußgängerzone. Die ansprechende Kulisse des gleich daneben steil aufragenden Monte Monaco tut ihr Übriges. Kein Wunder, dass neben Hotels und Ferienwohnungen eine breite Auswahl an Stellplatzmöglichkeiten für Wohnmobile vorhanden ist.



Die einfachste ist der nicht sonderlich schöne Großparkplatz im Osten des Ortes auf einem plattgewalzten Feld, gut 400 Meter vom Meer entfernt. In der Nebensaison parken Wohnmobile auch direkt an der Strandpromenade über Nacht. Ansonsten wählen Sie zwischen mehreren Stell- und Campingplätzen. Selbstverständlich bietet der Ort auch ein sehr breites gastronomisches Angebot. Empfehlungen sind. Empfhelungen sind die Restaurants ***Crik & Crok*** *(Via R. Margherita 99)*,***Profumi di Cous Cous*** *(Via R. Margherita 80)*, ***I Giorgini*** *(Via Santuario 7)*, ***Syrah*** *(Via Savoia 5)*, ***Buena Ida Siciliana*** *(Via Dogana 14)*, ***Pizzeria Gnà Sara*** *(Via Duca Degli Abruzzi 8)*, ***Lo Stagnone*** *(Via Piersanti Mattarella 32)*, ***Rais*** *(Via Principe Tommaso 8)* und ***Bianconiglio*** *(Via Santuario 17)*. Für den schnellen Hunger zwischendurch das ***Tasty*** *(Fastfood, Via A. Venza 112)* und für Süßes die ***Pasticceria Capriccio*** *(Café, Via Pier Santi Mattarella 122)*, das ***Laboratorio Dolci Peralta*** *(Café, Via Immacolata 17 und Via Savoia 26)* und die ***Gelateria Belli Freschi*** *(Eis, Via Savoia 107)*.

Fußgängerzone in San Vito Lo Capo, unten Ortsstrand

**243** N 38°10'08" E 12°44'37", **Via la Piana**

**243a** N 38°10'29" E 12°44'28"

TOUR 9

### 244 San Vito lo Capo – *Sosta Camper Giovanni*

**GPS/Kontakt**: N 38°09'44" E 12°44'12", Via Savola/SP16, Tel. 0347 685 15 97. **Max. WOMOs**: 25+. **Öffnungszeiten**: Ganzjährig geöffnet. **Ausstattung**: Ver- / Entsorgung, Strom, Toilette / Dusche, Waschmaschine, WLAN. **Beschreibung**: Recht gut in Schuss gehaltener privater Stellplatz, meist schattig, eben, auf Schotter, klappstuhlgeeignet, Shuttlebus in den Ort und zum Strand, durch nahe Hauptstraße nicht ganz leise, rund 1,5 km außerhalb. **Preis**: 30 – 45 €. **Zufahrt**: Direkt an der Ortseinfallstraße rechter Hand.

### 245 San Vito lo Capo – *Parking Iacono*

**GPS/Kontakt**: N 38°10'30" E 12°43'56", Via Pier Santi Mattarekka. **Max. WOMOs**: 20. **Ausstattung**: Ver- / Entsorgung, Strom, Toilette /

Dusche. **Beschreibung**: Einfache aber recht gepflegte Anlage hinter einem Parkplatz auf Schotter, eben, ruhig, teils etwas Schatten, klappstuhlgeeignet, sehr zentrumsnah, direkt im Ort aber recht teuer, enge Einfahrt. **Preis**: 30 – 45 €. **Zufahrt**: Der Haupteinfallstraße SP16 in den Ort folgen, am kleinen Kreisverkehr links ab und die nächste wieder rechts. Bis zum Platz nach 900 m linker Hand fahren.

### 246 San Vito lo Capo – *La Pineta*

**GPS/Kontakt:** N 38°10'27" E 12°44'53", Via del Secco 90, Tel. 0923 97 28 18, www.campinglapineta.it. **Öffnungszeiten**: Ganzjährig geöffnet. **Ausstattung**: Waschmaschine, WLAN; Pool, Restaurant / Bar, Spielplatz, Sportangebote. **Beschreibung**: Meist schattige, ebene Stellflächen unter Bäumen auf Schotter, recht ruhige Lage, recht gut in Schuss, 400 m an den Strand, 850 m in die Ortsmitte. **Preis**: 19 – 53 €, Ermäßigung mit Sicily Camping Card. **Zufahrt:** Der Haupteinfallstraße SP16 so weit wie möglich folgen, rechts in Richtung Riserva Zingaro abbiegen und weiter bis zum Platz rechter Hand. **Hinweis:** Näher am Ort liegt in der gleichen Straße der Campingplatz Soleado. Aufgrund verschiedener Mängel können wir diesen bis auf Weiteres aber nicht mehr empfehlen.

TOUR 9

## Riserva Naturale delle Zingaro

*Östlich von San Vito Lo Capo befindet sich der wunderschöne Zingaro Naturpark, an dem die Straße endet*. Er ist nur zu Fuß passierbar und Sie können ihn von Norden als auch von Süden her über zwei Sackstraßen ansteuern. Von Norden her wirkt das letzte Wegstück auf einer mit Eisenbarrieren separierten, recht schmalen Straße neben der Felswand erst einmal abschreckend– wer früh genug am Tag da ist, findet aber in der Regel einen Parkplatz am Hang, manche abends anreisende WOMOs bleiben dort gleich über Nacht, um dann morgens in aller Ruhe zu einer Bade-Wanderung aufzubrechen. Die Anfahrt von Süden finden Sie im folgenden Abschnitt zu Scopello. Beachten Sie, dass im Naturpark keine Hunde erlaubt sind.

Stellplatz 247

N 38°07'35" E 12°47'19", SP63

247

**Die Qual der Wahl...**

## Wandern im Zingaro Naturpark

TOUR 9

Der Naturpark vereint herrliche Landschaften mit einer ganzen Reihe toller Badebuchten und eignet sich, selbst an sehr heißen Tagen, bestens für einen Besuch. Je nachdem wie lange Sie unterwegs sein möchten und wo Ihr Fokus liegt, gehen Sie entweder die gesamte Runde und wandern zunächst am Höhensteig entlang. Auf dem Rückweg laufen Sie die Badebuchten ab. Oder Sie bleiben ganz am unteren Weg und gehen einfach nur so weit, bis Sie Ihre Lieblingsbucht finden. Kombinationen und Abkürzungen beider Wege sind möglich, so dass am Ende eine maximale Wegstrecke von rund

...Traumbuchten im Zingaro Naturpark

15 Kilometern daraus werden kann. Der Übersichtsplan am Eingang hilft bei der Wahl. Sie können dort eine Wanderkarte mitnehmen, die unterwegs hilfreich unterstützt. Wenn Sie zur gesamten Runde aufbrechen, erwartet Wanderer am Höhenweg von Nord nach Süd die **Grotta Maestro Peppe Siino**, das heute verlassene aber noch bis in die 1960er Jahre bewohnte Dorf **Cusenza** und der ebenfalls verlassene, inmitten heute wilder Oliven- und Mandelhaine gelegene, weit verstreute Ort **Sughero**. Sie können auch den Aussichtsgipfel **Pizzo del Corvo** besteigen. Wenn Sie in umgekehrter Himmelsrichtung von Süd nach Nord den Rückweg antreten, gelangen Sie zum **Besucherzentrum**, an dem regelmäßig handwerkliche Vorführungen

Guidloca Bucht, unten Badeplatz der Tonnara in Scopello



stattfinden. Es folgt die erste Badebucht, **Cala Capreira**. Vorbei am **Manna-Museum** und den drei schönen Buchten **Disa**, **Berretta** und **Marinella** folgt das kleine **Heimatmuseum**. In dem abgelegenen Haus wohnte vor Jahren ein deutscher Einsiedler. Danach folgt die riesige **Grotta dell`Uzzo**, die noch in den 1950er Jahren Räubern als Versteck diente. Unterhalb biegen Sie zur **Cala dell`Uzzo** ab. Nun besichtigen Interessierte das **Museo della Civitá Contadina**. Den Abschluss bildet das Schifffahrtsmuseum **Museo delle Attività Marinare** oberhalb der letzten Badebucht. Sie streiften es schon zu Beginn und erreichen dann wieder den Parkplatz. Beachten Sie, dass nicht alle erwähnten Museen immer geöffnet sind. Mehr unter www.riservazingaro.it, Zutritt 5 €.

Scopello

**Scopello** *(380 Einwohner)*
Um sich dem Naturpark von der Südseite zu nähern, lenken Sie zurück nach San Vito Lo Capo und steuern die gesamte **SP16** bis **Custonaci** zurück. Erst dann zweigt die **SS187** links ab und führt zur Abzweigung Richtung »Zingaro Sud«. Davor passieren Sie den beliebten Urlaubsort **Scopello**, der über wirklich schöne Felsstrände verfügt, die allerdings meistens nur nach längeren Fußwegen erreichbar sind. Selbst für Filmaufnahmen, beispielsweise für »Ocean`s Tweve«, dienten die pittoresk aus dem Meer ragenden Felsen schon öfters. Sie sind auch ein guter Ort, um zu Schnorcheln. *Am beliebtesten ist die teils betonierte Badestelle an der alten »Tonnara«*, für die Eintritt fällig wird *(Largo Tonnara, www.tonnaradiscopello.it, 10 – 15 €)*. Ein wirklich schöner Fleck. Eine kleine Führung durch das heute teils als Hotel genutzte Gebäude, von dem aus früher Thunfisch gefangen wurde, ist inkludiert. Sie kann nur zu Fuß erreicht werden. Die Cala Mazza weiter nördlich ist kostenlos aber auch nur per pedes erreichbar, da WOMOs nicht zugelassen sind. Die besten Parkgelegenheiten für den Abschnitt stehen bei N 38°04'10" E 12°49'16" direkt an der

Felsenküste bei Scopello



**SP63** bereit – sofern der Platz auch geöffnet ist. Oder Sie steuern direkt den Parkplatz am Südeingang zum Zingaro-Naturpark an, der zuletzt ausgebaut wurde und nun über größere Kapazitäten verfügt, N 38°04'48" E 12°48'26" und N 38°04'55" E 12°48'30". Ein weiterer Parkplatz befindet sich weiter oben am Hang, neben dem eigentlichen Ort, der gleichfalls einen Besuch wert ist, dann nur mit entsprechend weiterem Weg nach unten zum Meer, N 38°04'10" E 12°49'05", Contrada Scopello. In jedem Fall ist ein frühes Kommen von Vorteil. Sofern Sie sich entschließen etwas länger zu bleiben, treffen Sie dort gleich benachbart auf einen schönen Agricampeggio.

Alternativ können Sie die **Guidaloca**-Badebucht bei **Ciauli** ansteuern, die etwas einfacher erreichbar ist. Direkt oberhalb finden Sie einen weiteren Stellplatz.

### 248 Scopello – *Agricampeggio Scopello*

**GPS/Kontakt**: N 38°04'04" E 12°49'05", Via Finanziere V. Mazzarella, Tel. 0328 442 87 21, www.agricampeggioscopello.it. **Öffnungszeiten**: April – Mitte Oktober. **Ausstattung:** Ver- / Entsorgung, Strom, Toilette / Dusche, Waschmaschine, WLAN, Picknick- und Grillgelegenheit, Shop mit Produkten aus eigenem Anbau. **Beschreibung**: Gepflegte Anlage mit Plätzen auf Naturboden, teils parzelliert, oft schattig, schöne, terrassierte Hanglage, meist recht eben, ruhig, klappstuhlgeeignet, tolle Sicht, Shuttleservice möglich, etwa 300 m in den Ort, etwa 850 m zur Tonnara (mit Abkürzung

durch das Gelände des guten Restaurant La Cialoma gegenüber). **Preis**: 24 € – 37 €, Ermäßigung mit Sicily Camping Tour. **Zufahrt**: Von der SS187 in Richtung *Lo Zingaro* links abbiegen und der Beschilderung folgen. Nach einer Weile ist der Stellplatz links ab angeschrieben. Nach wenigen hundert Metern linker Hand. **Hinweis**: Auch am vorgenannten, benachbarten Ortsparkplatz ist eine Übernachtung notfalls möglich, zum Beispiel falls der Platz besetzt sein sollte, N 38°04'10" E 12°49'05", Contrada Scopello, 24 h / 20 €.

### 249 Ciauli – *Sosta Camper Fontana*

**GPS/Kontakt**: N 38°03'18" E 12°50'35", Contrada Ciauli, Tel. 0320 481 53 14. **Max. WOMOs**: 20. **Öffnungszeiten**: Mitte Mai – September. **Ausstattung**: Ver- / Entsorgung, teils Strom möglich. **Beschreibung**: Einfacher, begrünter Parkplatz oberhalb des Strandes, teils schattig durch Obstbäume, Plätze auf Rasen und Schotter, nicht ganz eben, bedingt klappstuhlgeeignet, ruhig. Vorsicht, steile Einfahrt mit Gefahr aufzusitzen. **Preis**: 10 €. **Zufahrt:** Von der SS187 in Richtung *Lo Zingaro* links steuern. Am Strand angekommen rechts zum Stellplatz lenken. Hinweis: Wer nur tagsüber zum Baden kommt, kann auch die große Parkfläche weiter unten, direkt an der Hauptstraße nehmen, N 38°03'21" E 12°50'27", Contrada Ciauli.

TOUR 9

## Castellammare del Golfo

*(15.300 Einwohner, Markttag Sa., Via G. Galilei)*

Das ehemals verschlafene Castellammare entwickelte sich über die Jahre zu einer echten Touristenhochburg, in der die »bessere Gesellschaft« gerne verkehrt. Entsprechend hochpreisig sind viele Restaurants. Im Hafen liegen etwas neuere und größere Yachten als anderswo. Von dort starten auch Bootstouren entlang der schönen Küste. Da die Straßen im Zentrum ähnlich eng sind wie anderenorts, steuern Sie für einen Zwischenstopp besser gleich die genannten Stellplätze an oder parken, etwas abseits, am Stadion bei N 38°01'27" E 12°53'16", Via G. Galilei, östlich der Altstadt. Gastrotipps im Ort sind das ***Ristorante Egesta Mare*** *(Via Fiume 10)*, das ***La Cambusa*** *(Via Don L. Zangara 67)*, ***La Tonnara*** *(Via Don L. Zangara 29)*, das Steakhaus ***Braceria 360*** *(Via Canale Vecchio 1)* und die ***Gelateria Vernaci*** *(Eis, Corso B. Mattarella 40)*. Der beste Strand bei Castellammare folgt dann im Anschluss. Am hintersten Ende des *Spiaggia* liegt der große **Parcheggio Paradise**, ein weiterer fast benachbart. Gegen Bezahlung dürfen Wohnmobile meist tags wie nachts dort stehen. Im nachfolgenden **Alcamo Marina** gibt

**Stellplätze 251 und 252**

es dann eine weitere gute Gelegenheit, kostenlos Tag wie Nacht am Strand zu bleiben.

### 250 Castellamare del Golfo – *Play Time*

**GPS/Kontakt**: N 38°01'30" E 12°53'27", SS187, Tel. 0924 345 45. **Max. WOMOs**: 20+. **Öffnungszeiten**: Ganzjährig geöffnet. **Ausstattung**: Ver- / Entsorgung, Strom, einfache Toilette / Dusche, Waschmaschine. **Beschreibung**: Geschotterter Platz oberhalb der Hauptstraße, einfach aber strandnah, recht schöne Sicht, eben, teils etwas Schatten, klappstuhlgeeignet, nicht ganz ruhig durch die benachbarte Hauptstraße, rund 700 m in den Ort. **Preis**: 10 € – 20 €. **Zufahrt**: Der SS187 um Castellamare herum folgen, am Ende der Stadt liegt der Platz direkt rechter Hand der Hauptstraße. **Hinweis**: Alternativ fahren Sie linker Hand den unterhalb der Straße am Meer gelegenen Campingplatz ***Nausicaa*** an. N 38°01'24" E 12°53'37", Tel. 0924 330 30, www.nausicaa-camping.it, ganzjährig geöffnet, campingplatzübliche Ausstattung, gepflegt, eigener Strandzugang, 24 – 42 €.



**251** N 38°01'26" E 12°54'14", Via Plaja, 10 – 15 Euro / 24h

**252** N 38°01'30" E 12°54'49", Viale delle Fornaci Romane

**Segesta** *(Markttag in Calatafimi Segesta Fr., Piazza Cannolicchio 1)* Für einen letzten Ausflug ins Inselinnere zweigen Sie über die Autobahn hinter Castellamare zu den Ausgrabungen von **Segesta** ab. *Auf dem uraltem Siedlungsgrund hat man sogar bronzezeitliche*

Elymertempel von Segesta, unten links Teatro Greco, unten Stellplätze 253 und 254



*Spuren entdeckt*. Später kamen die Elymer und im siebten Jahrhundert v. Chr. gründeten griechischstämmige Siedler Segesta. Nach wechselnden Pakten, mal mit Athen, mal mit Karthago, wurde die Stadt schließlich 307 v. Chr. vom Tyrannen von Syrakus zerstört. Als die Ära der Römer, die sich später hier ansiedelten, im fünften Jahrhundert endgültig beendet war, verschwand die einst bedeutende Stadt komplett von der Bildfläche –und wurde erst Jahrhunderte später wiederentdeckt und ausgegraben. Zwischenzeitlich siedelten am höchsten Punkt, nahe des **griechischen Amphitheaters** in grandioser Lage mal arabische Bauern, mal christliche Feudalherren. Besonders sehenswert ist der niemals vollendete, dafür umso besser erhaltene **Elymer Tempel,** außerhalb der ehemaligen Stadt.

Um der Touristenflut, die insbesondere im Sommer immens sein kann, Herr zu werden, wurde inzwischen ein rund 1,4 Kilometer entfernt gelegener, kostenpflichtiger Großparkplatz neben der Schnellstraße errichtet. Der hintere Bereich ist für WOMOs reserviert. Per Pendelbus geht es zum Eingang der Ausgrabungen nahe dem Tempel. Nach der Besichtigung empfiehlt sich die Auffahrt zur ehemaligen Stadt und dem Theater per weiterem Bus, denn der Weg dorthin ist recht weit, schattenlos und wenig erbaulich. Am Parkplatz ist auch eine Übernachtung möglich *(Con-*

**Strand in Balestrate**

*trada Barbaro, www.parcodisegesta.com, Apr. – Sep. 9.00 – 19.30 Uhr, März / Okt. bis 18.30 Uhr, Nov. bis Feb. bis 17.00 Uhr, 12 €).*

253 N 37°56'54" E 12°49'45"



***In der Nähe:***

· Nicht weit entfernt liegt das Städtchen **Calatafimi Segesta**. Bekannt ist es durch die Entscheidungsschlacht, in der sich Garibaldi gegen die Bourbonen durchsetzte, und den Grundstein für das moderne Italien legte. Es ist aber kein Muss-Ziel, doch wirkt es liebenswert authentisch und bietet einen kleinen Parkplatz mitten im Ort, der für Wohnmobile reserviert ist. Leider wird er öfters von Einheimischen zugeparkt und ist nicht wirklich schön, folgen Sie der Ausschilderung, um nicht im Dickicht keiner Straßen hängenzubleiben.

254 N 37°55'01" E 12°52'02", Via Pisano, V/E-Anlage vorhanden

· Nahe Segesta bietet sich auch eine der wenigen Gelegenheiten auf Sizilien, in schwefelhaltigem Thermalwasser zu baden. Die sehr einfachen, aus nur altmodischen Freiluftbecken bestehenden **Thermen Segestane und Gorga** liegen nordwestlich der Ausgrabungen in Richtung **Alcamo** *(N 37°58'21" E 12°53'32", Contrada Ponte Bagni 1, www.termesegestane.com, 10.00 – 13.00 und 16.30 – 23.00 Uhr, ab 15 €, oder N 37°58'43" E 12°54'41", Contrada Gorga, www.federterme.com, etwa 9.00 – 22.00 Uhr, 12 €).*

**Von Balestrale** *(6.400 Einwohner)* **bis Isola delle Femmine** *(7.300 Einwohner, Markttag Balestrate Mo., Via Mazzini / Cinisi Di., Piazza Caduti / Carini Di, Via Padre P. Migliore / Capaci Mo., Via degli Oleandri)* Den Küstenabschnitt bis Palermo als unschön zu bezeichnen wäre ungerecht. Fakt ist nur, dass er mit dem zuletzt gesehenen nicht mithalten kann und viele Strandabschnitte für WOMOs mehr oder minder unzugänglich sind. Sie können, ohne allzu viel zu verpassen, daher auch die Autobahn in Richtung Palermo nehmen. Falls Sie lieber auf der Landstraße bleiben, wird der langgezogene, Strand erstmals vom Städtchen **Balestrale** unterbrochen. Folgende Badespots sind dort zugänglich, es gibt keine Einschränkungen für Nachtparker. Zumindest im Juli und August sind sie allerdings weniger geeignet.

**255** N 38°01'55" E 12°57'05", Spiazzo Canalotto

**256** N 38°02'45" E 12°59'40", Lungomare Felice Anna

In Ordnung ist der **Strand Maggagiari** nach **Terrassini**. Fahren Sie ihn, statt durch den engen Ort, besser erst ab **Cinisi** Richtung Ufer auf der **Via Pio la Torre** an, **Via I. Peppino**, N 38°09'37"E 13°05'08".

Sie passieren dann den Flughafen von Palermo. Wenn Sie die nur wenige hundert Meter entfernt startenden und landenden Flugzeuge nicht stören, können Sie am **Torre Pozillo** einen Zwischenstopp einlegen. Es gibt den kleinen **Dolphin Beach** und beidseits der Bucht Stellflächen, allerdings uneben und nicht ganz leise durch die nahe Autobahn. Eine weitere Gelegenheit folgt.



**257** N 38°11'01" E 13°08'16", Via della Tonnara

**258** N 38°10'15" E 13°09'48", Via Piraineto

In **Carini** freuen sich Kinder über einen Halt am **Bioparco di Sicilia Carini**, der auf einem ganz nett angelegten Gelände gleich an der Autobahn neben Dinopark und Abenteuerspielplatz über einen Botanischen Garten samt einer größeren Anzahl verschiedener Tiere verfügt, die zusammen einen richtigen kleinen Zoo ergeben *(N 38°10'05" E 13°10'39", Via A. Vespucci 424, www.bioparcodisicilia.it, je nach Saison 9.30 / 10.00 – 16.00 / 18.00 / 20.00 Uhr, 9,50 €).*

Interessant ist auch die an der **SS113** gelegene, frühchristliche **Catacomba di Villagrazia**. Sie erstreckt sich über rund 5000 Quadratmeter und kann auf einer 60-minütuigen Führung ganzjährig besichtigt werden *(N 38°09'32" E 13°10'07", Via Nazionale 3, www.archeofficina.com, Juni – Sep. So. 16.00 – 20.00 Uhr, Okt. auch Sa., Nov. – Mai So. 10.00 – 13.00 und 15.00 – 18.00 Uhr, 5 €).*

Etwas weiter in Höhe **Capaci** folgt ein Stück jüngerer sizilianischer Geschichte: am 23. Mai 1992 starb dort die damalige

**Torre Pozillo mit Stellplatz 257**

Leitfigur der Antimafiabewegung, der Richter Giovanni Falcone gemeinsam mit seiner Frau und drei Leibwächtern bei der Fahrt vom Flughafen in Richtung Palermo auf der Autobahn. Der Mafioso Giovanni Brusaca hatte von einem kleinen weißen Haus aus, das inzwischen mit dem Spruch *No Mafia* versehen ist und nachts beleuchtet wird, gleich ein ganzes Stück Autobahn in die Luft gesprengt. Am Ende sorgte genau diese Tat für so großes Aufsehen, dass sie die Hochzeit der sizilianischen Mafia beenden sollte. Im dann wieder etwas attraktiveren Badeort **Isola delle Femmine** mit der vorgelagerten, gleichnamigen Insel gibt es einen Campingplatz, genau wie eine Bucht weiter einen Stell- und Campingplatz, im schon zu Palermo gehörenden **Sferracavallo**.

### 259 Isola delle Femmine – *La Playa*



**GPS/Kontakt**: N 38°11'49" E 13°14'38", Viale Marino 55, Tel. 091 867 70 01, www.laplayacamping.it. **Öffnungszeiten**: Ende März – Mitte Oktober. **Lage:** Waschmaschine, WLAN, Spielplatz, Minimarkt. **Beschreibung**: Nah am Meer gelegener, meist schattiger Platz, eben, teils tiefhängende Äste, Stellflächen auf Rasen und Naturboden. 3,8 km außerorts, Bus- und Bahnverbindung nach Palermo im Umkreis. Strand nicht sonderlich schön. **Preis**: 18 – 30 € (Rabatt mit der Sicily Camping Tour-Card). **Zufahrt:** Von der SS13 kommend in Capaci gleich am Brunnen den Schildern zum *Mare* folgen. Immer geradeaus bis zur Uferstraße, dort rechts bis zum Campingplatz rechter Hand fahren. **Hinweis**: Wer nur einen schnellen, kostenlosen Übernachtungsparkplatz benötigt, wird ebenfalls im Ort fündig, eine schmucklose, für Wohnmobile reservierte Fläche bei N 38°10'51" E 13°14'28", Via degli Oleandri.

### 260 Palermo-Sferracavallo – *Malica*

**GPS/Kontakt**: N 38°12'19" E 13°16'55", Via Barcarello 25, Tel. 0389 543 98 51, www.melicaparking.it. **Max. WOMOs:** 25. **Öffnungszeiten**: Ganzjährig geöffnet. **Ausstattung**: Ver- / Entsorgung, Strom, Toilette / Dusche, Waschmaschine, WLAN. **Beschreibung**: Einfacher, aber recht ordent-

**Mondello Strand**

licher Platz direkt am Meer, aber kein nennenswerter Strand, kaum Schatten, recht ruhig, eben, klappstuhlgeeignet, gute Verbindung per Bus und Bahn nach Palermo. **Preis**: 20 – 32 €, Ermäßigung mit ACSI-Card. **Zufahrt:** Von der SS113 links Richtung Sferracavalla fahren, dann kurz vor Ende der Straße rechts den braunen Schildern zum Campingplatz folgen, am Ende links fahren und dann am Meer rechts halten bis zum Platz. **Hinweis**: Im Ort gibt es etwas zurückversetzt auch noch den ***Campingplatz Degli Ulivi***, N 38°11'53" E 13°16'50" Via Pegaso 25, Tel. 091 53 30 21, ganzjährig geöffnet, 16 – 24 €, www.campingdegliulivi.com.

**Mondello** *(39.500 Einwohner)*
Palermo grenzt zwar ans Meer, besitzt aber keinen nennenswerten Strand. Praktisch, dass das weiter westlich gelegene und eingemeindete Mondello einen umso schöneren sein Eigen nennt. Die »Goldene Bucht« mit ihrem markanten Badepier im Jugendstil am Palace-Hotel wird beidseitig von hohen Felsen gerahmt und wirkt an einigen Ecken schon fast mondän. Zurück auf den Boden der Tatsachen holen die meist großen Menschenmassen an Palermitanern und Touristen, die den Strand bevölkern. Ruhe und Entspannung ist nicht das, was geboten wird. Dafür gibt es allerorts etwas zu sehen und nirgends erleben Besucher mehr »echtes sizilianisches Strandleben«. Bis vor wenigen Jahren galt die Gegend als nicht gerade ungefährlich. Inzwischen muss man selbst nach Einbruch der Dämmerung nicht sonderlich viel Angst bei einem Rundgang haben. Ganz in Strandnähe liegt ein guter Stellplatz. Für Gäste, die nur eine kurze Stippvisite vorhaben, tut es auch der Parkplatz neben der Viale Galatea, N 38°12'03" E 13°19'23".

TOUR 9

**261 Mondello – *Enjoy***

**GPS/Kontakt**: N 38°12'01" E 13°19'28", Viale del Ciclope 5, Tel. 091 45 31 06, www.enjoycamping.it. **Max. WOMOs:** 30. **Öffnungszeiten**: Etwa April – Anfang Oktober. **Ausstattung**: Ver- / Entsorgung, Strom, Toilette / Dusche. **Beschreibung**: Rasenplatz mitten

**Santuario di Santa Rosalia**

in Mondello, für die Lage recht ruhig, nicht ganz eben, klappstuhlgeeignet, Strand fußläufig erreichbar, 300 m in die Ortsmitte. **Preis**: 28 €. **Zufahrt:** Auf der SS113 nach Mondello fahren, dann nach der kleinen IP-Tankstelle rechter Hand bei nächster Gelegenheit rechts in die Einbahnstraße Viale Cloe fahren und am Ende links. Nun immer geradeaus, bis es durch Einbahnregelung nicht weiter geht, dort nach links in die Zielstraße abbiegen. Der Platz liegt auf der linken Seite.



Unterhalb des südwestlich anschließenden **Montepellegrino** verläuft die **SS113** entlang der Küste bis nach Palermo. Im Vorort **Addaura** parken, gleich am Wasser, im Sommer regelmäßig Wohnmobile auch über Nacht auf einem hoprigen Naturplatz, **Via della Tonnara**. An den felsigen Badestellen unterhalb kommt man einigermaßen gut ins Wasser.

**262** N 38°11'28" E 13°20'39"

Auf den Berg hinauf führt eine Straße und dort zum **Santuario di Santa Rosalia**. Einst lebte hier die adelige Rosalia Sinibaldi als Einsiedlerin im 12. Jahrhundert. Da ihre Gebeine, später am Berg wiedergefunden, das Ende der Pest im Jahr 1624 eingeläutet haben sollen, wurde sie heiliggesprochen und gilt seitdem als Schutzpatronin der Stadt Palermo. Die daraufhin entstandene Wallfahrtskirche samt Grotte erreichen Sie besser aus westlicher Richtung ab N 38°09'01" E 13°21'51", Via P. Bonanno, da die Anfahrt von Osten her von schmalen Straßenstücken und niedrigen Tunnels erschwert wird.

# Tipps und Infos

# Anreise

Saarbrücken
Mannheim
Band 83
Karlsruhe
Band 31
F
Stuttgart
Band 18
Straßburg
D
N
100 km
Band 6
Band 16
Freiburg
Band 44
Augsburg
München
Basel
Zürich
Band 24
Band 84
Linz
Wien
Bern
Salzburg
Band 59
CH
Innsbruck
Band 50
Band 51
A
Band 60
Band 30
Graz
Bozen
HU
Band 73
Mailand
Band 42
Band 76
Maribor
Band 56
Turin
Verona
SLO
Zagreb
Triest
Venedig
HR
Band 74
Band 48
A01
Genua
Bologna
Riviera
WC
A02
Florenz
Adria
Livorno
Ancona
Band 8
Band 12
I
Korsika
Band 3
Pescara
A03
Rom
Band 79
Genua-Palermo
Livorno-Palermo
Genua-Termini Imerese
Civitavecchio-Palermo
Civitavecchio-Termini Imerese
Sardinien
Band 7
A04
Neapel
A05
Salerno
Band 35
Bari
Tyrrhenisches Meer
Neapel-Palermo
Salerno-Palermo
Neapel-Termini Imerese
Neapel-Milazzo
Salerno-Messina
Band 36
Cagliari-Trapani
Cagliari-Palermo
Palermo-Tunis
Trapani
Palermo
Termini I.
Milazzo
A06
Villa San Giovanni
Messina
Reggio Calabrese
Porto Empedocle
Ionisches Meer
Tunis
Sizilien
Catania
Band 40 Sizilien
TN
Pozzallo
Band 03: Korsika
Band 06: Elsass
Band 07: Sardinien
Band 08: Toskana und Elba
Band 12: Umbrien und Marken
Band 16: Schwarzwald
Band 18: Baden-Württemberg
Band 24: Allgäu
Band 30: Südtirol
Band 31: Bayern (Nord)
Band 34: Ungarn
Band 35: Süditalien (Ost)
Band 36: Süditalien (West)
Band 42: Trentino und Gardasee
Band 44: Tschechien
Band 48: Kroatien
Band 50: Schweiz (West)
Band 51: Schweiz (Ost)
Band 56: Slowenien
Band 59: Österreich (Ost)
Band 60: Österreuch (West)
Band 73: Piemont
Band 74: Ligurien
Band 76: Venetien und Friaul
Band 79: Latium und Rom
Band 83: Hessen (Süd)
Band 84: Bayern (Süd)
1: Ùstica ab Palermo
2: Liparische Inseln ab Milazzo
3: Malta ab Pozzallo
4: Linosa/Lampedusa ab Porto Empedoc
5: Pantelleria ab Trapani
6: Levantische Inseln ab Trapani

## Anreise

Wenn Sie sich für Sizilien als Reiseziel entschieden haben, steht, wie so oft, vor dem Urlaub die Anreise. Je nachdem, aus welchem Land und welcher Region Sie starten, und welche Anreisevariante Sie bevorzugen, liegen zwischen 330 km (von der Südschweiz bis Genua) und rund 2500 km (von Flensburg bis nach Villa San Giovanni in Kalabrien) vor Ihnen, bevor Sie per Fähre übersetzen können. Die gute Nachricht: Sie können durchgängig Autobahnen oder Schnellstraßen nutzen und so ordentlich Boden gutmachen. Je nachdem, aus welcher Richtung Sie kommen und ob Sie eine längere Fährfahrt der weiten Reise über den italienischen Stiefel vorziehen oder umgekehrt, variieren Kilometer und Anfahrtsvarianten enorm. Grundsätzlich lässt sich aber sagen, dass Sie mit den ab Norditalien verkehrenden Fähren die schnellste und komfortabelste Anreise haben werden. Die Alternativen über Frankreich oder von weiter südlich gelegenen, italienischen Fährhäfen machen nur dann Sinn, wenn Sie die Anfahrt mit Zwischenstopps und Etappenzielen zu einem Teil Ihres Urlaubs machen möchten – zu sehen gibt es unterwegs schließlich genug.

Wer aus der Schweiz oder dem Westteil Deutschlands nach Sizilien reist, nimmt am besten die Fährüberfahrt ab Genua.

Aus Deutschland und dem Westen Österreichs ist die beste Anreiseroute in den meisten Fällen der Brenner und die Fähre ab Genua oder Livorno.

Für Urlauber aus dem Ostteil Österreichs oder ab Bayern ist die Variante über die Tauernautobahn und weiter nach Livorno oder Genua interessant.

Wenn Sie planen, von den weiter südlich gelegenen Fährhäfen Italiens überzusetzen oder nur die kurze Schiffspassage von Kalabrien nach Messina zu nutzen, werden Sie in den meisten Fällen über Florenz, Rom und Neapel die Autobahn A1 nutzen.

***Maut auf den Anreiserouten** (Stand 05/24):*

**Maut in Österreich:**
In Österreich ist die Autobahn-Vignette seit Jahren Pflicht. Es gibt Sie als Aufkleber für die Frontscheibe für 1 Tag, 10 Tage, 2 Monate oder ein Jahr (Preise etwa zwischen 9 – 100 Euro). Alternativ erwerben Sie online eine kennzeichengebundene, elektronische Vignette, bei der das Aufkleben und Abkratzen wegfällt. Achtung diese muss entweder schon 14 Tage im Voraus gekauft werden oder zum sofortigen Gebrauch mit dem Zusatz »gewerblich«, damit die Rücktrittsfrist entfällt, mehr dazu unter www.asfinag.at. Wohnmobile über 3,5 Tonnen benötigen eine Go-Box zur Abrechnung. Die Gebühren pro Kilometer belaufen sich, je nach Emissionsklasse, Tageszeit und Achsen auf etwa 21 – 37 Cent, mehr unter www.go-maut.at). Die Brennerautobahn schlägt zusätzlich mit 11 Euro€ zu Buche, der Tauerntunnel mit 13,50 Euro.

**Maut in der Schweiz:**
Auch in der Schweiz benötigen Fahrzeuge bis 3,5 Tonnen eine Vignette (40 CHF). Wohnmobile mit höherem Gewicht müssen bei der Einreise am Zollamt eine Schwerverkehrsabgabe entrichten, die auf allen Straßen im Land fällig ist. Als günstigste Variante kann diese für zehn frei wählbare Einzeltage entrichtet werden (Preis 35 CHF). Am einfachsten geht das mit dem WOMO über die Via-App für das Smartphone.

Zusätzliche Gebühren werden gegebenenfalls für den Munt-la-Schera Straßentunnel zwischen Zernez und Livigno fällig und, bei Fahrten über die Westschweiz, eventuell. für den Großen St. Bernhard-Tunnel zwischen Bourg-Saint-Pierre und St. Rhemy-en-Bosses.

**Maut in Italien:**
In Italien wird eine streckenabhängige Autobahngebühr erhoben. Vom Brenner bis Genua werden rund 38 Euro fällig, bis nach Süditalien sind es rund 76 Euro. Von der Schweiz bis Genua fallen rund 17 €, bis zur Stiefelspitze etwa 70 Euro an. Die Variante Tarvis (Tauernstrecke) bis Livorno kostet rund 47 Euro, bis zur Straße von Messina sind es etwa 87 €.

***Fährverbindungen nach Sizilien*** *(Referenzpreis: Nebensaison für zwei Erwachsene mit Sieben-Meter-WOMO, Stand 05/24)***:**
Um die Überfahrt nach Sizilien anzutreten, stehen Ihnen mehr als ein halbes Dutzend verschiedene Verbindungen zur Verfügung. Die kürzeste Fahrzeit und die häufigsten Verbindungen erhalten Sie ab Villa San Giovanni nach Messina, müssen dann aber den mit Abstand weitesten Anreiseweg in Kauf nehmen. Die wenigsten Kilometer legen Sie bei der Fährfahrt ab Genua oder Livorno zurück.

Zusätzlich zu den Fähren haben wir Ihnen WOMO-Stellplätze nahe der Fährlinien hinzugefügt, um die Nacht vor oder nach der Überfahrt ohne weite Fahrstrecke zu verbringen.

*Unser Tipp:*
Da sich die Fahrt bis nach Süditalien zieht und sie ein erhebliches Budget für Sprit- und Mautkosten einplanen müssen, werden Sie am Ende mit der Sizilienfähre ab Norditalien nicht viel teurer kommen. Dafür beginnt der Urlaub schon am Fährableger und die gewonnene Zeit an Bord können Sie beispielsweise gut für das Studieren Ihres Reiseführers nutzen.

Beachten Sie allerdings, dass die eingesetzten Fähren zuletzt nicht gerade durch ihren herausragenden Service und das gute Essen aufgefallen sind, leider ist eher das Gegenteil der Fall. Sie sind sicher nicht schlecht beraten, wenn Sie zur Unterhaltung Bücher, Hörspiele oder Filme auf dem Tablet dabeihaben und sich für die paar Stunden auch selbst versorgen können.

**• Von Genua nach Palermo und Termini Imerese**
Täglich nach Palermo, im Sommer dreimal wöchentlich nach Termini Imerese, mit GNV Ferries ab etwa 500 Euro, Überfahrt rund 21 Stunden, (hin und zurück inkl. Kabine), mehr unter www.gnv.it/de

### A01 Genua – *Area Sosta Camper Funtanin*

**GPS/Kontakt**: N 44°23'36" E 9°00'29", Via Funtanin 1. **Max. WOMOs**: 7 – 8. **Öffnungszeiten**: Ganzjährig geöffnet. **Ausstattung**: Ver- / Entsorgung, Strom. **Beschreibung**: Einfacher Schotterplatz, eben, laut, da direkt neben der Hauptstraße, mit Zugangsschranke, kein Schatten, Wohnmobilhändler benachbart. **Preis**: 24 €, zahlbar am Automaten. **Zufahrt**: Aus Osten kommend, auf der SS1 nach Genua einfahren, dort rechts nach einer kleinen Tankstelle in Richtung *autostrada* halten und hart rechts zum Gelände eines schon sichtbaren WOMO-Händlers abbiegen, dann gleich linker Hand. Aus Westen kommend zunächst das links sichtbare Händlergelände passieren, dann bei erster Gelegenheit rechts ab, die Hauptstraße unterqueren und dann der vorgenannten Beschreibung folgen. **Hinweis**: Der Platz ist klein und es gibt kaum passable Alternativen in Genua. Eine Möglichkeit ist der ebenfalls für Wohnmobile ausgewiesene Parkplatz bei N 44°24'13" E 8°55'50" in der Via della Marina 261. Er liegt noch näher am Fährhafen und wirklich zentral, doch sollten Sie dort immer am Fahrzeug bleiben, weil es immer wieder Berichte von Einbrüchen gibt, 30 € / 24 h. **Hinweis 2**: Wollen Sie auf Nummer Sicher gehen, steuern Sie den stadtnächsten Campingplatz an, ***Villa Doria***, N 44°25'53" E 8°48'48", Via Al Campeggio 15, Tel. 010 696 96 00, www.campingvilladoria.it, ganzjährig geöffnet, 37 – 39 €.

**• Von Livorno nach Palermo**

Dreimal wöchentlich, mit Grimaldi Lines ab etwa 470 Euro, Überfahrt rund 20 Stunden, (hin und zurück inkl. Kabine), mehr unter www.grimaldi-lines.com

## A02 Livorno – *Stazione Marittima*

**GPS/Kontakt**: N 43°33'22" E 10°18'15", Via Sant Anna. **Max. WOMOs**: 15+. **Öffnungszeiten**: Ganzjährig geöffnet. **Ausstattung**: Ver- / Entsorgung, Toilette. **Beschreibung**: Parkbereich im Hafengelände, eben, asphaltiert, kein Schatten, oft laut und hektisch, dafür direkt am Hafen. **Preis**: Kostenfrei. **Zufahrt**: Sie müssen mit Ihrem Ticket in das Hafengelände einfahren, dann am Kreisverkehr linker Hand. **Hinweis**: Eine Alternative ist der offizielle Stellplatz am Stadtrand von Livorno, ***Parco del Mulino***, N 43°30'50" E 10°19'30", Via V. Fontani, Tel. 0586 50 95 67, www.parcodelmulino.it, ganzjährig geöffnet, V/E-Anlage und Strom, 20 €.

**• Von Civitavecchia nach Palermo und Termini Imerese**

Etwa dreimal wöchentlich nach Palermo, einmal wöchentlich nach Termini Imerese, mit GNV Ferries ab etwa 320 Euro, Überfahrt rund 14 Stunden (hin und zurück inkl. Kabine), mehr unter www.gnv.it/de

## A03 Civitavecchia – *Sosta Camper Civitavecchia*

**GPS/Kontakt**: N 42°06'19" E 11°49'07", Via Terme di Traiano 173, Tel. 0348 741 23 42, www.sostacampercivitavecchia.com. **Max. WOMOs**: 18 – 20. **Öffnungszeiten**: Ganzjährig geöffnet. **Ausstattung**: Ver- / Entsorgung, Strom. **Beschreibung**: Überwachtes Parkgelände in Stadtrandlage, nicht ganz ruhig, eben, auf festem Untergrund, kein Schatten. **Preis**: 20 € / Nacht, 30 € / 24 h. **Zufahrt**: Von der SP7 bis zur Ausfahrt Civitavecchia Nord fahren, dann rechts halten bis zum Platz nach gut 400 m. **Hinweis**: Eine Alternative ist der private Stellplatz ein Stück weiter nördlich, N 42°06'45" E 11°48'17", Via R. Carlevaro, Mai – Okt., Wasser und Strom, Check-in nur 8.00 – 20.00 Uhr, 15 €.

**• Von Neapel nach Palermo, Termini Imerese oder Milazzo**

Etwa viermal täglich nach Palermo (GNV, Grimaldi und tirrenia), wöchentlich nach Termini Imerese (GNV), Überfahrt jeweils neun bis elf Stunden, etwa April bis September dreimal wöchentlich nach Milazzo (siremar), Überfahrt

13 Stunden.

Mit tirrenia ab etwa 330 Euro, mit GNV und Grimaldi ab etwa 420 Euro, mit siremar ab etwa 700 Euro (jeweils hin und zurück, inkl. Kabine), mehr unter www.gnv.it/de, www.grimaldi-lines.com, www.tirrenia-traghetti.it und www.siremar.it.

### A04 Neapel – *IPM Parcheggio Sosta Camper*

**GPS/Kontakt**: N 40°52'13" E 14°14'46", Viale Colli Aminei 27, Tel. 081 741 11 11. **Max. WOMOs**: 30+. **Öffnungszeiten**: Ganzjährig geöffnet. **Ausstattung**: Ver- / Entsorgung, Strom. **Beschreibung**: Bewachter Parkplatz mit eigenem WOMO-Bereich, asphaltiert, einigermaßen ruhig in der Nacht, eben, kein Schatten. **Preis**: 30 €. **Zufahrt**: Von der A56 Ausfahrt Capodimonte nehmen, an der Gabelung rechts halten, den Kreisverkehr ganz umrunden und auf der Gegenfahrbahn zurückfahren, dann am Ende der Straße links in die Via Miano und gleich wieder links in die Zielstraße einfahren. Nach gut 400 m links. **Hinweis**: Eine Alternative ist der große private Stellplatz, außerhalb im Ort Pozzuoli, ***Castagnaro Parking***, N 40°52'10" E 14°07'18", Vicinale del Castagnaro 46a, Tel. 0347 031 27 47, www.castagnaroparking.it, Mai – Okt., V/E, Strom, Toilette / Dusche, 18 €.

**• Von Salerno nach Palermo oder Messina**

Etwa zweimal wöchentlich nach Palermo mit Grimaldi ab 500 Euro, Überfahrt rund zehn Stunden, täglich nach Messina mit Caronte & Tourist ab 450 Euro, Überfahrt rund neun Stunden (jeweils hin und zurück, inkl. Kabine), mehr unter www.grimaldi-lines.com und www.carontetourist.it

### A05 Salerno – *IPM Parcheggio Sosta Camper*

**GPS/Kontakt**: N 40°39'57" E 14°47'21", Lungomare M. Guglielmo, Tel. 081 741 11 11. **Max. WOMOs**: 20+. **Öffnungszeiten**: Ganzjährig geöffnet. **Ausstattung**: Ver- / Entsorgung, Strom. **Beschreibung**: Zentral gelegener Platz fast direkt am Wasser, überwacht und beschrankt, nachts einigermaßen ruhig, eben, kein Schatten. **Preis**: 10 – 15 €, nur von 8.00 – 21.00 Uhr. **Zufahrt**: Vom Hafen der SS18 einfach weiter noch ein Stück weiter nach Süden folgen, dann nach rund 2 km linker Hand. **Hinweis**: Sollten Sie beispielsweise außerhalb der Öffnungszeiten ankommen, finden Sie einen weiteren bewachten Parkplatz nahe dem Hafen bei N 40°402'32" E 14°46'31", Via Gelsi Rossi 21, 6 € / 12 h.

**• Von Villa San Giovanni nach Messina**

Bis zu 50mal täglich, mit Caronte & Tourist, ab etwa 90 € (hin und zurück), Überfahrt rund 20 Minuten, mehr unter www.carontetourist.it

### A06 Villa San Giovanni – *Area Sosta Paci Scilla*

**GPS/Kontakt**: N 38°15'06" E 15°42'06", Tirrena Inferiore, Tel. 0348 791 68 95. **Max. WOMOs**: 20+. **Öffnungszeiten**: Ganzjährig geöffnet. **Ausstat-**

**tung**: Ver- / Entsorgung, Strom, Not(!) Toilette / Dusche. **Beschreibung**: Schöne gelegenes Naturgelände oberhalb der Küste, Hauptstraße etwas hörbar, teils Schatten, meist eben, mittelmäßiger Zustand. **Preis**: 30 €. **Zufahrt**: Direkt an der SS18 nach Scilla, rund 8 km vor dem Hafen. **Hinweis**: Ein Stück zuvor befindet sich beim Ort Barritteri ein weiterer, neuerer Stellplatz, ***Il Tracciolino***, mit allen Einrichtungen, N 38°19'32" E 15°50'25", Via Nazionale 41, Tel. 0349 085 55 58, V/E, Strom, Toilette / Dusche, 20 € h.

*Ferner bestehen regelmäßige Fährverbindungen von / nach Sizilien in Richtung Korsika, Sardinien, Malta, Tunesien und Marokko.*

## Allgemeine Landeskunde

**Geografie:**
Hauptstädte: Italien – Rom. Autonome Provinz Sizilien – Palermo.
Fläche: Italien 301.338 Quadratkilometer, Sizilien 25.426 Quadratkilometer.

Die autonome Provinz Sizilien ist Teil der Republik Italien und bildet den südlichsten Landesteil. Als größte Insel des Mittelmeeres formt Sizilien ein Dreieck und besitzt 1125 Kilometer Küstenlinie. Sie grenzt im Nordwesten bei Messina an eine nur rund drei Kilometer breite Meerenge, die sie von der südlichsten italienischen Festlandsprovinz Kalabrien trennt. Flächenmäßig reiht Sie sich, verglichen mit deutschen Bundesländern zwischen Mecklenburg-Vorpommern und Brandenburg ein oder entspricht in Etwa der Größe von Steiermark und Kärnten zusammen. Über 80 Prozent der Insel bestehen aus Berg- und Hügelland, nur im Süden finden sich ausgedehntere Flachlandgebiete. Es gibt eine größere Anzahl an Naturschutzgebieten, das größte und bekannteste umfasst die Bergregionen rund um den 3345 Meter hohen Ätna, der damit auch die höchste Erhebung Siziliens darstellt. Er ist einer der weltweit aktivsten Vulkane. Durch ständige Reibungen der unterhalb der Insel verlaufenden afrikanischen und eurasischen Kontinentalplatten kommt es regelmäßig zu Erdstößen und Ausbrüchen. Zu Sizilien zählen außerdem die Inselgruppen der Liparen im Norden, Pelagen im Süden und Ägaden im Westen.

***Bevölkerung:***
Einwohnerzahl: Italien gesamt rund 59 Millionen, Sizilien: rund 5 Millionen.

Die Bevölkerung ist traditionell stark katholisch geprägt, rund 97 Prozent der Einwohner gehören dieser Religion an. Die größten nicht italienischen Bevölkerungsgruppen machen Albaner und Nordafrikaner aus, die vor allem im Hinterland von Palermo beziehungsweise an der Südwestküste leben. Die Mehrheit der Sizilianer spricht eine so eigene Variante des Italienischen, das diese beinahe schon als eigene Sprache angesehen werden kann.

**Städte:**
Die zehn größten Gemeinden Siziliens sind: Palermo (635.000), Catania (301.000), Messina (221.000), Syrakus (117.000), Marsala (80.000), Ragusa (73.000), Gela (72.000), Vittoria (63.000), Caltanissetta (59.000) und Trapani (56.000).

***Wirtschaft:***
Die Provinz gehört zu den wirtschaftsschwächsten in Italien. Haupterwerbs-

quelle ist mit 70 Prozent der Dienstleistungssektor, allem voran der Tourismus. Gefolgt wird er von Landwirtschaft, Fischerei und Industrie. Überdurchschnittlich hoch ist auch die Arbeitslosenquote, obwohl sie zuletzt etwas gesunken ist. Sie liegt derzeit bei rund 17 Prozent.

**Kultur:**
Durch Siziliens gleichermaßen reiche wie wechselvolle Geschichte haben sich Spuren verschiedenster Kulturen in Architektur, Kultur und Landesküche erhalten. Vor allem die vielen, gut erhaltenen griechischen Tempel sind sehenswert und in ihrer Fülle auf engstem Raum einzigartig. In kleinerem Umfang finden sich auch römische, phönizische sowie arabisch-byzantinische Spuren auf der Insel. Die nach einem verheerenden Erdbeben im Jahr 1693 von Grund auf neu errichteten Orte Noto, Modica und Ragusa im Süosten der Insel erstrahlen heute als besterhaltene, geschlossene Barockstädte Italiens. Aus neuerer Zeit stammen wenige international bekannte Stars direkt von der Insel, doch Größen wie Frank Sinatra, Tony Bennett, Lady Gaga, Martin Scorsese, Al Pacino, Jon Bon Jovi oder Monica Bellucci berufen oder beriefen sich stets auf ihre sizilianischen Wurzeln.

**Sport:**
Sizilien ist für keine Sportart sonderlich bekannt, noch kommen international renommierte Sportler oder Clubs von der Insel. Namen, die Sportfans aber geläufig sein könnten, sind die der beiden größten Fußballvereine, US Palermo und Calcio Catanita, die auch schon in der italienischen Serie A spielten, genauso wie der Basketballverein Orlandina Basket aus Capo D`Orlando. Auf Sizilien werden immer wieder Etappen des Radrennens Giro D`Italia abgehalten, genau wie verschiedene Surf- und Segelwettbewerbe.

## Baden

Sizilien bietet eine riesige Anzahl verschiedenster Strände und Badestellen, von feinsandig bis grob oder kieselig, von langgezogenen, kilometerlangen Sandbändern bis zu kleinen, von Felsen eingerahmten Buchten.

Die größte Auswahl bietet die Südküste, doch auch im Norden und Westen gibt es zahlreiche, oft aber etwas schmälere Strandabschnitte. Die Nordostküste wird dagegen eher von kleinen, teils felsigen Badestellen geprägt.

Entgegen anderen italienischen Urlaubszielen sind die vielen Badeplätze nicht allerorts mit *Bagnos* zugepflastert, in denen Sie von Frühjahr bis Herbst in Reih und Glied aufgestellte Liegen und Sonnenschirme abnehmen müssen. Ein großer Teil der Strände ist frei und Sie können sich auf mitgebrachtem Gestühl oder einfach im Sand niederlassen. Lediglich an der Nordküste und rund um die touristischsten Badeorte ist die Bagno-Dichte hoch. Doch auch dort finden Sie immer einen *spiaggia libera*.

Auch wenn das Wetter die meiste Zeit des Jahres über gut und die See ruhig ist: die Warnflaggen sollten Sie dennoch kennen:

**Gelb-Rot**: Zeigt an, dass ein Strandabschnitt von Rettungsschwimmern überwacht wird.
**Gelb**: Stärkerer Seegang oder Strömungen können ungeübten oder schwächeren Badegästen gefährlich werden. Erhöhte Vorsicht beim Baden.
**Rot**: Gefahr. Das Baden ist verboten.

**Schwarz/Weiß**: Dieser Bereich ist für Wassersportler reserviert, dort nicht baden.
**Blau**: Diese Fahne zeigt nur an, dass es sich um einen Strand mit überwachter, unbedenklicher Wasserqualität handelt.

Für FKK-Fans gibt es auf Sizilien nicht allzu viele Strandabschnitte, in denen man ungeniert die Hüllen fallen lassen kann. An entsprechender Stelle weisen wir auf solche Möglichkeiten hin. »Topless« ist zwar nicht verboten, aber an den höher frequentierten Standabschnitten eher eine Seltenheit, in ruhigeren Bereichen dagegen kein Problem.

## Campingplätze / Stellplätze / Parkplätze

Zum Übernachten gibt es für Camper auf Sizilien eine große Fülle an Möglichkeiten. Was für Sie in Frage kommt, ist eine Frage des Budgets, des eigenen Sicherheitsempfindens und der Art zu Reisen, die Sie bevorzugen. Im Einzelnen hier die Möglichkeiten etwas näher erläutert.

**Stellplätze:**
Italien ist eine Wohnmobilnation. Und da diese Art des Reisens fest verankert ist, finden Sie vielerorts mal mehr mal weniger gut ausgestattete Stellplätze zu oft recht moderaten Preisen. Sizilien hinkt, was öffentliche Stellplätze mit Ver- und Entsorgungsstationen angeht, im Vergleich zum Rest des Landes zwar hinterher und die, die es gibt sind öfters in schlechtem Zustand. Die Lücke wird jedoch durch eine große Zahl privat geführter, kommerzieller Stellplätze geschlossen. Einige sind in hervorragendem Zustand, viele etwas einfacher als anderswo in Europa. Welche Ausstattung Sie erwartet, ist meist angegeben. Bitte beachten Sie, dass Ver- / Entsorgung neben der Versorgung bedeutet, dass in der Regel Grauwasser und Toilette entsorgt werden können. Nicht immer gibt es aber die Möglichkeit solche Stationen zu befahren und hier und da muss eventuell mit einem Eimer nachgeholfen werden.

**Parkplätze:**
Wo keine offiziellen Stellplätze vorhanden sind oder als Ergänzung haben wir Ihnen immer wieder alternative, freie Möglichkeiten zum Parken angegeben, auch über Nacht. Ein generelles Verbot eine Nacht stehen zu bleiben, gibt es nicht. Zumindest solange man kein Campingleben entfaltet und nur in seinem Fahrzeug schläft. Außerdem sollte jeder darauf achten, die Plätze sauber zu halten und keinerlei Hinterlassenschaften zu verursachen, auch wenn schon genug Müll herumliegt. Traumhaft schöne, stille Flecke sollten Sie in der Regel in dieser Kategorie aber nicht erwarten. Diese Plätze wurden entweder zur Übernachtung verboten, sind so schlecht erreichbar, dass wir sie nicht für einen Wohnmobilreiseführer empfehlen können oder bereits durch kommerzielle Betriebe verbaut.

**Campingplätze**
Eine größere Anzahl von Campingplätzen ist zusätzlich im Buch vermerkt – dort können Sie es sich gemütlich machen. Manche sind richtig gut, viele sind einfacher, manche auch in einem schlechteren baulichen oder hygienischen Zustand als anderswo in Europa – hierbei muss man auf Sizilien seine Erwartungen teils etwas herunterschrauben. Die angegebenen Richtpreise beziehen sich immer auf ein Fahrzeug von etwa sieben Metern Länge mit zwei Personen, bei von / bis Angaben ohne / mit Stromanschluss. Die Formu-

lierung »campingplatzüblich« umfasst Ver- / Entsorgung, Strom und Toilette / Dusche und ist nicht überall extra aufgeführt. Viele Campingplätze geben, zumindest außerhalb der Hochsaison im August, auf Anfrage Rabatte mit ACSI- oder ADAC Camping Club Card, Fragen kann nicht schaden. Es gibt außerdem zwei sizilianische Campingclub-Karten, die in den zugehörigen Betrieben kostenfrei erhältlich sind. Sie heißen » Sicily Camping Tour« (www.sicilycampingtour.com) und »Sicily Camping Card« (www.sicilycamping.com) und geben je nach Saison bis rund zehn Prozent Rabatt auf Mitgliedsplätzen.

**Agriturismi**
Oft campingplatzähnlich ausgebaut haben verschiedene Bauernhöfe und Landgüter Stellplätze auf ihren Grundstücken errichtet, die oftmals eine gute Alternative für eine Übernachtung darstellen. Neben Miniläden mit hofeignen Produkten können Sie dort teilweise auch einkehren.

**Ver- / Entsorgung**
Das Netz freier Ver- / Entsorgungsstationen ist dünn bis nicht vorhanden, da viele dieser Anlagen nicht oder nur dürftig funktionieren. Sie können auf Stell- und Campingplätzen nachfragen, oft lässt man dies gegen eine Gebühr zu, aber nicht immer und nicht zu allen Zeiten, daher haben wir bewusst keine Angaben dazu gemacht. Eine Notlösung sind die sizilianischen Autobahnen. An beinahe jeder Raststation ist eine solche Anlage vorhanden, meist funktionstüchtiger als anderswo

## Gas und Elektrizität

Wenn Sie zwei gefüllte 11-kg-Gasflaschen im Wagen dabeihaben, werden Sie auch bei einem mehrwöchigen Urlaub kaum in die Verlegenheit kommen, unterwegs Gas zu benötigen, heizen ist selten nötig. Falls es doch zu Engpässen kommt, können Sie problemlos eine italienische Gasflasche erwerben und nutzen. Sie hat allerdings einen anderen Anschluss und Sie benötigen daher einen Adapter. Dieser ist im heimischen Fachhandel erhältlich, möglicherweise auch auf Sizilien, verlassen sollten Sie sich darauf aber nicht. Immer wieder hört man, dass mit Adapter auch deutsche Flaschen nachgefüllt werden. Auskunft ob und wo das in der jeweiligen Region möglich ist, erhalten Sie an besten an Campingplätzen, da dieser Service meist nur inoffiziell stattfindet. Uns bekannte Adressen, wo dies offiziell erledigt wird, auch ohne Adapter, sind:

· Tour 4: **Mistergas**, N 37°33'24" E 14°59'01", Contrada Barriera, Zona Industriale Piano Tavola, Belpasso, Tel. 095 39 10 90, www.mistergas.net
· Tour 6: **Hybleagas**, N 36°53'11" E 14°41'14", Contrada Fortugno, Ragusa, Tel. 0932 66 72 83, www.hybleagas.it
· Tour 6: **Teknogas**, N 36°43'25" E 14°48'11", Viale dellÀrtigianato 1, Modica, Tel. 0932 95 65 01
· Tour 9: **Mastersgas**, N 38°02'33" E 13°00'29", SP17, Balestrate, Tel. 0320 037 10 62, www.mastersgas.it

Wenn Sie mit einem fest eingebauten Tank oder einer Tankflasche ausgestattet sind, haben Sie normalerweise keinerlei Problem. Diese lassen sich an Autogas-Tankstellen befüllen, die es an vielen Orten der Insel gibt. Möglicherweise ist aber auch hier ein Adapter nötig und ab und an kommt es aus Unwissenheit zu Widerstand.

Die Stromversorgung entspricht der in D – A – CH, mit den gleichen Steckern und 220 Volt, auch die Campingstromanschlüsse sind identisch.

## Geld und Kreditkarte

Wenn Sie Bargeld benötigen, finden Sie in allen größeren Orten Bankomaten, die einfachste Möglichkeit, sich mit Ihrer Kreditkarte vor Ort mit Geld zu versorgen. Wenn Ihre heimische Bankkarte das Maestro oder V-Pay Zeichen aufweist, können Sie damit in der Regel Geld abheben, genauso wie mit den gängigen Kreditkarten (Mastercard, Visa, American Express...). Beachten Sie aber, dass diese beiden Systeme in den kommenden Jahren abgeschafft werden sollen und verlangen Sie von Ihrer Bank sicherheitshalber eine Debit-Karte mit einem der anderen Systeme, falls Sie keine Kreditkarte haben oder einsetzen wollen. In fast jedem Fall wird eine Bearbeitungsgebühr berechnet, die sich aber in Grenzen hält.

Denken Sie auch daran, Ihre Bargeldreserven nicht zu sehr schrumpfen zu lassen, nicht jeder Campingplatz, nicht jede Tankstelle und schon gar nicht jedes Gasthaus ist bislang immer auf Kartenzahlung eingestellt.

Sollte Ihnen Ihre Kredit-/Bankkarte abhandenkommen oder gar gestohlen werden, sollten Sie diese dringend schnellstmöglich sperren lassen.

Dafür gibt es in Deutschland und Österreich zentrale Sperrrufnummern. Nicht alle Geldinstitute partizipieren allerdings an diesem System. In der Schweiz ist die Nummer grundsätzlich bankenabhängig.

Informieren Sie sich daher unbedingt vor Reiseantritt bei Ihrem Kreditinstitut darüber und notieren Sie sich die Rufnummern am besten mehrfach.

**Zentrale Sperrrufnummer für Deutschland**
(viele Bankkarten und Kreditkarten):
+49 116 116 oder +49 30 4050 4050 – www.sperr-notruf.de
**Zentrale Sperrrufnummer für Österreich**
(viele Bankkarten und Kreditkarten):
+43 1 204 88 00
**Zusätzliche zentrale Sperrrufnummer für Master Card:**
+1 636 72 27 111 (R-Gespräch)
**Zentrale Sperrrufnummer für Visa allgemein:**
+1 410 581 99 94 (R-Gespräch)

## Geschichte

Durch die strategisch wichtige Lage im Zentrum des Mittelmeeres an der schmalsten Stellen zwischen dem italienischen Stiefel und der Nordküste Afrikas, kam Sizilien schon immer große Bedeutung zu. Alle wollten die Insel und so wechselten über die Jahrhunderte die Eroberer immer und immer wieder.

Erste Besiedlungsspuren konnten der Zeit um 35.000 vor Christus zugeordnet werden. Spuren finden sich heute noch in Form von Ritzzeichnungen, zum Beispiel in der Grotta del Genovese auf der kleinen Nachbarinsel Levanzo. Eine erste sesshafte Kultur geht vermutlich auf den Stamm der Sikanen zurück, die bereits im zweiten Jahrtausend vor Christus aus Nordafrika oder von der iberischen Halbinsel einwanderten. Später zogen sie sich zunehmend in den Mittelteil Siziliens zurück, während die Sikeler (auf die der Name Sizilien zurück geht) aus Süditalien in den Ostteil und die Elymer aus Troja in den Westteil einwanderten.

Schon um 900 vor Christus hatten auch die Phönizier begonnen, Handelsniederlassungen zu gründen, allerdings ohne weitere Besitzansprüche zu stellen. Ihre Hochburgen waren die Insel Mozia bei Messina und das Gebiet des heutigen Palermos.

Als ab 700 vor Christus auch die Griechen auf Sizilien landeten und begannen große Städte, zunächst an der Ost- und Südküste zu errichten, wuchs die Bevölkerung sprunghaft an und es kam immer öfters zu Konflikten zwischen den alteingesessenen Bewohnern und den Neuankömmlingen in deren Verlauf die Sikeler immer weiter zurückgedrängt wurden. Neben ihrer wichtigsten Siedlung Syrakus geht auch die Gründung der heutigen Städte Messina, Catania, Agrigent und Gela auf diese Zeit zurück. Genau wie die Entstehung der heute nur mehr als Ausgrabungsstätten vorhandenen Orte Naxos, Megarra Hyblea, Morgantina, Himera und Selinunt. Als ab 600 vor Christus auch noch die Punier und Karthager auf Sizilien Fuß fassten und die Städte Palermo, Trapani und Solunt gründeten bzw. übernahmen, war das Vielvölkergemisch perfekt.

Die als Stadtstaaten agierenden, voneinander unabhängigen griechischen Städte wurden von Tyrannen beherrscht und führten unablässig Kriege gegeneinander. Die griechisch-dorischen Herrscher Hippokrates und später Gelon setzen sich schließlich durch, unterwarfen die griechisch-ionisch gegründeten Siedlungen und versklavten Tausende weiter westlich lebende Karthager.

Bis ins dritte Jahrhundert vor Christus hielten die ständigen Kämpfe an, in denen mal die Griechen mal die Karthager die Oberhand gewannen und teils beträchtliche Landgewinne verbuchen konnten. Vor allem unter Dionysius II. uns Phyrrus I. dehnten die Griechen ihren Einflussbereich fast über die gesamte Insel aus.

Endgültig von Sizilien vertrieben wurden die Karthager aber erst von den Römern, die 263 v. Chr. auf Sizilien einmarschierten. 212 v. Chr. nahmen Sie mit Syrakus auch die letzte verbliebene griechische Siedlung ein und herrschten von da an über die komplette Insel. Bis ins fünfte Jahrhundert hinein brachen nun ruhigere Zeiten an und die Römer hatten mehr mit internen Intrigen und Sklavenaufständen als feindlichen Eroberern zu tun. Eine erste Lateinisierungswelle setzte ein, der Großteil von Siziliens Bewohnern sprach aber weiterhin griechisch.

Im Jahr 468 brachten die aus Afrika stammenden Vandalen die Insel schließlich unter ihre Gewalt, verkauften sie aber schon neun Jahre später an die Ostgoten. Auch deren Zeit auf Sizilien sollte kurz bleiben. Im Jahr 535 eroberte General Belisar das Land für das Byzantinische Reich und im Jahr 660 wurde Syrakus für acht Jahre sogar Hauptstadt von Byzanz. Ab 826 begannen sich dann die in Nordafrika einmarschierten Araber für Sizilien zu interessieren und nahmen bis zum Jahr 965 die gesamte Insel ein. Kirchen wurden zu Moscheen umgebaut, Palermo löste Syrakus als größte und wichtigste Stadt ab und die muslimische Bevölkerung machte im elften Jahrhundert zwei Drittel Siziliens aus. Nur im Nordosten konnten sich die griechisch-orthodoxen Siedler behaupten.

Da sich die Araber auf Dauer nicht auf eine gemeinsame Linie einigen konnten, zerfiel ihr Reich auf Sizilien in viele kleine Fürstentümer, die schließlich von den Normannen unter der Führung von Robert Guiskard besiegt und aufgelöst wurden. Es setzte eine erneute Christianisierungs- und Lateinisierungswelle ein und der Vatikan gewann zunehmen Einfluss auf Sizilien. Als 1194 mit Wilhelm II. der letzte Normannenkönig ohne Thronfolger starb, ging die Herrschaft an die Staufer über. Doch schon im 13. Jahrhundert sorgten päpstliche Ränkespiele dafür, dass in kurzer Abfolge die spanischen Häuser Anjou und Aragon Sizilien übernahmen und es bis 1713 halten sollen. In diese Zeit fiel auch einer der schlimmsten Ausbrüche des Ätna. Städte wie Ragusa, Noto und Modica wurden dabei komplett zerstört und im Stil des damaligen Barocks neu errichtet. Als Folge des spanischen Erbfolgekrieges ging Sizilien dann an das Haus Savoyen, welches es nur sieben Jahre später mit Österreich gegen Sardinien eintauschte. Schon 1735 eroberten es spanische Truppen jedoch zurück. 1861 schließlich nahmen die italienischen Freischaren unter der Führung Giuseppe Garibaldis Sizilien ein und einten es mit Restitalien. Um Unabhängigkeitsbestrebungen zu ersticken, erhielt Sizilien im Jahr 1946 den Status einer autonomen Provinz. Bis in die 1980er Jahre hinein geriet die Insel danach immer stärker unter den Einfluss der Mafia. Erst ab den 90er Jahren konnte die Cosa Nostra zurückgedrängt und nach spektakulären Schauprozessen gegen ihre führenden Köpfe eine staatliche Ordnung, zumindest oberflächlich, wieder hergestellt werden. Sie hält bis heute an und die einst erschreckend verbreiteten Entführungen und öffentlichen Exekutionen unliebsamer Mafia-Gegner haben ein Ende gefunden.

## GPS / Navigation / Landkarten

In Zeiten der Satellitennavigation ist das Mitführen von Straßenkarten ein wenig aus der Mode gekommen. Wir empfehlen Ihnen dennoch, eine gute Übersichtskarte in petto zu haben. Das Navi kann ausfallen, das Signal gestört sein oder Sie wollen sich einfach einen optischen Überblick verschaffen – in jedem dieser Fälle ist die gute alte Straßenkarte der Elektronik überlegen. Wir bevorzugen eine detaillierte Variante mit großem Maßstab - so finden Sie sich auch auf Nebenstrecken immer gut zurecht.

**Unsere Empfehlungen:**
· Sizilien Ost, 1:150.000 von freytag & berndt
· Sizilien West, 1:150.000 von freytag & berndt

Alle Übernachtungs- und Parkplätze, vor allem in Innenstädten oder wenn sie nicht offensichtlich durch die Tourenbeschreibungen zu finden sind, haben wir Ihnen mit exakten GPS-Daten angegeben, dazu auch eine ganze Reihe an Campingplätzen. Jedes moderne, einigermaßen brauchbare Navigationsgerät bietet dafür die Möglichkeit, eigene Koordinaten einzugeben.

Wählen Sie vorher unter Optionen die von uns gewählte Darstellungsvariante mit Grad, Minuten und Sekunden aus und geben Sie die jeweiligen Koordinaten händisch ein oder besorgen Sie sich über das Online-Angebot des WOMO-Verlags unter www.womo.de die GPS-Daten in elektronischer Form im gpx oder kml-Format. Natürlich sollte Ihr Navigationsgerät über entsprechendes Kartenmaterial von Sizilien verfügen, damit das alles klappt. Das ist leider nicht zwingend bei allen Geräten Standard. Für die bekanntesten Systeme wie Garmin sind solche Karten jedoch problemlos erhältlich, wenn nicht sogar schon vorinstalliert. In jedem Fall sollten Sie Ihre Karten vor Reiseantritt upgraden, um auf dem neuesten Stand zu sein. Wenn Sie mit Google Maps oder ähnlichen onlinebasierten Programmen navigieren, entfällt dieses mögliche Problem.

## Haustiere

Die Mitnahme von Haustieren ist weitgehend unproblematisch. Entsprechende Impfpapiere sollten Sie mitführen. Auch wenn ihr Haustier gechipt ist, bringt das im Ernstfall viele Vorteile mit sich. Auf Campingplätzen dürfen Hunde vielerorts mitgenommen werden, oft ist eine Gebühr fällig und teils gibt es eine Leinenpflicht. An Stränden ist die Mitnahme, mit Ausnahme abgelegener Abschnitte, nicht erlaubt, auch in manchen Naturparks und bei Sehenswürdigkeiten besteht ein Verbot oder mindestens Leinenpflicht.

## Kriminalität

Sizilien gilt Vielen bis heute als Hochburg der Mafia und damit quasi als Hort der Kriminalität. Zweifelsohne hat sich in den letzten 30 Jahren in dieser Hinsicht Einiges zum Guten hin entwickelt und die Einflussnahme auf das tägliche Leben wurde geringer. Als Touristen, die Sie nur ein paar Wochen auf der Insel bleiben, bekommen Sie davon in der Regel nichts mit. Kurioserweise gelten Gegenden, in denen die Mafia über großen Einfluss verfügt sogar als sicherer, was Taschendiebstähle und Autoaufbrüche angeht. Immerhin möchte man sich das heutzutage mit legalem Anstrich versehene (Tourismus)geschäft nicht durch Kleinkriminelle verderben lassen und greift in dieser Hinsicht hart durch.

Grundsätzlich lässt sich sagen, dass die Gefahr, bestohlen zu werden auch nicht größer als in anderen südeuropäischen Urlaubsregionen ist. Die Gefahr, dass gleich Ihr ganzes Fahrzeug verschwindet, ist sogar geringer, wohin auch damit auf einer Insel...

Autoaufbrüche haben in den letzten Jahren dagegen wieder etwas zugenommen. Lassen Sie zur Sicherheit daher grundsätzlich keine Wertsachen offen im Fahrzeug liegen oder führen Sie am besten erst gar nicht Teures mit, sofern vermeidbar. Unserer Erfahrung nach hilft es, beispielsweise beim Parken auf einem abgelegenen Stellplatz während einer Wanderung oder während des Badens auch mal Dachluken halb geöffnet zu lassen, die Rollos zu schließen, Pantoffeln vor die Tür zu stellen und ein Kofferradio im Fahrzeug laufen zu lassen...

Vor allem bei der Fahrt durch die Zentren großer Städte schadet es ansonsten sicher nicht, die Türen von innen zu verriegeln, um auch das letzte Risiko vor einem spontanen Raubüberfall auszuräumen. Einen schlechten Ruf hat hier vor allem Catania. Beim Bummel durch die Orte sollten Sie sich stets durch Brustbeutel und ähnliches vor Taschendieben schützen und nachts einsame Straßenzüge besser meiden.

## Lebensmittel / Getränke

Nicht umsonst ist Italien als Feinschmeckereldorado bekannt. Viele Produkte, die längst Einzug in unsere Küche gehalten haben, stammen aus dem Land am Mittelmeer und können hier günstiger, frischer, einfach besser erworben werden als daheim. Doch lassen Sie sich nicht täuschen, das allgemeine Preisniveau für Lebensmittel liegt auch auf Sizilien auf heimischem Niveau, in vielen Supermärkten sogar darüber. Zwar hat seit Jahren die Discounterkette Lidl Einzug gehalten und es gibt ein paar Italo-Pendants dazu, doch wenn Sie gute italienische Ware möchten, müssen Sie schon ein paar Euro auf den Tisch legen. Eine weit verbreitete Möglichkeit sich günstig und gut einzudecken, sind die überall und jederzeit stattfindenden Märkte. Die Einheimischen machen davon ausgiebig Gebrauch. Frisches Obst und Gemüse sowie typisch italienische Spezialitäten, wie verschiedene Käse- und Wurstsorten erhalten Sie zu dort zu sehr fairen Preisen. Das italienische Lebensgefühl gibt es gratis dazu. Wir haben in den Tourtexten bei den Ortsnamen auf erwähnenswerte Wochenmärkte hingewiesen.

Vergleichsweise günstig lässt sich überall in der Reiseregion guter Wein erstehen – wen wundert's... Man sitzt hier ja direkt an der Quelle. Die bekannteste, aus Sizilien stammende Likörmarke ist der Averna.

Auch Bier finden Sie in jedem Supermarkt in großen Mengen, sowohl durchaus schmackhaftes, einheimisches in vielerlei Sorten und mit teils abenteuerlichen Prozentangaben, als auch Importware, vor allem aus Deutschland. Auf die bekannten Softdrinks müssen Sie nirgends verzichten. Alle großen, internationalen Marken und einiges darüber hinaus können Sie überall erstehen.

## Notfälle

### Ärztliche Versorgung, Medikamente und Apotheken

Wenn Sie auf Sizilien ärztliche Hilfe benötigen, können Sie im Allgemeinen mit einer recht guten Versorgung rechnen, die, vor allem in den Großstädten, europäischem Standard entspricht. Im Hinterland und kleineren Orten kann dies dagegen nicht immer gewährleistet werden. Erste Hilfe-Stationen füllen dort oftmals die vorhandenen Versorgungslücken. Deutsch spricht kaum ein Arzt, auch gute Englischkenntnisse können nicht immer vorausgesetzt werden.

Durch den Chip auf Ihrer gesetzlichen Krankenkassenkarte können Ihre Daten in Italien eingelesen werden. Sie erhalten die gleichen Leistungen wie Italiener. Die Zuzahlungen der Krankenkassen für erbrachte Leistungen, sind allerdings sehr unterschiedlich und so kann es passieren, dass Sie am Ende auf einer gesalzenen Rechnung sitzen bleiben. Private Ärzte und Krankenhäuser nehmen die Karten meist gar nicht an. Abhilfe schafft die Auslandskrankenversicherung. Für relativ wenig Geld sind Sie besser abgesichert und wir können Ihnen nur dazu raten, eine solche für Ihren Urlaub abzuschließen. Teils lässt sich die Versicherung über Ihre Kreditkartenfirma oder einen Schutzbrief Ihres Automobilklubs beziehungsweise -versicherers abdecken.

Apotheken gibt es auf der ganzen Insel in ausreichender Anzahl, auch in kleineren Orten ist es kein Problem gängige Medikamente zu erhalten. In größeren Orten gibt es Nachtapotheken, in den Großstädten auch welche mit 24-Std.-Service. Die regulären Öffnungszeiten sind meist von 8.30–12.30 Uhr und von 15.30–19.30 Uhr. Die aktuellen Notdienste sind, wie bei uns, außen angeschlagen. Auch hier gilt, dass bei Weitem nicht alle Mitarbeiter deutsche oder englische Sprachkenntnisse besitzt. Im Zweifelsfall schadet es nicht, wenn Sie wichtige Medikamente, auf die Sie angewiesen sind, als Vorrat mitführen.

### Konsularische Hilfe und Notrufnummern

Wir drücken Ihnen die Daumen, dass Sie keine der hier aufgeführten Nummern benötigen, denn in jedem Fall wäre das wohl mit einem mehr oder minder unerfreulichen Anlass verbunden. Nichtsdestotrotz ist im Notfall jede dieser Nummern Gold wert.

**Deutsche Botschaft Italien und Vertretung im Reisegebiet:**

***Deutsche Botschaft in Rom:***
Via San Martino della Battaglia 4, 00185 Rom
Telefon: +39 06 49 21 31
Termine nach Vereinbarung
Telefonzeiten: Mo.–Do. 9.00–12.00 und 14.30–16.00 Uhr, Fr 9.00–13.00 Uhr
Notfallnummer außerhalb der Sprechzeiten: +39 335 790 41 70
www.rom.diplo.de

***Deutsches Honorarkonsulat Palermo:***
Für Provinzen Palermo, Trapani Agrigento, Caltanissetta und Enna
Prof. Dr. Vincenzo Militello
Via Principe di Villafranca 33, 90141 Palermo
Telefon / Fax: +39 091 982 08 08
E-Mail: palermo@hk-diplo.de
Mo. / Mi. / Fr. 9.00–12.30 Uhr, Mi auch 14.30 bis 17.30 Uhr

***Deutsches Honorarkonsulat Messina:***
Für Provinzen Messina, Catania, Syrakus, Ragusa
Dr. Nunzio Turiaco
Via San Sebastiano 13, 98122 Messina
Telefon: +39 090 67 17 80
E-Mail: messina@hk-diplo.de
Mo. / Di. / Do. / Fr. 9.00–12.00 Uhr, nur nach Terminvereinbarung

**Österreichische Botschaft Italien und Vertretung im Reisegebiet:**

***Österreichische Botschaft in Rom:***
Via Pergolesi 4, 00198 Rom
Telefon: +39 06 844 014 1
Fax: +39 06 854 32 86
E-Mail: rom-ob@bmeia.gv.at
Termine nach Vereinbarung

***Österreichisches Konsulat Palermo:***
Helga Rauscher-Omodei
Piazza Acquasanta 12, 90142 Palermo
Telefon: +39 091 54 93 38
E-Mail: consolatoaustria.pa@gmail.com
Mo.–Do. 10.00–12.00 Uhr

**Schweizer Botschaft in Italien und Vertretung im Reisegebiet:**

***Schweizer Botschaft in Rom:***
Via Barnaba Oriani 61, 00197 Rom
Telefon: +39 06 809 571
Fax: +39 06 808 08 71
E-Mail: roma.consolato@eda.admin.ch
Termine nach Vereinbarung

***Konsulat Catania:***
Viale Andrea Doria 41/45, 95125 Catania
Telefon / Fax: +39 095 38 69 19
E-Mail: catania@honrep.ch

***Weitere wichtige Notrufnummern in Italien sind:***
***Rettungsdienst: 118, Polizei: 112, Feuerwehr: 115***

## Reisezeit

Das sizilianische Klima ist mediterran geprägt, mit trockenen, heißen Sommermonaten und milden, feuchten Wintern.
Wenn Sie vor allem für Wanderungen und Besichtigungen auf die Insel kommen, eignen sich die Monate April, Mai, Juni und Oktober am besten, für einen Badeurlaub mit Sonnengarantie die Monate Juli bis September.

***Hier einige Durchschnittsdaten, gemessen auf Meereshöhe:***
**Jan.:** Luft 10 – 15 Grad, Meer 14 Grad, Regentage: 12, Sonnenstunden 4
**Feb.:** Luft 10 – 15 Grad, Meer 13 Grad, Regentage: 11, Sonnenstunden 5
**Mär.:**Luft 11 – 17 Grad, Meer 14 Grad, Regentage: 9, Sonnenstunden 6
**Apr.:** Luft 13 – 20 Grad, Meer 15 Grad, Regentage: 8, Sonnenstunden 7
**Mai:**Luft 15 – 24 Grad, Meer 17 Grad, Regentage: 4, Sonnenstunden 8
**Jun.:** Luft 18 – 27 Grad, Meer 20 Grad, Regentage: 2, Sonnenstunden 10
**Jul.:** Luft 21 – 30 Grad, Meer 23 Grad, Regentage: 2, Sonnenstunden 11
**Aug.:** Luft 24 – 31 Grad, Meer 25 Grad, Regentage: 3, Sonnenstunden 10
**Sep.:** Luft 20 – 28 Grad, Meer 24 Grad, Regentage: 5, Sonnenstunden 8
**Okt.:** Luft 15 – 25 Grad, Meer 22 Grad, Regentage: 9, Sonnenstunden 6
**Nov.:** Luft 13 – 22 Grad, Meer 19 Grad, Regentage: 10, Sonnenstunden 5
**Dez.:** Luft 11 – 16 Grad, Meer 16 Grad, Regentage: 12, Sonnenstunden 4

***Zu beachten sind bei Ihrer Planung auch die gesetzlichen Feiertage in Italien:***
· Capodanno (Neujahr, 01.01.)
· Epifania (Heilige Drei Könige, 06.01.)
· Lunedi dell`Angelo (Ostermontag, wechselnde Daten des Kirchenkalenders)
· Anniversario della Liberazione (Tag der Befreiung, 25.04.)
· Festa del Lavoro (Tag der Arbeit, 01.05.)
· Festa della Repubblicca (Tag der Republik, 02.06.)
· Ferragosto (Mariä Himmelfahrt, 15.08.)
· Ognissanti (Allerheiligen, 01.11.)
· Immacolata Concezione (Mariä Empfängnis, 08.12.)
· Natale (1. Weihnachtsfeiertag, 25.12.)
· Santo Stefano (2. Weihnachtsfeiertag, 26.12.)
· San Silvestro (Silvester, 31.12.)

***Bedeutende kirchliche und kulturelle Feste auf Sizilien:***
· Festa di Sant`Agata (Fest zu Ehren der hl. Agata, Raum Catania, 3. – 5.02.)
· Sagra del Mandorlo (Mandelblütenfest, Raum Agrigent, 1./2. So. im Feb.)
· Carnevale (Karneval, Raum Acireale und Sciacca, im Februar)
· Processione del Giovedi Santo (Veronikaprozession, Raum Marsala, Gründonnerstag)
· La Processione dei Misteri (Mysterienprozes., Raum Trapani, Karfreitag)
· Ballo dei Diavoli (Tanz der Teufel, Raum Palermo, Ostern)
· Festa di Sant`Alfio (Fest des hl. Alfio, Raum Catania, 9./10.05.

· L`Infiorata di Noto (Blumenfestival, Raum Noto, 3. So im Mai)
· Il Festino di Santa Rosalia (Fest der hl. Rosalia, Raum Palermo, 10.-15.07.)
· Prozessione della Vera (Moadonnenprozession, Raum Messina, 14./15.08.)
· Cous Cous Fest (Raum San Vito lo Capo, Ende September)
· Festa di Santa Lucia (Fest der hl. Lucia, Raum Syrakus, 13.12.)
· Festa del S. Salvatore (Fest des hl. Salvatore, Raum Cefalù, 1. Aug.Woche)

Zu beachten sind darüber hinaus noch die Ferientermine, während denen viele Italiener im eigenen Land unterwegs sind und es in Restaurants, auf Campingplätzen und an Stränden ein ganzes Stück voller wird. Den Höhepunkt erreicht die Reisewelle alljährlich rund um Ferragosto, den 15.08.

## Restaurants

Was wäre ein Italienurlaub ohne leckere Pizza und Pasta, ein vorzügliches Mahl bei einem guten Glas Wein, Dessert und Eis? Zu »La Dolce Vita« gehört kulinarischer Genuss einfach dazu. Wir haben Ihnen eine Vielzahl empfehlenswerter Gaststätten, Cafés und Gelaterias angegeben. Sollte die Qualität doch einmal nicht passen, freuen wir uns über Informationen – garantieren können wir sie natürlich nicht. Da Sizilien ein echter Schmelztiegel der Kulturen ist, hat sich hier auch ein ganz eigenes, kulinarisches Erbe entwickelt. Zu den typisch sizilianischen Besonderheiten, die Sie einmal versuchen sollten, gehören etwa Arancini (fritierte und gefüllte Reisbällchen), Guastatedde (Lungen- und Milzbrötchen), Panelle (fritierte Kircherebsen-Polenta), Couscous-Gerichte (herzhaft und süß, vor allem im Westen der Insel), Pasta con Nero di Seppie (schwarze Tintenfischnudeln), Pasta con le Sarde (Pasta mit Sardinen), Pasta alla Norma (Pasta mit gebratenen Auberginen), Involtini Siciliani (herzhaft-süß gefüllte Rouladen), Pesce Spada (Schwertfischgerichte), Cannoli (süß gefüllte Keksrollen), Mandelfrüchte und Mandelgebäck sowie Granita (zerstoßenes Eis mit Sirup) und mit Eiscreme gefüllte Briochebrötchen – ein beliebtes Frühstück!

Interessant ist in Italien auch die Einteilung und was die verschiedenen Bezeichnungen im Namen der Restaurants bedeuten:
**Agriturismo:** Ein Landgut, das meist an mehreren Tagen in der Woche Essen anbietet. Oft in Form fester Menüs, teils aber auch à la carte kommen dabei vor allem schmackhafte, regionale Köstlichkeiten aus eigener Produktion auf den Tisch.
**Bars:** Oft reiner Stehausschank mit Bistrotischen oder ähnlichem. Neben Getränken erhalten Sie hier kleine Teigwaren, süß oder herzhaft, auf die Hand.
**Birreria:** Ein einfaches, günstiges Bierlokal, in dem Sie kleine Gerichte wie Pizza oder Gegrilltes zu günstigen Preisen erhalten.
**Cafe:** Neben Kaffeespezialitäten und anderen Getränken erhalten Sie, wie in der Bar, kleine Gebäckstücke. Anders als bei uns, muss aber keine größere Kuchenauswahl damit verbunden sein.
**Enoteca:** Ein Weinlokal, in dem Sie auch essen können. Meist ist die Auswahl eher klein, der Anspruch aber gehobener.
**Gelateria:** Die gute alte Eisdiele, oft in Verbindung mit einem Café betrieben
**Osteria:** Ein traditionell einfaches Gasthaus, in dem man ohne viel Firlefanz etwas »Anständiges« auf den Teller bekommt. Inzwischen gibt es auch teure Nobellokale, die sich so nennen, daher besser vorher die Preise prüfen.
**Pasticceria:** Eine Konditorei, teils mit Gastbereich, teils ohne. Oft in Verbin-

dung mit einem Café betrieben.

**Piadineria:** Das Angebot dreht sich maßgeblich um belegte, erwärmte und zusammengeklappte Teigfladen. Schmackhaft und sättigend, nicht nur zwischendurch.

**Pizzeria**: Diese Kategorie bedarf keinerlei Erklärungen. Hier dreht sich alles um die typischen heißen Teigfladen, traditionell aus Hefeteig. Oftmals gibt es eine Auswahl anderer einfacher Gerichte wie Nudeln.

**Ristorante:** Dies ist der höchste Gastro-Standard in Italien. Es ist üblich, dass Sie hier immer ein volles Menü essen können (aber meist nicht müssen). Die Karte reicht also mindestens vom ersten (*primo*) über den zweiten Gang (*secondo*), zum Hauptgericht und weiter bis zum Nachtisch.

**Rosticceria:** Eine Art italienischer Schnellimbiss. Kleine, schnelle Gerichte werden hier serviert, gern deftig vom Grill und immer auch zum Mitnehmen gedacht.

**Spaghetteria:** Auch hier ist der Name Programm – es gibt Nudeln bis zum Abwinken und meist noch so Einiges mehr.

**Trattoria:** Ein einfacheres Speiselokal, in dem es oftmals regionale Küche zu erschwinglichen Preisen gibt. Meist können Sie hier ein ganzes Menü essen. Die Trattoria schließt die Lücke zwischen traditioneller Osteria und Ristorante.

Praktisch überall, wo Sie sich an einen Tisch setzen, wird zusätzlich zum genannten Preis das *Coperto* erhoben: Damit wird das Gedeck und Brot am Tisch bezahlt. Auch der Service bekommt manchmal einen Teil davon. Ein gewisses »on top«-Trinkgeld ist dennoch üblich. Beachten Sie, dass in Italien in allen Gaststätten inzwischen Rauchverbot herrscht. Ausnahmen gibt es nur bei getrennten Räumen mit eigenem Lüftungssystem.

Beachten Sie, dass auf Sizilien spät Abend gegessen wird. Außerhalb der touristischen Hauptorte und in der Nebensaison kann es daher durchaus vorkommen, dass Sie vor 20.00 oder sogar 21.00 Uhr nirgends ein geöffnetes Lokal finden.

## Sehenswürdigkeiten/Öffnungszeiten

So vielfältig wie die Landschaft sind auch die Sehenswürdigkeiten auf Sizilien. Von Naturschönheiten über antike Ausgrabungen bis zu wenigstens teilweise recht modernen Museen und Ausstellungen reicht die Palette. Wenn Eintritt verlangt wird, haben wir die Preise angegeben, immer bezogen auf eine erwachsene Person ohne Ermäßigungen.

Die Läden öffnen vormittags meist zwischen 8.30 / 9.30Uhr. Abends ist erst zwischen 19.00 / 21.00 Uhr Schluss. Dazwischen liegt allerdings eine große Lücke, die man dringend beachten sollte: Die Siesta ist den Italienern heilig. Selbst in großen Städten kommt es einem in der Mittagszeit, die in der Regel von 12.00 / 12.30 Uhr bis 15.30 / 16.00 Uhr andauert, vielerorts vor, als sei man mutterseelenallein unterwegs und die Bürgersteige wirken tatsächlich wie hochgeklappt. Selbst in Palermo oder Catania schaut das über weite Teile der Stadt nicht anders aus. Eine Ausnahme bilden die Touristenzentren. Hier bekommen Sie fast immer fast alles, was das Urlauberherz benötigt: Speisen, Getränke, Strandutensilien, Lebensmittel und Produkte des täglichen Bedarfs einzukaufen ist tageszeitenunabhängig kein Problem.Die Öffnungszeiten von Sehenswürdigkeiten schwanken stark, wo einigermaßen voraussehbar, haben wir sie im Text angegeben.

## Telefonieren und Internet

Mit Ihrem heimischen Handy samt Providerkarte oder einem Surfstick kommen Sie auch auf Sizilien weiter, da Italien im europäischen Roamingverbund inkludiert ist. Informieren Sie sich aber vorher über Ihren aktuellen Tarif und die enthaltenen Freiminuten und Datenvolumen im Ausland. Zwar gehören horrende Roaming-Gebühren in der EU der Vergangenheit an, dennoch gibt es Preisschwankungen und Sie fahren mit einem speziellen Urlaubstarif und zusätzlichem Datenvolumen wohl möglich besser, ganz nach Nutzungsart und -dauer. Öffentliche Fernsprecher findet man wenn überhaupt, nur mehr sehr vereinzelt. Campingplätze und Stellplätze bieten öfters WLAN, nicht immer funktioniert es aber einwandfrei, auf dem gesamten Platz und in erfreulicher Geschwindigkeit. Einige Restaurants bieten diesen Service für Gästen ebenfalls.

## Tourismus

Tourismus ist die größte Einnahmequelle der Insel. Entsprechend gut ist die allgemeine Infrastruktur. Um erst einmal nach Italien und weiter nach Sizilien zu kommen, benötigen Bürger Deutschlands, Österreichs und der Schweiz nur einen gültigen Personalausweis oder Reisepass. Zwischen Deutschland, Österreich und Italien gibt es in der Regel keine Grenzkontrollen, auch wenn es in letzter Zeit, vor allem zwischen Deutschland und Österreich, zu Ausnahmen kommt. Außerdem benötigen Sie Ihren nationalen Führerschein und die Zulassung. Ein Auslandsschutzbrief und eine grüne Versicherungskarte sind nicht vorgeschrieben, werden aber empfohlen.

Was Sie in Ihrem WOMO für einen gelungenen Urlaub so mitnehmen, ist selbstverständlich ganz Ihnen und Ihren Bedürfnissen überlassen. Gerade im Sommer machen Sie aber sicher nichts verkehrt mit Grill, Markise und Campingmöbeln, um den Aufenthalt jederzeit nach draußen verlegen zu können. Badesachen sollten in dieser Jahreszeit obligatorisch sein und es ist angebracht, die Moskitogaze an den Fenster nochmals zu kontrollieren, denn die kleinen Plagegeister können, je nach Jahreszeit und Gegend, gehörig nerven. Moskitoschutz sollte sowieso ganz oben auf der Packliste stehen, erst recht seitdem die Tigermücke in Südeuropa heimisch zu werden scheint, die unter anderem Dengue-Fieber übertragen kann. Mindestens ebenso wichtig ist Sonnencreme mit einem hohen Lichtschutzfaktor. Wenn Sie wandern möchten, achten Sie unbedingt auf passende Bekleidung, trotz der Wärme. Wanderstiefel und Wetterschutz sollten nie fehlen. Wanderstöcke können sehr hilfreich sein, Sonnenschutz, -brille und ein Wasservorrat sollte stets mitgeführt werden. Auch Fahrräder können nützlich sein, im chaotischen Verkehr der größeren Städte sind sie allerdings nur etwas für Hartgesottene. Wenn Sie die Möglichkeit haben, Roller oder Motorrad mitzuführen, sind diese für so manche schmale und kurvige Passstraße im Hinterland eine gute Alternative.

## Unfall

Wenn Sie eine Panne haben, einen Unfall haben und Hilfe benötigen, erhalten Sie diese über die italienischen Partnervereine Ihres heimischen Automobilklubs. Hier die Notrufnummern der größten Klubs:

**Deutschland**
ADAC: +49 89 22 22 22 (Schaden) bzw. +49 89 76 76 76 (Erkrankung)
ACE: +49 711 53 03 43 536
AvD: +49 69 66 06 600

**Österreich**
ÖAMTC: +43 1 25 12 000 (Schaden) bzw. +43 1 25 120 20 (Erkrankung)
ARBÖ: +43 50 12 31 00

**Schweiz**
TCS: +41 58 285 96 00
ACS: +41 44 283 33 77

Falls Sie einen Unfall haben, empfiehlt sich ein Europäischer Unfallbericht, den Sie gemeinsam mit dem Unfallgegner vor Ort ausfüllen. Solche Vorlagen können Sie etwa im Internet kostenfrei downloaden und ausdrucken.

Auf alle Fälle sollten Sie die Polizei unter 112 kontaktieren, um etwaigen späteren Problemen mit der Versicherung vorzubeugen.

## Verkehr / Straßen / Tankstellen

Soviel anders als daheim läuft es auch im Straßenverkehr Italiens nicht. Eigentlich, denn gerade auf Sizilien werden die vorherrschenden Regeln, vor allem in den urbanen Regionen, mehr als Hinweise ausgelegt und wildes, beidseitiges Überholen, drücken und drängeln in noch so kleine Lücken und Fahren über Rot sind an der Tagesordnung. Es gilt das Recht des Stärkeren. Bewahren Sie einen kühlen Kopf und lassen Sie sich zu nichts verleiten, nur weil andere es tun und bleiben Sie umsichtig, aber dennoch zielstrebig, dann werden Sie sogar chaotische Situationen wie sie beispielsweise in der täglichen Rushhour Palermos völlig üblich sind, souverän meistern. Hier einige wichtige Regeln und Abweichungen:

**Maut**
Zu beachten ist, dass italienische Autobahnen fast immer mautpflichtig sind. Gezahlt wird, indem Sie eine Mautkarte zu Beginn der Fahrt an einem beschränkten Zugang ziehen müssen und dann bei der Ankunft an Ihrer Ausfahrt zahlen. Beachten Sie die Markierungen. Nur wo Geldscheine, Münzen und eine Hand abgebildet sind, sitzt Jemand an der Station und nimmt sich Ihrer an. Nachts und an kleinen Mautstationen kann es passieren, dass diese Spur geschlossen oder gar nicht vorhanden ist. Dann müssen Sie sich mit Automaten rumschlagen (Symbol Geld ohne Hand). Zur Sicherheit schadet da eine Kreditkarte nicht, die den Vorgang meist vereinfacht. Noch einfacher wird es mit der ViaCard oder dem Telepass. Wenn Sie sich vor der Reise für eines dieser Systeme registrieren, können Sie die entsprechend markierten Spuren nutzen und oftmals einfach durchfahren (mehr Infos bei Ihrem Automobilclub oder beispielsweise unter www.tolltickets.com).

Auf Sizilien selbst ist dagegen nur ein Abschnitt der **A 18** zwischen Messina und Catania sowie der **A20** zwischen Villafranca und Cefalú mautpflichtig.

**Sonstige Verkehrsregeln**
· Äußerst beliebt und bei vielen ausländischen Fahrern gefürchtet, sind die häufigen Kreisverkehre, die an großen Straßen auch mal zwei- oder sogar dreispurig sein können. Fast immer hat der Verkehr im Kreisel Vorfahrt

(durch entsprechende Vorfahrt-Achten-Schilder gekennzeichnet). Haben Sie keine Angst und fahren Sie, wenn sich eine Lücke im Verkehr ergibt, zügig ein. Beim Ausfahren Blinker setzen und gegebenenfalls auf die äußere Spur ziehen – Sie werden schon reingelassen.

• In Italien ist das Mitführen von Warnwesten Pflicht. Nicht nur bei einer Panne oder bei einem Unfall, sondern immer, wenn Sie sich an einer Straße ohne Bürgersteig außerhalb von Ortschaften bewegen, müssen Sie diese strenggenommen tragen.

• Es ist Vorschrift, alles, was über die Stoßstange Ihres Fahrzeuges hinausragt, mit einem speziellen rot-weiß gestreiften, reflektierenden Warnschild zu versehen, also Fahrräder, Transportkisten oder Motorräder an Ihrem Campingfahrzeug (erhältlich im Campingzubehörhandel, etwa 20 – 30 €, von den billigen Papp- / Kunststoffvarianten würden wir eher abraten, die halten nicht lange). Dieses Schild brauchen Sie übrigens auch, wenn Sie nur einen Fahrradträger montiert haben, der gar nicht ausgeklappt ist – denn in der Regel ragt er über das Heck hinaus, selbst wenn es nur Zentimeter sind.

· Außerhalb geschlossener Ortschaften muss auch tagsüber mit Abblendlicht gefahren werden. Gewöhnen Sie sich am besten an, das Licht bei jedem Fahrtantritt einzuschalten, falls ihr Fahrzeug nicht sowieso mit einem Tagfahrlicht ausgerüstet ist.

· Mitzuführende Gegenstände: Verbandskasten, Warndreieck, Warnweste

· Promillegrenze: 0,5 Promille

· Das private Abschleppen auf Autobahnen ist verboten.

· Erlaubte Geschwindigkeiten, wenn nicht anders gekennzeichnet: unter 3,5 Tonnen in Orten 50 km/h, Landstraßen 90 km/h, Schnellstraßen 110 km/h, Autobahnen 130 km/h – über 3,5 Tonnen in Orten 50 km/h, Landstraßen 80 km/h, Schnellstraßen 80 km/h, Autobahnen 100 km/h.

**Strafen**

Während es der italienische Staat mit teils rigiden Strafen inzwischen geschafft hat, die italienischen Autofahrer(innen) in den nördlicheren Landesteilen einzubremsen, ist der Erfolg solcher Maßnahmen auf Sizilien nur teilweise durchgeschlagen. Woran das am Ende liegt, vermögen wir nicht zu beurteilen. Zumindest als Tourist wird Sie jedoch die volle Härte des Gesetzes treffen, wenn Sie bei Verstößen erwischt werden.

Die Promillegrenze sollten Sie tunlichst beachten. Bei Zuwiderhandlung werden bis zu 6000 (!) Euro fällig, der Führerschein wird eingezogen und im schlimmsten Fall auch das Fahrzeug. Ab 0,8 Promille droht Gefängnis, ab 1,5 Promille kann sogar ihr Fahrzeug versteigert werden.

***Hier ein kleiner Auszug aus dem restlichen Strafkatalog:***

· Geschwindigkeitsübertretungen von 10 – 40 km/h: 159 bis 639 Euro

· Überfahren einer roten Ampel: 154 bis 613 Euro

· Parkverstöße: 39 bis 159 Euro

· Fahren ohne Gurt: 76 bis 306 Euro

· Fahren ohne Licht: 39 bis 159 Euro

· Telefonieren während der Fahrt: 152 bis 608 Euro

· Keine Sicherheitsweste bei einer Panne:39 - 159 Euro R

· Fahren ohne Ladungssicherung: 80 - 318 Euro.

**Tanken**

Das Netz an Tankstellen ist relativ dicht und Sie werden kaum Probleme haben, Sprit zu bekommen. Nur im Landesinneren kann es, gerade an Sonn- und Feiertagen, einmal schwieriger werden. Auch hat nicht jede kleine Tankstelle einen funktionierenden Kartenleser parat. Die Preise, vor allem für Diesel, sind in Italien höher als in Deutschland und Österreich. Rechnen Sie mit rund 10 Prozent Aufschlag (Stand 05/24).

## Bildnachweis

Wikimedia Commons – Gemeinfrei: J from Seattle Seite 30, Lomardo Dario Ignazio Seite 73, Cyrano Seite 223, Ezio55 Seite 236 unten; CC BY-SA 2.0: Salvatore Ciambra Seite 31, Pavel Dodonov Seite 45, Moritz P Seite 55, Lella Viola Seite 93, Markos 90 Seite 94 und Seite 281, Gianfranco Vitolo 186 oben, PDF40 Seite 336 oben, Tiberio Frascari Seite 251, Simonetta Viterbi Seite 280, Fulvio Spada Seite 282, Mauro Seite 283; CC BY-SA 3.0: Francesco Saverio Modica Seite 69 oben, Vittorio Vizzini Seite 60, Azotoliquido Seite 66 unten, Unu Kerno Seite 95 unten, Carlo Iagalli Seite 120, Paoletta S Seite 130, Cirimbillo Seite 132, Giorgio Leggio Seite 195 unten, Giuseppe Franchina Seite 201 und Seite 202 oben, Urban-commons 216 unten, Ennio Gurrera Seite 247, Lorenzo Cassirà Seite 261 und Seite 263 oben; CC BY-SA 4.0: Rosario Vecchio89 Seite 49, Clemens Franz Seite 95 oben, Catalin Bindiu Seite 181 oben, Davide Mauro Seite 209, Giuseppe Abbaco Seite 220, Graziella Taibi Seite 242. © Camping Roccella Mare Seite 39 oben.
Alle anderen Fotos und Karten: © Christian Winkler

**Monte Pizzo di Sella bei Macari, Tour 9**

## Platz für Ihre Notizen

# Stichwortverzeichnis

## A



## B



## C



## D



## E



## F



## G

## Der WOMO® Online-Service

Nutzen Sie auch das Angebot unseres Online-Shops!
Unter **www.womo.de** finden Sie nicht nur sämtliche Reiseführer, sondern weitere wertvolle Anregungen und Zusatzinformationen – von der Gesamtübersicht aller Touren eines WOMO-Reiseführers bis zu weiterführendem Material. Dazu gehören:

- die **besten Autokarten**, die garantiert die komplette Reiseroute abdecken
- und die **passenden Rother-Wanderführer** mit den schönsten Wanderregionen Ihres Reiselandes.

## Einfach sicher unterwegs.

Sichern Sie Ihr Wohnmobil ab: mit unserer **exklusiven**, universellen und **sofort sichtbaren** Einbruchssperre. Sie wird **ganz einfach** in die beiden Tür-Armlehnen eingehängt, zusammengeschoben und abgeschlossen.

### Der WOMO® Knackerschreck

- Passend für Ducato, Peugeot, Renault Master, MB Sprinter bis 2018 und VW (alle Typen)
- Krallen aus **10 mm massivem**, einbrennlackiertem, also nahezu unverwüstlichem Stahl

und nur bei **www.womo.de**

# Alle WOMO® Reiseführer auf einen Blick

**Albanien**, Ulrike und Frank Staub
**Allgäu**, Heiner Newe
**Andalusien**, Christina und Christian Winkler
**Baden-Württemberg**, Heiner Newe
**Baltikum**, Stefanie Holtkamp und Andrea Bergmann – Neu 2024
**Bayern Der Nordosten**, Heiner Newe
**Bayern Der Südosten**, Christina und Christian Winkler
**Bayern Der Nordwesten**, Heiner Newe
**Belgien/Luxemburg**, Ulrike und Frank Staub
**Bretagne**, Anette Scharla-Dey und Franz Peter Tschauner
**Burgund**, Ralf Gréus – Neu 2024
**Dänemark**, Anke Globi
**Elsass**, Ralf Gréus
**England Der Süden**, Christina und Christian Winkler – Neu 2024
**England Der Norden**, Christina und Christian Winkler
**Finnland**, Uwe und Annegret Rohland
**Französische Alpen**, Heiner Newe
**Französischer Jura**, Heiner Newe
**Griechenland**, Waltraud Roth-Schulz und Reinhard Schulz
**Harz**, Heiner Newe
**Hessen Der Norden**, Anette Scharla-Dey und Franz Peter Tschauner
**Hessen Mitte und Süden**, Anette Scharla-Dey und Franz Peter Tschauner
**Hunsrück/Mosel/Eifel**, Anette Scharla-Dey und Franz Peter Tschauner
**Irland**, Uwe und Annegret Rohland
**Island**, Jutta und Alexander Ramin
**Katalonien**, Ulrike und Frank Staub – Neu 2024
**Korsika**, Stefanie Holtkamp und Andrea Bergmann – Neu 2024
**Kroatien und Montenegro**, Anne und Michael Lindner – Neu 2024
**Languedoc-Roussillon**, Ralf Gréus – Neu 2024
**Ligurien**, Ralf Gréus
**Lothringen**, Friedrich Riehl
**Lüneburger Heide**, Heiner Newe
**Marokko**, Ulrike und Frank Staub
**Mecklenburg-Vorpommern Teil 1**, Stefanie Holtkamp und Andrea Bergmann
**Mecklenburg-Vorpommern Teil 2**, Stefanie Holtkamp und Andrea Bergmann
**Münsterland**, Regina Stockmann
**Namibia**, Ute Nast-Linke und Frank Linke
**Neuseeland Nordinsel**, Andrea Lossen und Dieter Giesen
**Neuseeland Südinsel**, Andrea Lossen und Dieter Giesen – Neu 2024
**Niederlande**, Friedrich Riehl
**Normandie**, Anette Scharla-Dey und Franz Peter Tschauner – Neu 2024
**Norwegen Der Süden**, Waltraud Roth-Schulz und Reinhard Schulz
**Norwegen Der Norden**, Waltraud Roth-Schulz und Reinhard Schulz
**Österreich Der Osten**, Christina und Christian Winkler
**Österreich Der Westen**, Christina und Christian Winkler
**Ostfriesland**, Heiner Newe

## Weitere Infos unter **www.womo.de**

**Pfalz**, Ralf Gréus
**Piemont und Aostatal**, Ralf Gréus
**Peloponnes**, Waltraud Roth-Schulz und Reinhard Schulz
**Polen Der Norden**, Nicola Kluftinger
**Portugal Der Norden**, Stephanie Seufert Neu 2024
**Portugal Der Süden**, Stephanie Seufert Neu 2024
**Provence Der Westen**, Ralf Gréus
**Provence Der Osten**, Ralf Gréus
**Pyrenäen**, Stefanie Holtkamp und Andrea Bergmann
**Rumänien**, Christina und Christian Winkler
**Sachsen**, Anette Scharla-Dey und Franz Peter Tschauner
**Sardinien**, Waltraud Roth-Schulz und Reinhard Schulz
**Schleswig-Holstein und Hamburg**, Heiner Newe
**Schottland**, Uwe und Annegret Rohland
**Schwarzwald**, Ralf Gréus
**Schweden Der Norden**, Uwe und Annegret Rohland
**Schweden Der Süden**, Anke Globi Neu 2024
**Schweiz Der Osten**, Stefanie Holtkamp und Andrea Bergmann
**Schweiz Der Westen**, Stefanie Holtkamp und Andrea Bergmann
**Sizilien**, Christina und Christian Winkler Neu 2024
**Slowakei**, Ulrike und Frank Staub
**Slowenien**, Silvia Sussmann und Peter Simm
**Spanien Der Norden**, Waltraud Roth-Schulz und Reinhard Schulz
**Süditalien Der Osten**, Waltraud Roth-Schulz und Reinhard Schulz
**Süditalien Der Westen**, Waltraud Roth-Schulz und Reinhard Schulz
**Südafrika Krügernationalpark**, Ute Nast-Linke und Frank Linke
**Südwestfrankreich**, Stefanie Holtkamp und Andrea Bergmann
**Südtirol**, Waltraud Roth-Schulz und Reinhard Schulz
**Tal der Loire und Paris**, Anette Scharla-Dey und Franz Peter Tschauner
**Thüringen**, Katja Eisenschmidt
**Toskana und Elba**, Ralf Gréus
**Trentino und Gardasee**, Angela Misslbeck Neu 2024
**Umbrien und Marken**, Ralf Gréus
**Ungarn**, Silvia Sussmann und Peter Simm
**USA Südwesten mit Yellowstone**, Regina Stockmann Neu 2024
**Venetien und Friaul**, Christina und Christian Winkler
**Wales**, Christina und Christian Winkler Neu 2024
**Zentralspanien Der Osten**, Ulrike und Frank Staub
**Zentralspanien Der Westen**, Ulrike und Frank Staub

**Außerdem im Programm:**
**Die gordische Lüge – Reiseroman**, Ralf Gréus
**Allgemeines Wohnmobil Handbuch**, Reinhard Schulz
**Allgemeines Wohnmobil Kochbuch**, Waltraud Roth-Schulz
**Heitere Wohnmobil Geschichten**, Silvia Sussmann und Peter Simm

## Ihr WOMO® Stellplatz-Dienst

Wir führen Sie zu den **schönsten Orten**, die unsere erfahrenen Autoren **selbst besucht und getestet** haben. Die GPS-Daten ihrer Stell- und Campingplatz-Empfehlungen finden Sie im Online-Shop unter **www.womo.de**

## Mehr erfahren. Mehr erleben.

**womo.de** ist der **Spezialist** für Ihren entspannten **Erlebnisurlaub auf vier Rädern**. Profitieren Sie für Ihre Reisevorbereitung und -planung von unserer **jahrzehntelangen Erfahrung**. Seit 2022 arbeiten wir daran, Bewährtes noch besser zu machen: Dazu gehört die **moderne Optik** unserer neu gestalteten und **neu aufgelegten** Reiseführer.

Selbstverständlich werden unsere WOMO-Reiseführer permanent auf einen **aktuellen inhaltlichen Stand** gebracht. Jeder einzelne bietet eine Fülle an Ideen, Inspiration und Information **für Ihren Erlebnisurlaub**.

Wenn Sie persönliche Anregungen oder **konkrete Fragen zu Ihrer Reiseplanung haben**, dann schreiben Sie uns gern unter: **verlag@womo.de**

Den kostenlosen Download-Link für die **GPS-Daten** zu diesem WOMO-Reiseführer finden Sie im Shop unter:
**www.womo.de**
Ihr Passwort lautet:
**En3Szh**

WOMO®
Der Wohnmobil-Verlag
An der Liethe 4
36452 Kaltennordheim
Telefon: 036946 20691
www.womo.de